S II Länder und Regionen

Deutschland

Von
Gerhard Fuchs
Ulrich Kümmerle
Hans Richter
Helga Schmidt

Unter Mitarbeit von Rainer Beierlein

KLETT PERTHES

Stuttgart Düsseldorf Berlin Leipzig Gotha

Inhaltsverzeichnis

Einführung

Für den Geographieunterricht ist das Thema Deutschland nicht nur umfangreicher geworden, sondern auch komplexer. Die Darstellung von Raumstrukturen und deren Entwicklung weist einen in dieser Form einmaligen Dualismus auf:

– Bezogen auf die Raumentwicklung in den alten Bundesländern (ehemalige Bundesrepublik): Kontinuität der Rahmenbedingungen seit 1945 im freiheitlich-demokratischen Rechtsstaat mit sozialer Marktwirtschaft.

– Bezogen auf die neuen Bundesländer (ehemalige DDR): Radikale Entwicklungs-Umbrüche, diese sogar zweimal. Nach dem Zweiten Weltkrieg im Zusammenhang mit dem Aufbau des Sozialistischen Systems und der Zentralverwaltungswirtschaft, und nach 1990 mit der im Einigungsvertrag vorgegebenen Anpassung an die Strukturen der ehemaligen Bundesrepublik.

Auf einen kurzen Nenner gebracht: Der Darstellung von Raumentwicklungs-Kontinuität für den einen Teil Deutschlands steht der Blick auf Entwicklungs-Diskontinuität (und damit jeweils auf das „vorher – nachher") im anderen Teil gegenüber. Regionalgeographische Konzepte werden noch für längere Zeit diese unterschiedlichen Vorgaben widerspiegeln.

Daraus folgt aber auch, daß nach wie vor eine vorbereitende Einführung in die einst gegensätzlichen Gesellschafts- und Wirtschaftsordnungen notwendig ist, um deren unterschiedliche Raumwirksamkeit als Voraussetzung für abgelaufene und zukünftige Entwicklungen zu verstehen.

Exemplarische Unterrichtsarbeit in der SII erwartet keine umfassende, auf Vollständigkeit angelegte Landeskunde. Zugunsten einer oberstufenspezifischen Aufbereitung des Materials wurde die Zahl der Raumbeispiele begrenzt. Sie sind sowohl nach dem Umfang (und dem zeitlichen Anspruch) als auch nach inhaltlichen Kriterien differenziert und sollen in der Regel zweierlei ermöglichen: die Einordnung in thematische Zusammenhänge und die vertiefende selbständige Erarbeitung von regionalen (Problem)Strukturen unterschiedlichen Maßstabs.

Für die Situation in den neuen Bundesländern läßt sich dies gegenwärtig aber nur mit Einschränkungen verwirklichen; hier ist jedoch schon die gezielte Auswertung der überregionalen Tageszeitungen auch für den Unterricht eine Themenfortschreibung und Erweiterung.

Die Gliederung des Bandes orientiert sich an Themenbereichen, in denen sich Raumentwicklung – auch vom statistischen Material her – sacherschließend dokumentieren läßt, und von denen aus auch noch viele Verbindungen zur Arbeit in der SI gezogen werden können. Dennoch: Die Inhalte der einzelnen Themenbereiche sind mehr als eine Aktualisierung traditioneller Themen: Neue Raumbeispiele, akzentuierende Fragestellungen und weitgehend neugestaltetes Karten- und Zahlenmaterial ermöglichen einen neuen Zugriff auch auf „bekannte" Themen.

Einen zusätzlichen Überblick über die naturräumliche Gliederung Deutschlands soll die Darstellung im Anhang ermöglichen: Kennzeichnende „Landschaftstypen" in einer Kombination aus Luftbild, Text und Profil zum Landschaftsaufbau.

Die Aufgaben verstehen sich als Vorschläge und Leitgedanken zur Materialinterpretation. Sie können und sollen fallweise modifiziert und ergänzt werden. Die Literaturhinweise im Anhang beziehen sich auf leicht greifbare Veröffentlichungen.

Auf eine spezifische Schwierigkeit für die Landesteile, die besonders die wirtschaftsräumliche Entwicklung im geteilten Deutschland und die Veränderungen nach 1990 betreffen, muß noch verwiesen werden. Vor ihr steht zur Zeit jeder Versuch einer gesamtstaatlichen Darstellung Deutschlands.

In den Jahrzehnten der deutschen Teilung hatten sich auch bestimmte Aspekte und Methoden der geographischen Arbeit eigenständig entwickelt. So gab es zwar im Bereich der physischen Geographie eine weitgehend einheitliche Wissenschaftssprache und gleichartige Untersuchungsmethoden. Bei wirtschafts- und sozialgeographischen Fragen allerdings waren die Aufgaben, Vorgaben und Ziele unterschiedlich. Sogar die Fachsprache war nicht mehr einheitlich, was auch heute noch Anlaß für Mißverständnisse sein könnte. Deshalb werden wiederholt in Fußnoten Hinweise zu den jeweiligen, in der DDR üblichen, aber in der Bundesrepublik nicht gebräuchlichen Begriffen gegeben. Auch die Erstellung von Daten erfolgte teilweise nach unterschiedlichen Kriterien. Außerdem waren einzelne Bereiche – z. B. beim Umweltschutz – in den Veröffentlichungen der DDR ganz ausgeklammert. Seit Anfang 1990 erfolgte deshalb in der DDR eine Neugestaltung der Wirtschafts- und Sozialstatistik entsprechend den Anforderungen der Marktwirtschaft. Für den Stand vor der Wende wurden die letzten verfügbaren Daten (1988/89) herangezogen. Erste offizielle, aber immer noch vorläufige Ergebnisse des Statistischen Bundesamtes wurden erst Ende April 1991 veröffentlicht. Sie beziehen sich auf das zweite Halbjahr 1990, also die Zeit der einheitlichen Währung.

Für die Arbeit mit dem Buch bedeutet all dies, daß bei Vergleichen jener Teile, die sich auf die Entwicklung in der alten Bundesrepublik und in der DDR beziehen, die begrenzte Aussagekraft mancher Daten nicht außer acht gelassen werden darf.

Außerdem ist die Entwicklung in den neuen Bundesländern derart in Fluß, daß die Situation 1990/91 lediglich als Momentaufnahme eines Zustandes dargestellt werden kann, der sich von Jahr zu Jahr erheblich ändern wird.

1 Das Werden der Bundesrepublik Deutschland

Berlin 3. Oktober 1990

„Deutschland, einig Vaterland" – oder: Ein Staat und zwei Gesellschaften

„Mit dem Wirksamwerden des Beitritts der Deutschen Demokratischen Republik zur Bundesrepublik Deutschland gemäß Artikel 23 des Grundgesetzes am 3. Oktober 1990 werden die Länder Brandenburg, Mecklenburg-Vorpommern, Sachsen-Anhalt, Sachsen und Thüringen Länder der Bundesrepublik Deutschland."

So heißt es in Artikel 1 des „Vertrags über die Herstellung der staatlichen Einheit Deutschlands", kurz „Einigungsvertrag" genannt, mit dessen Inkrafttreten am 3. Oktober 1990 die Teilung Deutschlands überwunden wurde. Mit dem dadurch vollzogenen Beitritt der DDR zum Geltungsbereich des Grundgesetzes gilt nun die Wirtschafts- und Sozialordnung der alten Bundesrepublik auch auf dem Gebiet der fünf neuen Bundesländer, einschließlich des Ostteils von Berlin, der bis dahin als „Hauptstadt der DDR" fungiert hatte.

5

Mit dem Vollzug der staatlichen Einheit ist der deutsch-deutsche Vereinigungsprozeß allerdings noch nicht abgeschlossen. Die über vierzigjährige Teilung Deutschlands in zwei Staaten mit völlig unterschiedlicher Wirtschafts- und Gesellschaftsordnung hat nicht nur ein riesiges Wohlstandsgefälle zwischen den beiden ehemaligen deutschen „Halbnationen", sondern auch stark voneinander abweichende Lebensweisen, Mentalitäten, Sozialcharaktere sowie gravierende Unterschiede in der politischen Kultur hinterlassen. All dies läßt sich nicht von heute auf morgen einebnen. Auch das vereinte Deutschland wird also noch einige Zeit aus zwei Gesellschaften bestehen, die erst dann zu einem einheitlichen Ganzen zusammenwachsen werden, wenn in Gesamtdeutschland gleiche Lebensverhältnisse herrschen und dann von „Wessis" und „Ossis" keine Rede mehr sein kann.

Deutschland 1945 – „Stunde Null"?

Die „Eröffnungsbilanz" nach der bedingungslosen Kapitulation der deutschen Wehrmacht am 8. Mai 1945 sieht ein Deutschland, dessen Städte Trümmerwüsten und dessen Verkehrsverbindungen lahmgelegt waren, in dem Millionen von Flüchtlingen und Vertriebenen unterwegs waren und dessen Industrie weitgehend stillstand. Das im Hinblick auf diese Situation häufig gebrauchte Wort von der „Stunde Null" läßt in Anbetracht der vom Bombenkrieg in Schutt und Asche gelegten Städte zunächst eine totale Zerstörung des industriellen Produktionsapparates vermuten. Bei näherer Betrachtung zeigt sich allerdings, daß die industriellen Anlagen im besetzten Deutschland keineswegs völlig zerstört waren und deshalb die vielzitierte „Stunde Null" keinen wirtschaftlichen Nullpunkt markiert. Selbst 1944, auf dem Höhepunkt der alliierten Luftoffensive, wurden, um nur eine Zahl zu nennen, nur 6,5% aller Werkzeugmaschinen beschädigt. Der Rückgang der industriellen Produktion im Besatzungsgebiet ab 1945 ist also in erster Linie nicht auf die Zerstörung der Industrieanlagen zurückzuführen, sondern in viel höherem Maße auf die systematische Unterbrechung der Transportwege und Verkehrsverbindungen.

Köln 1945

Unabhängig hiervon waren die wirtschaftlichen Startbedingungen in den einzelnen Besatzungszonen sehr verschieden. Obwohl das Gebiet der Sowjetischen Besatzungszone (SBZ) – historisch bedingt wie aufgrund geringer Kriegsschäden – bei Kriegsende einen höheren Industrialisierungsgrad aufwies als Westdeutschland, wurde dieser Startvorteil kompensiert durch die viel höheren Nachkriegsverluste, welche die SBZ-Wirtschaft infolge der Demontage von Industrie- und Verkehrsanlagen durch die sowjetische Besatzung erlitt. Darüber hinaus fielen die unterschiedlichen wirtschaftspolitischen Konzeptionen der Besatzungsmächte für den weiteren Verlauf des wirtschaftlichen Wiederaufbaus in West- und Ostdeutschland entscheidend ins Gewicht. Die Sowjetunion stellte in ihrer Besatzungszone alsbald die Weichen für den Aufbau einer sozialistischen Planwirtschaft und hemmte damit im Verbund mit Demontagen und rigorosen Reparationsentnahmen aus der laufenden Produktion massiv die wirtschaftlichen Erholungs- und Wachstumspotentiale. Die anglo-amerikanischen Besatzungsmächte betrieben dagegen in ihren Zonen bereits ab 1946 (Stopp der Demontagen in der US-Zone) eine Politik des aktiven wirtschaftlichen Wiederaufbaus. Dies geschah in der Erkenntnis, daß der Aufbau einer lebensfähigen Demokratie in Deutschland, nach westlichem Vorbild und als „Bollwerk gegen den Kommunismus", nur dann eine realistische Chance auf Verwirklichung habe, wenn zuvor das wirtschaftliche und soziale Leben wieder auf eine stabile und entwicklungsfähige Grundlage gestellt würde. Im aufkommenden „Kalten Krieg", nach dem Bruch der Anti-Hitler-Koalition, war den Westmächten in nüchterner Einschätzung der weltpolitischen Lage allerdings klar, daß sich dies zunächst nur im Geltungsbereich der Westzonen verwirklichen ließ. Ihre Politik des ökonomischen Wiederaufbaus war denn auch gleichzeitig eine Weichenstellung für die Gründung eines separaten Weststaates, der späteren Bundesrepublik. Diesem Ziel diente nach der Schaffung des „Vereinigten Wirtschaftsgebietes" (amerikanisch-britische Bizone) am 1. Januar 1947 vor allem die Einbeziehung der Westzonen in das „European Recovery Program" (ERP). Nach seinem „geistigen Vater", dem US-Außenminister George C. Marshall, ist dieses Programm unter dem Namen „Marshall-Plan" bekannt. Die nach amerikanischen Planungsvorgaben durchgeführte Währungsreform vom 20. Juni 1948 setzte an die Stelle des staatlichen Bewirtschaftungssystems der Kriegs- und Nachkriegszeit eine marktwirtschaftliche Ordnung.

Die SBZ hatte mittlerweile in politischer und wirtschaftlicher Beziehung eine ganz andere Entwicklung genommen. Unmittelbar nach Kriegsende hatte die Sowjetische Militäradministration (SMAD) die Grundlagen für die Sowjetisierung von Wirtschaft und Gesellschaft gelegt. Kennzeichen davon waren der Aufbau einer zentralen Planwirtschaft, die sozialistische Umgestaltung der Eigentumsverhältnisse sowie die politische Führungsrolle der SED (1946 aus der Zwangsvereinigung aus SPD und KPD hervorgegangen). Überdies kam die SBZ nicht in den Genuß der Marshallplan-Gelder. Die Wirtschaft der SBZ war nun gegenüber der westdeutschen doppelt im Nachteil: Während diese sich in ihrem wirtschaftlichen Gesundungsprozeß auf beträchtliche Auslandshilfen stützen konnte, mußte jene allein im Rahmen der sowjetischen Reparationsentnahmen aus der laufenden Produktion bis 1953 unentgeltliche Leistungen in Höhe von fast 20 Mrd. Mark erbringen.

1.1 Das Staatsgebiet der Bundesrepublik Deutschland (nach 1949)

1948/49 arbeitete ein von den westdeutschen Länderparlamenten eingesetztes Gremium, der Parlamentarische Rat, in Bonn die Verfassung für einen westdeutschen (Teil)Staat aus. Diese sollte nach dem Willen der Westmächte die Grundlagen für einen demokratischen Staat bilden und die individuellen Rechte und Freiheiten schützen. Diese Verfassung trat als Grundgesetz der Bundesrepublik Deutschland am 23. Mai 1949 in Kraft.
Dennoch war die Bundesrepublik damit noch kein vollständig souveräner Staat, das „Besatzungsstatut" sah für die Westmächte viele Rechte vor.

Deutschland 1937, 1945, 1990

1937

1945

Amerikanischer, britischer und französischer Sektor

unter sowjetischer Verwaltung

Pommern

Ostpreußen

unter polnischer Verwaltung

unter polnischer Verwaltung

Berlin

Schlesien

A Amerikanische Zone
B Britische Zone
F Französische Zone
S Sowjetische Zone

1990

Schleswig-Holstein
Bremen
Hamburg
Mecklenburg-Vorpommern
Niedersachsen
Brandenburg
Berlin
Nordrhein-Westfalen
Sachsen-Anhalt
Hessen
Thüringen
Sachsen
Rheinland-Pfalz
Saarland
Bayern
Baden-Württemberg

Die Erfahrungen aus der Zeit der Weimarer Republik und vor allem die Phase des extremen Zentralismus in der nationalsozialistischen Zeit (1933–1945) waren der Anlaß dafür, daß bei der Neugestaltung der politischen Ordnung in der Bundesrepublik das förderative Prinzip zum Tragen kommen sollte. Zudem bestanden die westlichen Besatzungsmächte auf einer Ablösung des politischen Zentralismus. So schreibt das Grundgesetz dann 1949 als politische Ordnung den Bundesstaat vor: Neben der Bundesregierung haben die Länder eigene Gesetzgebungskompetenzen, selbständige Entscheidungsbereiche und in der Institution des Bundesrates auch eine wichtige Rolle für das Funktionieren und die Kontrolle des Systems der Gewaltenteilung. Das förderative Prinzip schafft nicht nur ein Gegengewicht zur Bundesregierung, es weist auch für die räumliche Entwicklung des Staates Chancen und Vorteile auf:
– einen dezentralisierten und damit direkteren Einfluß auf die Entwicklung in einzelnen – auch peripheren – Teilregionen,
– eine Stärkung der Funktion der Landeshauptstädte und damit des Systems der Oberzentren,
– eine Vielpoligkeit des überregionalen Verkehrsnetzes,
– die Vermeidung der (möglichen) Tendenz zum „Provinzialismus" außerhalb einer Bundesmetropole.

„Diese großen Regionalstädte boten nach dem Ausfall Berlins als Hauptstadt Grundlagen und Ansatz für die Entwicklung eines dezentralisierten Systems höchster Funktionsteilung, das im gegenwärtigen Staatengefüge der Erde ohne Beispiel ist. So konzentrieren sich die Standorte der Wirtschaftsorganisationen, Verbände und Institutionen mit höchster Zentralität für den Gesamtraum der Bundesrepublik nicht allein in und um die Regierungshauptstadt Bonn, sondern betonen durch ihre Verteilung und Gruppierung zunächst drei führende Wirtschaftszentren: Frankfurt am Main, das Hauptbanken- und Verkehrszentrum mit den meisten Werbe-, Reise- und Fremdenverkehreinrichtungen und dem größten Flughafen Mitteleuropas; Hamburg, die größte und wichtigste Außenhandels- und Hafenstadt; und in der Rhein-Ruhr-Region vor allem Düsseldorf, Sitz einer großen und zunehmenden Zahl in- und ausländischer Wirtschaftsverbände, Messen und Modeveranstaltungen.

Doch daneben rangieren andere Städte mit gesamtstaatlichen Funktionen: in erster Linie München als das wohl wichtigste kulturelle Zentrum der Bundesrepublik mit der größten Universität, zahlreichen Forschungseinrichtungen, bedeutend in Theatern, Museen und der Filmindustrie...

Faßt man das Bild der dezentralisierten höchsten Zentralfunktionen zusammen, so kommt man zu acht Hauptzentren mit alten und bedeutenden Stadtregionen. Drei davon waren historisch Freie Bürgerstädte: Hamburg, Frankfurt und Köln, fünf Territorialhauptstädte mit freilich unterschiedlicher historischer Bedeutung: München, Stuttgart, Düsseldorf, Hannover und Bonn. Alle acht führenden Städte sind in der Gegenwart als zentrale Orte hoher und höchster Ordnung zugleich Regionszentren, während industrielle Ballungsgebiete wie die Ruhr-Region keine bedeutsamen gesamtstaatlichen Führungs- oder Organisationsaufgaben gewinnen konnten."

Peter Schöller: Bundesstaatliche Ordnung – Deutsche Länder – Hauptstadtfragen. In: Geographische Rundschau 1980, H. 4, S. 139

Im Vergleich zu anderen Staaten hat die Bundesrepublik so eine relativ stabile und ausgewogene Raumstruktur entwickeln können. Das darf andererseits nicht darüber hinwegtäuschen, daß die Bundesländer selbst – in Anlehnung an historisch gewachsene Verhältnisse – von höchst unterschiedlicher Größe, Einwohnerzahl und wirtschaftlicher Leistungsfähigkeit sind (vgl. Tab. S. 262/263)

1.2 Das Staatsgebiet der DDR

Die Sowjetunion hatte zunächst versucht, die Gründung des westdeutschen Staates durch politischen und wirtschaftlichen Druck, nämlich die Berliner Blockade, aufzuhalten. Sie erreichte ihr Ziel aber nicht. Vielmehr mußte sie einse-

hen, daß sich das sozialistische System nicht in Gesamtdeutschland durchsetzen ließ. Am 7. Oktober 1949, einen Monat nach der Bildung der Bundesrepublik, erklärte sich dann der Volksrat der SBZ zur provisorischen Volkskammer (Parlament) und konstituierte damit die Deutsche Demokratische Republik. Damit war Deutschland gespalten. Ost-Berlin wurde, entgegen den alliierten Vereinbarungen, zur Hauptstadt erklärt.

Zugleich entstand aus der ehemaligen „Zonengrenze" zwischen der Bundesrepublik und der DDR eine seit 1952 „geschlossene" Grenze mit fortschreitendem Ausbau der Grenzsicherungsmaßnahmen auf seiten der DDR. Die Grenze war aber mehr als nur eine Staatsgrenze: Sie war auch die Grenze zweier politischer Machtblöcke und konkurrierender Wirtschafts- und Gesellschaftssysteme mitten in Europa. Diese Situation dauerte 41 Jahre; sie hat besonders in den Zonenrandgebieten ihre Spuren hinterlassen, hat für Städte und Regionen plötzlich Peripherie und Abseitslage bedeutet und Verkehrswege und Einzugsgebiete durchschnitten.

„Schon Anfang Juli 1945 wurde von der Sowjetischen Militäradministration (SMAD) eine Bereinigung der nicht mehr als angemessen angesehenen Gliederungsstruktur Mitteldeutschlands durchgeführt. Die Provinzen Brandenburg und Sachsen wurden zu selbständigen Ländern Brandenburg und Sachsen-Anhalt. Zum neugeschaffenen Land Brandenburg kam der Rest Vorpommerns, zum neuen Land Sachsen der Rest der früheren Provinz Schlesien. Dem neuen Lande Thüringen gliederte man den ehemals preußischen Regierungsbezirk Erfurt ein. So gab es ab Mitte 1945 fünf Länder: Mecklenburg (22 938 km²), Brandenburg (26 976 km²), Sachsen-Anhalt (24 669 km²), Thüringen (15 598 km²) und Sachsen (16 992 km²). Damit wurde auch eine Veränderung der Gemeinden und Kreise notwendig...

Während sich die ‚Kleine Verwaltungsreform' nur auf das innere Gefüge der Länder auswirkte und die größeren historischen Räume noch nicht beeinträchtigte, brachte die ‚Große Verwaltungsreform' vom April 1952 grundlegende

Veränderungen in der gesamten Verwaltungs-
struktur und vollständig neue Verwaltungsräu-
me. Diese Neugliederung hob die fünf Länder
auf und schuf statt dessen 14 Bezirke (ohne
Ost-Berlin). Die neuen Bezirksgrenzen deckten
sich nicht mit den bisherigen Ländergrenzen.
Trotzdem läßt sich eine annähernde Zuordnung vornehmen.

Entscheidend für die ‚Große Verwaltungsreform' wurden nicht Verwaltungs-, sondern
Wirtschaftsraumgrenzen. Es handelt sich also
um einen funktionsräumlichen Ansatz. Damit
verwirklichte die DDR die Forderung der marxistischen Theorie nach territorialer Ökonomie
und grundsätzlicher Identität von Verwaltungs-
und Wirtschaftsraumgrenzen. Für das gesamte Gebiet der DDR bedeutete diese Gliederung, daß neben den Bezirkshauptstädten
auch zahlreiche Mittelstädte ein stärkeres Gewicht bekommen sollten. Da sowohl die Bezirke als auch die Kreise im wesentlichen als ökonomische Einheiten gedacht waren, kommen
ihnen aufgrund ihrer Lage und Wirtschaftsstruktur besondere gesamtwirtschaftliche
Funktionen zu.“

Karl Eckart: DDR (Neubearbeitung). Stuttgart: Klett 1989, S.
50, 56

1.3 Die Situation Berlins

Schon vor Kriegsende 1944 hatten die Alliierten Sonderregelungen für die Nachkriegssitua-
tion der Hauptstadt Berlin vereinbart. Dazu gehörten vor allem die gemeinsame Besetzung
und Verwaltung sowie die Einrichtung von vier
Besatzungszonen.

Wesentlich für die weitere Entwicklung Berlins
war aber die Tatsache, daß es auf dem Territorium der SBZ / später DDR lag und die drei
Westsektoren der Stadt lediglich über Transit-
wege und Flugkorridore zu erreichen waren. So
benutzte die Sowjetunion dann auch die zeitweise Sperrung der Straßenzugänge (Blockade
1948) als politisches Druckmittel gegenüber den
westlichen Alliierten, nachdem gemeinsame
Vereinbarungen auf der Ebene der Verwaltung
und bei der Einführung der Währungsreform
nicht zustande kamen. 1949 zogen die Verfas-

sungen beider deutscher Folgestaaten jeweils
Berlin (als Gesamt-Berlin) mit ein; die der
Bundesrepublik als Bundesland, die der DDR
als „Hauptstadt der Republik". Faktisch blieb
das aber auf den jeweiligen Stadtteil beschränkt.

Die Maßnahmen der DDR, Berlin-West zunehmend zu isolieren, fanden dann 1961 im Bau
der Mauer ihren Höhepunkt. Beide Teilstädte
entwickelten sich völlig getrennt und unterschiedlich, wenngleich formell die Viermächte-
Zuständigkeit weiter bestand. Unabhängig von
der Frage, ob im Sinne des „Vier-Mächte-Status" der Stadt der Ostteil Hauptstadt der DDR
werden konnte, ist er doch in der Folgezeit in
diese Funktion hineingewachsen und hat auch
seine städtebauliche Entwicklung dadurch er-
fahren. Im zentralverwalteten Staat konzentrierte sich hier die gesamte politische und wirtschaftliche Macht, ebenso die Spitzenfunktio-
nen anderer Lebensbereiche. Zugleich wurde
Berlin-Ost zur größten Industriestadt der DDR.

Für Berlin-West war die Entwicklung kompli-
zierter und auf vielfältige Weise auch von Fördermaßnahmen der Bundesrepublik abhängig.
Die Situation läßt sich bis 1990 als politisch bedingte „Deformation" einer Großstadtentwick-
lung kennzeichnen:

„– räumlich: als isolierte Lage innerhalb des
  DDR-Territoriums ohne Möglichkeiten zum
  Flächenwachstum und ohne existentiell
  wichtige Umlandbeziehungen;
– funktional: mit dem faktischen Verlust der
  Hauptstadtfunktion und des auf diesen
  höchstzentralen Ort orientierten Einzugs-
  und Ergänzungsbereichs, verbunden mit
  einem nationalen und internationalen Be-
  deutungsverlust;
– strukturell: mit der Abtrennung der 12
  West-Berliner Bezirke vom Ostteil der
  Stadt und – damit verbunden – mit der
  Notwendigkeit, daß dieser ‚Stadtteil' nunmehr die Gesamtfunktionen einer Großstadt übernehmen und z. T. neu aufbauen
  mußte;
– städtebaulich: mit schweren Kriegszerstörungen bei der Wirtschaft, dem Verkehrs-

10

system und vor allem bei den Wohngebieten, wodurch gerade die Maßnahmen zum Wiederaufbau und zur Neukonzeption von Wohngebieten bedeutsam wurden;

- demographisch: mit der zunehmenden Überalterung des Bevölkerungsaufbaus, bedingt durch die Kriegsfolgen, die Evakuierung sowie die Abwanderung junger Menschen besonders Anfang der 50er Jahre;
- wirtschaftlich: mit dem Substanzverlust der Industrie durch Demontage, als Folge der Standortverschlechterung und der Transportwegprobleme sowie durch eine schwierige Situation auf dem Arbeitsmarkt. Hinzu kam von Anfang an die Abhängigkeit von Finanzhilfen (zunächst ERP-Mittel, dann durch die Bundesregierung) sowie eine zunehmende Markt- und Handelsverflechtung mit der Bundesrepublik."

Gerhard Fuchs: Die Bundesrepublik Deutschland. Stuttgart: Klett 1988, S, 276, 278

1.4 Neue Gesellschaftsordnungen und die Raumstruktur

Seit 1949 gab es zwei deutsche Staaten auf dem Boden des ehemaligen Deutschen Reiches. Beide entwickelten neue Grundordnungen für Gesellschaft und Wirtschaft. Beide Staaten hatten 1989 jeweils 40 Jahre Staats- und Raumentwicklung hinter sich; die unterschiedlichen Systeme gilt es nun, einander anzugleichen, wobei durch die Vereinbarungen des Einigungsvertrages die Anpassung an die Grundordnung der alten Bundesrepublik erfolgt. Wesentlichen Prinzipien dieser Grundordnungen, die auch 40 Jahre lang Einfluß auf die Raumstrukturen hatten, werden hier zum Vergleich noch einmal ausgeführt.

Die Gesellschafts- und Wirtschaftsordnung der Bundesrepublik nach 1949 knüpfte – unter dem Einfluß des demokratischen Leitbildes der Besatzungsmächte – an die freiheitlich-demokratischen Prinzipien an. Zu den entscheidenden Wertvorstellungen gehören dabei persönliche Freiheit, gleiche Aufstiegsmöglichkeiten, soziale Sicherheit und sozialer Ausgleich. Das daraus abgeleitete Grundrecht auf Privateigentum, auf private Initiative und auf freie Entscheidung im wirtschaftlichen und sozialen Bereich begründen die Wirtschaftsordnung der sozialen Marktwirtschaft.

„Sinn der sozialen Marktwirtschaft ist es, das Prinzip der Freiheit auf dem Markt mit dem des sozialen Ausgleichs zu verbinden. Damit ist bereits eine gewisse Rahmenordnung auch für räumliche Prozesse gegeben: Räumliche Freizügigkeit, eine freie Standortwahl für wirtschaftliche Betätigungen und der Wettbewerb zwischen Standorten und Regionen sind Grundelemente der räumlichen Ordnung. Der Gedanke des sozialen Ausgleichs macht aber zugleich staatliche Korrekturen im Sinn einer Verminderung des regionalen Wohlstandsgefälles und der Herbeiführung der sozialen Chancengleichheit und Sicherheit in möglichst allen Landesteilen erforderlich. Eine ganze Reihe von Faktoren trägt dazu bei, daß ein System reiner Marktwirtschaft unter den heutigen ökonomischen und technischen Bedingungen nicht die regional optimale Grundstruktur im gesellschaftlichen und wirtschaftlichen Bereich zu schaffen vermag…Der Staat – das bedeutet in diesem Zusammenhang Bund, Länder und Gemeinden – greift daher steuernd in die räumlichen Entwicklungsprozesse ein und versucht, insbesondere durch den Einsatz der öffentlichen Finanzmittel, einen Abbau oder zumindest eine Abschwächung des regionalen Gefälles zu erreichen, das in der Versorgung mit öffentlichen Leistungen, im Wirtschaftswachstum, im Arbeitsplatzangebot und in der Qualität der natürlichen Umwelt besteht."

Peter Schöller u. Adolf Karger: Europa. Fischer-Länderkunde Bd. 8, Frankfurt/M.: Fischer 1978, S. 335

In den 50er Jahren ging es in der Bundesrepublik jedoch zunächst einmal um den Wiederaufbau. Unternehmerentscheidungen und Investitionen erfuhren keine staatliche Standortlenkung und knüpften in der Regel dort an, wo schon aus der Vorkriegszeit Standortvorleistungen und Infrastruktur vorhanden waren. Innerhalb kurzer Zeit entstand so eine räumliche „Ausgangssituation", die weitgehend (mit Ausnahme des Zonenrandgebietes) das wirtschaftliche und soziale Raummuster der Vorkriegszeit widerspiegelte. Ihre Kennzeichen waren große regionale Unterschiede (Disparitäten) zwischen schnell wiedererstarkenden großstädtisch-industriellen Verdichtungsgebieten und ländlichen Regionen, von denen einige schnell hinter der allgemeinen Entwicklung zurückzubleiben drohten. Abwanderung in die Industriegebiete und Großstädte verstärkte diese regionalen Ungleichgewichte. Eine solche – bei freiem Spiel der Kräfte – anhaltende „Festschreibung" unausgewogener Lebenschancen war dann der Ansatzpunkt für die auf Gleichwertigkeit der Lebenschancen zielende Raumordnungspolitik der Bundesregierung ab Mitte der 60er Jahre. Allerdings ist die Einflußnahme des Staates bei raumordnerischen Maßnahmen beschränkt. Bis auf einige Ausnahmen, z. B. bei öffentlichen Dienstleistungen, stehen dem Staat nur indirekte Mittel, z. B. Steuervergünstigungen, zur Verfügung.

Im Gebiet der DDR trat eine nach sowjetischem Vorbild entwickelte Verfassung in Kraft, die zu einem System der Planwirtschaft führte, das sich in den entscheidenden Prinzipien von dem der sozialen Marktwirtschaft in der Bundesrepublik Deutschland unterscheidet. Seine Grundzüge:
– „Die DDR ist ein sozialistischer Staat der Arbeiter und Bauern" (Artikel 1 der Verfassung in der Fassung vom 6. 4. 1968); die staatliche und politische Macht liegt in den Händen der sozialistischen Einheitspartei SED. Nach der marxistisch-leninistischen Ideologie kommt der Kommunistischen Partei die zentrale Rolle auf allen Gebieten zu. Die SED kontrolliert und lenkt demnach auch die Wirtschaft.
– „Die Volkswirtschaft der DDR beruht auf dem sozialistischen Eigentum an den Produktionsmitteln" (Artikel 9,1). Das sozialistische Eigentum besteht als gesamtgesellschaftliches Volkseigentum, als genossenschaftliches Gemeineigentum werktätiger Kollektive, als Eigentum gesellschaftlicher Organisationen

Ökonomische Strukturzonen: Die räumliche Ausgangssituation 1956

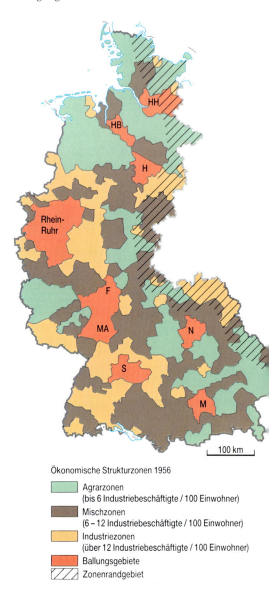

Ökonomische Strukturzonen 1956

- Agrarzonen (bis 6 Industriebeschäftigte / 100 Einwohner)
- Mischzonen (6 – 12 Industriebeschäftigte / 100 Einwohner)
- Industriezonen (über 12 Industriebeschäftigte / 100 Einwohner)
- Ballungsgebiete
- Zonenrandgebiet

der Bürger (Artikel 10,1 der Verfassung in der Fassung vom 6. 4. 1968).
– „In der DDR gilt der Grundsatz der Planung und Leitung der Volkswirtschaft sowie aller anderen gesellschaftlichen Bereiche" (Artikel 9,3). Diese Zentralverwaltungswirtschaft wird auf der Basis von 5-Jahres-Plänen verwirklicht.

Strukturzonen in der DDR 1950–1960

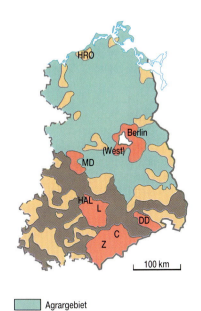

- ▢ Agrargebiet
- ▢ Mischgebiet
- ▢ Industriegebiet
- ▢ stark industrialisiertes Gebiet- Ballungsgebiet

Die unmittelbare Planungszuständigkeit des Staates für alle Bereiche des politischen und wirtschaftlichen Lebens mußte wegen der grundsätzlich andersartigen Anwendbarkeit staatlicher Mittel und Instrumente zu grundlegenden Unterschieden gegenüber der staatlichen Machtausübung in der Bundesrepublik Deutschland führen. In der DDR erlaubte die staatliche Lenkung einen Aufbau und Ausbau von Landwirtschaft, Industrie und tertiärem Sektor nur entsprechend staatlicher Vorgaben. Darüber hinaus ermöglichte es die Verfassung der DDR, im Anschluß an die Verwaltungsreform und Neugliederung der DDR (1952) den neu geschaffenen Bezirken besondere wirtschaftliche Schwerpunkte zuzuordnen. Das Resultat war die territoriale Aufgabenteilung der DDR-Industrie.

„Die Territorialplanung muß vom marxistischen Standpunkt aus Teil der Volkswirtschaftspla-

nung sein... Die Territorialplaner haben die Aufgabe, für ihr Gebiet die Entwicklung nach den übergeordneten Wirtschaftsplänen so zu steuern, daß Disproportionen nicht auftreten. In den 50er Jahren wurde das Fehlen von Industrie in den Nordgebieten der DDR als vom Kapitalismus verschuldete schwere Disproportion angesehen, ebenso die übermäßige Konzentration der Industrie und Bevölkerung im Süden. Deshalb wurden große Investitionen in den altindustrialisierten Gebieten, deren Städte an den schwersten Kriegszerstörungen litten, nicht getätigt... Die ,Überagglomeration' (zu starke Ballung) wollte man durch Deglomeration, also Verlagerung von Betrieben und Arbeitskräften in den Norden, beseitigen oder abschwächen... Es wurden in rein landwirtschaftlichen Gebieten des Nordens und Ostens einige Großprojekte aus dem Boden gestampft...
Seit Mitte der 60er Jahre ist eine Kehrtwendung in den regionalen Planungsgrundsätzen festzustellen. Das Ziel der gleichmäßigen Verteilung von Industrie und Bevölkerung über das ganze Staatsgebiet und die stiefmütterliche Behandlung der großen Städte wurden aufgegeben zugunsten einer bewußten Förderung der Konzentration vor allem in den Ballungsgebieten."

Dietmar Gohl: Deutsche Demokratische Republik. Eine aktuelle Landeskunde. Frankfurt/M.: Fischer 1986, S. 94/95

1. *Benennen Sie Unterschiede in der politischen und wirtschaftlichen Ausgangssituation beider deutscher Staaten.*
2. *In der großen Zahl und in der Verteilung der Regionalhauptstädte im Gebiet der Bundesrepublik nach 1949 wurde eine Chance für die Entwicklung einer ausgewogenen Raumstruktur gesehen. Welche Argumente gibt es dafür?*
3. *Erläutern Sie wichtige Zusammenhänge zwischen der jeweiligen Gesellschafts-/Wirtschaftsordnung und der daraus resultierenden Einflußnahme auf die Raumstruktur.*
   Welche Probleme werden sich in diesem Zusammenhang für die neuen Bundesländer ergeben?

2 Industrie

Träger des wirtschaftlichen Aufschwungs in der Bundesrepublik Deutschland war ohne Zweifel die Industrie, und ihr kommt nach wie vor das Hauptverdienst an den außenwirtschaftlichen Erfolgen zu. Dennoch sollte man die Bezeichnung „Industriestaat" differenziert sehen.

Erwerbstätige nach Wirtschaftsbereichen in %
(alte Bundesländer)

	1950	1970	1988	Prognose[1]
Land-, Forstwirtschaft, Fischerei	23,2	8,5	4,2	4
Produzierendes Gewerbe	44,5	48,8	41,1	38
Handel, Verkehr, Nachrichtenübermittl.	15,6	17,5	17,85	58
übrige Wirtschaftsbereiche (Dienstl., Staat)	16,7	25,2	36,85	

[1] Die bisher möglichen Prognosen für das Jahr 2000 beziehen sich auf das Gebiet der Bundesrepublik Deutschland bis 1990

Errechnet nach Statistische Jahrbücher der Bundesrepublik Deutschland bis 1989

Entstehung des Bruttoinlandsprodukts[1] 1988
(alte Bundesländer)

Bruttowertschöpfung[2]	2045,5 Mrd. DM
davon: Land-, Forstwirtschaft, Fischerei	1,56%
Produzierendes Gewerbe	41,86%
Handel, Verkehr, Nachrichten	14,80%
übrige Wirtschaftsbereiche	41,78%

[1] Maß für die wirtschaftliche Leistung innerhalb der Landesgrenzen
[2] Produktionswerte nach Abzug der Vorleistungen (bezogene Güter)

Errechnet nach Statistisches Jahrbuch der Bundesrepublik Deutschland 1989

Zusätzlich ist zu beachten, daß sekundärer und tertiärer Sektor eng miteinander verflochten sind: Dienstleistungsunternehmen arbeiten für die Industrie, viele Beschäftigte in der Industrie leisten Dienste und sind nicht direkt an der Produktion beteiligt. Deswegen könnte man auch in der alten Bundesrepublik Deutschland von einer „postindustriellen Gesellschaft" sprechen, also einer Gesellschaft, in der nicht mehr die Industrie den größten Anteil an der Wertschöpfung und den Erwerbstätigen hat, sondern der tertiäre Sektor. Dennoch zählt sie eindeutig zu den industrie-orientierten Staaten.

Erwerbstätige nach Wirtschaftsbereichen in der DDR 1950 bis 1988 in %

	1950	1970	1988
Land-, Forstwirtschaft, Fischerei	30,7	12,8	10,8
Produzierendes Gewerbe	42,3	48,9	47,1
Handel, Verkehr, Nachrichtenübermittlung	14,6	18,5	17,7
übrige Wirtschaftsbereiche (Dienstleistungen, Staat)	12,4	19,8	24,4

Errechnet nach Statistisches Jahrbuch der DDR, 1989

Seit Beginn der 70er Jahre war der wirtschaftliche Strukturwandel in der DDR verglichen mit der Bundesrepublik noch nicht so deutlich.

Entstehung des Bruttoprodukts[1] 1988 in der DDR

Nettoprodukt der Wirtschaftsbereiche[2]	278,4 Mrd. DM
davon: Land-, Forstwirtschaft, Fischerei	9,8%
Produzierendes Gewerbe	72,3%
Handel, Verkehr, Nachrichten	14,2%
übrige Wirtschaftsbereiche[3]	3,7%

[1] In der DDR übliche Bezeichnung für die erzeugten materiellen Güter und produktiven Leistungen; [2] Wertteil des Bruttoprodukts der DDR, abzüglich Verrechnungen für den Produktionsverbrauch; [3] bei der Kennziffer „übrige Wirtschaftsbereiche" besteht keine direkte Vergleichbarkeit zur Bundesrepublik Deutschland.

Errechnet nach Statistisches Jahrbuch der DDR, 1989

2.1 Die ererbte Standortsituation und der Neubeginn

„Not und Chaos" sind die Stichworte für die Lage Deutschlands bei Kriegsende 1945 – aber trotz aller Zerstörungen gab es nie eine „Stunde Null" der deutschen Industrie. Im April 1945 wurden immerhin noch 10% der Industrieproduktion von 1936 erreicht, Ende des Jahres waren es schon wieder zwischen 25 und 30%, ein für 1945 erstaunlicher Wert. Wie ist er zu erklären?

1. Die Aufrüstungspolitik Hitlers hatte der Produktions- und Investitionsgüterindustrie einen starken Aufschwung gebracht und zusätzlich eine Neuorientierung durch neue Großunternehmen: Während die traditionelle Großindustrie in den dreißiger Jahren stark außenwirtschaftlich orientiert war, waren die neuen Unternehmen (wie die „Reichswerke Hermann Göring") darauf bedacht, außenwirtschaftlich unabhängig zu werden. Beides hinterließ Strukturen, die sich beim Wiederaufbau der westdeutschen Industrie günstig auswirkten.

2. Die deutsche Industrie hatte erst Mitte 1944 ihr Produktionsmaximum erreicht, nachdem von 1936 bis 1943 enorme Investitionen für die Rüstungsindustrie getätigt worden waren. Erst ab Mitte 1944 wurde weniger investiert als durch Bombenangriffe zerstört! Entsprechend hoch war der Qualitätsstand der industriellen Anlagen: 1945 waren nur 45% dieser Anlagen älter als 10 Jahre – gegenüber 71% im Jahre 1935.

3. „Tatsächlich aber hatte der Bombenkrieg auf die Industrie – selbst auf die Rüstungsindustrie – die geringste Wirkung hinterlassen. Der Schwerpunkt der Bombenangriffe lag neben den Flächenbombardierungen von Wohngebieten auf Zielen im Transportsystem. Auf die Zivilbevölkerung und auf Verkehreinrichtungen fielen jeweils siebenmal mehr Bomben als auf die Rüstungsindustrie. Es ist daher nicht die Zerstörung von industriellem Anlagevermögen, sondern die Lähmung des Transportsystems für den seit Mitte 1944 eintretenden Rückgang der industriellen Erzeugung verantwortlich gewesen.

Insbesondere die Abschnürung des Kohletransports aus dem Ruhrgebiet wurde zur wichtigsten Einzelursache des endgültigen Zusammenbruchs der deutschen Kriegswirtschaft."

Werner Abelshauser: Wirtschaftsgeschichte der Bundesrepublik Deutschland 1945–1980. Frankfurt: Suhrkamp 1983. S. 21

4. Auch die Arbeitslage war bei Kriegsende nicht ungünstig, regional war sie sogar gut. Viele Deutsche waren im Krieg gefallen oder befanden sich noch in Kriegsgefangenschaft, aber wegen des Zustroms von Flüchtlingen und Vertriebenen stieg die Bevölkerung teilweise erheblich an. Allein nach Schleswig-Holstein kamen so bis 1950 850 000 Zuwanderer.

In der britischen und amerikanischen Zone lebten bereits 1946 7,2% mehr Menschen als 1939. Zahlenmäßig bestand also kein Arbeitskräftemangel, und die Überalterung vieler Beschäftigter wurde durch deren gute Ausbildungsqualität wettgemacht.

Die traditionelle industrielle Arbeitsteilung zwischen dem Westen und dem Osten Deutschlands wurde allerdings nach Kriegsende zerstört.

Die deutsche Teilung und die gewachsene industrielle Verflechtung

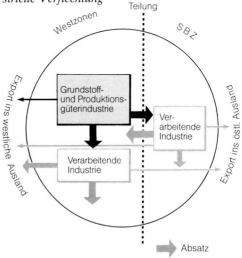

Hans-Ulrich Bender u. a.: Fundamente. Stuttgart. Klett 1989, S. 194

Anteil des Gebiets der alten Bundesrepublik Deutschland und der ehemaligen DDR am Umsatz ausgewählter Industriebranchen 1936

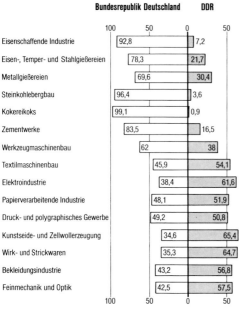

	Bundesrepublik Deutschland	DDR
Eisenschaffende Industrie	92,8	7,2
Eisen-, Temper- und Stahlgießereien	78,3	21,7
Metallgießereien	69,6	30,4
Steinkohlebergbau	96,4	3,6
Kokereikoks	99,1	0,9
Zementwerke	83,5	16,5
Werkzeugmaschinenbau	62	38
Textilmaschinenbau	45,9	54,1
Elektroindustrie	38,4	61,6
Papierverarbeitende Industrie	48,1	51,9
Druck- und polygraphisches Gewerbe	49,2	50,8
Kunstseide- und Zellwollerzeugung	34,6	65,4
Wirk- und Strickwaren	35,3	64,7
Bekleidungsindustrie	43,2	56,8
Feinmechanik und Optik	42,5	57,5

Hans-Ulrich Bender u. a.: a.a.O., S. 193

Die Entwicklung in den alten Bundesländern

Die Phase der Rekonstruktion und der neuen Weichenstellungen

Die überkommene Struktur und die regionalen Unterschiede in der *Industriedichte* (Industriebeschäftigte pro km^2) wurden durch Auflagen der Alliierten zwar modifiziert, im Kern aber weniger verändert als ursprünglich vorgesehen:
– Die *Potsdamer Konferenz* der „Großen Drei" (ohne Frankreich) sah eine weitgehende Dezentralisierung der Wirtschaft vor.
– 1946 setzte der Alliierte Kontrollrat eine Produktionshöhe von 50–55% des Jahres 1938 fest, dazu Vorgaben für „verbotene Industrien (z. B. Luftfahrt) und eingeschränkte Branchen" (z. B. Schwerindustrie).
– Demontageauflagen sollten Deutschland wirtschaftlich schwächen und der Abgeltung der Kriegsschuld durch Sachleistungen dienen. Sie wurden in den verschiedenen Besatzungszonen aber sehr unterschiedlich realisiert. Entsprechend unterschiedlich waren

auch die dadurch bedingten Eingriffe in die überkommene Standortstruktur.

In der sowjetischen Besatzungszone waren die *Demontagen* am tiefgreifendsten: Sie betrafen auch die Infrastruktur (so wurden 1000 km Eisenbahngleise abgebaut), und die *Reparationsleistungen* umfaßten bis 1953 auch Abgaben aus der laufenden Produktion. Auch in der französischen Zone wurden die Reparations- und Demontageauflagen weitgehend erfüllt.

Insgesamt aber wurde in den Westzonen der ursprünglich vorgesehene Abbau von 1800 Fabrikanlagen nur zu 30% realisiert – auch als Reaktion auf die sich verändernde weltpolitische Lage und auf die Wirtschaftskrise in den Westzonen im Winter 1946/47 und im Sommer 1947. Ursachen dafür waren der sehr kalte Winter, in dem das Transportsystem zusammenbrach und die so dringend benötigte Ruhrkohle ungenutzt auf Halde lag, sowie die Mißernten des Sommers 1947. Außerdem hatten die Flüchtlinge die Versorgungs- und Wohnungskrise verstärkt.

Rekonstruktion. Nach der Krise von 1947 galt in den westlichen Zonen der absolute Vorrang der Instandsetzung des Schienennetzes und der Förderung des Kohlenbergbaus, da man in der Verbesserung der Kohleversorgung den eigentlichen Schlüssel zur Lösung der wirtschaftlichen Probleme sah. Somit hatte die Ruhr die Hauptlast des Wiederaufbaus der Wirtschaft zu tragen. Kritisch war weniger die Fördermenge, die durch zusätzliche Arbeitskräfte erhöht werden konnte. (Schon 1947 war die Zahl der Bergleute um über ein Drittel höher als 1938). Schwieriger war die Lösung des Transport- und des Verteilungsproblems. Denn die von den Alliierten verordneten Exportquoten waren hoch und die Transportkapazitäten begrenzt.

Durchschnittliche Tagesförderung von Kohle in der Bizone in 1000 t/Tag

Jahresmittel 1936	384	Jahresmittel 1946	178
Juli 1945	60	Jahresmittel 1947	235
Dezember 1945	178	Jahresmittel 1948	287

Nach Werner Abelshauser: a.a.O., verschiedene Seiten

Eisen- und Stahlproduktion im britisch-amerikanischen Besatzungsgebiet 1936–1949 (1000 t)

Jahr	Eisenerz (FE-Gehalt)	Roheisen (insg.)	Rohstahl (Blöcke)	Walzstahlfertig-erzeugnisse
1936	1776	12552	14244	10330
1946	940	2083	2484	1943
1947	1046	2261	2952	2102
1948	1716	4610	5371	3619
1949	2153	7062	8823	6125

Werner Abelshauser: Wirtschaft in Westdeutschland 45–48. Stuttgart: Deutsche Verlagsanstalt 1975, S. 148

Nach der erfolgreichen Steigerung der Kohlenförderung hieß Rekonstruktion „Wiederherstellung der Verkehrswege" und „Konzentration aller Kräfte auf die Stahlproduktion". Die Reparatur der Schienen- und Wasserwege, die Förderung der Kohlen- und Stahlindustrie und damit die Bestätigung der zentralen Rolle des Industriereviers an der Ruhr bekräftigten erneut die *traditionelle Standortstruktur*.

Auch das marktwirtschaftliche System stärkte die traditionellen Standorte, denn sie wiesen die beste industrienahe Infrastruktur auf, sie boten die größten Fühlungsvorteile und bald wieder das beste Arbeitskräfteangebot. Sie waren deshalb nach marktwirtschaftlichen Gesichtspunkten die attraktivsten Standorte. Die *Währungsreform* (20. 7. 1948), bei der 93,5% des Reichsmarkvermögens gestrichen, der Aktien- und Immobilienbesitz aber nicht entwertet wurde, stützte ebenfalls die bisherige Struktur. Zusammen mit den hohen Abschreibungsmöglichkeiten war dies eine Starthilfe für die Industrie auf der bisherigen Basis. Der Neubeginn im Westen gelang aber nicht nur aus eigener Kraft. Zwar hatte der *Marshall-Plan* zunächst eher geringe Bedeutung, im weiteren Verlauf aber war er – ganz im Gegensatz zu den Verhältnissen in der sowjetischen Besatzungszone – mit einer Gesamtsumme von 1,56 Mrd. US-$ eine wichtige Hilfe von außen beim bereits begonnenen Wiederaufstieg der westdeutschen Industrie.

Weder die versuchte Steuerung des Flüchtlingsstroms in bisher wenig industrialisierte Räume, noch der allmähliche Ausbau der Infrastruktur ländlicher Räume konnte an der Standortkonzentration Wesentliches ändern; die Industrie nutzte vor allem die Agglomerations- und Infrastrukturvorteile der ererbten Standorte.

Neue Weichenstellungen. Merkliche und weitergehende Änderungen der Standortstruktur erfolgten nach der *„Energiewende"*.

Kohleförderung im Ruhrgebiet		*Heizölverbrauch in der Bundesrepublik Deutschland*	
1954	118,7 Mio. t	1957	6,2 Mio. t
1960	115,4 Mio. t	1960	16,0 Mio. t
1965	106,2 Mio. t	1965	45,2 Mio. t

Nachdem die Industrie seit Beginn der 60er Jahre Erdöl als Energieträger bevorzugte, verlor das Ruhrgebiet seine überragende Stellung als Basis der Industrieentwicklung. Kostengünstige *Leitungstransporte* des Öls machten die Endpunkte der Pipelines zu attraktiven Standorten, und die allgemeinen Transportvorteile der Treibstoffe gegenüber Kohle verbesserten auch die Konkurrenzfähigkeit von Räumen abseits der großen Schienen- und Wasserwege.

Erhebliche Auswirkungen hatte auch die *Verkehrspolitik*. Das früher stärker auf den West-Ost-Verkehr ausgerichtete Fernnetz der Bahn entsprach nicht den nun eindeutig Nord-Süd ausgerichteten Hauptverkehrsströmen. Von 1948 bis in die 80er Jahre wurde aber keine neue Fernstrecke gebaut, statt dessen wurden ab 1960 einzelne Strecken stillgelegt. Gleichzeitig sah die Verkehrspolitik einen großzügigen

Ausbau des Straßennetzes (und z. T. auch der Wasserstraßen) vor. Dies war nicht nur Vorbedingung und Folge der Massenmotorisierung nach amerikanischem Vorbild, sondern entsprach auch einem Prinzip der Raumordnung, das (z. B. im Bundesraumordnungsgesetz von 1965) die „Schaffung und Erhaltung gleichwertiger Lebensbedingungen" vorsah, was u. a. als Ausbau des Straßennetzes verstanden wurde. Das erweiterte Straßennetz aber beeinflußte die Standortwahl zumindest kleinerer Industriebetriebe, für die der Lkw-Verkehr die Bahn ersetzen konnte.

Brutto-Anlageinvestitionen in die Verkehrsinfrastruktur 1950–1969 (in Mio.)

Zeitraum	Eisenbahnen/ S-Bahnen	Straßen und Brücken	Eisenbahnen in % der Straßen
1950	330	500	66
1954	450	920	49
1958	6 400	26 700	24
1965–69[1]	5 280	40 240	13

[1] Im Jahresdurchschnitt

Winfried Wolf: Eisenbahn und Autowahn. Personen- und Gütertransport auf Schiene und Straße. Hamburg: Rasch und Röhring 1987. S. 147

Verkehrswegeentwicklung in der Bundesrepublik Deutschland 1950 bis 1970

	1950	1960	1970	1960 geg. 1950	1970 geg. 1960
	in Kilometer			in %	
Straßennetz insgesamt in km	346 555	368 651	432 410	+ 6	+17
Bundesautobahnen in km	2 128	2 551	4 110	+20	+61
Schienennetz insgesamt[1]	36 608	36 019	33 100	− 1,5	− 8
Schienennetz mit Pers.-Verkehr[2]	30 000	28 300	25 000	− 5,5	−11,5
Wasserwege[3]	2 800	•	4 393	•	•

[1] Einschließlich der privaten Eisenbahnen
[2] Nur Netz der Deutschen Bundesbahn
[3] Benutzte Länge von Flüssen und Kanälen

Winfried Wolf: a.a.O. S.143

Neue Fertigungsmethoden, automatische oder halbautomatische Produktionslinien verlangen meist größere Flächen pro Arbeitskraft. Viele Betriebe suchten Ergänzungsflächen. Diese aber waren häufig nicht verfügbar oder wegen der Konkurrenz von Einrichtungen des tertiären Sektors (Banken, Versicherungen, Handel) an den alten Standorten zu teuer. Deshalb kam es seit den 60er Jahren vermehrt zu Betriebsverlagerungen in das Umland oder auch in bisher wenig industrialisierte Gebiete. Es sind dies die Vorläufer einer Verlagerungsbewegung, die als *„Industriesuburbanisierung"* bezeichnet wird und ein Merkmal der Industrialisierung der frühen 80er Jahre ist.

Mit wenigen Ausnahmen (z. B. Bosch in Stuttgart) blieben aber die Hauptstandorte an ihrem angestammten Platz. Für die Schwerindustriebetriebe (z. B. an Ruhr und Saar) gab es kaum Möglichkeiten zu Standortverlagerung. Die größeren, nur im Verbund konkurrenzfähigen Einheiten blieben am alten Standort.

Verlagerung von Arbeitsplätzen des produzierenden Gewerbes zwischen den Mittelbereichen im Umlandverband Frankfurt 1970–1977/78

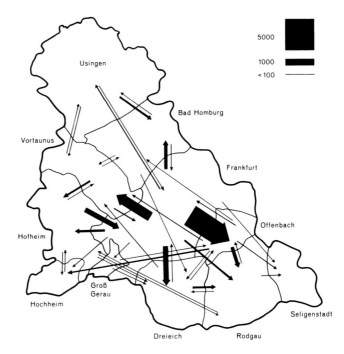

Wolf Gaebe: Verdichtungsräume. Stuttgart: Teubner 1987, S. 102

Der Wirtschaftsaufschwung. Das „Wirtschaftswunder" der 50er und frühen 60er Jahre hat mehrere Ursachen: Der Nachholbedarf aus dem Krieg war groß, und der Bedarf des Wiederaufbaus und der Rekonstruktion förderte die Produktion; das Prinzip der Sozialen Marktwirtschaft und die Zurückhaltung der Gewerkschaften wirkten sich günstig aus. In manchen Fällen empfand man im nachhinein sogar die Demontagen als Vorteil, weil die neuen Ersatzmaschinen technisch überlegen waren. Außerdem förderten die Liberalisierung des Welthandels und die beginnende wirtschaftliche Integration Westeuropas den Aufschwung. Jahrzehntelang wurden aus der Landwirtschaft Arbeitskräfte, vor allem für die Industrie, freigesetzt und auch durch Gastarbeiter ergänzt. Im produzierenden Gewerbe stiegen die Erwerbstätigenzahlen von 9,0 Mio. 1950 auf 12,5 Mio. 1960 und auf über 13 Mio. im Jahre 1970.

Daten zur wirtschaftlichen Entwicklung 1948–1953 (jeweils 4. Quartal)

Jahr	Industrieproduktion 1936 = 100	Beschäftigte Mio.	Erwerbslosigkeit v. H.	Lebenshaltung 1950 = 100	Brutto-Stundenlöhne 1950 = 100
1948	79	13,7	5,3	112	89
1949	100	13,6	10,3	105	95
1950	134	14,2	10,7	100	100
1951	146	14,6	10,2	112	–
1952	158	15,0	10,1	110	124
1953	174	15,6	8,9	107	128

Werner Abelshauser: Wirtschaftsgeschichte der Bundesrepublik Deutschland 1945–1980. Frankfurt: Suhrkamp 1983, S. 64. gekürzt

Wachstumsraten des realen Pro-Kopf-Sozialprodukts in % (jährl. Durchschnitt 1950–1965)

Bundesrepublik Deutschland	5,6
USA	2,0
Großbritannien	2,3
Frankreich	3,7
Schweden	2,6

Werner Abelshauser: a.a.O., S. 101

fang der fünfziger Jahre im Erscheinungsbild der wirtschaftlichen Entwicklung nicht ins Auge fielen, traten nun akzentuiert hervor. Gleichzeitig geriet die Stabilität des Geldwertes in Gefahr. Verteilungskämpfe von bis dahin unbekannter Schärfe brachen aus. Das soziale Klima wurde frostig."

Werner Abelshauser: a.a.O., S. 98

Entstehung des Bruttoinlandsprodukts

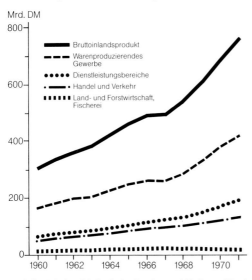

Nach Statistisches Jahrbuch der Bundesrepublik Deutschland 1972, S. 503

Konjunkturzyklen in der Bundesrepublik Deutschland: Jährliche Veränderung des realen Sozialprodukts (nach Abzug der Preissteigerungen)

Datengrundlage: Angaben aus dem Statistischen Bundesamt

„In der ersten Hälfte der sechziger Jahre mehrten sich die Anzeichen dafür, daß die besonderen Wachstumsbedingungen der westdeutschen Nachkriegswirtschaft ausliefen. Politiker und Wissenschaftler wiesen in zunächst noch vagen Worten auf das ‚Ende der Nachkriegszeit' hin. Sie hatten so unrecht nicht.
Das Arbeitskräftepotential war ausgeschöpft, der ‚technische Fortschritt' nicht mehr beliebig umsetzbar, die Kapitalproduktivität hatte deutlich abgenommen. Die gesamtwirtschaftliche Wachstumsrate sank auf eine Größenordnung, die sich als Annäherung an den langfristigen Wachstumspfad der deutschen Wirtschaft interpretieren läßt. Das Wirtschaftswachstum verlor zusehends an Stabilität, d. h. Schwankungen um den Wachstumstrend, die seit An-

1. *Nennen Sie Gründe für den raschen industriellen Wiederaufbau in den Westzonen.*
2. *Beschreiben Sie die traditionelle industrielle Arbeitsteilung zwischen dem Westen und dem Osten Deutschlands und die Auswirkungen der deutschen Teilung.*
3. *Welche Faktoren sprachen für den Aufbau gemäß dem bisherigen Standortmuster?*
4. *Nennen Sie die neuen Weichenstellungen und schätzen Sie deren Folgen ab.*
5. *Werten Sie die Tabellen S. 18 im Hinblick auf Investitionen während verschiedener Zeiträume aus, und nennen Sie Folgerungen für die industrieräumliche Struktur in der Bundesrepublik Deutschland 1970.*
6. *Nennen Sie wichtige Grundlagen des „Wirtschaftswunders".*

20

Die Entwicklung in den neuen Bundesländern

Das Gebiet der DDR umfaßte mit 23% knapp ein Viertel des deutschen Staatsgebietes in den Grenzen von 1937. Die räumliche Struktur der Industrie war bei Kriegsbeginn durch ein historisch gewachsenes Süd-Nord-Gefälle gekennzeichnet. Merkmale der räumlichen und strukturellen Unterschiede waren:
- bedeutende zweigliche und regionale Differenzierungen,
- beachtliche Produktivitätsunterschiede zwischen den verschiedenen Industriegebieten und -zweigen und
- starke Unterschiede im wirtschaftlichen und sozialen Niveau zwischen den Industrie- und Agrargebieten.

Bis zum Zweiten Weltkrieg war das Gebiet der neuen deutschen Bundesländer annähernd so stark industrialisiert wie das alte Bundesgebiet. Unterschiede gab es u. a. in der Branchenstruktur. Überdurchschnittliche Anteile bestanden z. B. in der Textilindustrie, der Chemischen Industrie und im Maschinenbau, weit unterdurchschnittliche dagegen im Bergbau und im Grundstoffbereich, vor allem in der eisenschaffenden Industrie (vgl. 16). Mit der Maxhütte Unterwellenborn bei Saalfeld existierte 1945 nur ein Betrieb der Roheisenerzeugung mit vier veralteten Hochöfen. Besonders die ungünstige Situation innerhalb der Bauwirtschaft wirkte sich erschwerend beim Wiederaufbau der kriegszerstörten Wirtschaft nach 1945 aus (vgl. Abb. S. 16).

Die Nachwirkungen des Zweiten Weltkrieges beim Wiederaufbau

In der sowjetischen Besatzungszone wurden im Jahr 1945 durch Beschluß des Alliierten Kontrollrates Landes- und Provinzialverwaltungen gebildet. Aus ihnen gingen fünf Landesverwaltungen hervor, die den 1990 neugebildeten fünf Ländern entsprachen. Wesentliche politische, ökonomisch- und sozialgeographische Veränderungen wurden bereits im Herbst 1945 durch die einsetzende Bodenreform eingeleitet.

Von 1946 bis 1948 wurden auch alle industriellen Großbetriebe und ehemaligen Rüstungsbetriebe entschädigungslos enteignet. Die Überführung in Volkseigentum oder in den vorübergehenden Status sowjetischer Aktiengesellschaften veränderte in erheblichem Maße die sozialökonomische Struktur in der Industrie der sowjetischen Besatzungszone. Mit dem von der Deutschen Wirtschaftskommission zentral geleiteten Wiederaufbau der stark zerstörten Wirtschaft erhöhte sich der Anteil der Volkseigenen Betriebe (VEB) an der Industrieproduktion von rund 37 Prozent (1947) auf fast 47 Prozent (1949).

Kapazitätsverlust einiger Industriezweige der sowjetischen Besatzungszone 1945–1949 durch Demontagen in %

Industriezweig	Kapazitätsverlust (%)
Walzwerke	82
Eisenschaffende Industrie (ohne Gießereien)	80
Hohlziegelerzeugung	75
Dachsteinindustrie	45
Zementindustrie	45
Papiererzeugung	45
Elektroindustrie	35
Textilindustrie	25
Zuckererzeugung	25
Braunkohlenbergbau	20
Brikettfabriken	19
Gesamtindustrie, einschließlich Bergbau, aber ohne Nahrungs- u. Genußmittelindustrie	43

Hofmeier: Entwicklung der Wirtschaft Mitteldeutschlands. Köln 1968, S. 194

Von Beginn an erfolgte der Wiederaufbau der DDR-Wirtschaft auf der Grundlage staatlicher Wirtschaftspläne nach dem Muster der zentralen Planwirtschaft in der Sowjetunion.

Zunächst ging es darum, das schwerindustrielle Fundament der Industrie auf- und auszubauen und die in entscheidenden Bereichen der Industrie vorhandenen Mißverhältnisse durch Wieder- bzw. Neuaufbau zu überwinden. Die Unternehmen der Verarbeitenden Industrie waren von ihren traditionellen Bezugsquellen für Rohstoffe und Halbfabrikate ebenso abgeschnitten wie von ihren wichtigsten Absatzmärkten (vgl. Abb. S. 15). Kapazitätsverluste durch Kriegseinwirkungen und Reparationen in Form von Demontage wichtiger Industriebetriebe (geschätzter Gesamtwert 5 Mrd. Mark; Bundesministerium für innerdeutsche Beziehungen 1985, S. 1121), Abbau von 1000 km Eisenbahngleisen und Reparationen in Form von Bodenschätzen ohne zeitliche Begrenzung (Uranerz bis 1990) verstärkten diese Tendenz.

Hinzu kamen Autonomiebestrebungen und die fortschreitende Einbindung der DDR in das Wirtschaftssystem des Rates für gegenseitige Wirtschaftshilfe (Mitglied im RGW seit 1950). Die wirtschaftspolitische Konsequenz in den 50er Jahren war der Ausbau der Energie- und Grundstoffindustrie zu Lasten der Verbrauchsgüterbranchen.

Die extensive Aufbauphase der Industrie in den 50er und 60er Jahren

Merkmale extensiver und intensiver Standortverteilung

extensiv	intensiv
Schaffung neuer Standorte und Standortkomplexe	Rationalisierung des bestehenden Standortgefüges bei der Produktion
Herausbildung neuer Städte und Zentren der Arbeiterklasse und der Produktion	keine Erweiterung des Siedlungsnetzes und reduziertes Wachsen der Städte bei Erhöhung ihrer ökonomischen und sozialen Führungskraft
Erweiterung des Einsatzes territorialer Ressourcen und der Kapazitäten der Infrastruktur	Erhöhung des Nutzungsgrades der territorialen Ressourcen und der Infrastruktur
Erweiterung des Eingriffs in das Naturmilieu bei tendenziell wachsender Umweltbelastung	Rationelle Gestaltung des Stoffwechsels zwischen Natur und Gesellschaft bei sparsamer Verwendung der Naturressourcen und wirksamem Schutz der Umwelt
Ausdehnung der territorialen Verflechtung durch fortschreitende territoriale Arbeitsteilung	Rationelle Gestaltung der territorialen Verflechtung durch verstärkte nahräumliche Bindung
Dominanz des nationalen Aspekts bei der Schaffung einer sozialistischen Territorialstruktur	Wachsende Bedeutung der territorialen Arbeitsteilung im RGW für die nationale Standortverteilung

Gerhard Kehrer: Übergang zur intensiv erweiterten Reproduktion der Volkswirtschaft in der DDR. In: Zeitschrift für den Erdkundeunterricht 36, 1984, S. 6 (gekürzt)

Mit dem 1. Fünfjahresplan (1951–1955) sollte die Industrieproduktion gegenüber 1951 auf 192,3% gesteigert werden. Gleichzeitig sollte der Gegensatz Stadt – Land abgebaut und Industriebetriebe vorrangig in jenen Gebieten neu angesiedelt werden, die bislang wenig industrialisiert waren. Das Schwergewicht der industriellen Entwicklung lag auf dem Auf- und Ausbau der Metallurgie und des Schwermaschinenbaus. Wichtigstes Neubauvorhaben war der Aufbau des Eisenhüttenwerkes Ost. Damit wurden bedeutende Veränderungen sowohl in den Branchen als auch regional eingeleitet.

In dieser extensiven Entwicklungsphase der Schwerindustrie war es erklärtes Ziel der SED-Regierung, „die Entwicklung einer gegen imperialistische Störeinflüsse abgesicherten Volkswirtschaft" zu erreichen. Der wirtschaftspolitische Kurs verfolgte in erster Linie mengenmäßige Produktionsziele, die sogenannte „Tonnenideologie", fast ohne Rücksicht auf die Qualität der Produkte. Die Konsumgüter- und Lebensmittelindustrie, eine wesentliche Voraussetzung zur besseren Versorgung der Bevölkerung, wurde dabei bewußt vernachlässigt.

22

Bedeutende Neubauvorhaben und Betriebserweiterungen im industriellen Bereich der DDR 1958–1980

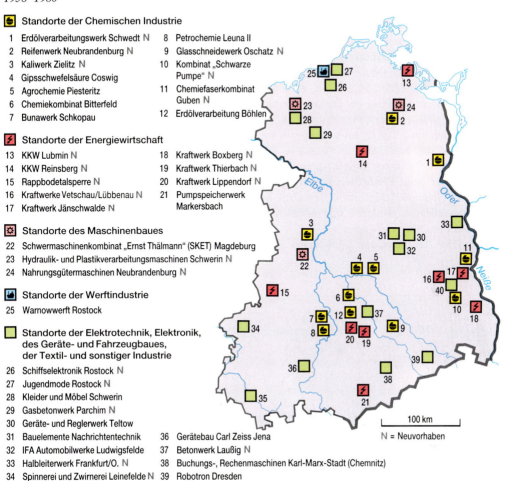

Standorte der Chemischen Industrie

1 Erdölverarbeitungswerk Schwedt N
2 Reifenwerk Neubrandenburg N
3 Kaliwerk Zielitz N
4 Gipsschwefelsäure Coswig
5 Agrochemie Piesteritz N
6 Chemiekombinat Bitterfeld
7 Bunawerk Schkopau

8 Petrochemie Leuna II
9 Glasschneidewerk Oschatz N
10 Kombinat „Schwarze Pumpe" N
11 Chemiefaserkombinat Guben N
12 Erdölverarbeitung Böhlen

Standorte der Energiewirtschaft

13 KKW Lubmin N
14 KKW Reinsberg N
15 Rappbodetalsperre N
16 Kraftwerke Vetschau/Lübbenau N
17 Kraftwerk Jänschwalde N

18 Kraftwerk Boxberg N
19 Kraftwerk Thierbach N
20 Kraftwerk Lippendorf N
21 Pumpspeicherwerk Markersbach

Standorte des Maschinenbaues

22 Schwermaschinenkombinat „Ernst Thälmann" (SKET) Magdeburg
23 Hydraulik- und Plastikverarbeitungsmaschinen Schwerin N
24 Nahrungsgütermaschinen Neubrandenburg N

Standorte der Werftindustrie

25 Warnowwerft Rostock

Standorte der Elektrotechnik, Elektronik, des Geräte- und Fahrzeugbaues, der Textil- und sonstiger Industrie

26 Schiffselektronik Rostock N
27 Jugendmode Rostock N
28 Kleider und Möbel Schwerin N
29 Gasbetonwerk Parchim N
30 Geräte- und Reglerwerk Teltow
31 Bauelemente Nachrichtentechnik
32 IFA Automobilwerke Ludwigsfelde
33 Halbleiterwerk Frankfurt/O. N
34 Spinnerei und Zwirnerei Leinefelde N
35 Rechenelektronik Meiningen

36 Gerätebau Carl Zeiss Jena
37 Betonwerk Laußig N
38 Buchungs-, Rechenmaschinen Karl-Marx-Stadt (Chemnitz)
39 Robotron Dresden
40 Textilkombinat Cottbus N

100 km

N = Neuvorhaben

Mit dem 2. Fünfjahresplan (ab 1956) erfolgten der verstärkte Ausbau der Energiewirtschaft und die Erschließung neuer Braunkohlenlagerstätten. Dazu beschloß die Regierung 1957 das Kohle-Energieprogramm, in dem spezielle Maßnahmen zur Inbetriebnahme neuer Tagebaue zum Aufbau von Kraftwerken enthalten waren. Damit erfolgte die Verlagerung des Schwerpunktes des Braunkohlenbergbaus und der Elektroenergieerzeugung aus dem Raum Halle–Leipzig in die Niederlausitz.
Im Rahmen der sich vertiefenden Zusammenarbeit zwischen den Ostblockstaaten, insbeson-

dere zwischen der DDR und der UdSSR, erfolgten in den sechziger Jahren der extensive Ausbau und die Strukturveränderungen der chemischen Industrie. Zu der auf einheimischer Rohstoff- und Energiegrundlage basierenden Kohle- und Salzchemie kamen Zweige der Petrochemie an den Standorten Schwedt, Leuna und Böhlen, wofür Erdöl aus der UdSSR über die 1963 fertiggestellte Erdölleitung „Freundschaft" und den neuen Ölhafen Rostock sowie auf dem Schienenweg importiert wurde.
Mit der Einbindung in das sowjetische Wirtschafts- und Gesellschaftssystem waren der

DDR feste Rahmenbedingungen für die industrielle Entwicklung gesetzt, die eine eigenständige Entwicklung nur in engen Grenzen ermöglichte.

Seit Mitte der sechziger Jahre hatte die DDR im Rahmen der Kooperation mit den Ostblockstaaten in wachsendem Maße Aufgaben im Bereich der verarbeitenden Industrie zu erfüllen. Dies betraf in erster Linie die Elektrotechnik/ Elektronik und den Gerätebau (einschließlich Feinmechanik und Optik) sowie ausgewählte Zweige des Maschinenbaus, insbesondere des Werkzeugmaschinenbaus. Damit waren Erweiterungen und neue Produktionsschwerpunkte sowie die Neuansiedlung dieser Branchen in den südwestlichen, mittleren und nördlichen Regionen der DDR verbunden.

Gegen Ende der sechziger Jahre zeigte sich deutlich, daß durch die einseitige extensive Erweiterung der Industrie die Disparitäten in der Branchenstruktur bestehen blieben und eine planmäßige Verbesserung der Infrastruktur unterblieb. Besonders problematisch für die DDR-Wirtschaft waren auch die weiter bestehenden starken regionalen Disparitäten in der industriellen Standortstruktur. Trotz wirtschaftspolitischer Bemühungen, die Nordregionen zu industrialisieren, konnte das traditionelle Süd-Nord-Gefälle wenig gemildert werden.

Die politischen, wirtschafts- und sozialgeographischen Strukturveränderungen der 50er und 60er Jahre erfolgten vor allem in den altindustrialisierten Verdichtungsgebieten. Dabei wurden die Vorteile und Möglichkeiten der historisch gewachsenen regionalen Strukturen konsequent genutzt.

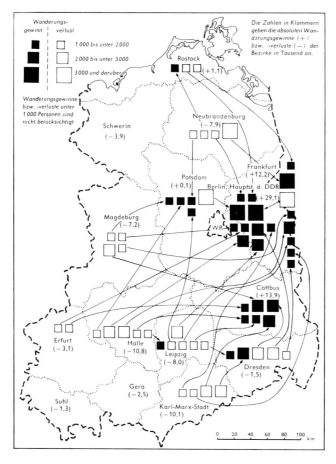

Wanderungsgewinne bzw. -verluste aus der Wanderungsbewegung zwischen den Bezirken der DDR 1963 bis 1965

Autorenkollektiv: Ökonomische Geographie der DDR. Gotha: Haack 1969, S. 97

24

Jene Regionen, die vorrangig entwickelt werden sollten, erhielten eindeutige wirtschaftliche Schwerpunkte, so z. B.

- das Industriegebiet Rostock: See- und Hafenwirtschaft, einschließlich Schiffbau und Fremdenverkehr,
- die Industriegebiete Schwedt, Frankfurt (Oder), Eisenhüttenstadt: Eisenmetallurgie, chemische Industrie, Elektronik, stadtnahe Landwirtschaft, Fremdenverkehr,
- das Industriegebiet Niederlausitz: Energie- und Brennstoffindustrie.

Wo keine industrielle Entwicklung geplant oder eingeleitet wurde, erfolgte auch keine Entwicklung der Siedlungs- und Infrastruktur. Bevölkerungsabwanderungen aus den strukturschwachen Regionen waren die unvermeidliche Folge.

Der Konzentrationsgrad der Industrie in der DDR war auffallend hoch. Aufgrund des Bestrebens nach Zentralisierung und Konzentration der Leitung der Produktion war die Entwicklung der Industrie in der DDR mit einer ständigen Reduzierung der Anzahl der selbständigen Industriebetriebe verbunden. Dieser Prozeß verstärkte sich seit Anfang der 70er Jahre durch die Umwandlung noch bestehender halb-

staatlicher und privater Betriebe in Volkseigene Betriebe bzw. durch die zunehmende Bildung von Industriekombinaten.

Industriebetriebe in der DDR

Jahr	Private und halb-staatliche Betriebe	Volkseigene Betriebe
1956	12 422	18 200
1960	10 913	16 038
1971	8 634	11 253
1989	–	3 408

Statistische Jahrbücher DDR, verschiedene Jahrgänge

In den achtziger Jahren wurden die volkseigenen Betriebe mit 19 400 Produktionsstätten und 2,9 Millionen Arbeitern und Angestellten zu Kombinaten zusammengefaßt, die praktisch die gesamte Industrieproduktion auf sich vereinigten. Das Rückgrat bildeten die 126 zentralgeleiteten Kombinate der Industrie mit einer durchschnittlichen Größe von 21 000 Beschäftigten. Lediglich 7 Prozent der Industriebeschäftigten entfielen auf die 95 kleineren bezirksgeleiteten Kombinate mit einer Betriebsgröße von über 2000 Beschäftigten.

Kombinate der Industrie

Jahr	Anzahl der Kombinate	Anteil der Kombinate im Bereich der Industrieministerien bzw. der Wirtschaftsräte der Bezirke			
		an d. Anzahl der Arbeiter u. Angestellten	an der industriellen Warenproduktion	an der Produktion v. Fertigerzeugnissen f. d. Bevölkerung	am Export
		Zentralgeleitete Kombinate (durchschnittl. 21 000 Beschäftigte, 20–40 Einzelbetriebe)			
1970	35	33	33	6	38
1980	130	98	99	97	99
1982	133	98	100	100	99
1985	129	98	100	100	100
1988	126	98	100	100	100
		Bezirksgeleitete Kombinate (durchschnittlich >2000 Beschäftigte)			
1982	93	93	94	97	88
1985	95	95	95	97	96
1988	95	95	95	97	96

Statistisches Taschenbuch der Deutschen Demokratischen Republik 1989, S. 45, verändert und ergänzt

Aufbau eines Kombinats

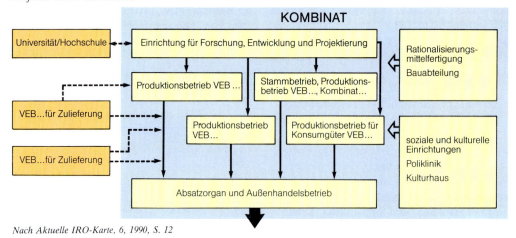

Nach Aktuelle IRO-Karte, 6, 1990, S. 12

Die zehn größten zentralgeleiteten Industriekombinate (Stand 1989)

Name des Kombinates	Anzahl der Betriebe	Anzahl der Arbeitsstätten	Zahl der Beschäftigten	Industriezweig
VEB Kombinat Baumwolle Karl-Marx-Stadt	25	743	69 920	Textilindustrie
VEB Kombinat Carl Zeiss Jena	24	185	69 500	Feinm. u. Optik
VEB Kombinat Robotron Dresden	21	465	69 000	Elektrotechnik, Elektronik
VEB Mikroelektronik Erfurt	20	255	58 700	Elektrotechnik, Elektronik
VEB Kombinat Fortschritt Landmaschinen-bau, Neustadt	29	253	58 000	Landmaschinenbau
VEB Schiffbau Rostock	19	186	58 000	Schiffbau
VEB Kombinat Automatisierungsbau Berlin	25	267	56 000	Elektrotechnik, Elektronik
VEB Braunkohlenkombinat Senftenberg	29	184	55 000	Braunkohlenbergbau
VEB IFA-Kombinat Pkw Karl-Marx-Stadt	30	165	55 000	Fahrzeugbau
VEB IFA-Kombinat Nutzkraftwagen Lud-wigsfelde	20	156	55 000	Fahrzeugbau

Industrieberichterstattung 1989

Ein Kombinat der zentralgeleiteten Industrie bestand im Durchschnitt aus 13 Betrieben mit rund 140 Arbeitsstätten, davon rund 90 Produktionsstätten und rund 50 übrige Arbeitsstätten. (Produktionsstätten sind wirtschaftsorganisatorische Einheiten, die aus einer zusammenhängenden, in sich geschlossenen Betriebsfläche bestehen und in der die Beschäftigten eine bestimmte Produktionstätigkeit durchführen.)

Einer Untersuchung des Ifo-Instituts zufolge entfielen in der DDR 1988 durchschnittlich 893 Arbeiter und Angestellte auf einen Industriebetrieb, gegenüber nur 190 in der Bundesrepublik. Das weitgehende Fehlen eines mittelständischen Unter- und Mittelbaus gilt als eine der Ursachen für die mangelnde Flexibilität in der industriellen Fertigung der Industrieproduktion der DDR.

26

Der Anschluß der ehemals nicht Volkseigenen Betriebe an Kombinate führte zu einer starken räumlichen und technologischen Aufgliederung des industriellen Fertigungsprozesses innerhalb der Branchen. In den kleineren Betrieben war dadurch die Arbeit auf einseitige Fertigungstechniken beschränkt. Folgen dieser sehr einseitigen betrieblichen Spezialisierung waren oft die Trennung von Produktions- und Forschungsabteilungen, Fehlen wissenschaftsintensiver Bereiche, Abbau sozialer Rangstufen, Verarmung des Berufsbildes und damit Abwanderung von qualifizierten Fachkräften.

Hinzu kommt, daß Zuliefer- und Abnehmerbetriebe räumlich meist getrennt waren, oft durch erhebliche Entfernungen. Die Kombinate versuchten, ihre Probleme beim Bezug von Vorprodukten, Teilen und Zubehör durch Übernahme der vorgelagerten Fertigungen in das eigene Unternehmen zu lösen. Gleiches gilt für die von den Unternehmen benötigten Dienstleistungen. Besonders ungünstig wirkte sich das hohe Alter (Gebäude und Ausrüstungen) der Industrieanlagen aus. Entsprechende Investitionen in die Industrie und deren Infrastruktur wurden fast ausschließlich auf die Stammbetriebe der Kombinate konzentriert.

2.2 Der heutige Stand: Die Struktur der Industrie in der Bundesrepublik Deutschland

Die Entwicklung der DDR in den siebziger und achtziger Jahren

Aus den Erfahrungen der extensiven Industrieentwicklung, der Überbetonung der Schwerindustrie und der Überbeanspruchung der natürlichen Ressourcen begannen Anfang der 70er Jahre die Versuche, die Industrieentwicklung zu intensivieren. *Intensivierung* der Industrieproduktion bedeutete, traditionelle Standorte vermehrt auszubauen und die vorhandenen Agglomerationsvorteile konsequenter zu nutzen.

In den 70er Jahren führten jedoch die auf dem Weltmarkt rapide gestiegenen Preise, insbesondere für Erdöl, zur Verschlechterung der „terms of trade". Unter diesen neuen äußeren Bedingungen und den wachsenden Autarkiebestrebungen der DDR gewann die einheimische Braunkohle erneut wachsende Bedeutung und wurde folglich umfangreicher und extensiver genutzt.

1. *Fassen Sie die entscheidenden Maßnahmen und Ergebnisse der extensiven Aufbauphase der Industrie in den 50er und 60er Jahren zusammen und erläutern Sie deren raumprägenden Charakter.*
2. *„Nur durch optimale Ausnutzung und Erweiterung bestehender Produktionsanlagen kann unsere Industrie große Wachstumsimpulse erlangen." Ordnen Sie das Zitat eines Kombinatsdirektors zeitlich ein, und erklären Sie die darin enthaltene Position.*
3. *Erläutern Sie anhand der Abb. S. 26 den Aufbau eines Kombinats und die politökonomischen Ziele der Kombinatsbildung.*
4. *Welche Folgen hatte das Fehlen eines mittelständischen Unterbaus und die fehlende räumliche Zuordnung der verschiedenen Einzelbetriebe eines Kombinats auf industrielle Fertigung und Konkurrenzfähigkeit?*

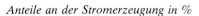

Anteile an der Stromerzeugung in %

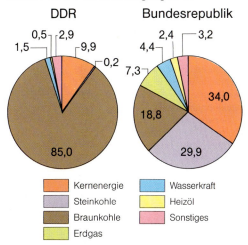

Nach Aktuelle IRO-Karte, 6, 1990

Primärenergieverbrauch in der Bundesrepublik und der DDR
Anteil der Energieträger in % und Gesamtverbrauch in Mio. t SKE

| | alte Bundesländer | | | DDR/neue Bundesländer | | |
	1979	1989	1990[1]	1979	1989[1]	1990[1]
Mineralöl	51,0	40,0	40,9	20,0	13,6	17,1
Steinkohlen	18,4	19,2	18,9	7,0	4,2	3,1
Braunkohlen	9,3	8,5	8,2	62,0	68,4	68,6
Erdgas	16,0	17,1	17,5	7,0	9,3	8,6
Kernenergie	3,3	12,6	12,2	3,0	4,1	2,1
Wasserkraft, sonstige	2,0	2,6	2,3	1,0	0,4	0,5
Insgesamt Mio. t SKE	412,0	382,8	389,0	120,5	128,2	105,0

[1] vorläufige Werte

Nach DIW: Vierteljahresheft 4/1989 und Revier und Werk, Februar 1991

Bereits bestehende Energieversorgungsprobleme wurden durch die Erdölkrise der 70er Jahre verschärft. In verstärktem Umfang wurde einheimische Braunkohle zur Elektroenergieerzeugung eingesetzt und die Förderung von 261 Mio. t 1970 auf 312 Mio. t 1988 gesteigert. Neue Braunkohlenkraftwerke wurden in der Niederlausitz gebaut (Boxberg bei Weißwasser mit 3520 MW und Jänschwalde bei Cottbus mit 3000 MW). Ebenfalls wurden vorhandene Feuerungsanlagen von Heizöl auf Braunkohle umgestellt. Zusätzlich wurde die Kernenergiegewinnung weiter ausgebaut.

„Nutzung heimischer Rohstoffe" heißt die Devise, und sie bedeutet die Notwendigkeit, neue Techniken der Kohlenchemie zu entwickeln.
Anfang der 80er Jahre gingen etwa 65% des industriellen Investitionsvolumens in die Grundstoffindustrie, darunter mehr als 40% in den Braunkohlenbergbau und in die Energiewirtschaft.
Ein weiterer Schwerpunkt der Investitionstätigkeit war die Mikroelektronik. Seit Mitte der 70er Jahre hatte man mit umfangreichen Investitionen und hoher Intensität an der Entwicklung gearbeitet, ohne den internationalen Stan-

Betriebe, Beschäftigte und Warenproduktion[1] der Industrie nach Industriebereichen[2] in der DDR

| Industriebereich | 1980 | | 1989 | | industrielle Warenproduktion in Mrd. Mark |
	Betriebe	Arbeiter, Angestellte 1000	Betriebe	Arbeiter, Angestellte 1000	
Energie- und Brennstoffindustrie	51	210	50	228	39,9
Chemische Industrie	357	340	231	332	97,1
Metallurgie	38	131	43	136	46,7
Baumaterialienindustrie	246	95	130	92	11,2
Wasserwirtschaft	16	23	16	27	3,2
Maschinen- und Fahrzeugbau	1562	927	1152	962	114,5
Elektrotechnik, Elektronik, Gerätebau	388	432	296	459	51,6
Leichtindustrie	1401	490	715	485	56,9
Textilindustrie	332	229	162	215	34,1
Lebensmittelindustrie	640	276	579	275	83,8
Insgesamt	5031	3153	3374	3211	538,7

[1] Industrieabgabepreise; [2] nach der Systematik der Volkswirtschaftszweige der DDR

Nach Statistischem Jahrbuch der Bundesrepublik Deutschland 1990, S. 646–649

dard zu erreichen. Heute kämpfen die Betriebe der Mikroelektronik ums Überleben, da ihre Produkte auf dem Weltmarkt zu teuer und technisch nicht voll konkurrenzfähig sind.

Die insgesamt sehr einseitige Investitionspolitik entsprang immer wieder einem wirtschaftlichen Autarkiebestreben, das durch Embargo-Maßnahmen und Importverbote von Hochtechnologien aus Westeuropa, USA und Japan gefördert wurde. Sie führte zu einer Vernachlässigung anderer Industriezweige. Die Dominanz der genannten Neu- und Erweiterungsinvestitionen verhinderte in der Mehrzahl der Industriebranchen die Modernisierung der vorhandenen Anlagen und technischen Ausrüstungen.

Mit etwa 1,5% des Volumens waren auch die Investitionen für den Umweltschutz in der Industrie zu gering. Entsprechend erhöhten sich die Umweltbelastungen.

Auch die räumliche Verteilung der Investitio-
nen in der Industrie in den 80er Jahren spiegelt diese einseitige Entwicklung wider. 31% der Industrieinvestitionen flossen in die Bezirke Cottbus und Halle (bei 22% Anteil an der Industrieproduktion). Demgegenüber erhielten die hochindustrialisierten sächsischen Bezirke Dresden und Chemnitz zusammen nur 18% des Investitionsvolumens (bei 24% Industrieproduktion). Erheblich unter dem Anteil an der Industrieproduktion der DDR lagen auch die Investitionsanteile in den Bezirken Schwerin, Neubrandenburg, Potsdam, Magdeburg und Suhl.

Für die gesamte DDR-Industrie gilt, daß sie einen erheblich höheren Besatz an Arbeitskräften brauchte als die Bundesrepublik. Bezogen auf die Produktion war er nahezu doppelt so hoch. Die Arbeitsproduktivität wurde damit auf weniger als die Hälfte des bundesdeutschen Niveaus veranschlagt. Die Situation hat sich allerdings noch weiter verschlechtert.

Gebiete hoher Industriedichte in der DDR (Stand 1985)[1]

Gebiet	Industriebeschäftigte	Fläche (km²)	Ind. besch./km²
Ballungsgebiete			
Chemnitz–Zwickau	635 000	6 450	98
Halle–Leipzig–Dessau	635 000	6 970	91
Dresden/Oberes Elbtal	285 000	2 293	124
Berlin–Potsdam	317 000	1 408	225
Industriegebiete			
Thüringer Wald	333 000	4 051	82
Magdeburg	211 000	2 478	85
Oberlausitz	164 000	2 398	68
Südthüringen	155 000	2 957	52
Niederlausitz	151 000	2 188	69
Industriekreise			
Eisenhüttenstadt–Frankfurt/O.–Schwedt	54 000	278	194
Rostock–Stralsund–Greifswald–Wismar–Schwerin–Neubrandenburg	163 000	527	309
Verdichtungsräume der hohen Industriedichte insgesamt	3 127 000	32 008	98
relativ (in %) für das Gebiet der neuen Länder	76,7%	29,5%	258%

[1] Die Abgrenzung der Verdichtungsräume erfolgt nach der Industriedichte, die im Mittel über dem Gesamtgebiet liegt.

Index der industriellen Bruttoproduktion nach Industriebranchen (1970 = 100)

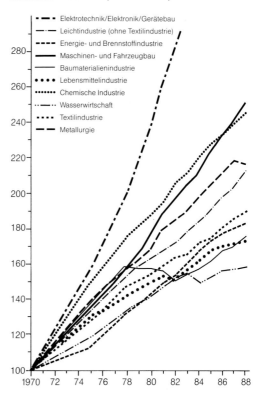

Nach Statistisches Jahrbuch der DDR 1989, S. 142

29

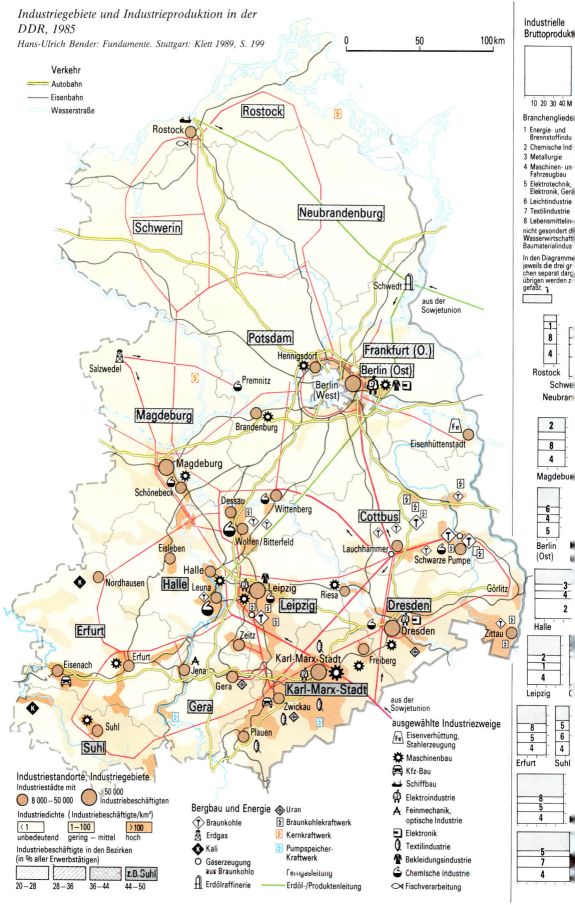

Industriegebiete und Industrieproduktion in der DDR, 1985

Hans-Ulrich Bender: Fundamente. Stuttgart: Klett 1989, S. 199

Verkehr
- Autobahn
- Eisenbahn
- Wasserstraße

0   50   100 km

Industrielle Bruttoprodukt

10 20 30 40 M

Branchengliede
1. Energie- und Brennstoffindu
2. Chemische Ind
3. Metallurgie
4. Maschinen- un Fahrzeugbau
5. Elektrotechnik, Elektronik, Gerä
6. Leichtindustrie
7. Textilindustrie
8. Lebensmittelin

nicht gesondert d Wasserwirtschaft Baumaterialindus

In den Diagramme jeweils die drei gr chen separat dar übrigen werden z gefaßt.

Rostock
Schwe
Neubran

Magdebu
Berlin (Ost)
Halle
Leipzig
Erfurt   Suhl

ausgewählte Industriezweige
- Fe Eisenverhüttung, Stahlerzeugung
- Maschinenbau
- Kfz-Bau
- Schiffbau
- Elektroindustrie
- Feinmechanik, optische Industrie
- Elektronik
- Textilindustrie
- Bekleidungsindustrie
- Chemische Industrie
- Fischverarbeitung

Industriestandorte, Industriegebiete
Industriestädte mit
- 8 000–50 000 Industriebeschäftigten
- 50 000 Industriebeschäftigten

Industriedichte (Industriebeschäftigte /km²)
- <1 unbedeutend
- 1–100 gering – mittel
- >100 hoch

Industriebeschäftigte in den Bezirken (in % aller Erwerbstätigen)
20–28   28–36   36–44   44–50   z.B. Suhl

Bergbau und Energie
- Braunkohle
- Erdgas
- Kali
- Gaserzeugung aus Braunkohle
- Erdölraffinerie
- Uran
- Braunkohlekraftwerk
- Kernkraftwerk
- Pumpspeicher-Kraftwerk
- Ferngasleitung
- Erdöl-/Produktenleitung

Die Außenwirtschaftsbeziehungen der DDR

Umfang und Richtung des Außenhandels waren alleiniges Monopol des Staates; Gewinne flossen nicht an die Betriebe zurück.

DDR-Außenhandel in Mio. Mark VGW (Valutagegenwert)[1]

Importe	gesamt	davon RGW-Länder	darunter UdSSR	Entwicklungsländer	westl. Industrieländer	
1970	18 196	73,9%	39,0%		30,6%[2]	
1975	39 289	63,0%	36,0%		33,4%	
1980	62 970	60,0%	35,0%		36,3%	
1985	128 287	49,3%	32,4%	7,7%		40,0%
1989	144 710	39,4%	22,0%	4,1%		53,1%

Exporte	gesamt	davon RGW-Länder	darunter UdSSR	Entwicklungsländer	westl. Industrieländer	
1970	17 352[1]	76,1%	37,0%		26,1%[2]	
1975	35 105	70,0%	35,0%		26,8%	
1980	57 131	66,0%	34,0%		30,5%	
1985	148 228	40,9%	24,9%	8,4%		48,1%
1989	141 096	43,2%	23,8%	5,2%		48,5%

[1] 1 DM = 4,40 Mark Valutagegenwert (1989); 1 US-$ = 8,14 Mark Valutagegenwert (1989)
[2] Z. T. widersprüchliche Angaben in westl./östl. Quellen. Nach Angaben der UNO und des Instituts der deutschen Wirtschaft sind die tatsächlichen Werte ca. 18% niedriger.

Nach Statistische Jahrbücher der Bundesrepublik Deutschland und der DDR bis 1990

Entwicklung der Warenstruktur des Ex- und Imports der DDR von 1960 bis 1988 in %

Erzeugnisgruppe	Export				Import			
	1960	1970	1980	1988	1960	1970	1980	1988
Maschinen, Ausrüstungen, Transportmittel	49,0	51,7	51,3	47,6	12,7	34,2	30,8	37,0
Brennstoffe, mineralische Rohstoffe, Metalle	15,7	10,1	14,8	15,1	38,5	27,6	36,7	33,5
Landwirtschaftliche Produkte, Lebensmittel	5,9	7,4	6,4	7,0	39,2	28,1	18,9	14,1
Industrielle Konsumgüter	15,1	10,2	14,8	16,4	5,1	4,5	5,0	5,7
Chemische Produkte, Düngemittel, Kautschuk, Baumaterialien	14,3	10,6	12,7	13,9	4,3	5,6	8,6	9,7

Statistisches Jahrbuch DDR, 1980, 1989

In einigen Bereichen der Grundstoffindustrie, z. B. in der Kaliindustrie, gehörte die DDR zu den international führenden Exporteuren.

Im Import standen Rohstofflieferungen (Erdöl, Erdgas, Steinkohle, Koks, Eisenerz, Nichteisenmetalle, Baumwolle) aus der Sowjetunion an erster Stelle.

Im Handel mit den westeuropäischen Ländern wurden seit den 70er Jahren in größerem Umfang Kompensationsverträge mit Großunternehmen abgeschlossen (d. h. Ware gegen Ware), insbesondere für den Import von Maschinen und Ausrüstungen bzw. komplette Anlagen für den Bau neuer Betriebe.

Aus der Struktur des Außenhandels ergab sich die große Empfindlichkeit gegenüber den Veränderungen der Weltmarktpreise, wie sie in den 70er Jahren eingetreten waren und sich in den 80er Jahren fortsetzten. Besonders die sprunghafte Erhöhung der Erdölpreise Mitte der 70er und Anfang der 80er Jahre haben anfangs zu einer starken Veränderung der Austauschverhältnisse in den internationalen Handelsbeziehungen geführt.

Während der Erdölkrise veränderten sich einige Jahre lang die Terms of Trade für die Industrieländer negativ. Auch später beeinflußten die höheren Ölpreise die Industrieproduktion der DDR stärker als die anderer Staaten. Deshalb und wegen der international nur teilweise konkurrenzfähigen Qualität und Produktivität verschlechterte sich die Zahlungsbilanz, und die Zahlungsfähigkeit der DDR mußte durch Milliardenkredite aus dem Ausland gestützt werden.

Die zentrale Planung legte die Struktur des Außenhandels langfristig im Rahmen der Fünfjahrpläne fest. Dadurch war eine rasche Reaktion auf veränderte Weltmarktsituationen stark eingeschränkt.

Wirtschaftliche Perspektiven im vereinigten Deutschland

Mit der Wende nach dem 9. November 1989 ist in den neuen Bundesländern eine Wirtschaftsentwicklung in Gang gesetzt worden, die eine ineffiziente, über vierzig Jahre andauernde Zentralverwaltungswirtschaft durch die soziale Marktwirtschaft ablösen soll. Dieser Prozeß ist mit enormen Anpassungsproblemen verbunden. Erhebliche Unterschiede zwischen den alten und neuen Bundesländern gibt es u. a. im qualitativen Zustand der Infrastruktur. Die Vernachlässigung des Straßenbaus und der Kommunikationssysteme in der ehemaligen DDR ist heute eine der Ursachen für die zu geringe Bereitschaft, in den neuen Bundesländern zu investieren. Auch das an den Grenzen der Leistungsfähigkeit operierende Eisenbahnsystem wird durch Engpässe beeinträchtigt.

Mit dem Inkrafttreten der Wirtschafts-, Währungs- und Sozialunion am 2. Juli 1990 wurden Veränderungen nicht nur des Wirtschaftssystems, sondern auch der Wirtschaftsstruktur eingeleitet.

Wichtigste Maßnahme auf dem Weg zur sozialen Marktwirtschaft ist die Privatisierung der Industrie. Bereits im März 1990 wurde dafür eine Anstalt zur treuhänderischen Verwaltung des Volkseigentums gegründet und die „Verordnung zur Umwandlung von volkseigenen Kombinaten, Betrieben und Einrichtungen in Kapitalgesellschaften" (Gesetzblatt der DDR I/14 vom 8. 3. 1990) erlassen.

Die Treuhandanstalt mit Sitz Berlin und weiteren 15 Niederlassungen in den fünf neuen Bundesländern hat die Aufgabe, die Privatisierung der volkseigenen Unternehmen durchzuführen und damit eine Umwandlung der staatsgeleiteten Wirtschaft in eine soziale Marktwirtschaft zu erreichen. Die Treuhand ist praktisch alleiniger Gesellschafter bzw. Anteilseigner der künftigen Kapitalgesellschaft. Sie hält und kontrolliert die Anteile der Gesellschaft, die entweder als Aktiengesellschaft (AG) oder als Gesellschaft mit beschränkter Haftung (GmbH) zu bilden ist.

Insgesamt sind es 8000 Betriebe, davon etwa 3500 zentralgeleitete, deren Umwandlung von der Treuhandstelle direkt vorgenommen wird. Jeder Betrieb wird für sich in ein selbständiges Unternehmen umgewandelt. Von den ehemaligen Kombinaten wird damit in der Regel der Stammbetrieb bleiben. Bis Ende 1990 konnte jedoch erst ein geringer Teil der Betriebe (ca. 200) in diese neuen Rechtsformen überführt werden.

Eine weitere wichtige Maßnahme ist die Reprivatisierung von Betrieben. Für die etwa 12 000 im Jahre 1972 durch den Staat enteigneten Klein- und Mittelbetriebe liegen rund 9000 Anträge auf Reprivatisierung vor. Bis Mitte 1991 hat jedoch die mittelständische Industrie noch nicht den erwarteten Aufschwung genommen. Existenzgründungen werden vor allem durch nicht geklärte Eigentumsfragen, besonders bei Grund und Boden, gehemmt.

Der sich vollziehende Ablösungs- und Umstrukturierungsprozeß führt zu Begleiterschei-

Neues Gewerbegebiet, Wolgast

nungen, die in den fünf neuen Bundesländern in diesem Ausmaß bisher unbekannt waren.

Im Dezember 1990 betrug die Zahl der Erwerbslosen rund 600 000. Dazu kommen etwa 1,8 Mio. Kurzarbeiter. 1991 wird mit zwei Millionen Arbeitslosen gerechnet. Besonders betroffen sind strukturschwache Regionen des Bergbaus und der Textil- und Bekleidungsindustrie. In diesen Regionen wurden entsprechende Arbeitsplatzbeschaffungsmaßnahmen für berufliche Bildung, Umschulung sowie Fortbildung eingeleitet.

Die anhaltende Abwanderung von Arbeitskräften von den neuen in die alten Bundesländer hielt auch 1991 an. Zusätzlich rechnete man mit einer steigenden Zahl von Tagespendlern (für 1991 mit rund 270 000). Allein im strukturschwachen Gebiet um Coburg/Oberfranken arbeiteten 1991 über 7000 Arbeitskräfte aus Thü-

ringen und Sachsen. Gründe für diese Wanderungen liegen in der gespaltenen Entwicklung auf dem Arbeitsmarkt. Während in den alten Bundesländern die Arbeitsplätze kräftig zunahmen (1990 um über 800 000), gibt es in den neuen Bundesländern einen umfangreichen Abbau von Arbeitsplätzen. Dazu kommt, daß in den alten Bundesländern im Winter 1990/91 das Bruttoeinkommen im Schnitt fast dreimal so hoch lag wie in Ostdeutschland, was sich als Sog in den Westen auswirkte. Besonders problematisch ist, daß gerade jüngere Fachkräfte, die für den wirtschaftlichen Aufschwung dringend benötigt werden, abwandern. Auch aus diesem Grund wurden im März 1991 Pilotverträge für die Arbeiter in der Metallindustrie beschlossen, die für die neuen Bundesländer ein Lohnniveau von 62,5% des westlichen Tariflohns (1991), 71% (1992) und 100% (ab 1994) enthalten.

Arbeitslose in den alten und den neuen Bundesländern

	alte Bundesländer	neue Bundesländer
Januar 1990	2 191 000 = 7,4%	7 000 = 0,8%
Mai 1990	1 823 000 = 6,0%	95 000 = 1,1%
September 1990	1 728 000 = 5,8%	445 000 = 5,2%
Februar 1991	1 870 000 = 6,3%	787 000 = 8,9%
Juni 1991	1 592 600 = 5,3%	842 500 = 9,5%

1991 stand in den neuen Bundesländern die auf den Osthandel ausgerichtete Exportindustrie vor dem Zusammenbruch, da staatliche Exportstützen wegfielen und der Handel mit den östlichen Ländern vom Transferrubel auf Dollar umgestellt wurde. Ganze Branchen sind dadurch gefährdet (Werftindustrie, Waggonbau, Druckindustrie). Eine Verbesserung der Wettbewerbsfähigkeit auf den Auslandsmärkten kann nur durch niedrigere Produktionskosten bei verbesserter Qualität der Produkte und besserem Marketing erreicht werden. Dies gilt auch für jene Branchen, die in der DDR besonders gefördert worden waren (wie die Mikroelektronik) und deren Produktionsstätten teilweise technisch hochwertig ausgerüstet sind.

Auch die Konsumgüterindustrie hat schwere Rückschläge erlitten, da nach der Wende die Bürger in den neuen Bundesländern westliche Produkte zeitweise vorzogen, und weil westliche Handelsketten sich mit Nachdruck den Markt in den neuen Bundesländern erschlossen.

Produktionsrückgang in der ehemaligen DDR im August 1990 gegenüber August 1989 in %

Kühlschränke	−15%
Bekleidung	−27%
Stahl	−34%
Braunkohle	−37%
Autos	−52%
Tabakwaren	−54%
Schuhe	−59%
Zement	−68%
Getränke	−72%
Integrierte Schaltungen	−73%
Fleisch	−76%
Kaffee, Tee, Süßwaren	−77%
Karton, Pappe	−80%

Auch ein Jahr nach der Währungs-, Wirtschafts- und Sozialunion sind die Folgen der einseitigen Orientierung der Wirtschaft der DDR auf die mit Devisen- und Strukturproblemen kämpfenden Staaten Osteuropas hart. So ging die Ausfuhr in den ersten Monaten 1991 im Vergleich zum IV. Quartal 1990 nochmals um mehr als 50% zurück.

Die Entwicklung auf dem Arbeitsmarkt der neuen Bundesländer läßt sich kaum vorhersagen. Ab Juli 1991 wird mit einer Vergrößerung der Zahl der Arbeitslosen auf mehr als 1,2 Mio. gerechnet. Als Überbrückungshilfe gegen die Massenarbeitslosigkeit werden jetzt in den von der Schließung betroffenen Unternehmen Beschäftigungsgesellschaften eingerichtet, die zeitlich befristet wirken. Dabei hat die Beteiligung der Treuhand an diesen Arbeitsförderungs- und Qualifizierungsgesellschaften erhebliche Bedeutung, da sie die finanzielle Absicherung verbessert.

Andererseits weisen Unternehmensgründungen, der Anstieg der Bauaufträge in den neuen Bundesländern um mehr als 50% sowie das Interesse ausländischer Investoren darauf hin, daß die wirtschaftliche Talsohle noch in diesem Jahr 1991 überwunden wird.

1. *Erläutern Sie die grundsätzlichen Unterschiede des Primärenergieverbrauchs und seiner Veränderung zwischen der ehemaligen DDR und der alten Bundesrepublik.*
2. *Welche Hemmnisse standen einer Intensivierung der Industrieentwicklung in den 70er und 80er Jahren entgegen?*
3. *Erläutern Sie die Grundzüge der Investitionspolitik in der DDR.*
4. *Interpretieren Sie die Karte „Industriegebiete und Industrieproduktion in der DDR", und erklären Sie die regionalen Unterschiede aus den natürlichen, historischen und wirtschaftspolitischen Rahmenbedingungen.*
5. *Setzen Sie Daten aus Tabelle Seite 36 in eine graphische Darstellung um, und vergleichen Sie sie mit Abbildung Seite 29.*
6. *Welche Probleme ergaben sich für die DDR-Wirtschaft aus dem System und der besonderen Struktur des Außenhandels?*
7. *Versuchen Sie abschließend die wirtschaftlichen Perspektiven der fünf neuen Bundesländer im wiedervereinigten Deutschland und in Europa 1992 zu bewerten.*

Die Entwicklung in den alten Bundesländern

Zu den wichtigsten Merkmalen der Industrie in den alten Bundesländern zählen seit den siebziger Jahren

- der rasche technologische Wandel mit der Tendenz zu automatischer Fertigung, also dem weitgehenden Ersatz menschlicher Arbeit durch Kapital,
- die Fähigkeit, rasch auf Veränderungen der Märkte und der Marktbedürfnisse zu reagieren,
- die Tendenz zu *Konzentration,* zu größeren und vielfach auch international verflochtenen Einheiten,
- die doppelte Außenabhängigkeit, also ihre Exportorientierung und Importabhängigkeit.

Beschäftigte in der Bundesrepublik Deutschland 1987 und Veränderung gegenüber 1970[1]

Bergbau, Energie- und Wasserversorgung	401 000	(− 18%)
Verarbeitendes Gewerbe	8 332 000	(− 18%)
Baugewerbe	1 851 000	(− 18%)
Handel	4 454 000	(+ 9%)
Verkehr, Nachrichtenwesen	1 555 000	(+ 6%)
Kredit-, Versicherungsgewerbe	964 000	(+ 46%)
Dienstleistungen, freie Berufe	4 778 000	(+ 95%)
Verbände, Gewerkschaften, Kirchen	1 166 000	(+ 99%)
Staat	3 737 000	(+ 46%)

[1] *Vergleichbare Daten für die Landwirtschaft sind nicht vorhanden. Die Zahl der Erwerbstätigen in der Land- und Forstwirtschaft nahm zwischen 1970 und 1987 von ca. 1,9 Mio. auf ca. 1,3 Mio. ab.*

Arbeitsstättenzählung 1987, verschiedene Seiten

Strukturwandel im Verarbeitenden Gewerbe 1972–1987 in %

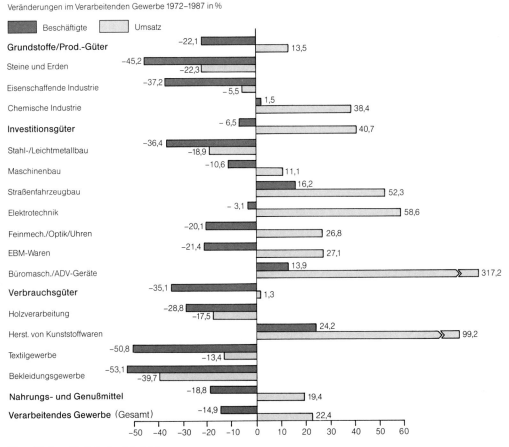

Veränderungen im Verarbeitenden Gewerbe 1972–1987 in %

■ Beschäftigte   □ Umsatz

	Beschäftigte	Umsatz
Grundstoffe/Prod.-Güter	−22,1	13,5
Steine und Erden	−45,2	−22,3
Eisenschaffende Industrie	−37,2	−5,5
Chemische Industrie	1,5	38,4
Investitionsgüter	−6,5	40,7
Stahl-/Leichtmetallbau	−36,4	−18,9
Maschinenbau	−10,6	11,1
Straßenfahrzeugbau	16,2	52,3
Elektrotechnik	−3,1	58,6
Feinmech./Optik/Uhren	−20,1	26,8
EBM-Waren	−21,4	27,1
Büromasch./ADV-Geräte	13,9	317,2
Verbrauchsgüter	−35,1	1,3
Holzverarbeitung	−28,8	−17,5
Herst. von Kunststoffwaren	24,2	99,2
Textilgewerbe	−50,8	−13,4
Bekleidungsgewerbe	−53,1	−39,7
Nahrungs- und Genußmittel	−18,8	19,4
Verarbeitendes Gewerbe (Gesamt)	−14,9	22,4

Verschiedene Statistische Jahrbücher

Beschäftigte, Umsatz und Betriebe im Bergbau und Verarbeitenden Gewerbe mit 20 und mehr Beschäftigten 1980 und 1988 und Exportquote 1988

	Beschäftigte in 1000		Umsatz Mrd. DM		Betriebe		Export-quote %
	1980	1988	1980	1988	1980	1988	
Bergbau	231	194	29,2	31,9	319	277	10,2
darunter Kohlenbergbau	207	182	24,0	27,1	155	124	9,9
Verarbeitendes Gewerbe	7428	6844	1 167,3	1 529,8	48 457	43 700	30,8
Grundstoff- und Produktionsgütergewerbe	1 544	1 337	381,2	421,8	9 784	8 629	30,5
darunter Mineralöl-verarbeitung	34	26	97,2	66,9	90	77	3,1
Steine und Erden	193	150	29,8	32,0	3 905	3 428	11,8
Eisenschaffende Industrie	284	185	47,4	48,7	177	170	37,4
Gießerei	116	96	11,1	13,4	554	490	18,4
Chemische Industrie	568	575	126,4	179,1	1 554	1 562	43,6
Holzbearbeitung	59	43	10,3	9,6	2 277	1 813	15,2
Zellstoff-Papier-Pappeerzeugung	53	49	11,2	17,3	180	165	15,2
Investitionsgüter produzierendes Gewerbe	3 810	3 758	470,9	713,5	18 510	18 255	39,6
darunter Stahl- u. Leichtmetallbau, Schienenfahrzeugbau	212	183	21,6	26,2	1 484	1 502	16,1
Maschinenbau	1 024	979	122,7	174,7	5 338	5 500	44,5
Straßenfahrzeugbau u. Repar.	802	856	126,9	215,3	2 799	2 442	47,7
Luft- u. Raumfahrzeugbau	61	70		10,9	63	66	58,6
Elektrotechnik	976	977	112,7	170,8	3 384	3 497	31,3
Feinmechanik, Optik, Uhren	167	144	15,6	21,6	1 485	1 338	35,8
EBM (Eisen-Blech-Metallwaren)	315	303	36,7	51,8	2 586	2 375	26,9
Büromaschinen, EDV-Geräte	70	85	7,3	17,5	117	165	53,0
Verbrauchsgüter produzierendes Gewerbe	1 583	1 308	172,9	217,2	15 362	12 525	20,3
darunter Holzverarbeitung	242	187	28,9	31,2	2 715	2 111	14,0
Papier- und Pappeverarbeitung	114	102	15,5	21,6	941	839	17,0
Herst. v. Kunststoffwaren	207	242	26,0	43,2	1 993	2 130	23,6
Druckerei, Vervielfältigung	184	167	20,6	28,0	2 013	1 926	7,3
Textilgewerbe	304	218	33,0	37,0	2 298	1 618	27,5
Bekleidungsgewerbe	250	170	20,7	23,3	3 210	2 190	19,1
Nahrungs-, Genußmittelgewerbe	491	441	142,3	177,2	4 801	4 291	9,0
darunter Brauerei	56	53	12,1	14,0	481	453	5,2
Tabakverarbeitung	23	17	10,7	21,0	89	54	6,5
insgesamt	7 660	7 038	1 196,5	1 561,7	48 777	43 978	30,4

Produzierendes Gewerbe = Bergbau und Verarbeitendes Gewerbe + Baugewerbe + Elektrizitäts- und Gasversorgung
Verarbeitendes Gewerbe = Grund- und Produktionsgütergewerbe + Investitionsgüter produzierendes Gewerbe + Verbrauchsgüter produzierendes Gewerbe + Nahrungs- und Genußmittelgewerbe

Statistische Jahrbücher der Bundesrepublik Deutschland 1981, S. 167, 1989, S. 172, 173

Exportorientierung und Importabhängigkeit

Außenhandel der Bundesrepublik Deutschland bis 1989

Importe der gewerblichen Wirtschaft in % der Gesamtimporte

	1980	1989
Rohstoffe	17,3	6,4
Halbwaren	17,6	12,5
Fertigwaren	51,2	68,5
Gesamtimporte in Mio. DM	341 380	503 648

Exporte der gewerblichen Wirtschaft in % der Gesamtexporte

	1980	1989
Rohstoffe	1,9	1,2
Halbwaren	8,7	5,7
Fertigwaren	83,4	87,9
Gesamtexporte in Mio. DM	350 328	641 342

Importe nach Branchen in % der Gesamtimporte

	1979	1987
Erdöl, Erdgas	12,4	4,5
Land-, forstwirtsch. Rohprod.	8,6	6,1
Chemische Erzeugnisse	8,2	10,2
Elektrotechn. Erzeugnisse	6,0	9,7
Straßenfahrzeuge	5,6	8,0

Export nach Branchen in % der Gesamtexporte

	1979	1987	1989
Maschinenbau	16,4	15,3	15,0
Straßenfahrzeuge	15,8	18,7	18,0
Chemische Erzeugnisse	13,7	13,4	13,2
Elektrotechn. Erzeugnisse	9,9	11,0	11,2
Eisen, Stahl	5,7	3,5	4,0
Textilien	3,7	3,5	•

Die wichtigsten Rohstoffimporte 1989 (Mio. DM)

Rohöl	17 077
Eisenerze	2 497
Stein und Erden	1 816
Wolle und Tierhaare	1 519
Rohstoffe gesamt	32 177

Nach Fischer-Almanach 1981, 1989

Die wichtigsten Rohstoffexporte 1989 (Mio. DM)

Zellwolle, synthet. Fasern	1 133
Steinkohle	1 126
Rohstoffexporte gesamt	7 475

Die wichtigsten Fertigwarenimporte 1989 (Mio. DM)

Elektrotechn. Erzeugnisse	47 386
Kraftfahrzeuge	39 692
Büromaschinen	20 733
Luftfahrzeuge	16 873
Fertigwaren gesamt	346 825

Die wichtigsten Fertigwarenexporte 1989 (Mio. DM)

Kraftfahrzeuge	114 451
Maschinenbauerzeugnisse	108 271
darunter: Büromaschinen	14 472
Werkzeugmaschinen	12 562
elektrotechn. Erzeugnisse	67 646
Fertigwarenexporte gesamt	563 506

Datengrundlage: Statistische Jahrbücher bis 1990

Ein- und Ausfuhren nach Ländern, 1988

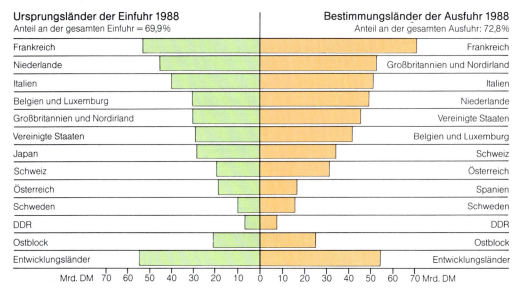

Ursprungsländer der Einfuhr 1988
Anteil an der gesamten Einfuhr = 69,9%

Bestimmungsländer der Ausfuhr 1988
Anteil an der gesamten Ausfuhr: 72,8%

Einfuhr		Ausfuhr
Frankreich		Frankreich
Niederlande		Großbritannien und Nordirland
Italien		Italien
Belgien und Luxemburg		Niederlande
Großbritannien und Nordirland		Vereinigte Staaten
Vereinigte Staaten		Belgien und Luxemburg
Japan		Schweiz
Schweiz		Österreich
Österreich		Spanien
Schweden		Schweden
DDR		DDR
Ostblock		Ostblock
Entwicklungsländer		Entwicklungsländer

Mrd. DM 70 60 50 40 30 20 10 0 10 20 30 40 50 60 70 Mrd. DM

Nach Statistisches Jahrbuch 1989, S. 259, ergänzt

Entwicklung des Warenverkehrs 1952–1987 in Millionen Verrechnungseinheiten im Handel zwischen der Bundesrepublik Deutschlane und der DDR

— Lieferungen der Bundesrepublik Deutschland

····· Bezüge der Bundesrepublik Deutschland

Nach Angaben des DIW (Deutsches Institut für Wirtschaftsforschung), verschiedene Veröffentlichungen

¹) vorläufige Werte

Werte: 588, 563, 1122, 959, 1260, 1206, 1996, 2416, 3342, 3922, 5293, 5580, 7903, 7635, 8100, 7200

1952 1955 1960 1965 1970 1975 1980 1985 1989¹)

Exporte. Von 1986 bis 1988 war die Bundesrepublik Deutschland der größte Warenexporteur der Welt. Erst 1989 konnten die USA mit Ausfuhren im Wert von 364,4 Mrd. $ (11,8% des Weltexports) die Bundesrepublik mit 341,1 Mrd. $ (= 11,0%) überholen. Japan folgte mit 275,2 Mrd. $ (= 8,9%) auf dem dritten Rang

(vorläufige Angaben). Die positive Außenhandelsbilanz der Bundesrepublik in der Nachkriegszeit erreichte nach 127,9 Mrd. DM 1988 im Jahr 1989 den Rekordwert von 134,7 Mrd. DM (1990: 77 Mrd. DM). Im April 1991 gab es erstmals seit 10 Jahren wieder ein Außenhandelsdefizit.

1972 belief sich der Anteil des Exports am Bruttosozialprodukt der Bundesrepublik auf 18%, 1982 auf 26,8% und 1985 auf 29,1%. In fast allen Branchen des Produzierenden Gewerbes sind die Exportanteile hoch, in einigen so hoch, daß eine eindeutige Exportabhängigkeit gegeben ist (vgl. Tabelle S. 37).

Anteile des Exports in % des Sozialprodukts 1988

USA	6,7	Großbritannien	18,0
Japan	9,3	Italien	15,7
Frankreich	17,8	Spanien	12,1
Bundesrepublik Deutschland			26,6

In der Exportabhängigkeit liegen Gefahren, da Wirtschaftsprobleme des Auslands und Veränderungen im Währungsgefüge sich auch auf die Bundesrepublik auswirken. Günstig ist, daß die Exportorientierung fast alle Branchen betrifft, was eine rasche Reaktion auf veränderte Marktbedürfnisse des Auslands erlaubt. Die Beeinträchtigung einzelner Branchen kann durch Stärkung anderer Branchen ausgeglichen werden.

Importe. Die Bundesrepublik Deutschland, ein – von Kohle abgesehen – rohstoffarmes Industrieland, importiert dem Warenwert nach mehr als zehnmal so viele Fertigwaren wie Rohstoffe. Und der Rohstoffanteil sinkt weiter! Dies ist zu erklären zum einen mit der Veränderung der Rohstoffpreise und der Terms of Trade, zum anderen mit dem Technologie- und

Strukturwandel unserer Industrie. So waren die im 19. Jahrhundert vorherrschenden Grundstoff- und Produktionsgüterindustrien in der Regel an Rohstoffvorkommen, vor allem Steinkohle, gebunden.

Heute haben diese traditionellen Standorte einen großen Teil ihrer Bedeutung verloren (vgl. Kapitel 2.3). Geringerer Materialbedarf, Recycling, verbesserte Transportsysteme, zunehmende Verflechtung von Betrieben und Branchen und veränderte *Fertigungstiefe* (Anteil der von einem Betrieb selbst gefertigten Einzelteile) brachten der Industrie komplexere Kostenstrukturen. Einzelne Standortfaktoren sind nur noch selten ausschlaggebend, vielmehr sind es ganze Faktorenbündel, die über Gunst oder Ungunst eines Standorts entscheiden. Insgesamt spielt die Absatzseite eine größere Rolle, die Inputseite und damit auch die Lage zu den Rohstoffen eine geringere.

Importbeispiel Energie. Eine Ausnahme aber macht die Energieversorgung: Hier wurden während der Ölkrisen 1973/74 und 1979/80 die *Terms of Trade* (Austauschverhältnis von Importen und Exporten) für die Industrieländer schlechter; und hier ist die Bundesrepublik nach wie vor entscheidend von Rohstoffimporten abhängig. Denn der technische Wandel und die veränderten Marktansprüche haben die Entwicklung zu Ungunsten der Steinkohle, des einstigen „Motors der Industrialisierung", beeinflußt. Aber moderne Fertigungsmethoden zeigen auch hier Wirkung.

Abhängigkeit der Bundesrepublik Deutschland von Energieimporten

	1970	1973	1976	1979	1982	1986
Primärenergieverbrauch aus inländischen Aufkommen in Mio. t SKE	147,0	144,1	133,0	140,1	133,2	126,5
Primärenergieverbrauch aus Energieeinfuhren in Mio. t SKE	189,8	234,4	237,3	268,1	228,3	258,5
Importabhängigkeit in %	56,4	61,9	64,1	65,7	63,2	67,1
Energieeinfuhren:						
Rohöl (Mio. t)	98,8	110,5	99,2	107,4	72,5	67,0
Mineralöl (Mio. t)	31,0	41,8	41,6	41,2	36,2	50,4
Erdgas (Mio. t SKE)	7,9	20,1	34,6	50,6	51,3	45,4

Ruhrkohle AG: verschiedene Quellen

Mineralölbedarf der Industrie der Bundesrepublik Deutschland in Mio. t

	1975	1980	1988
leichtes Heizöl	5,9	5,1	4,3
schweres Heizöl	16,8	14,4	6,5
Petrochem. Produkte zur chem. Weiterverarbeitung	3,3	11,2	10,5

1. *Werten Sie die Tabellen auf S. 40/41 aus im Hinblick auf die Konzentrationstendenzen in verschiedenen Branchen, und nennen Sie mögliche Ursachen der unterschiedlichen Tendenzen.*

2. *Beschreiben Sie die Entwicklung der Schwerpunktbranchen von 1980 bis 1988. Bewerten Sie die Entwicklung von High-Tech-Branchen (vgl. Kapitel 2.6, S. 86).*

3. *Vergleichen Sie die Branchenstruktur in der Bundesrepublik und der DDR 1980 bis 1989 (Tabellen S. 28 und S. 36).*

4. *Beschreiben und erklären Sie die Veränderungen beim Mineralölbedarf der Industrie.*

5. *Erklären Sie die Entwicklung der Energieabhängigkeit der Bundesrepublik Deutschland vor dem Hintergrund der beiden Ölpreiserhöhungen.*

6. *Große Teile des Welthandels werden auf Dollarbasis abgewickelt. Welche Auswirkungen sind bei steigendem/fallendem Dollarkurs für die deutsche Wirtschaft zu erwarten?*

7. *Nennen Sie Vor- und Nachteile der starken Exportanteile einzelner Branchen.*

Die Konzentration in der Industrie

Unternehmenskonzentration im Produzierenden Gewerbe 1986, in %

	Anteil der 6 umsatzgrößten Unternehmen		Anteil der 25 umsatzgrößten Unternehmen	
	Umsatz	Beschäftigte	Umsatz	Beschäftigte
Bergbau	80,4	83,4	–	–
Mineralölverarbeitung	80,2	48,1	99,6	96,5
Eisenschaffende Industrie	54,3	58,8	90,6	92,1
Maschinenbau	9,4	9,1	22,6	19,5
Straßenfahrzeugbau, Kfz-Reparatur	68,7	57,3	81,4	73,8
Luft- und Raumfahrzeugbau	89,5	89,0	99,2	98,7
Elektrotechnik, Rep. Haushaltsgegenst.	40,7	39,1	56,3	52,6
Chemische Industrie	40,4	38,0	59,8	56,9
Textilgewerbe	8,1	6,9	21,1	18,2

Statistisches Jahrbuch der Bundesrepublik Deutschland 1988, S. 166

1971 zählte man im Verarbeitenden Gewerbe 55 600 Betriebe, 1980 waren es 48 500 und 1988 noch 43 700 – und dies bei einer Umsatzsteigerung von 550 Mrd. DM 1971 auf 1529 Mrd. DM 1988. Dabei sagen solche Zahlen noch nicht alles über die tatsächliche Konzentration aus, da sie die Verflechtung der Betriebe und der Unternehmen untereinander nicht berücksichtigt. *Vertikale Konzentration* ist der Zusammenschluß von Unternehmen nachgeordneter Produktionsstufen, horizontale Konzentration der von gleicher Produktionsstufe.

Die Konzentrationsbewegung geht einher mit einer Tendenz zur *Diversifikation* (Veränderung/Vergrößerung der Produktpalette) der heutigen Großunternehmen. Die Wirtschaftspresse spricht vom „Fusionskarussel", vom „Fusionsfieber", das die Industrie erfaßt habe.

Die größten bundesdeutschen Industrieunternehmen 1988

Rang 1988	Unternehmen	Umsatz in Mill. DM ohne MwSt. 1988	Auslandsgeschäft bzw. Exportanteil in % 1988	Beschäftigte in Tausend 1988
1	Daimler	73495	60,0	338,7
	davon AEG AG	13380	41,0	89,6
2	Siemens	59374	48,0	358,0
3	Volkswagen AG	59221	62,0	253,0
	davon Audi AG	11531	53,7	36,7
4	VEBA	44391	28,9	84,7
5	BASF	43868	66,9	134,8
6	Hoechst	40964	76,0	164,5
7	Bayer	40468	78,6	165,7
8	Thyssen	29220	47,0	127,8
9	Bosch	27675	51,0	167,8
10	RWE	26856	15,2	72,1

Süddeutsche Zeitung 9. 8. 1989

Daimler-Benz AG, Beteiligungen in %, Beschäftigte 1989 und Umsätze 1989 in Mrd. DM

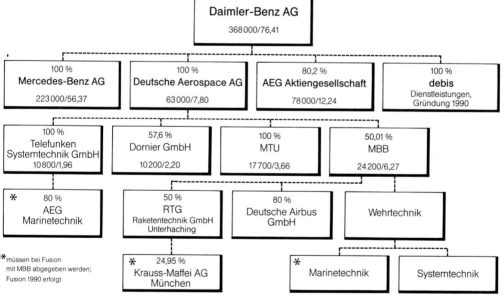

Nach Süddeutsche Zeitung vom 9. 9. 1989 ergänzt

Zusammenschlüsse von Unternehmen in der Bundesrepublik Deutschland

1973	34	1985	709
1975	445	1987	887
1980	635	1988	1159

Nach IS-Graphik in Süddeutsche Zeitung vom 7. 9. 1989

Die Konzentration der deutschen Industrie in den alten Bundesländern zeigt sich auch in den vielfältigen personellen Verflechtungen durch die zahlreichen Aufsichtsratsposten, die Unternehmensführer innehaben, und im Einfluß der Großbanken, die bei allen großen Fusionen direkt oder indirekt mitwirken.

41

Dienstleistungen in der Industrie

Art und Herkunft der Dienstleistungen von Unternehmen des Produzierenden Gewerbes in Baden-Württemberg 1988

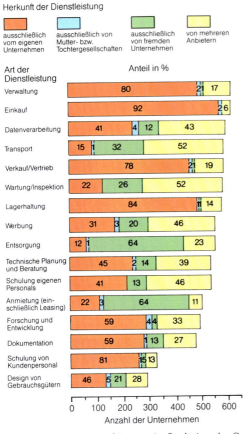

Herkunft der Dienstleistung

ausschließlich vom eigenen Unternehmen	ausschließlich von Mutter- bzw. Tochtergesellschaften	ausschließlich von fremden Unternehmen	von mehreren Anbietern

Art der Dienstleistung — Anteil in %

Verwaltung	80	2	1	17
Einkauf	92		2	6
Datenverarbeitung	41	4	12	43
Transport	15	1	32	52
Verkauf/Vertrieb	78	2	1	19
Wartung/Inspektion	22	26		52
Lagerhaltung	84		1	14
Werbung	31	3	20	46
Entsorgung	12	1	64	23
Technische Planung und Beratung	45	2	14	39
Schulung eigenen Personals	41		13	46
Anmietung (einschließlich Leasing)	22	3	64	11
Forschung und Entwicklung	59	4 4	33	
Dokumentation	59	1	13	27
Schulung von Kundenpersonal	81	1 5	13	
Design von Gebrauchsgütern	46	5	21	28

0 100 200 300 400 500 600
Anzahl der Unternehmen

Nach Ulrike Märtz: Dienstleistungen im Produzierenden Gewerbe – Auswertung der Testerhebung 1988. In: Statistisches Landesamt (Hrsg.): Baden-Württemberg in Wort und Zahl 4/89, S. 166

Die heute weltweit arbeitsteilig organisierte Wirtschaft, die neuen Kommunikationsmöglichkeiten und die neuen *Informationstechnologien* (z. B. Telefax, Datenbanken) haben auch in der Industrie zu einem verstärkten Dienstleistungsbedarf geführt. Unternehmensorientierte Dienstleistungen wachsen, und zwar nicht nur jene, die Industrieunternehmen bei Einrichtungen des tertiären Sektors kaufen. Auch innerhalb der Betriebe kommt es zu einer *„Tertiärisierung"*. Viele Industriearbeitsplätze zählen

zwar statistisch zum Produzierenden Gewerbe, sind aber Dienstleistungen. Man rechnet, daß in vielen größeren und großen Industrieunternehmen mehr Menschen in Verwaltung, Konstruktion, Einkauf, Vertrieb und anderen Diensten beschäftigt sind als in der Produktion von Waren. Eine Tendenz, die sich mit weiter fortschreitender Automatisierung noch verstärken wird. Außerdem bieten nach einer neuen Untersuchung 44 Prozent der befragten Industriebetriebe (in Baden-Württemberg sogar knapp 50%) Dienstleistungen für Dritte an. Der Anteil dieser Unternehmen ist von Branche zu Branche unterschiedlich, am geringsten mit 19% im Bekleidungsgewerbe und mit 17% in der NE-Metallerzeugung. In der Elektrotechnik, der Büromaschinenherstellung erreicht er 70%. Meist handelt es sich um technische Planung und Beratung, um Kundenschulung und Datenverarbeitung.

Insgesamt werden die Unterschiede zwischen industrieller Tätigkeit und Dienstleistung geringer. Viele Industrieberufe sind „saubere" Berufe („white-collar-jobs"), viele Dienstleistungen werden nach Prinzipien der industriellen Produktion (Arbeitsteilung, Großserien, maschineller Einsatz) erbracht. Ein gutes betriebsnahes Dienstleistungsangebot ist heute ein wichtiger Standortfaktor für die Industrie. Nicht nur High-Tech-Betriebe suchen die Nähe wissenschaftlicher Institute und spezialisierter Konstruktionsbüros.

Die deutsche Industrie und die internationale industrielle Verflechtung

Die auf der Bezugs- und Absatzseite stark mit dem Ausland verbundene bundesdeutsche Industrie reagiert auf die wachsende internationale Konkurrenz durch zunehmende Verflechtung mit ausländischen Unternehmen, aber auch durch *„Lohnveredelung"* in Billiglohnländern. Damit ist gemeint, daß beispielsweise Hemden in der Bundesrepublik Deutschland entworfen und u. U. auch zugeschnitten, im Ausland aber genäht werden. Die Einsparungen durch die niedrigeren Löhne sind größer als die Transportkosten. Weitere Methoden der Verflechtung mit dem Ausland sind die Vergabe und der Kauf von Lizenzen, vor allem aber *Direktinvestitionen*. Das sind Auslandsinvestitionen, bei denen der Investor dauerhaften, unmittelbaren und bestimmenden Einfluß auf das jeweilige Unternehmen erhält, d. h. er muß in der Regel mit mindestens 25% des Kapitals beteiligt sein. Eine besondere Rolle spielen die Direktinvestitionen aus der Bundesrepublik in der EG.

Bilanz der Kapitalverflechtung der Unternehmen mit der EG[1] 1976 bis 1987

Jahres-ende	Bestände an unmittelbaren Direktinvestitionen		
	in die EG aus dem Bundesgebiet	von der EG in das Bundesgebiet	Bilanz Bundes-gebiet
	Mio. DM	Mio. DM	Mio. DM
1976	15 756	21 938	− 6 182
1977	17 064	20 839	− 3 775
1978	19 327	22 003	− 2 676
1979	22 463	23 192	− 729
1980	26 909	22 813	+ 4 096
1981	28 887	23 421	+ 5 466
1982	30 782	22 779	+ 8 003
1983	32 945	23 791	+ 9 154
1984	39 578	25 667	+ 13 911
1985	43 968	29 118	+ 14 850
1986	53 621	30 833	+ 22 788
1987	56 598	34 151	+ 22 447

[1] Jeweiliger Gebietsstand

Statistisches Landesamt Baden-Württemberg (Hrsg.): Statistisch-prognostischer Bericht 1988/89, S. 39 (gekürzt)

Die Diskussion um den Industriestandort Bundesrepublik Deutschland

Ungeachtet der guten Konjunkturlage, des hohen industriellen Wachstums (1989 gegenüber 1988 + 4% beim Produzierenden Gewerbe) und der ungebrochenen Exporterfolge (vgl. S. 38) kam es 1988/89 zu einer verstärkten Diskussion über Gunst oder Ungunst des Industriestandorts Bundesrepublik Deutschland. Dies ist vor allem mit der wachsenden weltwirtschaftlichen Verflechtung und der Konkurrenz neuer Industrie- und Schwellenländer zu erklären. Außerdem spielen der für 1992 zu erwartende gemeinsame europäische Binnenmarkt und natürlich

die Perspektiven des vereinten Deutschland in der Lagebeurteilung eine wichtige Rolle. Die Bewertung und die Gewichtung der mehr oder weniger günstigen Faktoren hängen dabei auch von der jeweiligen Sichtweise ab.

Bis 1992 wird die starke Nachfrage in den neuen Bundesländern als Konjunkturmotor wirken. Probleme aber liegen darin, daß der enorme Erneuerungsbedarf zwar zu einer hochmodernen Industrie führen wird, allerdings wird durch den Aufbau einer Infrastruktur auch viel Kapital gebunden.

„Betrachtet man die Entwicklung der Direktinvestitionen, scheint die Bundesrepublik an Boden zu verlieren:

	Deutsche Kapital-anlagen im Ausland	Ausländische Kapitalanlagen im Inland
1950/59	1,68 Mrd. DM	2,11 Mrd. DM
1960/69	13,39 Mrd. DM	23,11 Mrd. DM
1970/79	52,93 Mrd. DM	36,84 Mrd. DM
1980/Aug. 88	104,63 Mrd. DM	15,38 Mrd. DM

Deutsche Unternehmen haben in den letzten Jahren in großem Stil im Ausland investiert. Dagegen ist das Interesse ausländischer Firmen an Engagements in der Bundesrepublik geringer geworden."

Karl Knappe. In: Bundesverband deutscher Banken (Hrsg.): Industriestandort Bundesrepublik. Schulbank. November 1988, S. 3,4

„Durch dieses, vor allem seit Mitte der siebziger Jahre forcierte Auslandsengagement haben sich die bundesdeutschen Unternehmensvermögensbestände im Ausland stark erhöht und übersteigen nun deutlich diejenigen ausländischer Unternehmen in der Bundesrepublik. Dieser Tatbestand wird von interessierter Seite häufig als mangelnde Attraktivität des Industriestandortes Bundesrepublik interpretiert, kennzeichnet jedoch eher einen generellen Internationalisierungsprozeß, dem weltweit operierende Industrieunternehmen unterworfen sind."

U. Bochum und H. R. Meißner: Das euro-flexible Unternehmen. In: Fritz Steinkühler (Hrsg.) Europa 92. Hamburg: VSA 1989, S. 86

Ergebnisse einer Ifo-Befragung von Industrieunternehmen

Pluspunkte
(Übergewicht positiver Antworten in %)

+57% 54 48 30 11 2

Ausbildung d. Arbeitskräfte
Verkehrs-Nachrichtennetz
Politische Stabilität
Produktivität
Arbeitsklima, Motivation
Sozialer Friede

Energiekosten

Minuspunkte
(Übergewicht negativer Antworten in %)

−27% 66 90 102 104 114 152

Arbeitsrechtliche Bestimmungen
Staatliche Bürokratie
Arbeitszeitregelungen
Steuern
Löhne
Lohn-nebenkosten

Aspekte zum „Standort Bundesrepublik"

Globus Kartendienst
Hamburg

„Japanische Manager betrachten die Bundesrepublik als Standort mit hohen Lohnkosten, aber guter Produktivität, mit liberalem Investitionsklima und einer ‚japanfreundlichen' Bevölkerung. Bei lohnintensiven Produktionen schrecken jedoch die hohen Lohn- und Lohnnebenkosten. Die japanische Außenhandelsbehörde JETRO erfaßte folgende Anteile der von 1980 bis 1986 von japanischen Unternehmen neugeschaffenen Arbeitsplätze: Bundesrepublik 18 Prozent, England 17 Prozent, Frankreich 12 Prozent.
Das in Genf ansässige BERI-Institut beurteilt für international tätige Unternehmen regelmäßig das Geschäftsklima in 48 Ländern mit Hilfe eines ‚Pannels' von Geschäftsleuten aus Europa, den USA und Japan. Als ‚Geschäftsklima' bezeichnet BERI die Möglichkeit für ausländische Unternehmer, einen angemessenen Gewinn zu erzielen. Hierbei liegt die Bundesrepublik weltweit auf Platz 3 nach der Schweiz und Japan, knapp vor Holland, England und Belgien und mit erheblichem Abstand vor Frankreich, Spanien und Portugal."

Bruno Hake: Standorte in Deutschland sind begehrt. In: Süddeutsche Zeitung vom 22. 8. 1988

Arbeitskosten und Produktivität in verschiedenen Ländern

	Arbeitskosten in der Industrie je Stunde DM			Arbeitskosten		Produktivität		Lohnstückkosten	
	1970	1980	1987	1970/80 % p.a.	1980/87 % p.a.	1970/80 % p.a.	1980/87 % p.a.	1970/80 % p.a.	1980/87 % p.a.
Bundesrepublik Deutschland	9,42	23,40	32,67	+ 9,5	+ 4,9	+ 4,3	+ 2,7	+ 5,0	+ 2,1
USA	15,80	18,23	24,57	+ 1,4	+ 4,4	+ 2,3	+ 3,7	− 0,9	+ 0,7
Japan	3,94	12,35	25,12	+12,1	+10,7	+ 6,5	+ 5,4	+ 5,3	+ 5,0
Frankreich	6,45	17,35	22,41	+10,4	+ 3,7	+ 4,8	+ 3,9	+ 5,3	− 0,2
Großbritannien	5,86	13,30	17,68	+ 8,5	+ 4,2	+ 2,4	+ 5,2	+ 6,0	− 1,0
Italien	6,93	17,51	24,27	+ 9,7	+ 4,8	+ 4,8	+ 2,9	+ 4,7	+ 1,8

Karl Knappe: Industriestandort Bundesrepublik. In: Bundesverband der deutschen Banken (Hrsg.): Schulbank. November 1988, S. 8

44

Eine zentrale Rolle in der Diskussion spielen die hohen *Lohnkosten,* vor allem auch die *Lohnnebenkosten* (Lohnfortzahlungen, Urlaubsgeld, Arbeitgeberbeiträge zu den Sozialversicherungen, betriebliche Alterssicherung). Und dies, obwohl 1988 die *Lohnquote,* d. h. der Anteil der Löhne und Gehälter am Sozialprodukt, mit 66,7 Prozent den niedrigsten Stand seit 1972 erreicht hat und der Anteil der Besitzeinkommen mit 32,3 Prozent eine Rekordmarke erreichte.

Zu den unbestrittenen Gunstfaktoren in der Bundesrepublik Deutschland zählt der hohe Bildungs- und Ausbildungsstand. So war beispielsweise für die Standortwahl eines hochmodernen, weitgehend automatisierten neuen Getriebewerks, in dem die Zahnradfabrik Friedrichshafen Getriebe für Ford – USA (!) herstellt, der hohe Qualitätsstand der Arbeitskräfte in der Bundesrepublik das entscheidende Kriterium. Er wog schwerer als die größere Nähe zum Abnehmer bei einem möglichen Standort in den USA (wo das Unternehmen bereits einen Fertigungsbetrieb hat). Und er war wichtiger als die viel niedrigeren Lohnkosten bei einer südamerikanischen Alternative. 1987 nahm das neue Werk am Hochlohnstandort Friedrichshafen die Produktion auf.

Ein anderer günstiger Standortfaktor kommt in Unternehmerumfragen selten zur Sprache: die geographische Lage innerhalb der EG. Für die Großchemie im Rhein-Main-Neckar-Gebiet beispielsweise ist aus einer Randlage im Deutschen Reich eine zentrale Lage mit hervorragender Verkehrsinfrastruktur im Herzen der EG geworden.

Die weitere Entwicklung der Industrie in der Bundesrepublik wird vor dem Hintergrund des kommenden EG-Binnenmarkts und des vereinigten Deutschland entsprechend der Standortdiskussion nicht einheitlich beurteilt. Der Strukturwandel wird sich wohl verstärkt fortsetzen, die scharfe Rationalisierung, die Ende der 80er Jahre zu erheblichen Gewinnanstiegen geführt hat, wird weitergehen. Größere Einheiten und damit weitere Fusionen werden für eine verstärkte internationale Konkurrenzfähigkeit als notwendig erachtet.

Kostenstruktur im Bergbau und Verarbeitendes Gewerbe 1986

Wirtschaftsgliederung	Bruttoproduktionswert	Personalkosten	Materialverbrauch, Einsatz an Handelsware, Kosten für Lohnarbeiten							Sonstige Kosten	Kostensteuern	Abschreibungen auf Sachanlagen	Fremd-Kapitalzinsen
			insgesamt	Materialverbrauch		Einsatz an Handelsware	Kosten für Lohnarbeiten	Kosten für sonstige ind./handw. Dienstleistungen	Mieten und Pachten				
				zusammen	Energieverbrauch								
	Mio. DM					Anteil am Bruttoproduktionswert in %							
insgesamt	1490340	26,0	52,5	40,5	2,9	9,9	2,2	2,2	1,3	8,2	3,2	3,5	1,0
darunter nach Wirtschaftszweigen													
Bergbau	31937	42,9	36,2	28,0	8,7	5,7	2,6	16,8	0,8	7,0	0,8	5,5	1,3
Verarbeitendes Gewerbe	1458403	25,6	52,9	40,7	2,8	10,0	2,2	1,8	1,3	8,2	3,2	3,5	1,0
Grundstoff- und Produktionsgütergewerbe	415844	20,7	54,7	39,4	5,4	13,7	1,6	2,5	1,0	9,4	4,8	3,7	1,0
Mineralölverarbeitung	79315	4,0	66,4	32,5	1,3	31,2	2,6	1,6	0,6	5,7	20,3	1,7	0,4
Chemische Industrie	170467	23,6	49,4	36,5	4,5	11,9	0,9	2,5	1,0	12,5	1,5	3,8	0,7
Investitionsgüter produzierendes Gewerbe	674226	31,2	49,9	38,6	1,4	8,8	2,5	1,6	1,4	7,6	1,1	3,7	1,0
Maschinenbau	169439	33,4	47,6	39,0	1,4	4,8	3,9	1,5	1,4	9,0	1,0	2,9	1,3
Straßenfahrzeugbau, Rep. v. Kraftfahrzeugen usw.	196371	25,2	58,2	43,9	1,3	12,6	1,6	1,6	1,0	5,6	1,2	4,0	0,5
Luft- und Raumfahrzeugbau	9211	38,1	38,1	26,7	1,6	2,0	9,5	1,7	2,9	9,4	0,6	4,3	1,2
Verbrauchsgüter produzierendes Gewerbe	192344	28,7	50,5	41,3	2,7	5,6	3,6	1,8	1,6	8,4	1,0	3,4	1,2
Textilgewerbe	35699	26,1	55,5	44,4	3,2	5,7	5,4	1,7	1,0	7,1	1,0	3,4	1,4

Statistisches Jahrbuch der Bundesrepublik Deutschland 1988, S. 168

45

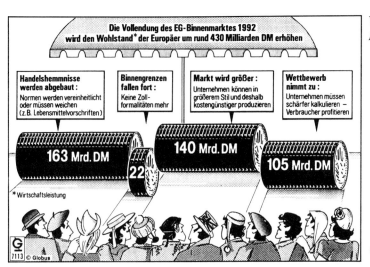

Die Vollendung des EG-Binnenmarktes 1992 wird den Wohlstand* der Europäer um rund 430 Milliarden DM erhöhen

Handelshemmnisse werden abgebaut: Normen werden vereinheitlicht oder müssen weichen (z.B. Lebensmittelvorschriften)

Binnengrenzen fallen fort: Keine Zoll-formalitäten mehr

Markt wird größer: Unternehmen können in größerem Stil und deshalb kostengünstiger produzieren

Wettbewerb nimmt zu: Unternehmen müssen schärfer kalkulieren – Verbraucher profitieren

163 Mrd. DM

22

140 Mrd. DM

105 Mrd. DM

* Wirtschaftsleistung

Globus Kartendienst Hamburg

Ganz neue Möglichkeiten und Aufgaben ergeben sich aus der Öffnung der deutsch-deutschen Grenze und den politischen und gesellschaftlichen Veränderungen in Osteuropa seit Herbst 1989. Der riesige Nachholbedarf an modernen Investitions- und Verbrauchsgütern, die Notwendigkeit, industrielle Anlagen umweltgerechter zu gestalten und die unumgängliche Verbesserung der Infrastruktur können zu Direktinvestitionen und *Joint Ventures* (Partnerschaftsunternehmen von in- und ausländischen Investoren) führen, die die bisherigen Möglichkeiten weit übersteigen.

1. *Nennen Sie Gründe für die Fusionen in der deutschen Wirtschaft, und beschreiben Sie Vorteile und Gefahren.*
2. *Inwiefern befindet sich die Bundesrepublik Deutschland auf dem Weg in eine „Postindustrielle Dienstleistungsgesellschaft"?*
3. *Nennen Sie Gründe für Direktinvestitionen, und diskutieren Sie mögliche Auswirkungen.*
4. *Welche Gründe sprechen für, welche gegen den Industriestandort Bundesrepublik Deutschland?*
5. *Beschreiben Sie die Kostenstruktur der verschiedenen Branchen, und versuchen Sie eine Bewertung der Arbeitskosten.*
6. *Stellen Sie die verschiedenen Positionen bei der Bewertung des Industriestandorts Bundesrepublik dar.*

Regionale Differenzierung (vgl. auch Datenüberblick im Anhang)

Die alten Bundesländer in der Bundesrepublik Deutschland weisen deutliche Unterschiede in der regionalen Wirtschaftsstruktur und Wirtschaftsentwicklung auf (vgl. Seite 48 und Kapitel 6.1). So nahmen z. B. seit Beginn der 60er Jahre die Arbeitsplätze in den südlichen Bundesländern um bis zu 30% zu, in den nördlichen um bis zu 15% ab. Auch bei der Wirtschaftskraft des sekundären Sektors spricht man von einem *Süd-Nord-Gefälle,* das im Zusammenhang mit den strukturellen Unterschieden zwischen verschiedenen Raumtypen steht.

Sozialversicherungspflichtig Beschäftigte im sekundären Sektor

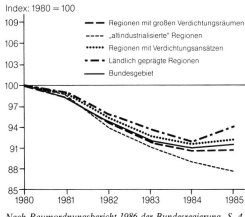

Index: 1980 = 100

— · — Regionen mit großen Verdichtungsräumen
- - - - „altindustrialisierte" Regionen
· · · · · · Regionen mit Verdichtungsansätzen
— · — Ländlich geprägte Regionen
——— Bundesgebiet

Nach Raumordnungsbericht 1986 der Bundesregierung, S. 4

46

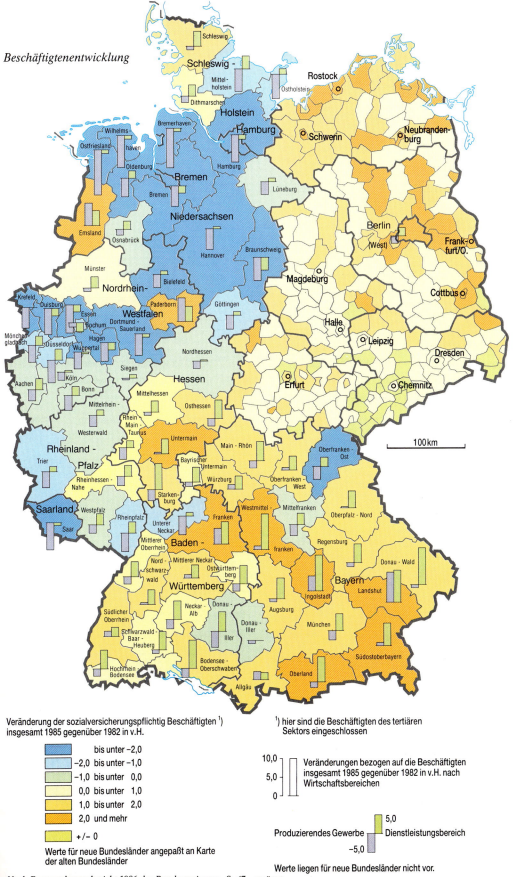

Beschäftigtenentwicklung

Veränderung der sozialversicherungspflichtig Beschäftigten[1]
insgesamt 1985 gegenüber 1982 in v.H.

[1] hier sind die Beschäftigten des tertiären
Sektors eingeschlossen

	bis unter –2,0
	–2,0 bis unter –1,0
	–1,0 bis unter 0,0
	0,0 bis unter 1,0
	1,0 bis unter 2,0
	2,0 und mehr
	+/– 0

Werte für neue Bundesländer angepaßt an Karte
der alten Bundesländer

Veränderungen bezogen auf die Beschäftigten
insgesamt 1985 gegenüber 1982 in v.H. nach
Wirtschaftsbereichen

10,0

5,0

0

Produzierendes Gewerbe — 5,0 Dienstleistungsbereich

–5,0

Werte liegen für neue Bundesländer nicht vor.

100km

Nach Raumordnungsbericht 1986 der Bundesregierung, S. 47 , ergänzt

Warenproduzierendes Gewerbe nach Bundesländern: Veränderungen 1970–1987 (1970 = 100)

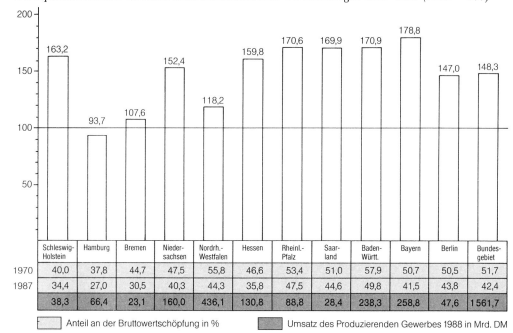

	Schleswig-Holstein	Hamburg	Bremen	Nieder-sachsen	Nordrh.-Westfalen	Hessen	Rheinl.-Pfalz	Saar-land	Baden-Württ.	Bayern	Berlin	Bundes-gebiet
	163,2	93,7	107,6	152,4	118,2	159,8	170,6	169,9	170,9	178,8	147,0	148,3
1970	40,0	37,8	44,7	47,5	55,8	46,6	53,4	51,0	57,9	50,7	50,5	51,7
1987	34,4	27,0	30,5	40,3	44,3	35,8	47,5	44,6	49,8	41,5	43,8	42,4
	38,3	66,4	23,1	160,0	436,1	130,8	88,8	28,4	238,3	258,8	47,6	1 561,7

Anteil an der Bruttowertschöpfung in % ☐ Umsatz des Produzierenden Gewerbes 1988 in Mrd. DM

Nach Statistisches Jahrbuch der Bundesrepublik Deutschland 1988, S. 546 und 1989, S. 35

Entwicklung der Arbeitslosigkeit im Norden und Süden des Bundesgebietes

Saisonbereinigte Arbeitslosenquoten in %

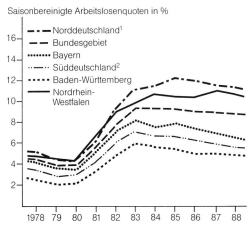

— · — Norddeutschland[1]
— — Bundesgebiet
········ Bayern
··· — ··· Süddeutschland[2]
···· ··· Baden-Württemberg
—— Nordrhein-Westfalen

[1]Niedersachsen, Schleswig-Holstein, Bremen, Hamburg
[2]Baden-Württemberg, Bayern

Nach Gerd Kühn: Regionales Wirtschaftsgefälle, 1986, S. 284 und Statistische Jahrbücher 1987, 1988, 1989

Benachteiligt sind vor allem Verdichtungsräume mit früher Industrialisierung, die auf eine Grundgüterindustrie „auf der Kohle" zurückgehen, sowie große Teile der norddeutschen Küstenländer.

Durchschnittliche Bruttostundenverdienste im verarbeitenden Gewerbe für männliche Arbeiter (in DM für das Jahr 1988)

Hamburg	21,13
Bremen	20,66
Baden-Württemberg	20,20
Hessen	19,84
Niedersachsen	19,80
Saarland	19,69
Rheinland-Pfalz	19,44
Nordrhein-Westfalen	19,43
West-Berlin	19,31
Schleswig-Holstein	19,00
Bayern	18,73
Bundesdurchschnitt	19,57

Süddeutsche Zeitung von 12. 12. 1989

„Die Sozialproduktberechnungen des ‚Arbeitskreises volkswirtschaftliche Gesamtrechnungen der Länder' ergaben zudem für die letzten Jahre, daß die südlichen Bundesländer dynamischer wachsen als die nördlichen. Nur Bayern, Baden-Württemberg und Berlin ist es bis 1986 gelungen, das Beschäftigungsniveau des Jahres 1980 zu erreichen oder sogar zu überschreiten. Nur noch Hessen wird dieses Niveau vermutlich für 1987 ebenfalls wieder erreicht haben...

Gegen ein Süd-Nord-Gefälle spricht, daß die Bruttowertschöpfung, die Arbeitsproduktivität des einzelnen Arbeitnehmers, im Norden erheblich stärker gestiegen ist als im Süden, daß die Verteilung des realen Bruttoinlandsproduktes in etwa der Bevölkerungsdichte der Bundesländer entspricht. Selbst die vier norddeutschen Landesbanken kommen in einer Studie zu dem Ergebnis, in den Küstenländern sei eine Vielzahl wachstumsträchtiger, zukunftsorientierter Unternehmen ansässig. Und die zwölf norddeutschen Industrie- und Handelskammern schreiben in ihrem ersten gemeinsamen Konjunkturbericht, Wachstum wandere wieder in den Norden ein."

Horst Ulbricht: Süd-Nord-Gefälle oder Nord-Süd-Konflikt. In: Das Parlament. Nr. 38, 16. 9. 1988

Aufschlußreicher noch als das Süd-Nord-Gefälle sind die Unterschiede in der Industrieentwicklung zwischen verschiedenen Bundesländern und Regionstypen.

Prognosen für die regionale Industrieentwicklung sind schwierig, zumal sich ja auch die regionale Branchenstruktur ändert. Für die häufig strukturschwach genannten ländlichen Räume spricht, daß Grundstücke billiger und vor allem leichter verfügbar und die Arbeitslöhne etwas niedriger sind, die Fluktuation und die Streikwilligkeit der Arbeitskräfte gering sind und daß die ländliche Infrastruktur zwar in der Regel weniger gut ausgebaut als in den Verdichtungsräumen, zugleich aber auch oft weniger belastet ist.

Großbetriebe und Konzerne können als „Initialzünder" beträchtliche Auswirkungen in diesen Räumen haben (vgl. Kapitel 2.4). Sie versuchen, die arbeitsteilige Produktion innerhalb ihrer Großunternehmen durch räumliche Verflechtungen zu optimieren, und sie haben wegen ihres wirtschaftlichen Gewichtes genügend Einflußmöglichkeiten, um ihnen gemäße Infrastrukturbedingungen durchzusetzen. Die Hauptstandorte der Großunternehmen liegen immer noch in den Verdichtungsräumen. Die neuen ergänzenden Standorte sind aber viel weniger als in den 70er Jahren *„verlängerte Werkbank"*, also Kleinstandorte, die – konjunktur- oder nachfrageabhängig gegründet – häufig auch rasch wieder geschlossen werden.

Seit der Wiedervereinigung Deutschlands ist die Diskussion um das Süd-Nord-Gefälle in der alten Bundesrepublik durch das ungleich größere Gefälle zwischen den alten und den neuen Bundesländern in den Hintergrund gedrängt worden.

Regionale Wirtschaftsentwicklung im europäischen Binnenmarkt. Für die mögliche Entwicklung in den 90er Jahren erstellte das Ifo-Institut Ranglisten, die nach Einschätzung zahlreicher Daten über Wirtschaftsstruktur, Raumlage und Raumqualität ermittelt wurden. Die Abbildung auf S. 51 ist eine vereinfachte Darstellung der Ergebnisse, zu denen 15 verschiedene Kriterien, u. a. Daten zur Branchenstruktur, Zentralität, Infrastruktur, Qualität und Verfügbarkeit von Arbeitskräften, Forschungsdichte, Wohn- und Gewerbeflächen, Freizeit und Kultur herangezogen wurden. Die folgenden Tabellen geben relative Werte an. Die volle Punktzahl hätte 100 ergeben.

Die besten Wachstumszentren (Stand 1990)

1. Oberbayern (München)	82,5 Punkte	(von 100)
2. Region Stuttgart	81	
3. Ile-de-France (Paris)	79	
4. Lombardei (Mailand)	78	
5. Südhessen (Frankfurt)	76	
6. Greater London	75	
7. Region Karlsruhe	74	
7. Region Brüssel	74	

Nach manager magazin 3/1990, S. 206–209

Die Aufsteiger der 90er Jahre

1. Hamburg (mit Umland)	82 Punkte	(von 100)
2. Ruhrgebiet	81,5	
3. Groningen/Drenthe	76	
4. Limburg	69	
5. Schwaben	68,5	
6. Worcester/Warwickshire	66,5	
7. Niederbayern	65,5	

Nach manager magazin, a.a.O.

Das vereinigte Deutschland im Rahmen der EG nach dem Stand von 1988

Land	Fläche		Bevölkerung (Durchschnitt)				Viehbestand		Getreide-ernte	Kartoffel-ernte	Roh-stahl-erzeugung	Produktion von Motoren- und Flug-benzin	Produktion von Pkw	Bruttowert-schöpfung des Produzierenden Gewerbes	Brutto-inlands-produkte zu Marktpreisen in
			insgesamt			Acker-land	Rinder	Schweine							
	1000 km²	%	1000	%	je km²	%	1000		1000 t				1000	Mrd. $ 1987	Mrd. DM 1988
Belgien	31	1,3	9 883	2,9	325	25,6	3 184	6 234	2 208	1 800	11 222	4 939	345	44,17	303,9
Bundesrepublik Deutschland	357	15,1	78 116	22,9	219	35,5	20 369	35 053	36 952	18 980	49 154	24 589	4 530	554,03	2 389,0
Dänemark	43	1,8	5 130	1,5	119	61,1	2 230	9 105	8 067	1 246	650	1 318	–	24,78	172,3
Frankreich	552	23,3	55 873	16,4	101	36,1	20 122	11 706	56 285	5 591	19 106	18 095	3 228	270,74	1 852,4
Griechenland	132	5,6	9 984	2,9	76	30,8	729	1 226	4 701	951	959	3 181	–	11,86	165,5
Großbritannien u. Nordirland	244	10,3	57 077	16,7	234	28,8	11 902	7 626	21 121	6 899	19 065	26 410	1 227	180,50	1 839,8
Irland	70	3,0	3 538	1,0	50	15,2	5 637	961	2 194	694	271	292	–	8,11	69,3
Italien	301	12,7	57 452	16,8	191	42,4	8 842	9 360	17 400	2 330	23 762	16 365	1 881	254,50	1 832,8
Luxemburg	3	0,1	375	0,1	145	22,1	–	–	131	23	3 661	–	–	1,89	14,5
Niederlande	41	1,7	14 760	4,3	360	25,8	4 606	13 820	1 220	6 742	5 518	12 441	120	64,30	466,8
Portugal	92	3,9	10 287	3,0	113	41,2	1 356	2 331	1 469	835	811	1 484	–	13,70	161,0
Spanien	505	21,3	38 996	11,4	77	41,0	5 001	16 346	23 816	4 578	11 886	8 081	1 576	106,5	892,7
Insgesamt	2 371	100	341 472	100	144	36,5	83 978	113 768	175 564	50 670	146 065	117 195	12 907	1 535,08	10 159,7
Bisherige Bundesrep.	249	11	61 450	18,9	247	30,6	14 659	22 589	27 112	7 434	41 023	19 824	4 312	424,73	2 110,6

Statistisches Jahrbuch der Bundesrepublik Deutschland 1990 und Fischer Weltalmanach 1991

Die europäischen Wachstumszentren der 90er Jahre

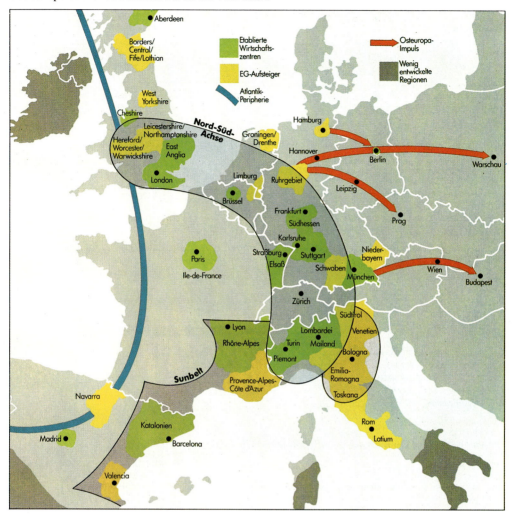

Manager magazin 3/1990, Hamburg S. 205

1. Werten Sie die Abbildung Seite 47 aus, und nennen Sie die Hauptregionen des Zuwachses an Beschäftigten. Unterscheiden Sie zwischen sekundärem und tertiärem Sektor.

2. Vergleichen Sie die Entwicklung der Bruttowertschöpfung und des Anteils des Produzierenden Gewerbes in den alten Bundesländern von 1970 bis 1987.

3. Versuchen Sie Gründe für die unterschiedliche Entwicklung (Abb. S. 48) zu nennen.

4. Was spricht für, was gegen ein Süd-Nord-Gefälle in der Wirtschaftsentwicklung?

5. Versuchen Sie Gründe für die in den Tabellen Seite 49 und in der Abbildung Seite 51 dargestellten Wachstumsschwerpunkte zu nennen.

6. Schätzen Sie die wirtschaftliche Bedeutung des vereinigten Deutschland im Rahmen der EG ab.

Grunddaten Ruhrgebiet

Bevölkerung

	KVR	in % von Bundesrepublik Deutschland
1950	4594767	9,05
1961	5674223	10,10
1970	5658381	9,33
1980	5396144	8,75
1987	5256725	8,59

Erwerbstätige im Produzierenden Gewerbe

	KVR	in % von Bundesrepublik Deutschland
1965	1387100	10,65
1970	1859700	9,88
1980	982872	8,46
1986	830679	7,87

Beschäftigte (ohne Landwirtschaft) im Gebiet des KVR und jeweiliger Anteil an der Bundesrepublik Deutschland 1987 in %

Energie, Wasserversorgung, Bergbau	126149	31,42
Verarbeitendes Gewerbe	563912	6,75
Baugewerbe	138293	7,46
Handel	329313	8,17
Verkehr, Nachrichtenübermittlung	123013	7,95
Kredit-, Versicherungsgewerbe	54875	5,68
Diensleistungen, freie Berufe	356307	7,44
Verbände, Gewerkschaft, Kirchen etc.	111704	9,58
Staat, Gebietskörperschaften	251691	6,73
gesamt (mit Landwirtschaft)	2065803	7,65

Arbeitsstättenzählung 1987

Wanderungen im Kommunalverband Ruhrgebiet seit 1950

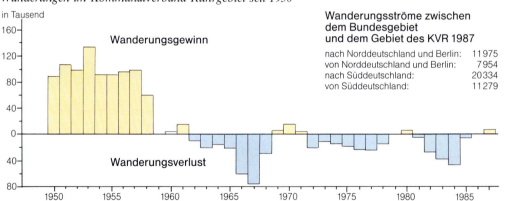

Wanderungsströme zwischen dem Bundesgebiet und dem Gebiet des KVR 1987

nach Norddeutschland und Berlin:	11975
von Norddeutschland und Berlin:	7954
nach Süddeutschland:	20334
von Süddeutschland:	11279

2.3 Das Ruhrgebiet – ein altes Revier im Umbruch

Stand des Bergbaus im Ruhrgebiet

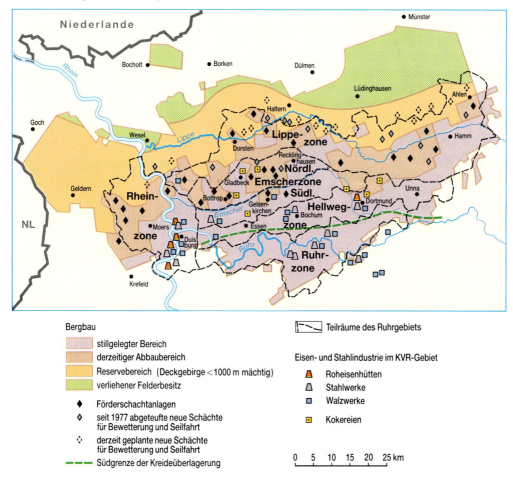

Bergbau

▨	stillgelegter Bereich
▨	derzeitiger Abbaubereich
▨	Reservebereich (Deckgebirge <1000 m mächtig)
▨	verliehener Felderbesitz
◆	Förderschachtanlagen
◇	seit 1977 abgeteufte neue Schächte für Bewetterung und Seilfahrt
⬦	derzeit geplante neue Schächte für Bewetterung und Seilfahrt
– – –	Südgrenze der Kreideüberlagerung

Teilräume des Ruhrgebiets

Eisen- und Stahlindustrie im KVR-Gebiet

🔺	Roheisenhütten
🔺	Stahlwerke
◻	Walzwerke
◻	Kokereien

0 5 10 15 20 25 km

Nach Manfred Hommel: Das Ruhrgebiet im siedlungs- und wirtschaftsgeographischen Wandel. In: Geographische Rundschau 1988, H. 7/8, S. 19, ergänzt

Beschäftigte

	im Bergbau			in der Eisen- und Stahlindustrie	
	KVR	in % von Bundesrepublik Deutschland		KVR	in % von Bundesrepublik Deutschland
1960	389 980	63,28		263 632	37,24
1970	191 381	61,73		226 762	33,33
1980	140 536	60,75		184 484	31,83
1987	117 965	57,98		132 060	28,97

KVR: Städte- und Kreisstatistik 1988; Wulf Noll: Strukturwandel im Ruhrgebiet, KVR 1989; Arbeitsstättenzählung

Kernraum des Rheinisch-Westfälischen Industriegebiets, des größten europäischen Wirtschaftsraums, ist das Ruhrgebiet. Die Ruhr ist seine Südgrenze, im Norden reicht es über die Lippe hinaus, im Osten bis Unna, im Westen noch ca. 10 km über den Rhein westwärts. Da sich das wirtschaftliche Schwergewicht – eine Folge der zurückgehenden Bedeutung der Kohle – zunehmend mehr zum Rhein hin verlagert hat, ist es heute angemessen, vom „Industrieraum Rhein-Ruhr" zu sprechen. Dieses Kerngebiet des industriellen Wiederauf-

baus in der Nachkriegszeit (vgl. Kapitel 2.1) steht seit mehr als zwei Jahrzehnten in einem Umbruch, der auch heute noch nicht beendet ist und der sich in den Grunddaten des Gebiets zeigt.
Bei den Daten wird „Ruhrgebiet" mit dem Gebiet des *KVR (Kommunalverband Ruhrgebiet)* gleichgesetzt. Der KVR ist ein Gemeindeverband, der elf kreisfreie Städte und vier Landkreise auf einer Fläche von 4433 km^2 und mit 5,2 Mio. Einwohnern in 53 selbständigen Gemeinden umfaßt.

Die Montanindustrie: Steinkohlenbergbau und Schwerindustrie

Steinkohlenbergbau in der Bundesrepublik Deutschland 1958–1988

	1958	1968	1978	1988
Förderung in Mio. t	149,0	112,0	83,9	73,1
Beschäftigte	559 100	272 200	187 100	148 000

Kohlenförderung im Ruhrgebiet und Anteil an der Förderung in der Bundesrepublik Deutschland

	1951	1960	1970	1980	1987
Steinkohlenförderung in Mio. t	110,6	115,4	91,1	69,1	58,2
Anteil der Ruhr in %	81,8	81,1	81,7	79,3	70,6

KVR: Städte- und Kreisstatistik Ruhrgebiet 1988; Statistik der Kohlenwirtschaft e. V.

Anteile der Hauptenergieträger an der Energieversorgung der Bundesrepublik Deutschland in %

	1950	1958	1970	1980	1988
Steinkohle	72,8	65,4	28,8	19,8	19,2
Braunkohle	15,2	12,3	9,1	10,1	8,1
Mineralöl	4,2	11,0	53,1	47,5	42,1
Erdgas	0,1	0,7	5,5	16,3	16,0
Kernenergie	–	–	0,6	3,7	12,0

Grundlage des industriellen Aufschwungs im Ruhrgebiet waren der Steinkohlenbergbau und die Roheisenverhüttung mit Steinkohlenkoks im 19. Jahrhundert. Heute sind die oberflächennahen Lagerstätten längst ausgekohlt, der Abbau im Ruhrtal um Bochum und Dortmund wurde eingestellt, und der Schwerpunkt der

Förderung liegt im nördlichen Bereich, wo in teurem Tiefabbau (unter 1000 m) weitgehend automatisch gefördert wird. Lohnend ist der Abbau nur noch, weil die zu mehr als zwei Dritteln geförderte Fettkohle eine vorzügliche Kokskohle für die Hüttenwerke ist und weil umfangreiche Subventionen gewährt werden.

Schnitt durch das Steinkohlengebirge des Ruhrgebiets

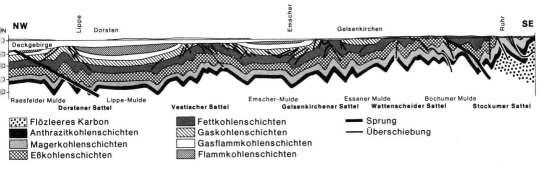

Hans-Ulrich Bender u. a.: Räume und Strukturen. Stuttgart: Ernst Klett Schulbuchverlag 1984, S. 246

Die Kohlenkrise. 1957 war mit 149,9 Mio. t die höchste Förderleistung im deutschen Steinkohlenbergbau erreicht worden. Die Daten in den Tabellen weisen auf die Ursachen von Krisen hin, die den Steinkohlenbergbau in den folgenden Jahrzehnten erfaßten.

Verstärkt wurden die Absatzprobleme der Steinkohle durch Veränderungen in der Roheisen- und Stahltechnologie, wo der relative Kokskohlenbedarf ständig geringer wurde. (Bei modernen Verfahren werden nur noch 0,3–0,5 t Koks je Tonne Roheisen benötigt.) In den zehn Jahren von 1958 bis 1968 verloren ungefähr 60% der im Ruhrkohlenbergbau Beschäftigten ihren Arbeitsplatz! Gemildert wurden die Auswirkungen der *Kohlenkrise* durch eine gute Konjunktur mit hohem Arbeitsplatzbedarf. Neue

Branchen nahmen Mitarbeiter auf; allein im neuen Opelwerk Bochum auf einem ehemaligen Zechengelände waren es 17 000.

Vielfältige staatliche *Stützungsmaßnahmen* (Heizöl- und Mineralölsteuer, „Kohlepfennig", „Verstromungsgesetz", höhere Zölle für Importkohle) waren dennoch notwendig, um die Auswirkungen des Nachfragerückgangs, des Rationalisierungsdrucks und der daraus folgenden Zechenstillegungen und Belegschaftsreduzierungen abzumildern. Von 1958 bis 1968 betrug das Gesamtvolumen der Beihilfen für den Ruhrkohlenbergbau 10,568 Mrd. DM.

1968 wurde die Ruhrkohle AG gegründet, eine Vereinigung der verschiedenen Bergbauunternehmen, von der man sich Vorteile, z. B. beim gemeinsamen Verkauf, erhoffte.

Haldenbestände an Kohle und Koks im Ruhrbergbau 1958–1988 (Mio. t)

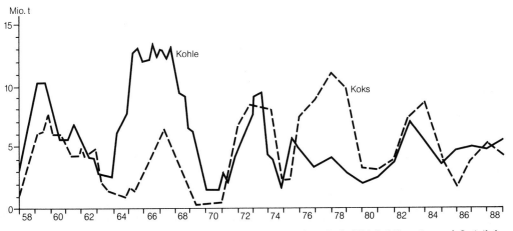

Nach Werner Abelshauser: Der Ruhrkohlenbergbau seit 1945. München: C. H. Beck, 1984, S. 141, ergänzt nach Statistik der Kohlenwirtschaft e.V., 1989, S. 10

Daten zur Entwicklung der Ruhrkohle AG

	1969	1973	1978	1982	1985
Zahl der Bergbaugesellschaften	7	6	3	3	3
Bergwerke	52	38	28	24	22
Zahl der Abbaubetriebe	390	252	180	155	130
Kokereien	29	22	14	13	10
Belegschaft	182700	157223	136503	134479	124733
Konzernumsatz (Mio. DM)	5827	7806	12488	17595	20923
Förderung je Schachtanlage (t pro Tag)	6600	7289	9000	10500	10796
Schichtleistung Untertage (kg/MS)	3781	4143	3966	3975	3298
Gesamtförderung (Mio. t)	85	74,2	61,2	63,2	63,9

Werner Abelshauser: a.a.O., S. 161, ergänzt

Die Strukturkrise des Ruhrgebiets konnte auch nicht durch die *Kohlenwertstoffindustrie,* die Kohle, Teer, Benzol als Ausgangsmaterial verwendet, aufgefangen werden. Zwar hat die verzweigte Kohlechemie zu einer Diversifikation der Ruhrindustrie beigetragen. Sie war aber ebenfalls von der Krise der Montanindustrie betroffen, da sie nicht nur auf der Kohle basiert, sondern auch vielfach mit der eisenschaffenden und -verarbeitenden Industrie verflochten ist. Sie konnte deshalb auch nur einen Teil der freigesetzten Arbeitskräfte aufnehmen.

Die Stahlkrise. Die allmähliche Festigung des Kohlebergbaus auf niedrigerem Niveau, die auch durch die Verteuerung des Erdöls ab 1973 begünstigt wurde, wurde Mitte der 70er Jahre durch die nun einsetzende *Stahlkrise* überschattet. Sie ging auf ein weltweites Überangebot, auf die Konkurrenz überseeischen Billigstahls und die Materialkonkurrenz durch Aluminium und Kunststoffe zurück. Stahl war 1989 in Europa subventioniert (in der Bundesrepublik seinerzeit mit 35,– DM/t, in Frankreich, Italien und Belgien mit über 200,– DM/t).

Rohstahlproduktion der Ruhr und ihr Anteil an der Produktion der Bundesrepublik 1951–1987

	1951	1960	1970	1980	1986	1987	1989
Produktion in Mio. t	10,4	23,6	28,5	25,2	20,8	20,2	22,0
Anteil der Ruhr in %	64,6	69,2	63,3	57,5	56,0	55,8	–

KVR: Städte- und Kreisstatistik 1987, S. 162, 1988, S. 158

Veränderung der Absatzstruktur des deutschen Steinkohlenbergbaus

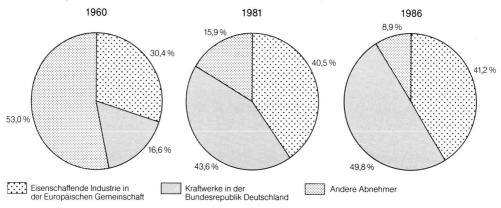

Das Bergbau-Handbuch. Essen: Glückauf Verlag 1983. Bild 28, ergänzt

56

Entwicklung der Beschäftigten im Montanbereich im KVR 1960–1985

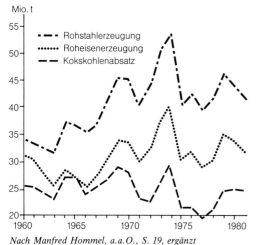

Nach Manfred Hommel, a.a.O., S. 19, ergänzt

Absatz des deutschen Steinkohlenbergbaus an die inländische Stahlindustrie

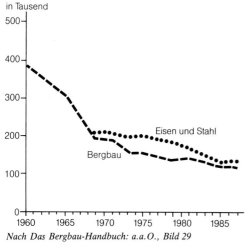

Nach Das Bergbau-Handbuch: a.a.O., Bild 29

Die Folge war eine neue Kohlenkrise, die auch heute noch anhält. Die Förderung soll deshalb bis 1995 auf 46 Mio. t/J gedrosselt werden. Der *„Jahrhundertvertrag"* zur Verstromung der Steinkohle, der die Unternehmen der Elektrizitätsversorgung zur jährlichen Abnahme von 40,9 Mio. t verpflichtet, wurde 1989 mit bestimmten Modifikationen bis 1995 festgeschrieben. Danach sollte der Kohlepfennig, der 1989 8,5% der Stromrechnung ausmachte, ab 1993 allmählich auf 7,5% gesenkt werden. Die Gesamtsubventionen für die Steinkohle belaufen sich gegenwärtig auf ca. 10 Mrd. DM im Jahr.

„Seit langem schon wird auf der Henrichshütte kurzgearbeitet; mehr als die Hälfte der Belegschaft ist davon betroffen. Doch jetzt steht das Stahlwerk als Ganzes zur Disposition. Die Duisburger Thyssen Stahl AG, zu der die Henrichshütte gehört, ist entschlossen, den Stahlstandort Hattingen sterben zu lassen...

Für Hattingen ist das eine Katastrophe. Die knapp 60000 Einwohner zählende Stadt am südlichen Rand des Ruhrgebiets ist von der Hütte abhängig. Von den 18400 Arbeitsplätzen in der Stadt stellt die Henrichshütte 4770 – mehr als jeden vierten. Und dies, obwohl allein in den letzten zehn Jahren bereits über 3000 Arbeitsplätze auf der Hütte verlorengingen. In den sechziger Jahren beschäftigte das Werk zeitweise über 10000 Menschen. Mit derzeit 462 Ausbildungsplätzen stellt die Hütte mehr als die Hälfte aller Lehrstellen in Hattingen. ...

Die bisher schlimmste Nachricht erreichte die Hattinger vor zwei Wochen. Da verkündete Thyssen, daß weitere ‚Rationalisierungsmaßnahmen' notwendig seien. Was die Beschäftigten befürchtet hatten, erhielten sie nun bestätigt: Nicht nur die zwei Hochöfen werden stillgelegt, sondern auch die 4,2-Meter-Walzstraße, das Elektrostahlwerk und die Stranggußanlage. Rund 2900 Beschäftigte verlieren dadurch ihren Arbeitsplatz – die ersten 250 schon zum 1. April dieses Jahres, die letzten im September nächsten Jahres. Außerdem werden soziale Einrichtungen wie die Betriebskrankenkasse und der werksärztliche Dienst und auch die Werksfeuerwehr aufgelöst. ...

Die Hattinger spüren, daß es um die Existenz ihrer Stadt geht, die ja schon in der Vergangenheit arg gebeutelt wurde. Viele mittelständische Betriebe gingen in den letzten Jahren in Konkurs oder rationalisierten kräftig. Bei rund 15 Prozent liegt die Arbeitslosenquote derzeit. ‚Nach den Entlassungen auf der Hütte', sagt der rührige IG-Metall-Bevollmächtigte Otto König, ‚haben wir eine Arbeitslosenquote von 28 bis 30 Prozent. Damit werden wir den bundesdeutschen Spitzenreiter Leer/Pappenburg in Ostfriesland überflügeln.' Hinzu kommt, daß von zehn Stahlarbeitsplätzen indirekt 17 weitere abhängig sind, wie das Rheinisch-Westfälische Institut für Wirtschaftsforschung berechnet hat. Und der südwestfälische Einzelhandelsverband hat ermittelt: Verlieren auf der Hütte 2000 Beschäftigte ihren Arbeitsplatz, bedeutet das einen Kaufkraftschwund von 14 Millionen Mark jährlich. ‚Damit wären rund 250 Vollarbeitsplätze im Handel gefährdet‘, lautet das Resümee."

Roland Kirbach: Eine Stadt wird arbeitslos. In: Die Zeit vom 6. 3. 1987, gekürzt

1987 wurde die Thyssen Henrichshütte in Hattingen endgültig stillgelegt. 1989 arbeiteten nur noch 19 Hochöfen im Ruhrgebiet. 81% der Produktion entfielen auf Duisburg, das Transportvorteile aufweist; denn die Importerze kommen bereits im Tiefwasserhafen Rotterdam auf Schubschiffe, die Duisburg erreichen.

Die Kohlen- und Stahlkrise hat alle alten Montanindustricreviere mehr oder minder stark betroffen, besonders dann, wenn strukturelle und konjunkturelle Schwächephasen gleichzeitig auftraten.
Theorien sprechen auch von Krisen alter Industriegebiete, wenn sie – wie Produkte, die ihre Konkurrenzfähigkeit verloren haben – sich in der letzten Phase ihres *Lebenszyklusses* befinden:

– „Die Metapher eines (natürlichen) Zyklus des Wachsens, Reifens und Verfallens könne auf die Entwicklung von Produktionen und Branchen übertragen werden. So würden sich z. B. Produkte des Montansektors am Ende ihres Lebenszyklus befinden. In altindustriellen Regionen wären die Impulse zur Entwicklung und Einführung neuer Produkte bzw. Produktlinien nicht mehr ausreichend.
Außerdem:
– Altindustrielle Regionen seien benachteiligt, weil sie monostrukturiert seien und einen hohen Anteil stagnierender bzw. schrumpfender Branchen aufwiesen.
– Regionale Entwicklung sei von der externen Nachfrage abhängig (Exportbasis-Modell), weshalb eine Exportschwäche zunächst Wachstumsverluste und schließlich den Niedergang dieser Region begründe.

– In Anlehnung an kumulative Wachstumsmodelle seien auch Prozesse des Niederganges bzw. der Schrumpfung als interdependente, sich gegenseitig verstärkende Entwicklungen zu begreifen. Der Niedergang des Leitsektors (z. B. der Montanindustrie) führe über regionalökonomische Verflechtungen zu einer regionalen Krise.

M. Steiner, zitiert nach Jürgen Aring et al.: Krisenregion Ruhrgebiet? Wahrnehmungsgeographische Studien zur Regionalentwicklung 8. Bibliotheks- und Informationssystem der Universität Oldenburg. 1989, S. 75

Technologischer Lebenszyklus und regionale Entwicklung

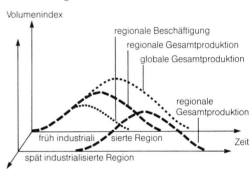

Nach Bernhard Butzin: Zur Theorie eines regionalen Lebenszyklusses im Ruhrgebiet. In: A. Mayr, P. Weber, 100 Jahre Geographie an der Universität Münster. Münster'sche Geographische Arbeiten 26. Paderborn: Schöningh 1987, S. 195

1. *Vergleichen Sie die Grunddaten zum Ruhrgebiet mit den Daten zur Wirtschafts- und Industriestruktur der Bundesrepublik Deutschland (Kapitel 2.2).*
2. *Werten Sie die Abbildungen S. 55–57 aus, und nennen Sie Folgerungen für den zukünftigen Steinkohlenbergbau.*
3. *Nennen Sie Ursachen und Folgen der Kohlenkrise der 60er Jahre und der Stahlkrise, und beurteilen Sie die Wirksamkeit der Fördermaßnahmen.*
4. *Diskutieren Sie die Vor- und Nachteile der Monostruktur von Industriegebieten.*
5. *Diskutieren Sie die Vor- und Nachteile der staatlichen Beihilfen für den Steinkohlenbergbau.*

Duisburg mit Thyssen-Werk.
Im Vordergrund Duisburg-Beckerwerth mit dem Kaltbandwerk, dahinter das Warmbandwerk und
rechts daneben die Stranggießanlage. Rechts dahinter ein Schlackenaufbereitungswerk und dahinter-
liegend das alte Werk Duisburg-Hamborn

Montanindustrie und Raumstruktur

Arbeitslosenquoten September 1988 und Verän-
derung der Quote März 1989 – März 1988 nach
Arbeitsamtsbezirken in %

Entwicklung der Arbeitslosenquote (jeweils Sep-
tember)

	September 1988	Veränderungen 1989–1988 (Quoten)
Bochum	16,4	− 2,0
Dortmund	16,8	− 2,1
Duisburg	16,7	− 2,1
Essen	15,7	+ 0,1
Gelsenkirchen	16,1	− 1,0
Hagen	12,2	− 1,4
Hamm	13,8	− 1,5
Oberhausen[1]	15,0	− 2,9
Mülheim	13,4	− 0,8
Recklinghausen	14,1	− 0,9
Marl[1]	13,8	+ 0,2
Wesel (ohne Kleve)	12,7	− 0,9
KVR	15,1	− 1,4
Nordrhein-Westfalen	10,6	− 1,1
Bundesrepublik Deutschland	9,6	− 1,2

	KVR	NRW	Bundesrepublik Deutschland
1970	0,6	0,5	0,5
1975	4,9	4,6	4,4
1980	5,3	4,4	3,5
1982	10,3	8,8	7,5
1984	14,0	10,5	8,6
1986	14,2	10,5	8,2
1987	15,1	10,8	8,4
1988	13,1	10,5	8,2
1989	11,9	9,4	7,3

[1] September 1988 – September 1987
Städte- und Kreisstatistik Ruhrgebiet 1988

Wie sehr die Kohle das Ruhrgebiet bestimmt hat, ist auch an seinem speziellen Siedlungsgefüge zu erkennen. Der Rhein-Ruhr-Raum ist ein Ballungsgebiet aus mehreren Kernen, die vielfach verflochten sind, sich in ihren Einflußbereichen überlagern und aufeinander zuwachsen. Die unterschiedliche Wirtschaftsstruktur der Teilräume spiegelt auch heute noch die Lagerung der verschiedenen Steinkohlenarten wider.

Die Ruhrzone mit Mülheim, Kettwig, Hattingen, Witten, Schwerte. „Im Süden, in der Umgebung der Ruhr, liegen nahe der Oberfläche Magerkohlen und Anthrazit. Hier, wo die Flöze leicht erreichbar waren, begann der Bergbau. Die Magerkohle, die sich nicht verkoken läßt, hat allerdings nur wenig zur Industrialisierung des Ruhrgebiets beigetragen. Es ist die Zone der kleinen Zechen, der Heiz- und Feuerkohle mit hohem Kohlenstaubanteil und daher bald der Standort der Brikettfabriken. Die Industrie dieser Zone ist die älteste des Ruhrgebiets, jedoch heute von den Kohlen des Untergrunds nahezu völlig unabhängig."

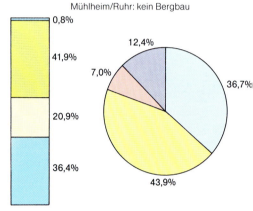

Die Hellwegzone. „In der nördlich sich anschließenden Hellwegzone, im Gebiet um Duisburg, Essen, Bochum und Dortmund, wurde die Fettkohle im Tiefbau erschlossen. Hier entstanden die ersten Großzechen mit mehreren tausend Bergleuten, und hier faßte die Hüttenindustrie Fuß, weil die Fettkohle bis heute die Kokskohle des Ruhrgebiets ist. Gerade die Hüttenwerke übten eine umfassende Wirkung auf die industrielle Entwicklung aus. In der ehemaligen Hellwegzone befinden sich noch heute die Zentren der Eisenverhüttung, in vielen Fällen mit Gießerei, Warm- und Kaltwalzwerk zu riesigen Komplexen herangewachsen. Wegen der vielen und engen Beziehungen zwischen Lieferer und Abnehmer hatte sich sehr früh ein vielseitiges Verbundsystem zwischen Bergbau, Kokerei, Hüttenindustrie und Kohlechemie herausgebildet."

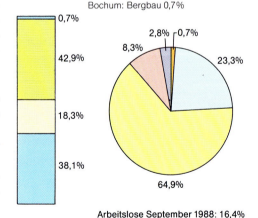

60

Die Emscherzone. „In der sich nördlich anschließenden Emscherzone um Oberhausen, Bottrop, Gelsenkirchen und Herne tritt neben die Förderung der Fettkohle die der Gas- und Gasflammkohle. Neben der Fettkohle, deren Verkokung Gas und Steinkohlenteer freisetzt, bilden die gasreichen Kohlen die frühe Grundlage einer Kohlechemie und Kohlewertstoffgewinnung. Die Tiefe, in der die gasreichen Kohlearten abgebaut werden, hat hier ausschließlich Großzechen entstehen lassen; in ihrer Nachbarschaft finden sich weniger die eisenschaffende Industrie als die Werke der Kohlewertstoffindustrie und auch der Bergbauzulieferer."

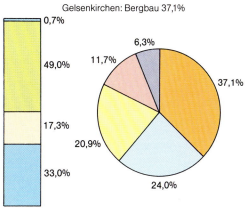

Gelsenkirchen: Bergbau 37,1%

0,7%
49,0%
17,3%
33,0%

6,3%
11,7%
37,1%
20,9%
24,0%

Arbeitslose September 1988: 16,1%
Veränderung März 1987 bis März 1989: −5,8%

Die Lippezone mit einer Reihe von Klein- und Mittelstädten (Dorsten, Marl, Haltern), mit großen Forstflächen und bäuerlichen Siedlungen hat eine lockere Siedlungsstruktur.

„Über die Lippe hinaus nach Norden läuft das Ruhrgebiet aus; hier sind zugleich die nördlichen Spitzen des Bergbaus, verbunden mit einzelnen Siedlungsneugründungen, punkthaft in noch stark agrarisch geprägtes Gebiet vorgeschoben. Die leistungsfähigsten Zechen liegen heute im Kreis Wesel."

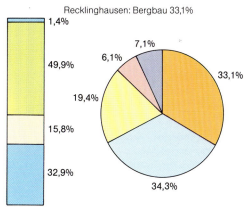

Recklinghausen: Bergbau 33,1%

1,4%
49,9%
15,8%
32,9%

7,1%
6,1%
33,1%
19,4%
34,3%

Arbeitslose September 1988: 14,1%

Die westliche Zone des Ruhrgebiets, ein Teil der Rheinschiene („Rheinachse Nord") von Duisburg bis Dinslaken, ist heute der Hauptstandort der Hüttenwerke und der Massenstahlproduktion. Die günstige Transportlage der Rheinschiene haben hier einem Raum, der vor 100 Jahren den geringsten Industrialisierungsgrad des Ruhrgebiets aufwies, zu einer günstigeren Entwicklung und hervorragenden Infrastruktur verholfen.

Texte von Gerhard Fuchs: Die Bundesrepublik Deutschland. Länderprofile. Stuttgart: Klett 1988, S. 82, Grafiken nach verschiedenen Quellen

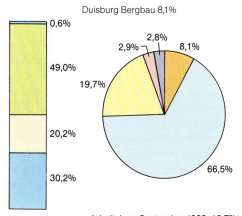

Duisburg Bergbau 8,1%

0,6%
49,0%
20,2%
30,2%

2,8%
2,9%
8,1%
19,7%
66,5%

Arbeitslose September 1988: 16,7%

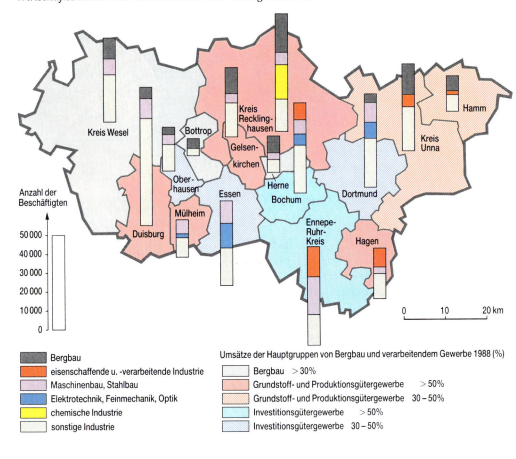

Anzahl der Beschäftigten

50 000
40 000
30 000
20 000
10 000
0

Kreis Wesel
Bottrop
Kreis Reckling-hausen
Hamm
Gelsen-kirchen
Kreis Unna
Ober-hausen
Essen
Herne
Bochum
Dortmund
Mülheim
Duisburg
Ennepe-Ruhr-Kreis
Hagen

0   10   20 km

Bergbau
eisenschaffende u. -verarbeitende Industrie
Maschinenbau, Stahlbau
Elektrotechnik, Feinmechanik, Optik
chemische Industrie
sonstige Industrie

Umsätze der Hauptgruppen von Bergbau und verarbeitendem Gewerbe 1988 (%)

Bergbau > 30%
Grundstoff- und Produktionsgütergewerbe   > 50%
Grundstoff- und Produktionsgütergewerbe   30 – 50%
Investitionsgütergewerbe   > 50%
Investitionsgütergewerbe   30 – 50%

Zukunftsperspektiven des Rhein-Ruhr-Raumes

Trotz eines unerwarteten Stahlbooms 1988 und 1989 halten die Probleme des Ruhrgebiets an: Weit überdurchschnittliche Arbeitslosigkeit, Abbau von Arbeitsplätzen im Montanbereich, negative Auswirkungen auf Handel und Versorgung, in der Folge finanzielle Einbußen für die Kommunen bei steigenden Sozialaufgaben. Wachstumsstarke Branchen sind immer noch unterrepräsentiert und schaffen weniger neue Arbeitsplätze als in den Traditionsbranchen abgebaut werden.

Dabei weist der Rhein-Ruhr-Raum hervorragende Standortfaktoren für die Industrie auf:
– ein großes Angebot qualifizierter Arbeitskräfte,

– eine hervorragende Verkehrslage und Verkehrsinfrastruktur,
– zahlreiche leerstehende, gut erschlossene Industrieflächen,
– ein vorzügliches Energieangebot,
– sehr gute Bildungs-, Ausbildungs- und Forschungseinrichtungen.

Andererseits aber erweist sich mancher Standortfaktor, der auf den ersten Blick sehr günstig aussah, bei näherer Sicht als problematisch: Viele der leerstehenden ehemaligen Industrieflächen *(Industriebrachen)* beispielsweise können erst nach aufwendiger Altlastensanierung wieder benutzt werden, so daß es um ein Mehrfaches billiger ist, Agrarflächen zu Industrieflächen umzugestalten, als – was im allgemeinen Interesse vordringlich wäre – die Industriebrachen zu sanieren. Außerdem weigern sich gerade manche der Großbetriebe, Flächen, die sie selbst nicht mehr benötigen, zu verkaufen. Auch die Kosten für die Schaffung von Ersatzarbeitsplätzen sind hoch: Mit einem Aufwand von ca. 1,5 Mrd DM (1970–1985) konnten gerade 15 000 neue Arbeitsplätze für 65 000 verlorene Bergarbeiterjobs geschaffen werden. Man spricht heute nicht nur von einem notwendigen „Flächen-Recycling", sondern auch von einem zu lösenden „Arbeitskräfte-Recycling".

„Firmensprecher und unternehmensnahe Verbände, so etwa manche Industrie- und Handelskammern, sehen die Ursachen in mangelnden Rahmenbedingungen des Ruhrgebiets: Man weist auf zu wenig geeignete Gewerbeflächen, Behinderungen durch Abstandserlaß und andere Umweltschutzauflagen, auf zu geringe Qualifikation und Motivation der Arbeitskräfte bei hohen Lohnkosten hin. Eine Teilverantwortung für die Stahlkrise wird der Regierung zugerechnet, wo man sich völlig unzureichend den Brüsseler EG-Strategien untergeordnet und Wettbewerbsverzerrungen zugelassen habe, die 1980–1985 absprachewidrig durch staatliche Subventionen entstanden sind: So sind im Vergleich zur BR Deutschland in Belgien und Großbritannien deutlich mehr, in Italien weit über das Doppelte und in Frankreich sogar das Dreifache an Zuschüssen in die Stahlindustrie geflossen, wodurch vor allem den modernen und kostengünstiger produzierenden Anlagen des Ruhrgebietes erhebliche Absatzeinbußen entstanden ...
Eine den Wirtschaftsverbänden entgegengesetzte Argumentationsrichtung wird u. a. vom Landeswirtschaftsministerium vertreten. Hier kommen mehrere Gutachten zu dem Ergebnis, daß nicht infrastrukturelle, ruhrgebietsspezifische Bedingungen den Strukturwandel des Reviers belasten. Vielmehr seien es die unternehmerischen Handlungsstrategien, die eine rechtzeitige Anpassung der Produkt- und Produktionsstruktur an geänderte Rahmenbedingungen verpaßt hätten. Dementsprechend ergeht der Ruf vor allem an die Großunternehmen der dominierenden Eisen-, Stahl-, Maschinen- und Anlagenbaubranchen, mehr Risi-

ko- und Innovationsfreudigkeit, mehr marktwirtschaftliches statt subventionsorientiertes Denken zu zeigen. Die Krise des Ruhrgebiets erweist sich vor diesem Hintergrund weniger als Problem, das aus einem ablaufenden ‚tiefgreifenden' Strukturwandel entsteht, sondern als ein Problem der Fähigkeit zum hinreichend tiefgründigen Strukturwandel. Solange der Abbau des Montankomplexes mit einem wirtschaftlichen, sozialen und politischen Strukturverfall einhergeht, kann von einem Strukturwandel keine Rede sein."

Bernhard Butzin: Strukturwandel im Ruhrgebiet? In: Natur- und Kulturräume. Festschrift Ludwig Hempel. Paderborn: Schöningh 1987, Seite 301/302, 311

„Bisher half die Gewißheit, daß die Ruhrindustrie als Fundament der deutschen Wirtschaft letztlich immer gebraucht werde ...
Doch diese Grundüberzeugung ist brüchig geworden, seit man an der Ruhr erkennen mußte, daß dieses Revier mit seinen Traditionsindustrien für andere Regionen und deren Akteure längst zum lästigen Ballast geworden ist ...
Immer mehr Menschen im Ruhrgebiet – Akteure und Betroffene – glauben allerdings, daß nicht die Erhaltung des montanindustriellen Komplexes, sondern nur die Überwindung der montanindustriellen Prägung der Region ihre Zukunft sichern kann, auch wenn die gesamtwirtschaftlichen Rahmenbedingungen dafür zur Zeit recht ungünstig sind und eine schnelle Besserung davon nicht zu erwarten ist.
Diese Perspektive verfolgt das Ziel, eine vielseitige Wirtschaftsstruktur unter stärkerer Beteiligung kleinerer und mittlerer Betriebe und mit höheren Anteilen von Konsumgüter- und technologisch fortgeschrittenen Investitionsgüterindustrien sowie von hochwertigen Dienstleistungen ... zu entwickeln durch systematische Förderung der in der Region vorhandenen Ansätze und durch gezielte Mobilisierung außerregionaler Aussiedlungspotentiale. So sind bereits erste Ansiedlungen japanischer Unternehmen (z. B. in Duisburg, Herne, Dortmund) zu verzeichnen."

Manfred Hommel: Das Ruhrgebiet im siedlungs- und wirtschaftsgeographischen Strukturwandel. In: Geographische Rundschau 1988, H. 7/8, S. 20

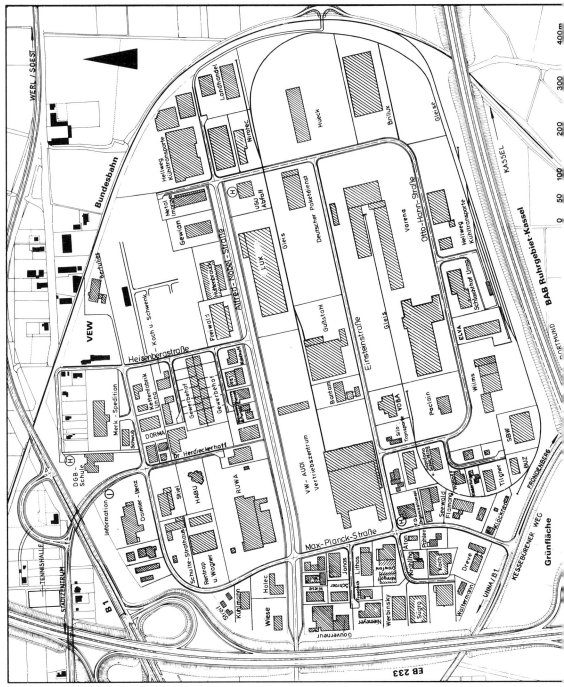

Wirtschaftsförderungsgesellschaft des Kreises Unna

Bei den Diversifikationsbemühungen spielen *Industrieparks* sowie *Technologie-* und *Forschungszentren* zur Schaffung von Arbeitsplätzen in Wachstumsbranchen eine wichtige Rolle. Land, Kommunen oder Wirtschaftsförderungsverbände der Kreise stellen kleinen oder mittleren Firmen auf Flächen mit gutem Verkehrsanschluß und guter Infrastruktur Grundstücke zum Kauf (oder auch zur Pacht) zur Verfügung. Für junge Unternehmen gibt es Fördermaßnahmen. Ziel ist es, die Möglichkeiten benachbarter Betriebe und die Nähe von Forschungseinrichtungen zur Entwicklung zukunftsorientierter Produkte und Fertigungsmethoden zu nutzen – beispielsweise in der Umwelttechnik. Gerade auf diesem Gebiet ist das Ruhrgebiet in der Bundesrepublik mittlerweile führend.

„Das Ruhrgebiet – ein starkes Stück Deutschland" heißt die Devise einer Werbekampagne, und in vielen Anzeigen wird das Ruhrgebiet als ein Raum dargestellt, der ganz anders ist als sein Ruf; denn das in seiner Einseitigkeit nicht berechtigte Image von „Kohlenpott" ist tatsächlich ein negativer Standortfaktor, den das Revier ablegen will.

In der Hochkonjunktur der Jahre 1988 und 1989 mehrten sich die positiven Bewertungen.

„Ruhr-Standorte gelten als erste Wahl

jas Duisburg (Eigener Bericht) – Für die Ansiedlung neuer Dienstleistungs- und besonders Speditions- und Lagerbetriebe entwickelt sich das Ruhrgebiet mehr und mehr zu einer der bevorzugten Regionen der Bundesrepublik. Anders sieht es jedoch zwischen Münster, Dortmund, Bochum, Duisburg und Essen bei neuen Industriebetrieben aus. Hier herrscht nach Erkenntnissen der zuständigen Industrie- und Handelskammern noch immer ausgeprägte Ebbe. Gleichwohl ist kürzlich ein Unternehmen abgewiesen worden, das auf dem ehemaligen Krupp-Gelände Asterlagen in Duisburg einen Betrieb mit 350 Beschäftigten ansiedeln wollte. Der Grund, den die Kammern sogar billigen: Die Fertigung sei nicht arbeitsintensiv genug, biete also nicht genügend Arbeitsplätze je Quadratmeter Boden.

... Wie die traditionelle Herbstumfrage bei 1350 Unternehmen ergeben hat, wird die gegenwärtige Lage so positiv wie nie zuvor in der 20jährigen Geschichte des Ruhrlageberichts beurteilt. Das schlägt sich auch in der amtlichen Statistik nieder. Mußte die Industrie im Ruhrgebiet noch 1987 einen Umsatzrückgang um 1,8 Prozent hinnehmen, so gelang bereits 1988 eine Steigerung um 6,2 Prozent. In den ersten acht Monaten 1989 wurde sogar ein Plus von 7,1 Prozent erzielt. Und wäre nicht der Bergbau mit seinen Umsatzeinbrüchen (–11 Prozent), läge die Ruhr sogar bei 10 Prozent und damit in etwa gleichauf mit dem gesamten Bundesgebiet ..."

Süddeutsche Zeitung vom 17. 11. 1989

1991 werden die Zukunftsaussichten wieder vorsichtig formuliert. Zum einen hat die deutsche Vereinigung mit ihrem hohen Warenbedarf auch im Ruhrgebiet die Konjunktur gefördert. Andererseits aber führen die 150 Mrd. DM, die jährlich in die neuen Bundesländer fließen, zu Überlegungen, wie die Haushalte von Bund und Ländern ausgeglichen werden können – und damit geraten die Subventionen für den Steinkohlenbergbau unter Druck. Gleichzeitig werden viele Investitionen der Wirtschaft statt ins Ruhrgebiet in die neuen Länder gelenkt.

1. *Geben Sie einen Überblick über die Strukturzonen des Ruhrgebiets, und nennen Sie Ursachen der räumlichen Differenzierung.*
2. *Vergleichen Sie die Wirtschafts- und Industriestruktur von Beispielstädten der Teilregionen, beachten Sie dabei die Arbeitslosenquoten, und versuchen Sie Erklärungen dafür zu finden.*
3. *Nennen und begründen Sie positive und negative Standortfaktoren für den Rhein-Ruhr-Raum in den 90er Jahren.*
4. *Stellen Sie die kontroversen Positionen der Ursachen der Struktur- und Wirtschaftsprobleme des Ruhrgebiets dar.*
5. *Prüfen Sie Ihre eigene „Vorstellung" vom Ruhrgebiet und diskutieren Sie die Frage, ob Imageprobleme die Wirtschaftsentwicklung eines Raumes beeinflussen können.*

2.4 Der Industrieraum Halle-Leipzig-Dessau

Braunkohlevorkommen und wirtschaftsräumliche Gliederung des Industrieraumes Halle – Leipzig

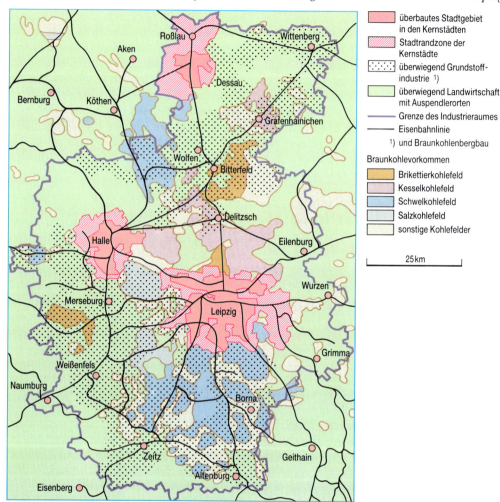

Legende:
- überbautes Stadtgebiet in den Kernstädten
- Stadtrandzone der Kernstädte
- überwiegend Grundstoffindustrie [1]
- überwiegend Landwirtschaft mit Auspendlerorten
- Grenze des Industrieraumes
- Eisenbahnlinie
- [1] und Braunkohlenbergbau

Braunkohlevorkommen
- Brikettierkohlefeld
- Kesselkohlefeld
- Schwelkohlefeld
- Salzkohlefeld
- sonstige Kohlefelder

25 km

Entstehung und Struktur eines mitteldeutschen Kernraums

Beschäftigtenbesatz[1] und Industriebesatz[1] 1989

	Bezirk Halle	Bezirk Leipzig	DDR
Beschäftigtenbesatz (Beschäftigte/1000 Ew.)	526	521	520
Industriebesatz (Industriebesch./1000 Ew.)	232	207	195

[1] Daten nicht voll mit der Bundesrepublik vergleichbar

Statistisches Jahrbuch der DDR 1989

66

Beschäftigte[1] nach Wirtschaftsbereichen 1989 in 1000

	Bezirk Halle	Bezirk Leipzig	DDR
Beschäftigte insgesamt	919,6	694,7	8 547,3
davon Industrie gesamt	407,4	286,3	3 211,4
Energie- und Brennstoffe	39,4	34,8	228,3
chemische Industrie	129,7	21,8	331,8
Metallurgie	39,2	4,7	136,4
übrige Industrie	199,1	225,0	2 514,9
andere Wirtschaftsbereiche	512,2	408,4	5 335,9

[1] Daten nicht voll mit Bundesrepublik vergleichbar

Statistisches Jahrbuch der DDR, 1990

Der Industrieraum Halle-Leipzig-Dessau ist ungefähr 6000 km^2 groß und zählt 1,9 Mio. Einwohner. Er ist die bedeutendste Industriezone der ehemaligen DDR, wo 12% der Bevölkerung 20% der Industriegüter erzeugen. Der ehemalige Bezirk Halle (mit Halle und Dessau) gehört heute zum Bundesland Sachsen-Anhalt, der einstige Bezirk Leipzig zum Land Sachsen. Das Gebiet ist Teil eines größeren industriellen Verdichtungsraums, der weiter südlich und südöstlich noch den Bereich Chemnitz/Zwickau sowie das Gebiet Dresden/Oberes Elbtal umfaßt.

Grundlage des industriellen Aufschwungs im Raum Halle-Leipzig waren die Braunkohlenvorkommen. Mit Ausnahme der wertvollen schwefelarmen Kokskohle, die nur im Raum Cottbus anzutreffen ist, weist das westelbische Revier alle Qualitäten auf:
– Die hochwertige Schwelkohle mit hohem Bitumengehalt kommt vor allem im Gebiet südlich von Leipzig und westlich von Bitterfeld vor. Sie wurde zur Grundlage einer starken carbochemischen Industrie.
– Die Kesselkohle mit hohem Aschegehalt wurde östlich von Halle abgebaut und ist nur zur Verfeuerung in den Kraftwerken geeignet.
– Brikettierkohle mit mittlerem Aschegehalt findet sich östlich von Bitterfeld.
– Die Salzkohle südöstlich von Halle ist als Brennstoff wegen der Emissionen problematisch.
Die Anfänge des Braunkohlenbergbaus reichen ins 17. Jahrhundert zurück. Die industrielle Gewinnung setzte in der zweiten Hälfte des 19.

Jahrhunderts ein, nachdem durch neue Bergrechte nicht mehr nur die Grundeigentümer abbauen durften und nachdem die Erfindung der Brikettpresse die Verarbeitung der stark wasserhaltigen Braunkohle zu Briketts ermöglichte.

*Braunkohlenbergbau
im Raum Halle-Leipzig 1988*

Revier	Förderung (Mio. t)
Südraum Leipzig	59
Zeitz – Weißenfels	13
Delitzsch	10
Bitterfeld-Gräfenhainichen	10
Geiseltal	6
Halle – Merseburg	9
Amsdorf und Nachterstedt	9

Auch die Städte Leipzig und Halle waren Gunstfaktoren für die frühe Industrieentwicklung. In den bereits im 19. Jahrhundert relativ großen Städten konnten Arbeitskräfte leicht gefunden werden, und hier hatte die gute Verkehrslage einen regen Handel und damit die Kapitalbildung begünstigt, die – vor allem nach der Einführung der allgemeinen Gewerbefreiheit und der Freisetzung von vielen landwirtschaftlichen Arbeitskräften – die frühe Industrialisierung förderte. Außerdem gab es in dem dicht besiedelten Leipziger Land zahlreiche Handwerksbetriebe mit erheblichem Energiebedarf.
Eine wichtige Rolle spielte auch der Zuckerrübenanbau auf den fruchtbaren Lößböden, denn die Zuckerfabriken hatten einen großen Brennstoffbedarf. Zu Beginn des 20. Jahrhunderts wurden die bis dahin dominierenden Tiefbaue

durch Tagebaue nach und nach abgelöst. Etwa gleichzeitig entstanden im Raum Bitterfeld die ersten Standorte der chemischen Grundstoffindustrie, die die billige Kohle zur Stromerzeugung für die Elektrolyse nutzte. Neben den frühen Großkraftwerken (ab 1910) wurden die ersten großen Standorte der chemischen Industrie aufgebaut (Leuna-Werke 1917/18). In den 30er Jahren folgten neben den Buna-Werken (Produktion von synthetischem Kautschuk) auch Hydrierwerke („Kohleverflüssigung", synthetische Öle und Benzin).

Phasen und Motive der Standortentwicklung in der Braunkohlenindustrie und chemischen Großindustrie des mitteldeutschen Industriegebiets Halle-Leipzig-Dessau

Phase	Grundzüge der Entwicklung	Hauptfaktoren der Entwicklung
1800–1870: Braunkohlenbergbau als Nebengewerbe	Braunkohlengräberei durch den Grundbesitzer, Absatz auf lokalen Märkten, unregelmäßige Förderung, Brennstoffversorgung städtischen Gewerbes, von Ziegeleien und landwirtschaftlicher Folgeindustrien	Kursächsisches Bergbaumandat vom 19. 8. 1743, unbefestigte Wege, keine Massentransportmittel, witterungsabhängig, Entfaltung des Gewerbes, Industrialisierung, Städtewachstum, Zuckerrübenanbau
1860–1900: Entwicklung der Braunkohlenindustrie	Erschließung neuer und größerer Tagebaue, Zunahme der Fördermengen, Absatz auf lokalen, regionalen und nationalen Märkten	Mechanisierung des Bergbaus, sprunghafter Anstieg des Brennstoffbedarfs, Brikettierung, Eisenbahnbau
1890–1945: Herausbildung von Standortgruppierungen der Braunkohlen- und chemischen Großindustrie	Entstehung von Großbetrieben der Braunkohlenindustrie, der Verstromung, der Braunkohlenaufbereitung, Standortgruppierungen auf der Kohle, Absatz auf nationalen und internationalen Märkten	Beteiligung kapitalstarker Unternehmen, wissenschaftlich-technologische Entwicklungen, Elektrifizierung im Deutschen Reich, wachsender Bedarf an Grundchemikalien und Veredlungsprodukten, Transportwiderstand der Braunkohle
1945–1953: Wiederaufbau und Reparationsregime	Enteignung der Betriebe Bildung von SAG-Betrieben schleppender Wiederaufbau	Reparationen an die sowjetische Besatzungsmacht, schrittweise Einführung des sowjetischen Wirtschaftssystems, Kapitalmangel
1952–1958: Sozialisierung und Sowjetisierung der Wirtschaft	Rückkauf der SAG-Betriebe durch DDR, VEB, weiterhin schleppender Auf- und Ausbau, hoher spezifischer Energieverbrauch, niedrige Arbeitsproduktivität, schwankende Qualität der Produkte	Sozialistische Planwirtschaft, Vernachlässigung der Chemieindustrie, Kapitalmangel, veraltete Anlagen, Abwanderung von Fachkräften in die Bundesrepublik Deutschland
ab 1958: Chemieprogramm der SED	Ausbau und Neubau von Produktionsanlagen der Karbochemie Aufbau der Petrochemie, Modernisierung und Rationalisierung	Hauptaufgabe der SED (X. Parteitag): Einheit von Wirtschafts- und Sozialpolitik, Orientierung der Strukturpolitik an den Bedürfnissen der Bevölkerung und am wirtschaftsräumlichen Gefüge

[1] Sowjetische Aktiengesellschaft

Dieter Richter: 100 Jahre chemische Großindustrie in Mitteldeutschland. In: Geographische Rundschau 1987, H. 11., S. 619

Anteile der Branchen an der Industrieproduktion in den Bezirken Halle/Leipzig 1989 in Prozent

Industriebranche	Anteil der Branche an der gesamten Industrieproduktion	Anteil der Branche an der Produktion der 5 neuen Bundesländer
Energie- und Brennstoffindustrie	8,2	23,0
Chemische Industrie	32,4	48,1
Metallurgie	8,7	25,5
Baumaterialienindustrie	3,2	34,2
Wasserwirtschaft	0,7	20,6
Maschinen- und Fahrzeugbau	20,9	21,2
Elektrotechnik/Elektronik/Gerätebau	3,3	6,0
Leichtindustrie	6,9	13,7
Textilindustrie	2,9	8,7
Lebensmittelindustrie	13,1	22,6
Industrie insgesamt	100,0	23,7

Im Gebiet der DDR war 1945 die Grundstoffindustrie (mit Ausnahme einiger Bereiche der Kali- und Braunkohlenchemie) wenig entwickelt, da Grundstoffe, vor allem Hüttenprodukte vorwiegend aus dem Westen Deutschlands bezogen worden waren (vgl. Kap. 2.1). Für den Neuaufbau der rohstoffarmen DDR in der Nachkriegszeit wurde die Industrie auf Braunkohlenbasis zu einem zentralen Faktor. Dies um so mehr, als in den Zentralverwaltungswirtschaften des Ostblocks die Grundstoffindustrie auch aus wirtschaftspolitischen Gründen bevorzugt gefördert wurde.

Zunächst wurden von 1945–1947 die Betriebe der Großchemie als SAG (Sowjetische Aktiengesellschaft) von der UdSSR übernommen. Nach dem Rückkauf wurde der chemischen Industrie ab 1958 eine zentrale Rolle beim Aufbau der sozialistischen Industrie zugewiesen. „Chemie bringt Brot, Wohlstand und Schönheit" hieß ein Motto. Der Raum Halle-Leipzig-Dessau sollte der räumliche Schwerpunkt dafür werden, während die Energiewirtschaft in der Niederlausitz auf der Basis der dort vorherrschenden Kesselkohle ausgebaut werden sollte. Die Erdölkrisen mit ihren Preissteigerungen brachten eine weitere Stützung der Devise

„Nutzung heimischer Rohstoffe" und damit eine Bestätigung und erneute Aufwertung des Industrieraums Halle-Leipzig-Dessau für die devisenschwache DDR.

Die Betriebe der Grundgüterindustrie sind in der Regel große Einheiten, bei denen mehrere Produktionsstufen räumlich einander angelagert sind. In der DDR wurden daraus im Rahmen der Konzentrationsprozesse bei der Kombinatsbildung große Komplexe mit bis zu 50 000 Beschäftigten, deren Mikrostandorte sich aus Transportgründen in unmittelbarer Nähe der großen Tagebaue befinden. Dies hängt mit dem hohen Wasser- (ca. 50%) und Ascheanteil (bis 20%) der Rohbraunkohle zusammen. Die Braunkohlenverarbeitung, die Braunkohlenchemie und die Kraftwerke wählten dementsprechend Standorte bei den Tagebauen.

Auch die Siedlungsentwicklung richtete sich nach den großen Industrieanlagen. Zahlreiche Dörfer in der Nähe der Betriebe wurden Arbeiterwohnsiedlungen. Sie liegen fast alle entlang der Hauptverkehrswege. Auf diese Weise sind im Raum Halle-Leipzig-Dessau Siedlungsbänder entstanden, die die größeren Städte miteinander verbinden. Knapp 60% der Einwohner des Raums wohnen in den drei Großstädten Halle, Leipzig und Dessau, 20% in den Siedlungsbändern.

1. *Welche Faktoren begünstigten die Entwicklung des Industrieraums Halle-Leipzig-Dessau? Begründen Sie die Standorte der Großbetriebe.*

2. *Schildern Sie die Phasen der Entwicklung des Industrieraums. Ziehen Sie Vergleiche zur Entwicklung des Ruhrgebiets in der Nachkriegszeit (vgl. Kap. 2.1, 2.3).*

3. *Werten Sie die Strukturdaten zum Industrieraum Halle-Leipzig-Dessau aus, und erläutern Sie seine Bedeutung für den Industriestaat DDR.*

Die chemische Industrie im Raum Halle-Leipzig-Dessau

Entwicklung der Produktion ausgewählter Erzeugnisse der chemischen Industrie in der DDR

Produkt (in 1000 t)	1936	1950	1960	1970	1980	1985
Benzin (1936 nur Leuna-Werke)	920	486	1080	2236	3333	4302
Schwefelsäure	369	300	730	1099	958	883
Kalidüngemittel	953	1336	1666	2420	3422	3465
Stickstoffdüngemittel	229	231	334	395	943	1078
Phosphatdüngemittel	32	25	166	430	370	299
Plaste	–	–	115	370	861	1048
Synthetische Faserstoffe	?	0,7	7,8	47,3	138,7	158
Vollwaschmittel	–	–	–	113	159	186

Dieter Richter: a.a.O., S. 623

Mit einer Warenproduktion im Wert von 97,1 Mrd. Mark war die chemische Industrie 1989 in der DDR nach dem Maschinen- und Fahrzeugbau (114,4 Mrd. Mark) die zweitgrößte Industriebranche. In 231 Betrieben arbeiteten in dieser Branche im gesamten Land 335 000 Beschäftigte.

Anteile der Bezirke an der Produktion der Energie- und Brennstoff- und der Chemieproduktion der DDR 1989 in %

	Energie- und Brennstoffe	Chemische Produkte
Berlin (Ost)	6,4	3,7
Cottbus	41,5	4,5
Dresden	5,8	4,7
Erfurt	1,9	3,2
Frankfurt	1,3	15,9
Gera	3,3	3,6
Halle	10,8	41,4
Chemnitz	4,6	3,4
Leipzig	12,2	7,7
Magdeburg	3,5	5,3
Neubrandenburg	0,7	0,5
Potsdam	1,5	2,3
Rostock	5,0	1,4
Schwerin	0,7	0,9
Suhl	0,8	1,5

Statistisches Jahrbuch der DDR 1990

Im Industrieraum Halle-Leipzig-Dessau waren 1989 151 000 Beschäftigte in der chemischen Industrie tätig, das waren 21,8% aller Industriebeschäftigten und doppelt so viele wie in der zweitgrößten Branche des Raums, der Energie- und

Brennstoffindustrie. 80% der Chemiebeschäftigten waren in fünf großen Kombinaten konzentriert.

Großkombinate

	Zahl der Kombinatsbetriebe	Beschäftigte 1989
Chemiekombinat Bitterfeld	8	28 000
Chemische Werke Buna	5	27 000
Kombinat Agrochemie Piesteritz	7	19 000
Leuna-Werke	4	28 000
Fotochemisches Kombinat Wolfen	7	21 000

Das Chemieprogramm der SED von 1958 hatte eine Verdoppelung der chemischen Produktion vorgesehen. Voraussetzung dafür war eine Steigerung der Grundstoff-Fertigung. Außerdem war die Aufnahme bzw. Ausweitung der Kunststoff- und Chemiefaserherstellung eine Forderung des Programms. Da Erdöl dafür bessere technische Voraussetzungen bot, war eine allmähliche Umstellung von der Kohlen- auf die Petrochemie vorgesehen. Von 1963 bis 1976 wurden deshalb 45 Mrd. Mark zum Aufbau der Petrochemie bereitgestellt. Nach den Ölpreissteigerungen der 70er und 80er Jahre wuchs die Bedeutung der Braunkohlenchemie wiederum: Die alten Anlagen im Raum Halle-Leipzig-Dessau mußten zur Produktion von chemischen Grundstoffen bis zur Kapazitätsgrenze gefahren werden, neue technische Möglichkeiten mußten erarbeitet und neue Verfahren in den Verarbeitungsstufen eingeführt werden. Und all dies unter Einsatz hoher Investitionen, die für andere Vorhaben fehlten.

Die DDR war nicht nur das Land mit der größten Braunkohlenförderung sondern auch Wegbereiter für neue Techniken der Braunkohlenchemie, die eine vielfältige Nutzung des Rohstoffs erlaubten.

Allerdings wurde durch diese ohne Zweifel beachtlichen Leistungen der Ingenieure und Techniker letztlich ein längst nicht mehr konkurrenzfähiger Weg ausgebaut und ein wirtschaftlicher Fehler zementiert: Die neuen Produkte konnten nicht wirtschaftlich produziert werden und waren im Export auf staatliche Stützen und im Binnenmarkt auf planwirtschaftliche Vorgaben angewiesen. Außerdem sind die technischen Umwege in erheblichem Maß für die enorme Umweltbelastung in den alten Kohlenchemiegebieten verantwortlich. So waren die aufwendigen technischen Verfahren wirtschaftlich ein unvertretbarer Luxus, und heute sind sie eine schwere ökologische Altlast.

Die Carbid-Produktion (Ca C$_2$) im Kombinat Buna kann das Problem der chemischen Grundstoffproduktion auf Braunkohlenbasis, also unter Berücksichtigung der Devise „Nutzung heimischer Rohstoffe" verdeutlichen: Das Kombinat nutzte jährlich 1 Mio. t Kalk aus dem Harz und 700 000 t importierte Steinkohle. Nach und nach sollte statt des importierten Steinkohlenkokses immer mehr in der DDR hergestellter BHT-Koks (Braunkohlenhochtemperaturkoks) zugesetzt werden, 1984 waren dies im Mittel 40%, in den modernsten Öfen bis zu 70%. Das Verfahren verlangt außerdem große Mengen elektrischer Energie, in Buna so viel wie eine Stadt mit 300 000 Einwohnern. Das beim Herstellungsprozeß entstehende Ofengas wurde als Heizgas weiterverwendet.

Carbid war nicht als Endprodukt interessant, sondern war für die DDR vor allem als Ausgangsstoff für Acetylen (Ethin) wichtig; Acetylen wird für vielfältige Zwecke benötigt: Es dient zur Herstellung von PVC und anderen Kunststoffen, man braucht es zur Herstellung von synthetischem Kautschuk und von Weichmachern und Lösungsmitteln, es dient als Schweißgas. Mitte der 80er Jahre hatte die DDR-Forschung die Möglichkeit des völligen Ersatzes der Steinkohle durch BHT-Koks beim Carbidprozeß nachgewiesen und mit hohem Aufwand die technische Realisierung vorangetrieben.

Heute erweist sich die mühevolle und aufwendige Entwicklung als Irrweg: Der Acetylenersatz Ethylen, das auf Erdölbasis gewonnen wird, ist bei besserer Qualität wesentlich billiger! Aus diesem Grund wurde in der Bundesrepublik die Carbid-Herstellung auf Steinkohlenbasis schon längst eingestellt – obwohl hier Steinkohle in großen Mengen vorhanden ist. 1990 machte das Buna-Werk täglich eine Million Mark Verlust, so daß 1991 die Carbidherstellung beendet wurde.

Anteil der verschlissenen Produktionsanlagen in der DDR-Chemieindustrie (Prozent)

Industriezweig	Ausrüstungen	Anlagevermögen insgesamt[1]
Kali-/Steinsalzindustrie	64,7	54,1
Chemiefaserindustrie	53,3	46,4
Hersteller chemisch-technischer Spezialerzeugnisse	62,4	50,9
Kunststoffindustrie	61,8	53,8
Gummi- und Asbestindustrie	58,1	47,9
Anorganische und organische Grundchemie	56,7	47,3
Pharmazie	52,6	43,7
Erdöl-, Erdgas- und Kohlewertstoffverarbeitung	51,3	48,1

[1] Ausrüstungen einschließlich Gebäude und Grundstücke. Quelle: Institut für angewandte Wirtschaftsforschung, Berlin (Ost)

Wirtschaftswoche Nr. 40 vom 28. 9. 1990, S. 195

Vereinfachtes Schema der Verfahren zur Braunkohlenveredelung

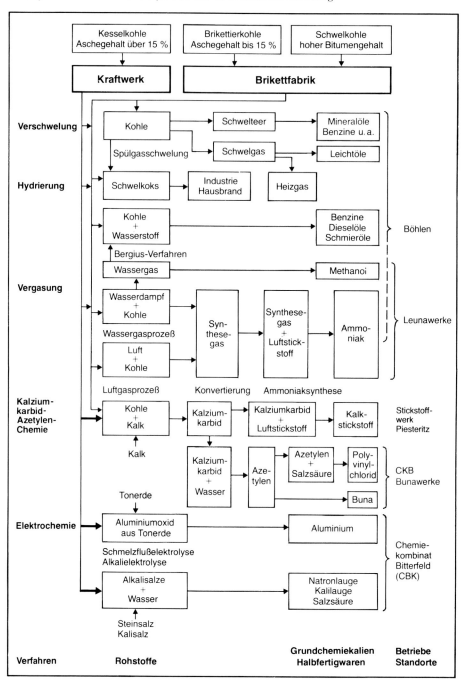

Dieter Richter: a.a.O., S. 621

Das Beispiel zeigt das Dilemma der Industrie in der ehemaligen DDR nach der deutschen Vereinigung: Durch die Währungseinheit zum Juli 1990 waren die Preise für DDR-Waren plötzlich DM-Preise geworden, was in etwa einer Vervierfachung des bisherigen Preisniveaus entsprach. Damit waren DDR-Industrieprodukte auf dem Weltmarkt nicht mehr konkurrenzfähig, zumal der Handel mit den bisherigen Hauptabnehmern, den Ostblockstaaten, von Transferrubel auf Dollar umgestellt wurde und bisherige Exportstützen wegfielen. Eine Umstellung auf konkurrenzfähige Technologie ist jedoch teuer und braucht Zeit, wobei der teilweise katastrophale Zustand der Anlagen und die Umwelt-Altlasten die Situation zusätzlich verschlimmern. Gleichzeitig wäre eine Umstellung auf neue Technik auch ein soziales Problem: Mehr als 50% der Beschäftigten in den chem. Betrieben würden ihren Arbeitsplatz verlieren, denn zu allem Überfluß sind die chemischen Werke in der ehemaligen DDR im internationalen Vergleich stark übersetzt, 2,4fach in der Produktion, 5fach in der Verwaltung.

„Chemie AG, Bitterfeld. Die mitteldeutsche Chemie muß nach einem der Treuhandanstalt vorliegenden Expertenpapier ihre ehemals knapp 74 000 Arbeitsplätze mittelfristig um über 80 Prozent auf 13 000 abbauen. Zur Erhaltung der Standorte Leuna, Buna, Bitterfeld und Wolfen müßten zudem ‚mehr als vier Milliarden DM' aufgewandt werden, heißt es in dem Papier für den Verwaltungsrat ...
‚Die Zukunft von Bitterfeld als Chemiestandort hängt davon ab, ob es gelingt, in nächster Zukunft zwei oder drei Kernbereiche zu privatisieren, und so eine glaubhafte Basis für weitere Ansiedlungen zu schaffen.' ... Die Chemie AG Bitterfeld hat noch 11 300 Mitarbeiter. Ihre Zahl müßte nach dem von der Unternehmensberatungsfirma McKinsey erstellten Papier bis 1992/93 auf 4100 reduziert werden. In den vier Standorten mit jetzt noch 62 800 Jobs seien maximal 33 000 zu erhalten, als Chemie-Arbeitsplätze seien aber nur 13 000 ‚mittelfristig wettbewerbsfähig'."

Nun ein drastischer Personalabbau in Bitterfeld. In: Die neue Wirtschaftszeitung, Nr. 20, 1. Jahrgang 1990, gekürzt

Die chemische Industrie im Raum Halle-Leipzig ist ein Exempel für die Folgen einer verfehlten Wirtschaftspolitik: Falsche Vorgaben haben trotz vieler imponierender technischer Leistungen zum ökonomischen Scheitern und zur schweren Belastung der Umwelt geführt; aus einem wirtschaftlichen Kernraum der DDR ist ein Problemgebiet geworden.

Trotz aller Probleme: Das Überleben der Chemiebetriebe im Raum Halle-Leipzig ist auch wegen der vielen Folgearbeitsplätze in der Region unerläßlich, und Anzeichen für eine Besserung sind auszumachen. Nach der bereits begonnenen Stillegung nicht konkurrenzfähiger bzw. ökologisch unvertretbarer Produktionsteile wird die chemische Industrie im Raum Halle-Leipzig-Dessau weiterhin Zukunft haben. Nach der notwendigen Sanierung haben die vier Hauptstandorte auf Grund ihrer wechselseitigen Verflechtung gute Chancen für den Aufbau einer modernen Chemieproduktion, wenn auch mit wesentlich weniger Beschäftigten als bisher. Neue Branchen werden sich etablieren müssen, industrienahe Dienstleistungen müssen aufgebaut werden, Diversifizierung statt der bisher einseitigen Struktur ist notwendig. Aber im Raum Halle-Leipzig-Dessau wird auch eine künftige Wirtschaftsstruktur ohne chemische Industrie nicht denkbar sein.

Produktionsverflechtung der chemischen Industrie

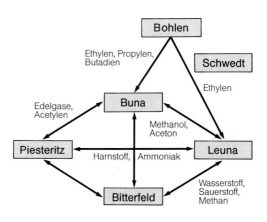

73

Umweltprobleme im Teilraum Merseburg

Landschaftswandel durch Braunkohlenbergbau und Industrie im Raum Merseburg

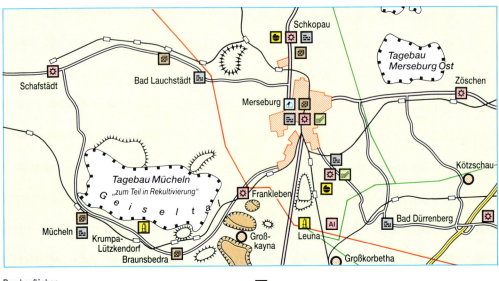

Bergbauflächen

- 🖊 Braunkohletagebau
- 🖊 Absetzbecken (Deponie), teilweise in Restlöchern
- 🖊 Halde, z.T. rekultiviert

- ═══ Autobahn
- ═══ Bundesstraße ═══ bedeutende Straße
- ──□── Bahn mit Bahnhof
- ─── Erdölleitung
- ─── Erdgasleitung

- 🖊 anorganische und organische Grundchemie, Erdölverarbeitung
- 🖊 Chemiefaser, Plast- und Gummiindustrie
- 🖊 Metallwarenindustrie
- Al Bauxit u.a. Aluminiumrohstoffe
- 🖊 Zellstoff-, Papierindustrie
- 🖊 holzbearbeitende Industrie
- 🖊 Baumaterialienindustrie
- 🖊 Lebensmittelindustrie

5000 m

Nach Unterlagen des Büros für Territorialplanung Halle

Bitterfeld gilt als „die dreckigste Stadt Europas", der Raum Halle-Leipzig-Dessau als eines der am stärksten belasteten Industriegebiete des Kontinents. Manches ist kaum vorstellbar: So betrugen die SO_2-Emissionen 1988 der Bezirke Halle und Leipzig 1,92 Mio. t, (nach Umweltreport DDR), die der Kreise Bitterfeld, Borna und Merseburg allein sollen 1989 1,10 Mio. t betragen haben (gesamte alte Bundesrepublik 1,04 Mio. t).

Der Kreis Merseburg mit den alten Tagebauen im Geiseltal, dem Tagebau Merseburg/Ost, den Leuna-Werken und den Buna-Werken (Schkopau) zeigt beispielhaft die Umweltprobleme im Braunkohlenchemiegebiet Mitteldeutschlands.

Gewässerbelastung

Schadstoffeintrag in die Saale 1989

durch die Leuna-Werke	
Organische Last	16 722 t
Phenole	69 t
Ammonium	8 646 t
Nitrate	3 206 t

durch die Buna-Werke	
Quecksilber	5,9 t
Tenside	844,0 t
Cyanide	66,4 t

74

Braunkohlenabbau im Raum Merseburg

	Abwassermenge m³/d	Einleiter
Industriebetriebe		
Leuna-Werke	800 000	Saale
Buna-Werke	700 000	Saale
Braunkohlenverarbeitungswerke		
Böhlen	170 000	Pleiße
Espenhain	120 000	Pleiße
Kommunen/Einwohner		
Leipzig 560 000	300 000	Pleiße/Weiße Elster
Altenburg	6 000	Pleiße

Cord Schwartau: Umweltprobleme in einem alten Industrierevier. In: Geographische Rundschau 1987, H. 11, S. 630

Das System der kommunalen Abwasserreinigungsanlagen ist nicht flächendeckend ausgebaut, die Reinigungsleistung zudem unzureichend. Nur 70% der Haushalte sind im Kreis Merseburg an Kläranlagen angeschlossen. Fernwasser besserer Qualität muß zugemischt werden.

Die Wasserqualität der Saale bei Schkopau wird folgendermaßen beurteilt: nach dem Sauerstoffgehalt und der Salzbelastung bedingt nutzbar (Klasse 4), nach dem Schadstoffgehalt unbrauchbar für die meisten Nutzungen (Klasse 5).

Tagebaurestlöcher. Sieben Restlöcher verschiedener Größe (25 bis 4800 ha) weisen nicht oder nur teilweise sanierte Böschungen auf. Außerdem können unterirdisch aus benachbarten Deponien Schadstoffe eingetragen werden. Der Grundwasserschutz ist nicht gewährleistet.

Luftverunreinigung. In der alten Bundesrepublik liegt die Emissionsdichte für SO_2 bei 10 t je km² jährlich, im Mittel der DDR lag sie 1989 bei 48 t, im Kreis Merseburg jedoch bei 687 t je km² jährlich. Hauptverursacher waren die Großkombinate der Chemie, vor allem deren Kraftwerke, die zu großen Teilen die heimische Braunkohle verfeuerten, die einen Schwefelgehalt von 2,5 bis 4,8% aufweist. Mit ins Gewicht fallen jedoch auch die unzulänglichen Heizanlagen in den privaten Haushalten.

Die Wohnungen von 90% der Einwohner des Kreises Merseburg liegen in Gebieten, in denen 1988 die gesetzlichen Grenzwerte für SO_2 und Staub überschritten wurden.

Altlasten. Ungeklärt ist das Ausmaß der gefährlichen Altlasten im Kreis. Besonders im Deponiebereich und auf dem Werksgelände der Buna AG, der Leuna-Werke und der ADDINOL GmbH in Lützkendorf (Mineralöl) rechnet man mit sehr hohen, teilweise noch stärker werdenden Belastungen, da die Standorte weiter betrieben werden und durchgreifende Deponiereformen noch fehlen.

Immerhin gab es 1990/91 erste Verbesserungen der Umweltsituation. Da emissionsträchtige und wirtschaftlich nicht mehr konkurrenzfähige Betriebsteile stillgelegt wurden (u. a. die Carbidöfen der Buna-Werke), nahmen einige Schadstoffemissionen ab. Die schwierige Zeit der Umorientierung mit starken Produktionseinbrüchen und großen sozialen Problemen brachte wenigstens keinen weiteren Anstieg, sondern eher einen leichten Rückgang der Umweltlasten durch die chemische Industrie.

1. *Begründen Sie die zentrale Rolle der Braunkohlennutzung für die DDR-Wirtschaft.*

2. *Schildern Sie (u. U. mit Hilfe des Chemielehrers) die Versuche der DDR, aus dem dort fast einzigen Rohstoff Braunkohle vielfältige Produktlinien aufzubauen.*

3. *Nennen Sie Gründe für die Probleme der chemischen Industrie in den neuen Bundesländern und für die Umweltlasten im Raum Merseburg.*

4. *Diskutieren Sie Vor- und Nachteile einer Wirtschaftspolitik, die sich die „Nutzung heimischer Rohstoffe" zur zentralen Aufgabe machte.*

2.5 Regensburg und die Oberpfalz: Gezielte Standortsuche und Industrieförderung

Oberpfalz

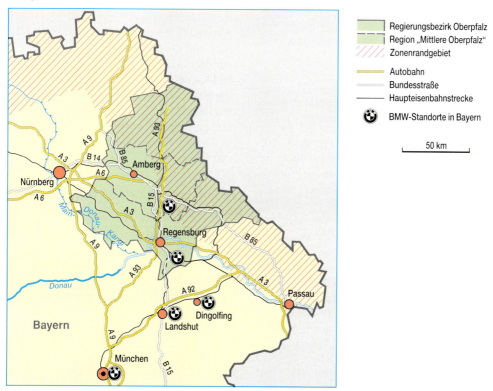

Regierungsbezirk Oberpfalz	
Region „Mittlere Oberpfalz"	
Zonenrandgebiet	
Autobahn	
Bundesstraße	
Haupteisenbahnstrecke	
BMW-Standorte in Bayern	

Der Regierungsbezirk Oberpfalz im Freistaat Bayern, 1988 (sofern nicht anders angegeben)

Bevölkerung: 975 371 = 8,8% Bayerns
  (1961: 914 900)
Bevölkerungsd.: 101 Ew/km² Bayern: 157
Wanderungsbilanz: 1980–83: +2029
 1984–87: −2457
sozialversicherungspflichtige Beschäftigte:
  307 265 (1974: 262 262) = 7,8% Bayerns
Beschäftigte im Verarbeitenden Gewerbe:
  106 326 (1977: 103 795) = 7,8% Bayerns

Beschäftigte im Dienstleistungsbereich:
  136 400 = 7,0% Bayerns
Arbeitslosenquote: 8,8% = Bayern: 6,3%
  (1983: 11,4%)

Hauptbranchen des Verarbeitenden
Gewerbes:
  (Beschäftigtenanteil 1988)

Elektrotechnik	22,3%
Maschinenbau	8,3%
Steine und Erden	7,1%
Bekleidungsgewerbe	6,7%
Feinkeramik	6,0%
Glasindustrie	5,7%
Ernährungsgewerbe	5,4%
Straßenfahrzeugbau	5,1%
EBM-Waren	4,9%

Bayerisches Staatsministerium für Wirtschaft und Verkehr: Strukturpolitik im Regierungsbezirk Oberpfalz, September 1989

Der Regierungsbezirk Oberpfalz umfaßt eine Fläche von 9691 km^2 (= 13,7% der Fläche Bayerns), größtenteils im ehemaligen Zonenrandgebiet. Mit Ausnahme kleiner Gebiete nördlich, östlich und südlich von Regensburg zählt der gesamte Raum zu den Förderungsgebieten der „Gemeinschaftsaufgabe zur Verbesserung der regionalen Infrastruktur".

Gezielte Standortwahl: Das Beispiel des BMW-Werkes Regensburg-Harting

Regensburg, das Wirtschaftszentrum der Oberpfalz, lag in den Nachkriegsjahrzehnten im Verkehrsschatten ohne hochwertige Anbindung an den Wirtschaftsraum Nürnberg und an die Landeshauptstadt München, und sozusagen mit dem Rücken gegen die Landesgrenze und den ehemaligen wirtschaftsschwachen Zonengrenzraum. Die Anbindung an Nürnberg mit der A 3 wurde erst zu Beginn der 70er Jahre fertiggestellt, die Lücke der A 3 Richtung Passau erst Mitte der 80er Jahre geschlossen. Die Fortsetzung der A 93 und damit die Anbindung an die A 9 und an München wurde erst 1986 zu Ende geführt. Die Verlängerung der A 6 von Nürnberg bis zur A 93 ist im Bau.
Die Einwohnerzahl ging von 133 000 (1970) auf 119 000 (1987) zurück. Die Arbeitslosenquoten waren im Bereich Regensburg – wie auch fast im gesamten Regierungsbezirk Oberpfalz – nahezu doppelt so hoch wie im Landesschnitt.
Regensburg, das Dienstleistungszentrum der Region, benötigte nach der Stagnation der 60er und 70er Jahre vor allem neue Arbeitsplätze im Produzierenden Gewerbe, möglichst in zukunftssicheren Branchen, damit auch das Bruttoinlandsprodukt, das zu Beginn der 80er Jahre deutlich unter dem Landes- und Bundesschnitt lag, erhöht werden könnte.
In dieser Situation erschien es als besondere Chance, daß die BMW AG neben ihren bisherigen drei bayerischen Standorten und den Werken Berlin und Steyr (Österreich) einen weiteren Standort für die Pkw-Produktion suchte. Die Kapazität der Werke München und Dingolfing war voll ausgeschöpft.

Erwartungen und Ziele der BMW AG:

– Schaffung zusätzlicher Kapazitäten an einem Standort, der sowohl den ökonomischen Ansprüchen als auch dem Image von BMW entspricht,
– Akzeptanz des Standorts durch die Bevölkerung und die Behörden,
– entsprechende Förderung durch Behörden und Kommunen; z. B. Ausgleich für Vergünstigungen, die an anderen Standorten zu erwarten wären,
– reibungslose und kostengünstige Einordnung des neuen Werks in den Fertigungsverbund von BMW.

Erwartungen und Ziele der Bayerischen Staatsregierung:

– Verbesserung des Arbeitsmarktes in der Region durch die Schaffung von 3500 Dauerarbeitsplätzen,
– Zufluß von mindestens 200 Mio. DM jährlich an Gehältern und Löhnen in der Region, dadurch
– Anstieg der Kaufkraft mit entsprechenden Folgewirkungen für die gesamte wirtschaftliche Entwicklung der Region,
– Verbesserung der industriellen Branchenstruktur durch zukunftssichere Bereiche eines starken Wirtschaftspartners,
– Verbesserung der kommunalen Finanzen durch Zunahme der Gewerbesteuereinnahmen auch finanzschwacher Gemeinden,
– Teilnahme auch der Landkreise und des Bezirks an den steigenden Steuereinnahmen durch Kreis- und Bezirksumlagen.

Investitionsbeihilfen
„Im Rahmen der Regionalförderung werden gefördert Investitionen zur Errichtung, Erweiterung, Umstellung oder Rationalisierung, Verlagerung von Industrie- und Handwerksunternehmen sowie ausgewählten Zweigen des Dienstleistungssektors. In bestimmten Fällen kann auch der Erwerb eines stillgelegten oder von der Stillegung bedrohten Betriebs gefördert werden, wenn dadurch die Fortführung des Betriebs sichergestellt wird ... Regionalförderung wird gewährt im Zonenrandgebiet,

in den übrigen Gebieten der Gemeinschaftsaufgabe ‚Verbesserung der regionalen Wirtschaftsstruktur', in sonstigen Gebieten Bayerns.

Die Finanzierungshilfen bestehen in aller Regel entweder aus der kombinierten Gewährung einer steuerfreien Investitionszulage und eines nicht steuerneutralen Investitionszuschusses. Die maximal mögliche Förderung beträgt 23%

der Investitionskosten (10% Investitionszulage und 13% Investitionszuschuß). Oder aber es kann ein zinsgünstiges langfristiges Darlehen in Höhe von bis zu maximal 60% der förderungsfähigen Investitionen oder eine Kombination von Investitionszulage und zinsgünstigen Darlehen gewährt werden …"

Bayerisches Staatsministerium für Wirtschaft und Verkehr: Wegweiser für den Investor, 1988, Seite 5, gekürzt

Das BMW-Werk Regensburg-Harting und seine Verkehrsanbindung

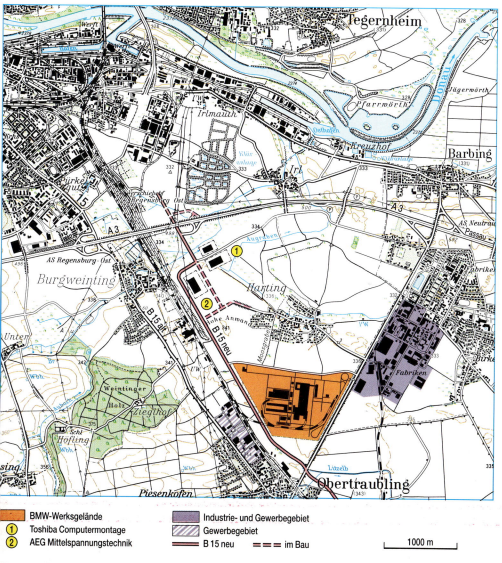

	BMW-Werksgelände		Industrie- und Gewerbegebiet
①	Toshiba Computermontage		Gewerbegebiet
②	AEG Mittelspannungstechnik		B 15 neu === im Bau 1000 m

Kartengrundlage: Topographische Karte 1:50000, Blatt UK L 6 „Regensburg und Umgebung"; Wiedergabe mit Genehmigung des Bayerischen Landesvermessungsamts München, Nr. 6034/90 (ergänzt)

Standortwahl und Aufbau des Werkes

1979: Untersuchung von 28 alternativen Standorten, 11 in engerer Wahl. Ein ursprünglich angestrebter Standort in den USA wird verworfen, da das dortige Facharbeiterangebot nicht den Ansprüchen genügt und die benötigten mittelständischen Zulieferer fehlen.

Gründe für eine Standortwahl in der Bundesrepublik Deutschland (nach Angaben von BMW):
– höchstes Facharbeiterniveau
– beste Zulieferindustrie
– hochentwickelte Infrastruktur

1982: Kabinettvorlage der Bayerischen Staatsregierung, im gleichen Monat BMW-Vorstandsentscheidung für Regensburg.
Gründe für Regensburg (nach Angaben vom BMW):
– logistische Anbindung
– gute Arbeitsmarktsituation
– kompetente Behörden
– Konsens der Bevölkerung
– attraktive Großstadt mit gutem Bildungsangebot und hohem Freizeitwert.

1983: Baubeginn
1986: Produktionsbeginn Endmontage
1990: Aufnahme des Zwei-Schicht-Betriebs
1991: Endausbau (Karosserie-Rohbau).

Mitarbeiter

April 1986	656
Juni 1987	1937
Juni 1988	3203
Dez. 1988	3296
Endausbau	6500

Einzugsbereich der Mitarbeiter 1989

bis 10 km (Luftlinie)	34%
10,1–20 km	19%
20,1–30 km	25%
30,1–40 km	12%
40,1–50 km	5%
über 50 km	5%

Just-in-time-Produktion: Materialbevorratung nur für ca. eine Produktionsstunde; wichtige Zulieferer in weniger als 20 km Entfernung; Sitze werden z. B. im Augenblick der Montage in richtiger Reihenfolge nach Farbe und Typ von Lkws ans Band geliefert; deshalb keine Lagergebäude, aber große Lkw-Parkplätze im Werk.

Probleme

Flächenbedarf: 142 ha zusammenhängendes Werksgelände mit gutem Baugrund in Großstadtnähe; weitere 40 ha für Verkehrsanschluß und Erschließung; durch Bodentausch können nur kleinere Flächen, z. B. Baggerseen, für landwirtschaftliche Nutzung aufgewertet werden. Insgesamt aber gehen wertvolle Agrarflächen verloren.

Wasserbedarf: Über 6000 l/Min., ca. 1000 l/Min. Schmutzwasser müssen entsorgt werden. Besonders in der Lackiererei fällt Sondermüll an (organische Lösungsmittel).

Kosten und Investitionen in DM

Gesamterschließungskosten: 198,4 Mio.
Beitrag von BMW: 44,8 Mio.
Stadt Regensburg: 39 Mio.
Freistaat Bayern: ca. 114 Mio.
Kaufpreis der Grundstücke für BMW: 27,6 Mio.
Gesamtinvestitionen von BMW bis 1991: 1,3–1,5 Mrd.

Das Werk in Regensburg gilt nach BMW-Angaben als die modernste Autofabrik der Welt. Die Investitionen von 1,5 Mrd. DM flossen auch in eine kapitalintensive maschinelle Ausrüstung, die sich nur bei entsprechend langen Laufzeiten auszahlt. Bei BMW wird deshalb seit 1990 im Zweischichtbetrieb auch samstags bis 15.30 Uhr gearbeitet. Die dadurch mögliche Verlängerung der Maschinenlaufzeit bringt Einsparungen bei den Betriebskosten zwischen 2 und 10 Prozent. Möglich ist die Samstagsarbeit weil sich im Werk jeweils drei Mitarbeiter zwei Arbeitsplätze teilen. Die Samstagsarbeit wurde auch von der Belegschaft akzeptiert, da in der Region die Arbeit im neuen Werk begehrt is (30000 Bewerbungen!) und das Durchschnittsalter der Mitarbeiter bei 27 Jahren liegt.

Die Achse Dingolfing – Regensburg – Wackersdorf im Fertigungsverbund der BMW AG

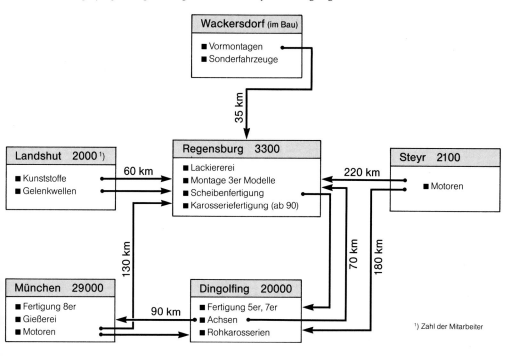

Für 1990 rechnet man in Regensburg mit 100 000 Arbeitsplätzen bei ca. 118 000 Einwohnern; dies wäre die höchste Einwohner-Arbeitsplatzquote aller bayerischen Großstädte. 1989 wurde Regensburg zur Boomstadt: Neben BMW und dem High-Tech-Werk von Siemens, wo die 1-Megabit-Chips gebaut werden, gibt es ein neues AEG-Werk für Schaltanlagen (ab 1991 900 Beschäftigte), und Toshiba montiert seit 1989 Computer in Regensburg. Darüber hinaus bekamen die Pläne für eine riesige Speditionszentrale durch die Öffnung der Grenzen nach Osteuropa weiteren Auftrieb.

„Zu all dem könnte man die Regensburger ja wirklich nur beglückwünschen, wenn es da nicht erste deutliche Anzeichen dafür gäbe, daß die Bürger im Zuge dieser Entwicklung zunehmend zur Kasse gebeten werden. Das hat vor allem mit der Wohnungsnot zu tun, die Regensburg später traf als die anderen bayerischen Großstädte ... Und wo große Nachfrage herrscht, da steigen nach den Regeln der freien Marktwirtschaft die Preise. Im Durch-schnitt kostet die Quadratmeter-Miete in einem zehn Jahre alten Haus derzeit 9,40 Mark – 1987 waren es noch acht Mark."

Süddeutsche Zeitung, 30./31. 12. 1989

1. *Werten Sie die Strukturdaten des Regierungsbezirks Oberpfalz aus, und vergleichen Sie sie mit denen Bayerns und der Region München (Kapitel 2.6).*
2. *Vergleichen Sie die Interessen von Region, Stadt, Freistaat und Betrieb bei der Gründung des Werkes Regensburg-Harting, und begründen Sie die Investitionsbeihilfen der öffentlichen Hand.*
3. *Diskutieren Sie die Vor- und Nachteile der Just-in-time-Produktion für Betrieb, Zulieferer und regionale Infrastruktur.*
4. *Erläutern Sie den Standortverbund des Unternehmens, nennen Sie Vorteile und mögliche Probleme.*
5. *Nennen Sie Folgewirkungen des Industriestandorts Regensburg-Harting, und wägen Sie Vorteile und Nachteile ab.*

81

Industrieförderung im strukturschwachen Raum:
Das Beispiel der mittleren Oberpfalz

Das Hügelland der mittleren Oberpfalz ist ein Gebiet sehr früher Industrialisierung. Der Erzbergbau (kreidezeitliche Erze) wurde nach Nutzung der Wasserkraft schon im 14. Jahrhundert zur Grundlage von Eisenhütten und Hammerwerken. Amberg galt als „Eisenstadt" und wirtschaftlicher Mittelpunkt einer Region, die man auch „Ruhrgebiet des Mittelalters" nennt. Auch heute noch hat die Region Vorkommen von Eisenerz, Uranerz, Schwefelkies und Kaolin, der Abbau ist aber an den meisten Standorten nicht mehr wirtschaftlich. Der Bergbau von Amberg wurde 1967, der von Sulzbach-Rosenberg 1977 eingestellt. Anfang 1980 war das Braunkohlenrevier von Wackersdorf ausgekohlt, und 1987 schloß in Auerbach die letzte deutsche Eisenerzgrube.

Strukturdaten Mittlere Oberpfalz (Landkreise Amberg-Sulzbach, Schwandorf, kreisfreie Stadt Amberg)

Bevölkerung, Erwerbstätige (gesamt und Anteil an den Wirtschaftsbereichen)

	Bevölkerung (1000)	Erwerbstätige gesamt	Land- und Forstwirtschaft %	Produzierendes Gewerbe %	Handel, Verkehr, sonstige Wirtschaftsbereiche %
Amberg	42,5	17 681	1,1	41,2	57,7
Landkreis Amberg-Sulzbach	94,6	42 400	6,8	51,9	41,3
Landkreis Schwandorf	131,3	57 464	6,6	49,7	43,7
Reg. Bezirk Mittl. Oberpfalz	969,9	429 786	6,3	45,8	47,9
Bayern	10 902,6	5 096 990	5,1	44,0	50,9

Jahresdurchschnittliche Arbeitslosenquoten 1980–1986 in %

	1980	1983	1984	1985	1986
Mittlere Oberpfalz	7,4	15,5	15,1	15,0	13,6
Bayern	3,5	8,1	7,8	7,7	7,0
Bundesrepublik Deutschland	3,8	9,1	9,1	9,3	9,0

Lohnniveau (ausbezahlte Löhne je geleistete Arbeitsstunde in DM, 1987)

	Verarbeitendes Gewerbe gesamt	Verarbeitendes Gewerbe ohne eisenschaff. Industrie
Mittlere Oberpfalz	22,02	21,52
Bayern	24,07	24,06
Bundesrepublik Deutschland	24,98	24,87

Bayerisches Landesamt für Statistik und Datenverarbeitung: Statistische Berichte, Volkszählung 1987 u. a.

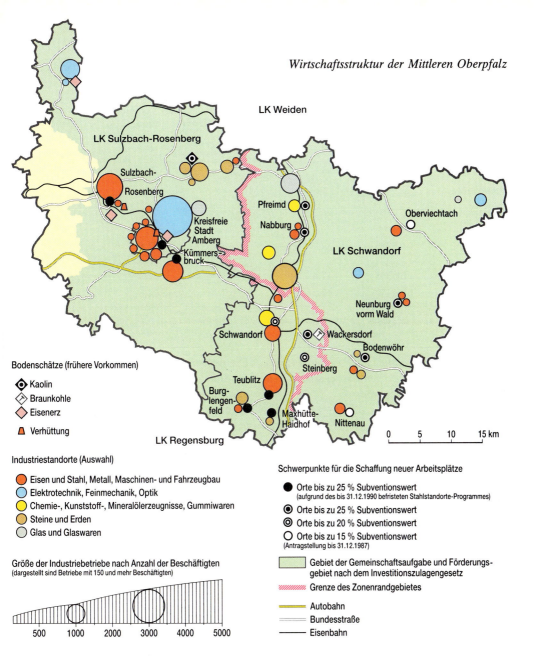

LK Weiden

LK Sulzbach-Rosenberg

Sulzbach-Rosenberg

Kreisfreie Stadt Amberg

Kümmers-bruck

Pfreimd

Nabburg

Oberviechtach

LK Schwandorf

Neunburg vorm Wald

Schwandorf

Wackersdorf

Bodenwöhr

Steinberg

Teublitz

Burg-lengen-feld

Maxhütte-Haidhof

Nittenau

LK Regensburg

0   5   10   15 km

Bodenschätze (frühere Vorkommen)

◈ Kaolin
◈ Braunkohle
◈ Eisenerz
▲ Verhüttung

Industriestandorte (Auswahl)

● Eisen und Stahl, Metall, Maschinen- und Fahrzeugbau
● Elektrotechnik, Feinmechanik, Optik
● Chemie-, Kunststoff-, Mineralölerzeugnisse, Gummiwaren
● Steine und Erden
● Glas und Glaswaren

Größe der Industriebetriebe nach Anzahl der Beschäftigten
(dargestellt sind Betriebe mit 150 und mehr Beschäftigten)

500   1000   2000   3000   4000   5000

Schwerpunkte für die Schaffung neuer Arbeitsplätze

● Orte bis zu 25 % Subventionswert
(aufgrund des bis 31.12.1990 befristeten Stahlstandorte-Programms)
◉ Orte bis zu 25 % Subventionswert
◎ Orte bis zu 20 % Subventionswert
○ Orte bis zu 15 % Subventionswert
(Antragstellung bis 31.12.1987)

▨ Gebiet der Gemeinschaftsaufgabe und Förderungs-gebiet nach dem Investitionszulagengesetz

▧▧▧ Grenze des Zonenrandgebietes

━━━ Autobahn
┈┈┈ Bundesstraße
─── Eisenbahn

Altersstruktur 1985 (Anteile in %)

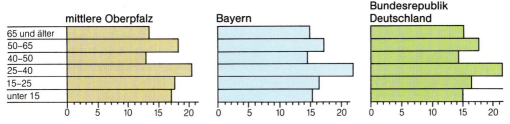

| mittlere Oberpfalz | Bayern | Bundesrepublik Deutschland |

65 und älter
50–65
40–50
25–40
15–25
unter 15

83

Bergbau und Verarbeitendes Gewerbe: Beschäftigte gesamt und Anteil in % an den Hauptgruppen 1988

	Beschäftigte gesamt	Grundstoff- u. Produktionsgüter prod. Gewerbe %	Investitionsgüter prod. Gewerbe %	Verbrauchsgüter prod. Gewerbe %	Nahrungs-, Genußmittel Gewerbe %
Stadt Amberg	7836	12,3	69,2	15,8	2,7
Landkreis Amberg-Sulzbach	9387	50,4	36,3	11,8	1,5
Landkreis Schwandorf	13915	39,7	24,6	27,5	8,2
Reg. Bez. Oberpfalz	106366	17,4	45,1	32,0	5,5
Bayern	1356150	12,5	56,7	24,6	6,2

Bayerisches Landesamt für Statistik und Datenverarbeitung: Statistische Berichte E I S4/88 (Bergbau und Verarbeitendes Gewerbe, München 1989

Beschäftigtenentwicklung in der Mittleren Oberpfalz 1977–1987 in wichtigen Wirtschaftszweigen des Verarbeitenden Gewerbes

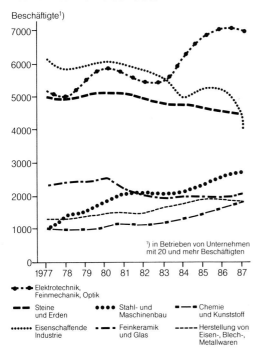

Bayerisches Staatsministerium für Wirtschaft und Verkehr: Standortprofil Mittlere Oberpfalz. München 1987, o. S.

Die deutsche Teilung machte den einst zentralen Standort in Mitteleuropa in der Vergangenheit für viele Jahre zu einem peripheren, und die einseitige frühere Wirtschaftsstruktur machte die Region besonders konjunkturanfällig. Die Stahlkrise (vgl. Kapitel 2.3) mußte einen peripheren Schwerindustriestandort besonders nachhaltig treffen – eine Entwicklung, die im April 1987 zum Konkurs des einst größten Unternehmens der Oberpfalz, der Maxhütte in Sulzbach-Rosenberg und Maxhütte-Haidhof, führte.

Die „Eisenwerkgesellschaft Maximilianshütte" war ein Jahrhundert lang das strukturbestimmende Unternehmen der Region. 1965 beschäftigte sie 9200 Mitarbeiter, 1987 waren es noch 4100. Nur 950 Beschäftigte waren für die Nachfolgebetriebe der „Maxhütte neu" vorgesehen, die von den Ruhrhütten und Saarstahl und mit einer Beteiligung des Freistaats Bayern (39%) getragen wird. Für den regionalen Arbeitsmarkt hatte der Konkurs tiefgreifende Folgen.

In der Folge wurden die Bemühungen zur Neuansiedelung von Industriebetrieben verstärkt. Freistaat, Bezirksregierung, Landkreise und Kommunen betrieben intensive Werbung und stellten Finanzhilfen in Aussicht. Von Juli 1987 bis Juli 1988 wurden mit 410 Mio. DM industrielle Investitionen in der Region gefördert, von denen man die Schaffung von über 1100 Arbeitsplätzen erhoffte – ein Fortschritt, aber keine hinreichende Lösung für das Arbeitsplatzproblem der Region.

Seit Beginn der 80er Jahre wurden Planung und Bauvorbereitung der atomaren Wiederaufbereitungsanlage (WAA) bei Wackersdorf (ca. 15 km nordöstlich von Maxhütte-Haidhof) von der Regierung des Freistaats Bayern und vom Bezirk Oberpfalz nachhaltig gefördert. Man ging davon aus, daß die WAA 1600 Dauerarbeitsplätze schaffen und damit eine spürbare Verbesserung des regionalen Arbeitslosenproblems bringen werde. Im Mai 1989 kam jedoch das Ende des jahrelang mit hohem finanziellen Aufwand (2,6 Mrd. DM bis Mai 1989) geförderten und trotz erbitterten Widerstandes von WAA-Gegnern konsequent verfolgten Projekts: Die Gesellschafter der DWK (Deutsche Gesellschaft für Wiederaufbereitung von Kernbrennstoffen), elf Unternehmen der Energieversorgung, hatten erkannt, daß die Wiederaufbereitung atomarer Brennstoffe in La Hague (Normandie) wirtschaftlich günstiger ist.

Ein erheblicher Teil der von der DWK verbauten 2,6 Mrd. DM war verloren. Aber die Mittel waren auch zur Erschließung des Geländes genutzt worden, Maßnahmen, die die 135 ha zusammenhängenden Flächen im Taxöldener Forst östlich von Wackersdorf zum attraktiven Baugelände gemacht hatten. Damit waren im Mai 1989 hervorragende Voraussetzungen für die Ansiedlung neuer Betriebe geschaffen, zumal zusätzliche Hilfen zugesagt wurden.

Finanzierungshilfen nach Ende der WAA-Pläne in Wackersdorf:

– 500 Mio. DM von den ehemaligen WAA-Gesellschaftern zur Schaffung von Arbeitsplätzen
– 500 Mio. DM von den ehemaligen WAA-Gesellschaftern für eigene Investitionen auf dem WAA-Gelände (z. B. dem Bau einer Solarzellenfabrik)
– 450 Mio. DM von Bund und Freistaat zur Verbesserung der Infrastruktur der Mittleren Oberpfalz.

Gewerbegebiet Wackersdorf

Bereits am 4. 9. 1989 meldete die Presse, das WAA-Gelände sei so gut wie ausverkauft.

Die neuen Unternehmen auf dem WAA-Gelände:

Wilden KG, Pfreimd: Herstellung von Küchen-Kleingeräten für Bosch und Siemens
Investitionen: 5 Mio. DM
1990 Produktionsbeginn mit 70–100 Arbeitskräften; im Endausbau 500 Arbeitskräfte geplant

BMW AG: Teilefertigung, besonders für das Werk Regensburg, Recycling von Autoteilen, Montage von Sonderfahrzeugen; Kauf von 47 ha Gelände, Investitionen insgesamt ca. 400 Mio. DM;
1990 Beginn mit 250 Mitarbeitern, Endausbau 1995 mit 1600 Arbeitsplätzen

Siemens Solar GmbH und Bayernwerke AG: Fertigung von Solarzellen
1993 400 Arbeitsplätze
Investitionen ca. 100 Mio. DM

Sennebogen GmbH, Straubing: Herstellung von Baggern, Kränen
Im Endausbau 1993 ca. 500 Arbeitsplätze geplant

Noell-Stahlbau: Fertigung von Schleusentoren, Nutzung des ursprünglich als Eingangslager vorgesehenen Gebäudes.

85

Das Ende der WAA-Pläne Wackersdorf erweist sich als Glücksfall für die Mittlere Oberpfalz: Es werden nicht nur 1600 Arbeitsplätze geschaffen wie für die WAA vorgesehen, sondern ungefähr 3000. Und diese 3000 Plätze können fast ausschließlich von Mitarbeitern aus der Region eingenommen werden, während für die WAA Spezialisten aus anderen Bundesländern einen Teil der Belegschaft gestellt hätten. Und außerdem werden die neuen Firmen viel freudiger von der Bevölkerung akzeptiert als die Wiederaufbereitungsanlage.

Die Neuansiedelungen in der Oberpfalz ziehen weitere Firmen nach sich: In Schwandorf baut Benteler, ein Fahrzeugzulieferer, ein Werk für 140 Mitarbeiter; Webasto plant die Fertigung von Schiebedächern in Schierling mit 100 Mitarbeitern. Allein im Zusammenhang mit dem Konkurs der Maxhütte sollen mit staatlicher Hilfe über 3000 Arbeitsplätze entstehen.

Sicher können diese Entwicklungen nicht allein oder auch nur vorrangig den Investitionshilfen zugeschrieben werden. Aber daß sie zu einer günstigeren industriellen Entwicklung und einem notwendigen Strukturwandel in der Region beigetragen haben, steht außer Zweifel, ebensowenig aber auch, daß die „einheimische" Standortwahl von BMW der entscheidende Faktor war.

1. *Vergleichen Sie die Strukturdaten der Mittleren Oberpfalz mit denen Bayerns und der Bundesrepublik Deutschland bis 1990 (vgl. Kapitel 2.2).*
2. *Nennen Sie Gründe für den Zusammenbruch der Schwerindustrie in der Mittleren Oberpfalz.*
3. *Werten Sie die Daten zur Industriestruktur der Mittleren Oberpfalz aus, und vergleichen Sie sie mit denen der Region München (Kapitel 2.6).*
4. *Nennen Sie Gründe und Methoden der staatlichen Förderung im Raum Wackersdorf.*
5. *Vergleichen Sie raumwirksame Folgen der einst geplanten WAA Wackersdorf und der auf dem Gelände heute angesiedelten Betriebe.*

2.6 München: High-Tech-Standort Silicon Bavaria?

München und sein Umland – die bayerische Planungsregion 14

Wirtschaftliche Anziehungskraft und Wirtschaftsaufstieg

Die Befragung von 500 Führungskräften aus Wirtschaft, Politik und Verwaltung nach der deutschen Stadt, die ihnen als idealer Industriestandort erscheine, brachte im September 1987 folgendes Punkteresultat:

Führungskräfte aus

	Wirtschaft	Politik	Verwaltung	insgesamt
München	18,5	21,3	15,2	18,5
Frankfurt	12,0	20,4	13,0	13,8
Berlin	2,2	5,6	3,3	3,1
Stuttgart	23,8	16,7	22,8	22,3
Hamburg	4,8	3,7	12,0	5,7
Düsseldorf	3,1	2,8	3,3	3,1
Dortmund	1,1	4,6	2,2	2,0
Allg.: Ruhrgebiet	5,3	9,3	8,7	6,6
Köln	1,7	4,6	2,2	2,3
Essen	3,1	0,9	1,1	2,3

Capital-Führungskräftepanel 9/1987

Eine Untersuchung, die Städte auf der Grundlage von fünf wichtigen Kriterien bewertet, kommt zu folgenden Ergebnissen:

Rangplätze deutscher Großstädte anhand ausgewählter Kriterien

Stadt	I	II	III	IV	V	Summe der Rangplätze
München	2	5	4	7	1	19
Frankfurt	3	2	1	11	8	25
Hamburg	5	11	2	1	6	25
Stuttgart	1	4	6	15	2	28
Mannheim	4	2	11	13	4	34
Düsseldorf	6	10	4	6	8	34
Nürnberg	7	6	12	7	3	35
Köln	15	1	3	9	10	38
Essen	12	13	9	2	7	43
Berlin (West)	9	8	8	3	16	44

I: Arbeitslosenquote
II: Anteile der Industriebranchen mit steigenden Beschäftigtenzahlen an der gesamten Industrie
III: Anteile der Dienstleistungssparten mit steigenden Beschäftigungszahlen an den gesamten Dienstleistungen
IV: Durchschnittliche Betriebsgröße und Branchenmix
V: Jährliche Steuereinnahmen im Verhältnis zur Schuldenlast
Quelle: Verändert nach Bremer Ausschuß für Wirtschaftsförderung 1982, veröff. in Capital H. 3/1983, S. 109

Hans-Dieter Haas: Robert Fleischmann: München als Industriestandort. In: Geographische Rundschau 1985, H. 12, S. 608, gekürzt

Warum werden Städte wie München und Stuttgart als Industrieplatz Standorten der frühen Industrie vorgezogen, obwohl die großen, alten Standorte auch heute noch Vorteile beim Standortfaktor „Lage zu den Rohstoffen", bei der Energie-, Verkehrs- und Absatzlage und bei den Grundstückspreisen aufweisen?

Preise für Gewerbeflächen mittlerer Nutzungswerte pro m^2 in DM

München	500	Hamburg	100
Stuttgart	250	Köln	80–100
Frankfurt	200–250	Dortmund	70
Düsseldorf	120–140	Essen	40

Ring Deutscher Makler 1984

Das Produzierende Gewerbe im Vergleich 1988

	Beschäftigte	Umsatz (Mio. DM)
München	173 100	56 526
Berlin (West)	162 000	47 640
Hamburg	134 000	66 371
Köln	100 900	31 634
Essen	44 900	14 327
Stuttgart	122 600	31 034

Statistisches Bundesamt und verschiedene Stat. Landesämter

In diesem Zusammenhang kann die Bevölkerungsentwicklung in München Hinweise geben, da einerseits Arbeitsplätze, besonders wenn sie als attraktiv empfunden werden, Zuwanderung fördern. Andererseits aber ist Bevölkerungswachstum auch eine der Vorbedingungen für die Ausweitung oder Neuansiedlung von Industriebetrieben. München und sein Umland, die bayerische Planungsregion 14, wuchsen in der Nachkriegszeit bis 1970 schneller als alle anderen großstädtischen Verdichtungsräume. Und die Industrie tat es ebenso: 1961 lag München noch an sechster Stelle nach der Zahl der Industriebeschäftigten, 1985 stand die Stadt (vor Berlin und Hamburg) an erster Stelle.

Einwohner Landeshauptstadt München und Umland (Planungsregion 14) 1950–1987

	München	Umland
1950	830 795	572 046
1961	1 085 014	629 323
1970	1 293 590	800 432
1975	1 314 865	929 355
1980	1 298 941	1 001 142
1985	1 267 451	1 038 500
1987	1 185 421	1 023 314

Statistische Jahrbücher München und Volkszählungen 1961, 1970, 1987, verschiedene Seiten

Die Einwohnerentwicklung in den drei westdeutschen Millionenstädten seit 1950

| Stadt | Einwohner am | | | | 1987 gegenüber | |
| | 13. 9. 1950 | 6. 6. 1961 | 27. 5. 1970 | 25. 5. 1987 | 1950 | 1970 |
					Zu-/Abnahme %	
Berlin (West)	2 146 952	2 197 408	2 122 346	2 012 709	− 6,3	− 5,1
Hamburg	1 602 528	1 832 346	1 793 823	1 592 770	− 0,6	−11,2
München	830 795	1 085 014	1 293 590	1 185 421	+42,7	− 8,3

Volkszählungen 1950–1987

Der Altersaufbau der Münchener Bevölkerung (Stand 1990)

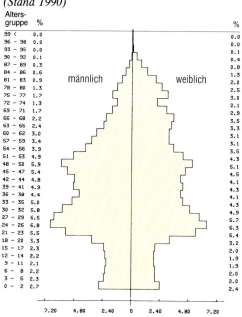

Alters-gruppe	%		%
99 <	0.0		0.0
96 – 98	0.0		0.0
93 – 95	0.0		0.1
90 – 92	0.1		0.4
87 – 89	0.3		0.8
84 – 86	0.6		1.3
81 – 83	0.9		2.0
78 – 80	1.3		2.5
75 – 77	1.7		3.0
72 – 74	1.3		2.1
69 – 71	1.7		2.9
66 – 68	2.2		3.5
63 – 65	2.4		3.3
60 – 62	3.0		3.1
57 – 59	3.4		3.1
54 – 56	3.9		3.5
51 – 53	4.9		4.3
48 – 50	5.9		5.1
45 – 47	5.4		4.5
42 – 44	4.8		4.1
39 – 41	4.9		4.3
36 – 38	4.4		4.1
33 – 35	5.0		4.3
30 – 32	5.8		4.9
27 – 29	6.5		5.7
24 – 26	6.8		6.3
21 – 23	5.5		5.4
18 – 20	3.3		3.2
15 – 17	2.3		2.0
12 – 14	2.2		1.9
9 – 11	2.1		1.9
6 – 8	2.2		2.0
3 – 5	2.3		2.0
0 – 2	2.7		2.4

männlich — weiblich

7.20 4.80 2.40 0 2.40 4.80 7.20

Der Aufstieg der „heimlichen Hauptstadt Deutschlands" kann nicht auf einen einzigen Faktor zurückgeführt werden. Auslöser war unter anderem die veränderte Standortstruktur durch die Teilung Deutschlands, wodurch Berlin seine einst dominierende Position verloren hatte. München zog daraus Nutzen, vor allem weil sich der Weltkonzern Siemens nach dem Zweiten Weltkrieg in München ansiedelte. Auch das Süd-Nord-Gefälle in der Bundesrepublik Deutschland seit den 60er Jahren (vgl. Kapitel 2.1) spielt eine Rolle, ebenso die auch in anderen Alpenanrainerstaaten zu beobachtende Tendenz der Bevorzugung alpennaher Gebiete bei der Ansiedelung neuer Industrien.

Statistisches Amt der Landeshauptstadt München (Hrsg.): München aktuell, S. 14

München Neuperlach: Sitz der Siemens-Nixdorf Informationssysteme und des Zentralbereichs der Siemens AG

Erwerbstätige in München nach Wirtschaftsabteilungen 1987 / Erwerbstätige in der Planungsregion 14 nach Wirtschaftsabteilungen 1987

	München	Planungsregion 14
Land- und Forstwirtschaft	2848 (= 0,5%)	22132 (= 4,4%)
Produzierendes Gewerbe	194492 (= 32,8%)	195014 (= 38,4%)
Handel, Verkehr, Nachrichtenübermittlung	114082 (= 19,3%)	88028 (= 17,3%)
übrige Dienstleistungen und Wirtschaftsbereiche	280582 (= 47,4%)	202314 (= 39,9%)

Volkszählung 1987

Betriebe, Arbeitsplätze und Umsatz in Bergbau und Verarbeitendem Gewerbe 1988, Landeshauptstadt München und Umland (Planungsregion 14)

	München Betriebe	Beschäftigte	Umsatz Mio. DM	Umland Betriebe	Beschäftigte	Umsatz Mio. DM
Gesamt	514	173121	56527	727	79038	16549
Grundstoff- u. Produktionsgüter	60	8516	3838	197	14569	3232
Investitionsgüter	220	139415	45722	300	46751	9355
Verbrauchsgüter	173	14386	2970	181	13408	2095
Nahrungs- u. Genußmittel	61	10804	3999	63	5371	1484

Bayerisches Landesamt für Statistik und Datenverarbeitung: Statistische Berichte: Bergbau und Verarbeitendes Gewerbe 1988, München 1989, verschiedene Seiten

Strukturbestimmende Branchen des Produzierenden Gewerbes[1] in München
Betriebe und Beschäftigte 1985 und 1988, Umsatz 1988

	Betriebe 1985	Betriebe 1988	Beschäftigte 1985	Beschäftigte 1988	Umsatz Mio. DM 1988
Elektrotechnik	74	77	50352	51659 (29,8%)	15999
Straßenfahrzeugbau, Reparatur	24	21	34718	38971 (22,5%)	22459
Maschinenbau	52	51	16288	16319 (9,4%)	3345
Druckerei, Vervielfältigung	89	89	7092	6739	1416
Chemische Industrie	29	26	7397	6393	2161

[1] Vergleichbare Daten zu den beiden Luft- und Raumfahrtunternehmen MBB und Dornier wurden nicht veröffentlicht.

Statistische Berichte des Bayerischen Landesamts für Statistik und Datenverarbeitung: Bergbau und Verarbeitendes Gewerbe 1988, 1989

„Während also stagnierende Branchen verschwinden (METZELER, AGFA), übernehmen neue Wachstumsbranchen deren Rolle. So entsteht zur Zeit in der Region München ein ‚Silicon-Bavaria‘ der Mikroelektronik. Die Standortvoraussetzungen für diese höchste Konzentration in der Bundesrepublik sind an der Schnittstelle von Hardware (weitgefächerte Elektronikindustrie) und Software (Informatik-Lehrstühle an Technischer Universität und Ludwig-Maximilians-Universität, Grundlagenforschung bei Siemens, Nixdorf, MBB, BMW) besonders günstig.

Die Nähe zu Burghausens Wacker-Chemie als dem weltweit führenden Reinstsilizium-Hersteller, die Verbindung von Grundlagenforschung und schneller Umsetzung in die Praxis der Luft- und Raumfahrtentwicklung, die Software-Beratung und der ‚Chip-Journalismus‘ haben zu einer harten Konkurrenz der Arbeitgeber um die hochqualifizierten Fachkräfte geführt, deren hohe Ansprüche an Kultur und Freizeit in München befriedigt werden können, wo eine Marktführerrolle auch aus dessen Mittellage zwischen Mailand (Olivetti) und Schottland (Silicon-Glen), zwischen der elektronischen Industrie der Bretagne und den Chipfabriken in Österreich (Villach) gegeben ist.“

Robert Geipel: Münchens Image und Probleme. In: Robert Geipel, Gunter Heinritz (Hrsg.): München. Münchener Geographische Hefte Nr. 55/56, S. 35

Qualitative Merkmale der High-Tech-Industrie
– Großer Einsatz an wissenschaftlich-technischem Personal
– hohe finanzielle Aufwendungen für Forschung und Entwicklung
– stetige Folge von Innovationen und daraus resultierenden Patenten und Anwendungen
– Produktinnovationen stehen erst am Anfang ihres Lebenszyklusses. Ältere Produkte werden durch neue Technologien grundlegend erneuert, sprunghaft weiterentwickelt oder wesentlich billiger gefertigt.

Nach Reinhard Grotz: Technologische Erneuerung und technologieorientierte Unternehmensgründungen in der Industrie der Bundesrepublik Deutschland. In: Geographische Rundschau 1989, H. 5, S. 267, 268

Die neuen „weißen“ Industrien, die *Wachstumsbranchen* seit den 70er, vor allem aber in den 80er Jahren, stellen neue Anforderungen an die Arbeitskräfte. Es kommt nicht mehr auf ihre Zahl, sondern vorrangig auf ihre Qualifikation an. Im Siemens-Konzern stieg der Anteil der Ingenieure und Naturwissenschaftler von 10% 1973 auf 15% 1987, in einzelnen Standorten, vor allem in München, ist er noch wesentlich höher. Einzelne Werke der Luft- und Raumfahrtindustrie, wie z. B. Dornier in Immenstaad am Bodensee, haben einen Graduierten-Anteil von weit über 50%.

Eine regionale Differenzierung der Arbeitsplätze erfolgt auch innerhalb der Konzerne. Die Leitungsfunktionen werden ebenso wie die „Denkfunktionen“ Forschung und Entwicklung an großstädtischen Standorten konzentriert, Fertigungsstandorte eher in den Randzonen (oder auch im ländlichen Raum).

Im Großraum München befindet sich fast ein Drittel aller wichtigen Software-Anbieter der Bundesrepublik. Viele Neugründungen im Bereich der Mikro-Elektronik erfolgen durch Mitarbeiter der staatlichen Forschungsinstitute, viele Studierende sind gleichzeitig Beschäftigte der Software-Branche.

München und sein Umland sind auch Schwerpunkte der Rüstungsindustrie. Hier gibt es 20 000 bis 30 000 rüstungsbezogene Arbeitsplätze (Süddeutsche Zeitung v. 23. 12. 89) in der Luft- und Raumfahrt, dem Triebwerks- und Panzerbau und bei elektronischen Systemen.

„Die Gründe für diese Konzentration sind vielseitig. Sie beginnen mit den wittelsbachischen Aufträgen an Geschützgießereien oder Lokomotivfabriken ... Sie reichen weiter über die Persistenz von Kasernen und militärischem Gelände, wie sie von Bundessondervermögen und staatlichem Eigentum an Boden begründet werden. Sie führen bis zur ‚nachholenden Industrialisierung‘ Münchens, wodurch moderne Wachstumsbranchen wie Elektronik, Flugzeug- und Raketenbau und Raumfahrtelemente in die Palette der ansässigen Betriebe eingebracht werden. Doch stellt die Rüstungsindustrie nur einen Teilaspekt eines besonders ‚günstigen Branchenmix‘ dar.“

Robert Geipel: a.a.O., S. 34

Suburbanisierung

Verlagerung der Beschäftigten nach Branchen aus der Stadt München in die Region 1950–1981

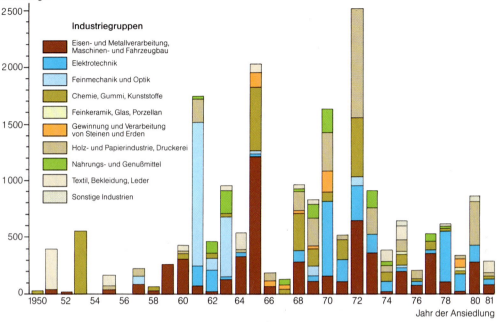

Nach Hedwig Decker: Standortverlagerungen der Industrie in der Region München. Münchner Studien zur Sozial- und Wirtschaftsgeographie 25. Kallmünz: Lassleben 1984, S. 47

Der „Verdrängungskampf" zwischen dem tertiären Sektor und der Industrie in dem für alle attraktiven Stadtgebiet Münchens führte dazu, daß notwendige Betriebserweiterungen, wie sie von einer flächenintensiven modernen Fertigung gefordert werden, innerhalb des Stadtgebiets kaum mehr möglich sind. Banken, Versicherungen, Handel, Regierungs- und Bildungseinrichtungen verdrängen fertigungsorientierte Betriebe ins Umland. Dabei bleibt die starke Verflechtung der modernen Industrie mit kommerziellen Dienstleistungseinrichtungen erhalten.

„Hauptproblem der Münchner Wirtschaft ist der Mangel an preiswerten und geeigneten Ansiedlungsflächen. Der aktuellen Gewerbeflächennachfrage stehen nur wenige erschlossene, kurzfristig ansiedlungsbereite Grundstücke gegenüber. Die Zahl der Betriebe, die sich wegen eines Grundstücks oder einer Mietfläche zum Zwecke der Betriebsverlagerung bzw. -erweiterung an das Wirtschaftsamt der Stadt München wandten, stieg dagegen in den letzten Jahren kontinuierlich an. Zur Zeit sind 480 Betriebe mit ca. 1,35 Mio. m^2 (März 1985) Flächenbedarf vorgemerkt, dem nur 48 000 m^2 kurzfristig aktivierbare Flächen gegenüberstehen (3,55% des Bedarfs!) ... Eingemeindungen sind auch in nächster Zeit tabu. Zum Unwillen der umliegenden Landkreise wurde aber in den letzten Jahren vermehrt versucht, stark flächenbeanspruchende Funktionen aus dem Stadtgebiet hinaus ins Umland zu verlagern. Vor allem sind die für die Ver- und Entsorgung wichtigen, aber umweltbelastenden Einrichtungen auf das Landkreisgebiet abgeschoben worden. Nach dem Konzept der Münchner Stadtplaner wird erneut das nördl. Umland am stärksten betroffen werden (z. B. städtisches Müllverbrennungswerk, neuer Großflughafen Erding, Rangierbahnhof, Bundeswehr-Schießplatz, Reststoffdeponien und Kiesgruben)."

Hans-Dieter Haas, Robert Fleischmann; München als Industriestandort. In: Geographische Rundschau 1985, H. 12, S. 610

Die Industriestandorte in der Region München und der Beschäftigungsanteil der Investitionsgüterindustrie

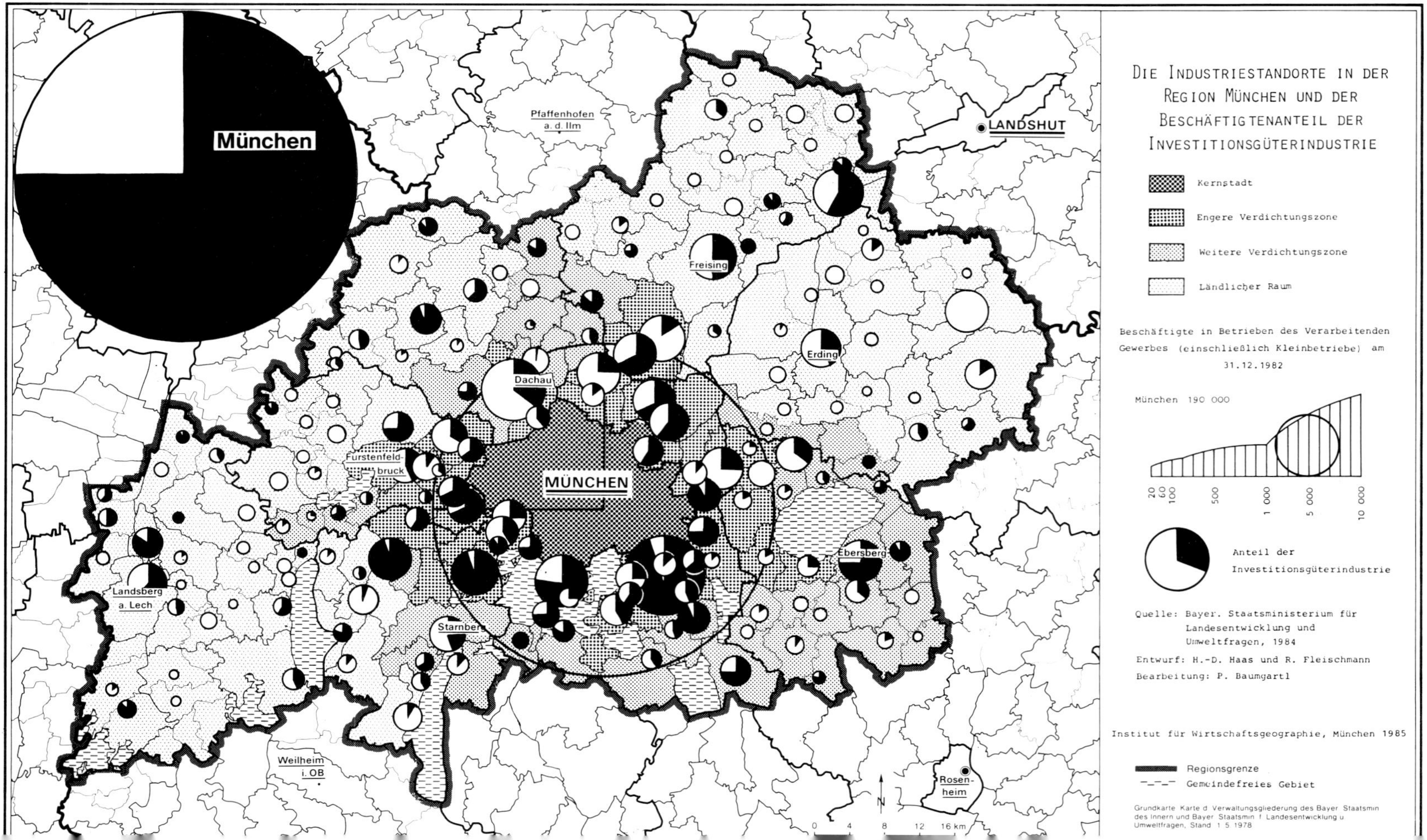

DIE INDUSTRIESTANDORTE IN DER REGION MÜNCHEN UND DER BESCHÄFTIGTENANTEIL DER INVESTITIONSGÜTERINDUSTRIE
Kernstadt
Engere Verdichtungszone
Weitere Verdichtungszone
Ländlicher Raum
Beschäftigte in Betrieben des Verarbeitenden Gewerbes (einschließlich Kleinbetriebe) am 31.12.1982
München 190 000
20
60
100
500
1 000
5 000
10 000
Anteil der Investitionsgüterindustrie
Quelle: Bayer. Staatsministerium für Landesentwicklung und Umweltfragen, 1984
Entwurf: H.-D. Haas und R. Fleischmann
Bearbeitung: P. Baumgartl
Institut für Wirtschaftsgeographie, München 1985
Regionsgrenze
Gemeindefreies Gebiet
Grundkarte Karte d. Verwaltungsgliederung des Bayer. Staatsmin. des Innern und Bayer. Staatsmin. f. Landesentwicklung u. Umweltfragen, Stand 1.5.1978
München
MÜNCHEN
Pfaffenhofen a.d. Ilm
LANDSHUT
Freising
Erding
Dachau
Fürstenfeld-bruck
Ebersberg
Landsberg a. Lech
Starnberg
Weilheim i.OB
Rosen-heim
N
0
4
8
12
16 km

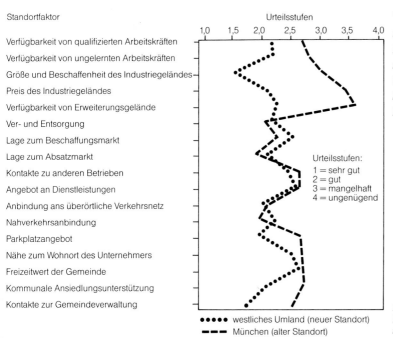

Standortfaktor	Urteilsstufen
	1,0 1,5 2,0 2,5 3,0 3,5 4,0

Verfügbarkeit von qualifizierten Arbeitskräften
Verfügbarkeit von ungelernten Arbeitskräften
Größe und Beschaffenheit des Industriegeländes
Preis des Industriegeländes
Verfügbarkeit von Erweiterungsgelände
Ver- und Entsorgung
Lage zum Beschaffungsmarkt
Lage zum Absatzmarkt
Kontakte zu anderen Betrieben
Angebot an Dienstleistungen
Anbindung ans überörtliche Verkehrsnetz
Nahverkehrsanbindung
Parkplatzangebot
Nähe zum Wohnort des Unternehmers
Freizeitwert der Gemeinde
Kommunale Ansiedlungsunterstützung
Kontakte zur Gemeindeverwaltung

Urteilsstufen:
1 = sehr gut
2 = gut
3 = mangelhaft
4 = ungenügend

Vergleichende Beurteilung von München und seinem westlichen Umland aus der Sicht von Stadt-Rand-Verlagerern

●●●●● westliches Umland (neuer Standort)
━ ━ ━ München (alter Standort)

Nach Hans-Dieter Haas, Robert Fleischmann: a.a.O., S. 611

Die Verdrängungsprozesse treffen angestammte, auf den *Herkunftsgoodwill* (Imagevorteil eines Produkts, bei dem sich mit dem Herkunftsort Qualitätsvorstellungen verbinden) angewiesene Betriebe besonders stark.
Z. B. sind durch diese Entwicklung die Münchner Brauereien betroffen, die den Standort München und damit auch ihren Namen behalten wollen.
Die Verdrängung steuerkräftiger Unternehmen aus dem Stadtbereich ist für viele Kommunen problematisch. Sie versuchen deshalb, die Abwanderung zu bremsen oder neue Betriebe durch besonders günstige Rahmenbedingungen anzulocken. Solche Angebote betreffen vermehrt die *Technologieförderung*, z. B. in Technologie-Beratungs-Zentren wie in Hamburg, wo in enger Verbindung mit der Technischen Hochschule und anderen Forschungsanstalten versucht wird, wissenschaftliche Erkenntnisse in die Praxis umzusetzen.
In München wurde von Stadt, Staatsregierung, Technischer Universität und Fraunhofer-Gesellschaft ein 3000 m² großes Technologie-Beratungszentrum aufgebaut, das jungen Unternehmern durch Beratung und Dienstleistungen den Start erleichtern soll.

1. *Versuchen Sie, Gründe für die Rangfolge der Städte in den Tabellen S. 87 und Kapitel 2.2 zu nennen.*
2. *Werten Sie die Strukturdaten (Kasten S. 89) aus, und vergleichen Sie sie mit denen anderer Industrieregionen (Kapitel 2.3, 2.4, 2.5).*
3. *Begründen Sie die Entwicklung Münchens zum High-Tech-Zentrum.*
4. *Diskutieren Sie die Frage, welche Vor- und Nachteile sich aus der regionalen Industriestruktur für die Region München ergeben könnten.*
5. *Vergleichen Sie die Bewertung der Standortfaktoren für die Industrie in München und im Umland (Abb. S. 93), und diskutieren Sie die Frage, warum dennoch weiterhin Industriestandorte im Stadtgebiet gesucht werden.*
6. *Nennen Sie Gründe für den Wegzug von Industriebetrieben aus der Stadt.*
7. *Werten Sie die Abb. S. 91 aus nach Phasen und Branchen und versuchen Sie, Gründe für diese Entwicklung zu finden.*
8. *Diskutieren Sie die Frage, ob bzw. inwieweit Imageprobleme die Entwicklung Münchens zur größten deutschen Industriestadt beeinflußten und wie sich solche Probleme in anderen Industrieregionen auswirken.*

3 Stadt und Stadtentwicklung in den alten und neuen Bundesländern

Das Städtesystem eines Staates läßt sich zunächst einmal nach dem räumlichen Verteilungsmuster und nach den unterschiedlichen Stadtgrößen kennzeichnen. Im räumlichen Verteilungsmuster spiegeln sich die historischen Ausgangsbedingungen, in der Stadtgröße die unterschiedlichen Wachstumsimpulse einzelner Entwicklungsphasen.

Eine zusätzliche Differenzierungsmöglichkeit ergibt sich aus der ökonomischen Struktur der Städte, gemessen am Anteil der Beschäftigten in den einzelnen Wirtschaftsbereichen. Seit langem schon stehen hier Städte mit vorrangiger Dienstleistungsfunktion (wie z. B. Hafenstädte, Residenzstädte oder Universitätsstädte) neben solchen, die – wie z. B. im Ruhrgebiet – ihre Entwicklung vorrangig der Industrie verdanken. Daneben gibt es die große Zahl der Städte, deren Struktur aus ihrer Rolle als Zentraler Ort und Industriestandort zugleich resultiert.

In neuerer Zeit zeichnet sich nun vor allem bei den Großstädten in den alten Bundesländern eine Tendenz zur Angleichung der ökonomischen Strukturen ab. Das hängt mit der allgemeinen Beschäftigtenentwicklung zusammen, die sich im Rückgang der Arbeitsplätze in der industriellen Produktion und der Zunahme derjenigen im Tertiären Sektor äußert. Seither stärker industriell geprägte Großstädte fördern außerdem gezielt diese nachholende Entwicklung zum überregionalen Dienstleistungszentrum. Für die Großstädte (und vor allem die Kernstädte der Verdichtungsgebiete) ergibt sich daraus eine zunehmende *„Tertiärisierung"*. Firmenfusionen und Konzernbildungen führen dazu, daß sich hier wirtschaftliche Steuerfunktionen konzentrieren, gleichzeitig verlagert sich die industrielle Produktion in die mittleren und kleinen Städ-

te des Umlandes. Großstädte entwickeln sich zunehmend zu Zentren der Forschung und Innovation, zum Standort von Handel und Service, Organisation, Finanzierung und Vermarktung. Ergänzt wird dies durch die zunehmende Zahl der tertiären Arbeitsplätze im industriellen Bereich, die der Produktion vor- und nachgelagert sind.

In den neuen Bundesländern konnte die seitherige Stadtentwicklung nicht in gleicher Weise eine Reaktion auf die Trends der Entwicklung in Gesellschaft und Erwerbstätigkeit sein. Zu stark waren die zentral gesteuerten Standort- und Strukturvorgaben, die die staatliche Planung den einzelnen Städten hinsichtlich ihrer Funktion und ihrer Produktionsschwerpunkte machte. Außerdem bewirkte die Konzentration der Dienstleistungen, vor allem des Handels, in der Hand des Staates, daß eine „Tertiärisierung" nicht in gleichem Maße entstehen konnte.

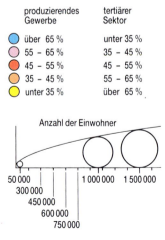

produzierendes Gewerbe	tertiärer Sektor
über 65 %	unter 35 %
55 – 65 %	35 – 45 %
45 – 55 %	45 – 55 %
35 – 45 %	55 – 65 %
unter 35 %	über 65 %

Anzahl der Einwohner

50 000
300 000
450 000
600 000
750 000
1 000 000
1 500 000

Städte mit 50 000 und mehr Einwohnern und dem Anteil der Beschäftigten im Produzierenden Gewerbe und im Tertiären Sektor (1987)

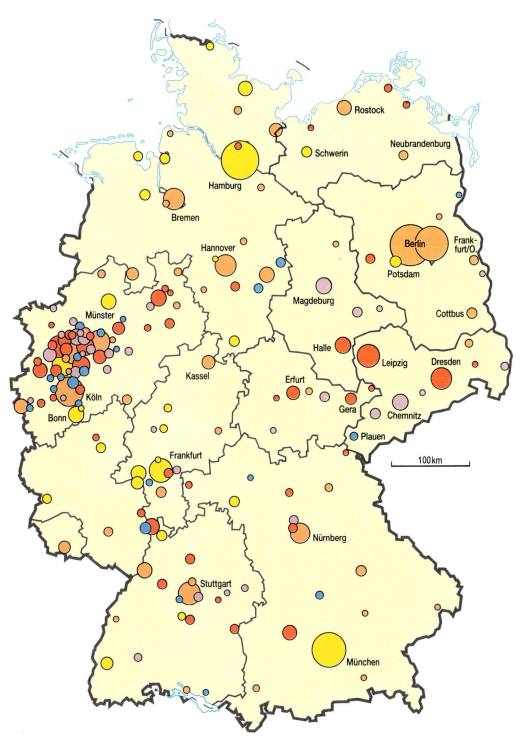

95

3.1 Stadtwachstum und Wanderungen

Entwicklung in den alten Bundesländern

„Seit den 50er Jahren des 19. Jahrhunderts wird auch die Geschichte der deutschen Bevölkerung wesentlich durch die Industrialisierung bestimmt. Vor allem zwei ineinander greifende Prozesse, durch die die Bevölkerung bedeutende Umschichtungen erfuhr, wurden durch die Entstehung neuer industrieller Standorte ausgelöst: *Binnenwanderung* und *Verstädterung*.

Die deutsche Binnenwanderungsbewegung war die größte Massenbewegung in der deutschen Geschichte.

Die Zahl der Wanderungsfälle läßt sich nicht einmal annähernd schätzen. Welche Bedeutung aber diese Bewegung hatte, läßt sich daran ermessen, daß 1907 von 60,4 Millionen Deutschen nur mehr etwa die Hälfte, 31,4 Millionen, an ihrem Geburtsort lebten, während 29 Millionen außerhalb gezählt wurden. Davon waren zwar zwei Drittel Nachbarschafts- bzw. Nahwanderer und nur ein Drittel Fernwanderer, deren Zahl aber immerhin schon 8,9 Millionen betrug.

Konsequenz dieser Binnenwanderung war die Verstädterung. Lebten 1871 noch 76,3% aller Einwohner des Deutschen Reiches in Gemeinden unter 5000 Einwohnern, so waren es 1910 nunmehr 51,2%, 1939 41,7%, dagegen waren 1871 erst 4,8% in Großstädten mit mehr als 100000 Einwohnern ansässig, 1910 21,3% und 1939 32%. Die Industrie erwies sich als der eigentliche Städtebildner der Neuzeit. In ihrem beschleunigten Wachstum folgte die industrielle *Agglomeration* (räumliche Ballung) dem von Sombart zuerst entdeckten und für die Periode der Hochindustrialisierung gültigen ‚Gesetz vom doppelten Stellenwert‘, nach dem in einer Stadt 100 neugeschaffene Stellen für Grundleistungen auch 100 neue Stellen für Folgeleistungen, d. h. in den Handels- und Versorgungsgewerben und in der Verwaltung, bedingen. Jede deutsche Stadt, vor allem jede deutsche Großstadt, wurde in ihrer Entwicklung damit primär von der Industrie bestimmt, auch wenn sie nach außen weiterhin andere Funktionen charakterisierten, wie bei den Haupt- und Residenzstädten oder den Hafenstädten. Zugleich ist die Stadt der Ort, in dem sich die neue Industriegesellschaft entwikkelte."

Wolfgang Köllmann: Bevölkerung in der Industriellen Revolution. Göttingen: Vandenhoeck & Ruprecht 1974, S. 37/38

Bevölkerungsverteilung nach Gemeindegrößen (ohne Berlin/West) in den alten Bundesländern

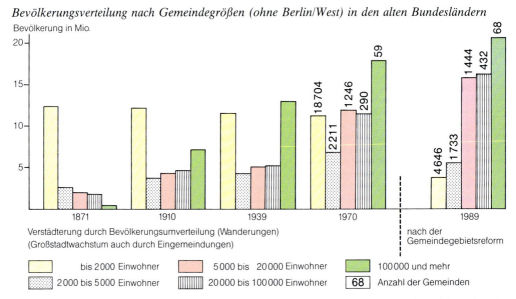

Verstädterung durch Bevölkerungsumverteilung (Wanderungen)
(Großstadtwachstum auch durch Eingemeindungen)

nach der Gemeindegebietsreform

bis 2000 Einwohner	5000 bis 20000 Einwohner	100000 und mehr
2000 bis 5000 Einwohner	20000 bis 100000 Einwohner	68 Anzahl der Gemeinden

Nach Gerhard Fuchs: Die Bundesrepublik Deutschland. Stuttgart: Klett 1988, S. 27, und Statistisches Jahrbuch deutscher Gemeinden. Köln 1989, S. 122

Bevölkerungsverteilung nach Gemeindegrößen in den neuen Bundesländern

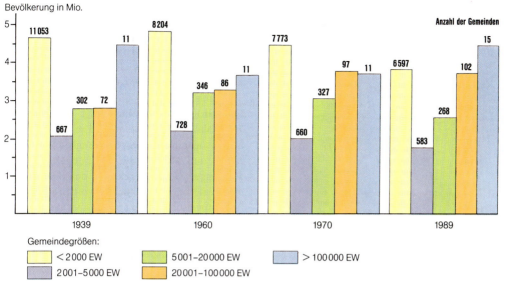

Nach *Statitisches Jahrbuch der DDR 1990, S. 7/8*

Salden aus den Wanderungen innerhalb des alten Bundesgebietes nach Gemeindegrößenklassen auf 1000 Einwohner 1955–1965

	Gemeinden mit ... Einwohnern					
	< 1000	1000 bis 2000	2000 bis 5000	5000 bis 20000	20000 bis 100000	100000 und mehr
1955	− 30,9	− 13,6	− 2,4	+ 3,4	+ 6,6	+ 16,0
1957	− 22,0	− 9,0	− 0,5	+ 4,3	+ 5,7	+ 8,7
1959	− 16,0	− 4,2	+ 2,3	+ 4,3	+ 1,5	+ 4,4
1961	− 9,4	− 0,7	+ 6,6	+ 2,3	+ 0,8	− 0,0
1963	− 5,5	+ 2,3	+ 6,9	+ 7,0	− 1,0	− 4,9
1965	− 3,3	+ 4,7	+ 8,3	+ 7,3	− 1,0	− 6,2

Karl Schwarz: Analyse der räumlichen Bevölkerungsbewegung. Veröffentlichungen der Akademie für Raumforschung und Landesplanung, Abhandlungen 58. Hannover 1969, S. 143

Salden aus den Wanderungen innerhalb der DDR nach Gemeindegrößenklassen auf 1000 Einwohner 1970–1989

	Gemeinden mit ... Einwohnern					
	< 2000	2000 bis 5000	5000 bis 10000	10000 bis 20000	20000 bis 50000	50000 bis 10000	100000 und mehr
1970	− 36,5	− 5,3	+ 1,7	+ 2,8	+ 14,9	+ 8,6	+ 13,8
1975	− 46,0	− 10,9	− 3,8	− 0,6	+ 8,1	+ 18,4	+ 34,8
1980	− 33,1	− 9,3	− 0,7	+ 3,4	+ 4,9	+ 3,5	+ 31,3
1985	− 20,4	− 7,1	− 1,7	− 0,8	− 0,0	+ 0,6	+ 27,8
1989	− 19,3	− 6,5	− 0,0	+ 2,2	− 2,5	− 1,1	+ 27,3

Statistisches Jahrbuch DDR 1990

Stuttgart-Botnang

Das Zeitalter der Industrialisierung hat zu einer umfangreichen Bevölkerungsumverteilung und damit zu einem selektiven *Städtewachstum* geführt, es hat aber nur wenig neue Städte hervorgebracht. Das bestehende Siedlungssystem blieb in seinem Grundmuster erhalten; allerdings kam es zu einer Auslese und einer Neubewertung der einzelnen Siedlungen im Rahmen der neuen wirtschaftlichen Entwicklungen. Daraus resultierte dann ein unterschiedlich schnelles Heranwachsen von Städten und Großstädten und ein Zurückbleiben oft historisch bedeutsamer Städte, wenn die neue Entwicklung an ihnen vorbeiging.

Die Auswirkungen des Zweiten Weltkrieges haben zunächst zu einer zerstörungsbedingten (Groß-) Stadtentleerung und mit dem Wiederaufbau zu einer relativ schnellen Wiederauffüllung geführt. Überlagert wurde dieser Vorgang durch die Tatsache, daß im Gebiet der Bundesrepublik Deutschland zwischen 1945 und 1961 über 10 Millionen Deutsche aus den Ostgebieten und der DDR zusätzlich aufzunehmen waren. Um 1960 waren diese unmittelbaren Kriegsfolgen dann im Abklingen; für die weitere Entwicklung des Städtesystems begannen sich andere Trends durchzusetzen:

– eine zunächst weiter anhaltende Abwanderung der Bevölkerung aus peripheren und ländlichen Gebieten in stärker verdichtete städtische Gebiete

– eine verstärkte Zuwanderung ausländischer Arbeitskräfte

– eine bevorzugte Zuwanderung in großstädtische Verdichtungsräume. Die Verdichtungsräume selbst wuchsen flächenmäßig durch die Abwanderung der Bevölkerung aus den Kernstädten ins Umland (s. Kapitel 3.2 Suburbanisierung).

Das Großstadtwachstum klingt bis Ende der 70er Jahre weitgehend ab und schlägt für viele Städte sogar in einen Bevölkerungsrückgang um. Klein- und Mittelstädte, z. T. sogar ländliche Siedlungen, sind vor allem in den 80er Jahren die Gemeinden, die noch Bevölkerungswachstum aufweisen. Dabei spielen aber die Lage zu den Verdichtungsgebieten und die jeweilige Funktion als Mittel- oder Unterzentrum eine wichtige differenzierende Rolle.

Statistisch läßt sich die jüngere Entwicklungsphase kaum noch im Zeitvergleich darstellen. Die Gemeinde- und Verwaltungsgebietsreform der 70er Jahre hat aus 24 357 Gemeinden (1967) nurmehr 8518 (1978) gemacht; ein einfacher Datenvergleich zwischen 1970 und 1980 sowie den Folgejahren ist daher nur selten möglich.

Alte Bundesländer

Entwicklung der Einwohnerzahlen

Gruppe Nr.	1950-61	1961-70	1970-80
1	++	– –	– –
2	– –	– –	– –
3	+	–	–
4	++	+	o
5	o	o	o
6	– –	o	+
7	+	++	++

Daten von 1950 / 1960 / 1970 auf die Kreisflächen von 1980 umgerechnet.

Neue Bundesländer

	1950 - 88
1	– –
2	–
3	o
4	+
5	++

o = geringfügig über oder unter dem Mittelwert aller Kreise

+,– = über, unter dem Mittelwert aller Kreise

++,– – = stark über, stark unter dem Mittelwert aller Kreise

Bevölkerungsentwicklung in den Kreisen der Bundesrepublik Deutschland

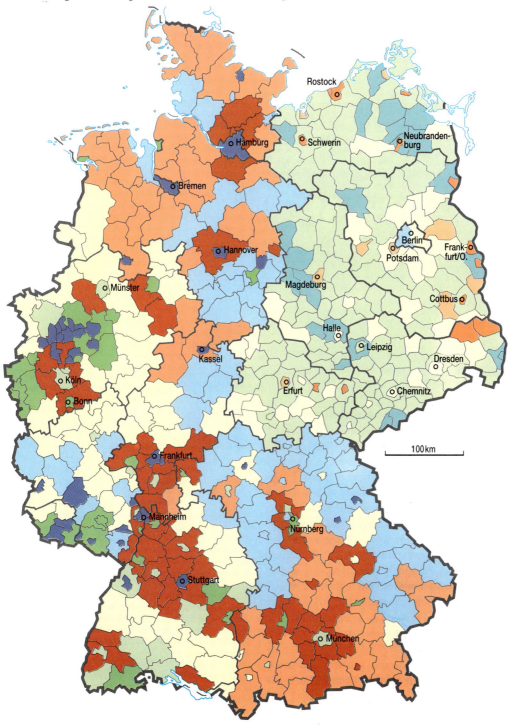

Nach Richard Struff: Ausgangslagen der Raumentwicklung. In: Soziologie deutschsprachiger Länder. Schriftenreihe des BM für Ernährung, Landwirtschaft und Forsten, Reihe A, H. 330, S. 222. Münster 1986, ergänzt

Bevölkerungsveränderung in den Großstädten der Bundesrepublik Deutschland (1972–1982)

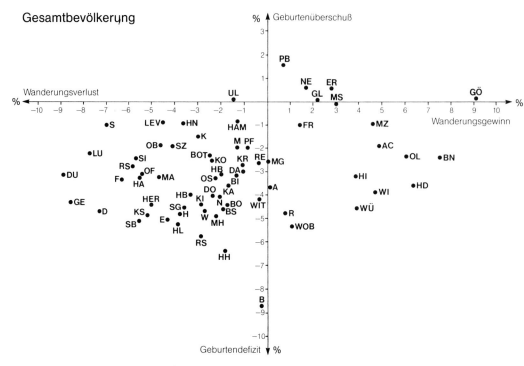

Nach Jürgen Bähr, Paul Gans: *Bevölkerungsveränderungen und Migrationsmuster in den Großstädten der Bundesrepublik Deutschland seit 1970. In: Jürgen Friedrichs (Hrsg.): Die Städte in den 80er Jahren. Opladen: Westdeutscher Verlag 1985, S. 87*

Das Großstadtwachstum war schon seit Anfang dieses Jahrhunderts ein Prozeß, der über die administrativen Stadtgrenzen hinausführte und die Umlandgemeinden mit einbezog. Lange Zeit versuchte man dieser Tatsache durch Eingemeindungen gerecht zu werden, so daß das entstehende Stadt-Umland-Kontinuum immer wieder innerhalb der Stadtgrenzen eingefangen wurde. Eingemeindungen spielen schon seit langem aber kaum mehr eine Rolle. Um diesen Vorgang des Auseinanderklaffens von administrativer Stadtgrenze und tatsächlicher Umlandverflechtung aber dennoch statistisch fassen und planerisch begleiten zu können, hat man in den 60er Jahren den Gebietstyp der Verdichtungsräume eingeführt. Er sollte den siedlungsräumlichen Konzentrationsprozeß dokumentieren und zugleich Gebiete kennzeichnen, die spezifische Überlastungserscheinungen und Entwicklungsprobleme aufwiesen.

Verdichtungsräume: Abgrenzung 1970

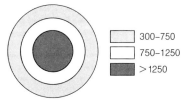

	300–750
	750–1250
	> 1250

a) Einwohner-Arbeitsplatzdichte   1250
b) Einwohner-Arbeitsplatzdichte   750–1250
c) Einwohner-Arbeitsplatzdichte   330– 750

Die Einwohner-Arbeitsplatzdichte (EAD) ist die Summe aus Einwohnern und Beschäftigten in nichtlandwirtschaftlichen Arbeitsstätten bezogen auf die Gemeindefläche. Sie gilt wegen der Konzentration der gewerblichen Arbeitsstätten im Verdichtungsraum als Indikator für das Ausmaß der Raumbeanspruchung.
Mindestgröße: 150000 Einwohner
100 km² und 1000 E/km²
Bezogen auf die Bundesrepublik (1970)
Anteil an der Fläche   7,3%
Anteil an den Beschäftigten   55,4%
Anteil an der Bevölkerung   45,5%
(Neuer Abgrenzungsversuch von Verdichtungsräumen vgl. S. 196 Karte „Siedlungsstrukturelle Gebietstypen")

100

Die 9 größten Verdichtungsräume 1970

Verdichtungs-raum	Fläche (km²)	Wohn-bevölkerung 1970	Veränderung der Wohnbevölkerung 1961/1970		Beschäftigte insgesamt	Einwohner-Arbeitsplatz-Dichte (E + A/km²)
			absolut	%		
Rhein-Ruhr	6582,17	10416724	+ 362042	+ 3,6	4483934	2263,8
Rhein-Main	1957,61	2447051	+ 289620	+ 13,4	1354886	1942,1
Hamburg	1039,29	2057482	+ 31398	+ 1,5	1052127	2992,1
Stuttgart	1731,67	2114157	+ 264954	+ 14,3	1175849	1899,9
München	617,41	1552560	+ 279894	+ 22,0	810765	3827,8
Rhein-Neckar	1013,36	1126986	+ 97976	+ 9,5	576440	1681,0
Nürnberg	380,00	809980	+ 62106	+ 8,3	470060	3368,5
Hannover	309,50	728813	+ 24244	+ 3,4	441306	3780,7
Bremen	476,79	691240	+ 33101	+ 5,0	353231	2190,6

G. Kroner u. a.: Fortschreibung der Verdichtungsräume: Informationen zur Raumentwicklung, H. 10/11, 1974, S. 391/392

Die Entwicklung in den neuen Bundesländern

Das wesentliche Merkmal der Siedlungsstruktur in den neuen Bundesländern ist zum einen der hohe und zunehmende Konzentrationsgrad der Bevölkerung in den größeren Städten, zum anderen die starke Zersplitterung in viele kleine ländliche Siedlungen. Die 7565 Land- und Stadtgemeinden bestehen aus fast 26 000 Siedlungen. Auf jede Gemeinde kommen im Durchschnitt 3–4 Siedlungen, im einzelnen schwankt deren Anzahl zwischen 1 und 20 je Gemeinde.

Der Konzentrationsprozeß in der Siedlungsstruktur vollzog sich relativ langsam, wobei der Rückgang der Bevölkerungszahl um ca. 1 685 000 (1950–1988) eine wichtige Rolle spielte. Unter diesen demographischen Rahmenbedingungen erfolgte das Wachstum der Groß- und Mittelstädte in erster Linie auf Kosten der Bevölkerungsentwicklung in den Kleinstädten und Landgemeinden. Als Folge der wirtschaftlichen und sozialen Strukturveränderungen verlief dabei das Wachstum der Groß- und Mittelstädte in den geringer industrialisierten und urbanisierten nördlichen und mittleren Gebieten der DDR dynamischer als in den altindustrialisierten südlichen Regionen mit höherem Industrialisierungs- und Urbanisierungsgrad.

Die Land-Stadt-Wanderung war von den 50er bis in die 70er Jahre die z. T. dominierende Komponente der Bevölkerungswanderungen. Die Wanderungsziele wurden dabei in starkem Maße durch das Wohnungsangebot gesteuert. Seit 1971 waren das vor allem die Bezirkshauptstädte, wo auch die Schwerpunkte des Wohnungsbaus in Großwohngebieten lagen. Die Binnenwanderung verlief so nach einem völlig anderen Muster als in den alten Bundesländern. Suburbanisierungserscheinungen, also eine Randwanderung der Stadtbevölkerung in die Umlandgemeinden, waren in der DDR kaum zu beobachten.

Das wichtigste überregionale Wanderungsziel war Berlin (Ost). Von 1981 bis 1988 hatte Berlin (Ost) einen Wanderungsgewinn von mehr als 128 000 Personen. Das sind 86% der Wanderungsgewinne der Städte unter 100 000 Einwohner. Seit der Schließung der Grenze im Jahr 1961 siedelten bis 1988 über 600 000 Einwohner der DDR in die Bundesrepublik über, vom 1. 1. 1989 bis 31. 12. 1990 noch einmal weitere 600 000 (geschätzt). Von der Abwanderung waren neben Berlin vor allem die altindustrialisierten Großstädte sowie die Universitätsstädte betroffen.

1. *Worin liegen die Ursachen für die „Tertiärisierung" der Großstädte?*
2. *Das Städtewachstum wird in erheblichem Maße von der „Bevölkerungsumverteilung" durch Wanderungen getragen. Welche Aussagen machen dazu die Materialien auf den Seiten 97 und 100?*
3. *Interpretieren Sie die Karte Seite 99 unter dem Gesichtspunkt der regionalen Auswirkungen von Wanderungen und der Entstehung regionaler Disparitäten.*
4. *Welche Aussagen macht Abbildung (S. 100) über die Bevölkerungsentwicklung in Großstädten? Überlegen Sie: Wenn man die Daten für die deutsche und ausländische Bevölkerung getrennt darstellen würde: Wie würde sich die Abbildung jeweils ändern?*
5. *Nennen Sie Gründe dafür, außer den Großstädten auch noch Verdichtungsräume auszuweisen. Welche besondere Aussage bietet das Merkmal der kombinierten Einwohner-Arbeitsplatzdichte?*
6. *Interpretieren Sie die Karte Seite 103 im Hinblick auf das unterschiedliche Städtewachstum. Differenzieren Sie dabei besonders die Entwicklung im Süden der ehemaligen DDR.*

Autorenkollektiv: Ökonomische und soziale Geographie der DDR. Gotha: Haack 1990, S. 128–129 →

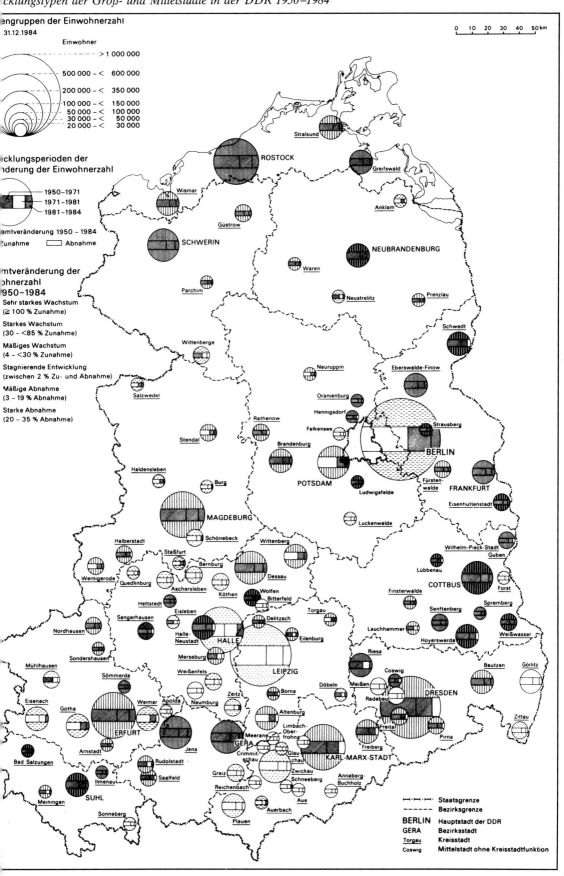

cklungstypen der Groß- und Mittelstädte in der DDR 1950–1984

engruppen der Einwohnerzahl
31.12.1984

Einwohner

> 1 000 000
500 000 – < 600 000
200 000 – < 350 000
100 000 – < 150 000
50 000 – < 100 000
30 000 – < 50 000
20 000 – < 30 000

cklungsperioden der
nderung der Einwohnerzahl

1950–1971
1971–1981
1981–1984

mtveränderung 1950 – 1984
Zunahme   Abnahme

mtveränderung der
ohnerzahl
950–1984

Sehr starkes Wachstum
(≥ 100 % Zunahme)

Starkes Wachstum
(30 – <85 % Zunahme)

Mäßiges Wachstum
(4 – <30 % Zunahme)

Stagnierende Entwicklung
(zwischen 2 % Zu- und Abnahme)

Mäßige Abnahme
(3 – 19 % Abnahme)

Starke Abnahme
(20 – 35 % Abnahme)

0 10 20 30 40 50 km

Staatsgrenze
Bezirksgrenze
BERLIN   Hauptstadt der DDR
GERA   Bezirksstadt
Torgau   Kreisstadt
Coswig   Mittelstadt ohne Kreisstadtfunktion

3.2 Die (Groß)Stadt wächst ins Umland: Suburbanisierung

Wo Wohnungssucher leben möchten

		Hochhaussiedlung		Siedlung mit vier bis fünf Geschossen		Innenstadt		Dichtbebaute Bungalowsiedlung		Terrassenhäuser		Vorstadt mit Doppelhäusern	
		++	−−	++	−−	++	−−	++	−−	++	−−	++	−−
Bis 35	1974	9	21	4	11	3	43	19	11	35	6	31	8
Jahre alt	1984	2	45	2	8	6	26	8	15	11	6	72	0
36 bis 50	1974	7	29	6	8	3	37	21	14	23	8	45	4
Jahre alt	1984	2	55	1	8	3	19	14	12	10	5	70	1
Älter als	1974	7	36	7	5	4	23	9	17	19	13	59	2
50 Jahre	1984	2	50	5	5	2	24	13	15	13	5	66	2
Gesamt	1974	8	28	6	8	3	35	17	14	26	9	45	5
	1984	2	49	2	8	4	24	10	14	11	6	70	0,4

Den Befragten wurden Bilder von Wohnungen gezeigt, die nach Größe und Ausstattung gleichwertig waren. Der Unterschied: die Wohnlage. Die Frage: Wo würden Sie gerne, wo weniger gern wohnen?
++ sehr gerne, −− am wenigsten
Da die jüngeren Haushalte einen höheren Anteil der Wohnungswechsler stellen als die älteren, ergibt sich der Gesamtwert nicht als einfacher Durchschnitt der Einzelwerte.

Capital, H. 3, 1985, S. 14/15

Stuttgart: Zuzüge und Fortzüge für die Jahre 1975 und 1989

		davon aus Region Mittlerer Neckar
Zuzüge 1975:	39734	7622
Deutsche:	24716	5137
Ausländer:	15018	2485
		davon nach Region Mittlerer Neckar
Fortzüge 1975:	53749	9971
Deutsche:	31846	7735
Ausländer:	21903	2236
		davon aus Region Mittlerer Neckar
Zuzüge 1989:	52714	10090
Deutsche:	32845	7948
Ausländer:	19869	2142
		davon nach Region Mittlerer Neckar
Fortzüge 1989:	48685	13730
Deutsche:	30903	11063
Ausländer:	17782	2667

Statistisches Amt der Landeshauptstadt Stuttgart

Die Abwanderung vor allem der deutschen Bevölkerung und der Arbeitsplätze aus den großen Städten in das stadtnahe Umland kennzeichnet seit den 60er Jahren die siedlungsräumliche Entwicklung der Großstadtgebiete. Dieser Vorgang wird heute als *Suburbanisierung* bezeichnet; seit Mitte der 70er Jahre hat er sich verlangsamt, ohne jedoch ganz aufzuhören.

Diese „Randwanderung" erfaßte zunächst die Gemeinden im stadtnahen Bereich und griff später dann auf das entferntere ländliche Umland aus. Für die Umlandgemeinden war damit ein erheblicher Strukturwandel verbunden, vor allem aber kam es zu einer starken Zunahme des innerregionalen Pendlerverkehrs.

Denkschrift des Stuttgarter Oberbürgermeisters Rommel zur Kernstadt-Umland-Frage (1975) (Auszug)
„Zwischen 1961 und 1974 hat die Zahl der deutschen Einwohner von Stuttgart um 100000 (−16,2%) abgenommen – das entspricht der Einwohnerzahl der Stadt Esslingen. Die Landkreise um Stuttgart haben im gleichen Zeitraum 260000 deutsche Einwohner (+ 20,5%) hinzugewonnen. Allein in den letzten vier Jahren hat die Stadt Stuttgart 44000 deutsche Einwohner verloren.
Die Verluste durch Abwanderung sind ausschließlich durch Abwanderung in die Umlandkreise eingetreten.

Besonders hoch war der Abwanderungsverlust der Stadt Stuttgart an unmittelbar angrenzende, mit dem Verkehrsnetz der Stadt Stuttgart gut verbundene Nachbargemeinden, deren Einwohnerzahl stark angewachsen ist. Ebenfalls in starkem Ausmaße ins Umland abgewandert sind Stuttgarter Firmen: Bei den Industriebetrieben hat Stuttgart 1948 bis 1975 durch Verlagerungen 18200 Arbeitsplätze verloren (rund 4000 durch Zuwanderung gewonnen), bei Betrieben anderer Branchen hat Stuttgart im gleichen Zeitraum durch Abwanderung 6300 Arbeitsplätze verloren (und 2600 gewonnen).

Alles deutet darauf hin, daß die Abwanderung in der Zukunft – sehr wahrscheinlich verstärkt – andauern, wenn keine sachgerechte Lösung des Stadt-Umland-Verhältnisses im Mittleren Neckarraum gefunden wird ..."

Als Ursachen nennt Rommel
– Folgen der Verkehrsüberlastung in der Kernstadt,
– hoher Anteil alter Wohnungen,
– fehlendes Bauland,
– bessere Infrastruktur-Einrichtungen in den Umlandgemeinden,
– höhere Realsteuerhebesätze,
– Finanzbelastung durch Aufgaben für die Bevölkerung der Region (z. B. Nahverkehr, Krankenhäuser).

„Wenn die Verhältnisse im Mittleren Neckarraum so geregelt bleiben, wie sie es gegenwärtig sind, wird sich die Abwanderungstendenz in Stuttgart beschleunigen. Die Lebensverhältnisse in den Umlandgemeinden werden immer besser, die in den Stuttgarter Stadtbezirken immer schlechter.

Wo die Menschen gehen, geht mittelfristig auch die Wirtschaft. Stuttgart wird sich im Falle weiterer Abwanderung nicht zu jenem hochdifferenzierten Dienstleistungszentrum entwickeln können, das die Bevölkerung des Landes zu einer Versorgung braucht und das notwendig ist, um die Arbeitsplatzprobleme von morgen zu lösen."

Amtsblatt der Landeshauptstadt Stuttgart, Nr. 49/4. Dezember 1975, S. 7–9

Anteil der Zuzüge an den Wanderungsfällen in den Gemeinden der Region Mittlerer Neckar[1]

[1] Der Zeitraum 1975–1983 wurde bewußt gewählt, weil sich hier die Suburbanisierung am deutlichsten abzeichnet.
Landeshauptstadt Stuttgart: Statistisches Amt

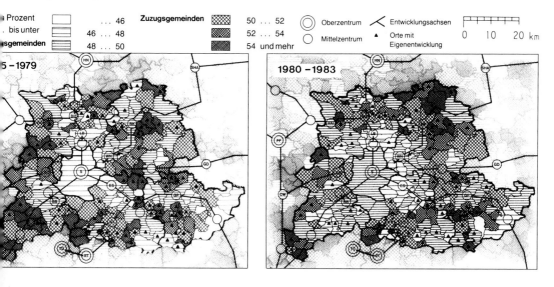

Aus der Sicht der *Kernstädte* ist das Problem der Abwanderung in die Umlandgemeinden – vor allem für die Kommunalpolitiker – meist ein Problem des Verlustes an Finanzkraft und Leistungsfähigkeit der Kernstadt. Stellt man aber die konkreten Lebensbedingungen der Bevölkerung in den Vordergrund, dann erscheint die Umland-Wanderung in erster Linie als ein Indiz für die unterschiedlichen Lebens-, vor allem Wohnbedingungen in der Kernstadt und im Umland. Immer häufiger geht von den Bedingungen des Wohnungsmarktes auch ein Zwang zur Mobilität aus.

„Wir stehen mit dem Rücken zur Wand
Fin. MÜNCHEN, 21. November. Der Münchner Oberbürgermeister Kronawitter hat die finanziellen Nachteile aufgezählt, die der Attraktivität einiger kultureller, sozialer und karitativer Einrichtungen in der Stadt zuzuschreiben sind. Seiner Rechnung zu Folge belasten viele Annehmlichkeiten, die München den Bürgern anderer bayerischer Gemeinden bietet, in einem zu großen Ausmaß den Münchner Steuerzahler. Wohl ist die Klage darüber, daß viele Bürger in kleinen Gemeinden außerhalb Münchens wohnen, die Infrastruktur der Großstadt jedoch tagtäglich und oft kostenlos in Anspruch nehmen, nicht neu. Nachdem aber nicht nur, wie früher, die reichen Leute ins Grüne ziehen, sondern auch nach den Worten des Stadtkämmerers Grundmann ,der Mittelstand die Stadt verläßt‘, hält Kronawitter die Situation für nicht mehr zumutbar. ,Allmählich stehen wir mit dem Rücken zur Wand‘, sagte er. Für typisch hält Kronawitter die finanziellen Auswirkungen des Nahverkehrs, dessen Ausbau viele Einkommensteuerzahler überhaupt erst bewogen hat, sich außerhalb der Großstadt anzusiedeln. Nach Kronawitter ,zahlt der Münchner Steuerzahler zu einem großen Teil das Defizit jeder Fahrkarte, die Bürger aus dem Umland lösen‘. Der Oberbürgermeister nannte weitere Beispiele: jährlich 40 Millionen Mark für Schüler aus dem Umland, 25 Millionen für Krankenhauspatienten aus ganz Bayern, 10 Millionen für Behinderte, die von weit her nach München kommen, um hier betreut zu werden.

Auch die Aufwendungen für die Kammerspiele und die Philharmoniker schlagen in diesem Sinn zu Buch.“
Frankfurter Allgemeine Zeitung vom 22. 11. 1988, S. 5

„Entgegen einer vielfach geäußerten Vermutung sind ... die Bevölkerungsverluste der Kernstädte ... kein Ausdruck einer ,Stadtflucht‘. Negative Wanderungsbilanzen lassen sich nicht durch die Flucht der Bevölkerung vor der Unwirtlichkeit unserer Städte erklären, sondern sind im wesentlichen auf ein quantitativ unausgeglichenes Verhältnis von Wohnungsnachfrage und Wohnungsangebot zurückzuführen.
Dieses Verhältnis wird im wesentlichen durch die stetig wachsende Wohnungsflächennachfrage pro Kopf der Bevölkerung bestimmt. Gemessen am Indikator Wohnräume pro Person betrug das durchschnittliche Wachstum des Wohnflächenversorgungsgrades zwischen 1950 und 1976 beispielsweise in Stuttgart ca. 2,5% pro Jahr. Bezogen auf den Stuttgarter Wohnungsbestand von 1974 entspricht diese Wachstumsrate einer Zahl von rund 5800 Wohnungen/Jahr, d. h. allein aufgrund der steigenden Nachfrage nach mehr Wohnraum hätten in Stuttgart jährlich ca. 5800 Wohnungen zusätzlich zum bestehenden Wohnungsbestand bereitgestellt werden müssen, nur um die Bevölkerungszahl konstant zu halten ...
Eine wesentliche Ursache des Wachstums der Wohnfläche pro Person ist u. a. die Einkommensentwicklung der Haushalte. Für die Vergangenheit gilt als grober Schätzwert, daß eine 1%ige reale Einkommenssteigerung im Durchschnitt zu einer Mehrnachfrage nach Wohnfläche von ca. 0,5% geführt hat.“

Joachim Baldermann und Ulrich Seitz: Probleme der kommunalen Infrastrukturausstattung und Siedlungsentwicklung im Stadt-Umland-Bereich vor dem Hintergrund kleinräumiger Wanderungsbewegungen. In: Peter Ahrens, Volker Kreibich und Roland Schneider (Hg.): Stadt-Umland-Wanderungen und Betriebsverlagerungen in Verdichtungsräumen. Dortmunder Beiträge zur Raumplanung, Bd. 23, Dortmund 1981, S. 73

„Die Suburbanisierung – im engeren Sinn verstanden als Randwanderung von Bevölkerung und Arbeitsstätten von den großstädtischen Kernen in das Umland – ist in der Bunderepublik Deutschland ein seit längerem bekannter Prozeß. Sie ist zu einem prägenden Merkmal der gesamten Siedlungsentwicklung geworden. Auch im Berichtszeitraum hat sich dieser Prozeß fortgesetzt. Er umfaßt jetzt alle Räume des Bundesgebietes und bezieht zunehmend kleinere Gemeinden mit ein. Verglichen mit der Entwicklung Mitte bis Ende der 70er Jahre hat er sich jedoch auf einem niedrigen Niveau verstetigt.

Dabei war eine verstärkte Tendenz der Suburbanisierung von Arbeitsplätzen im Dienstleistungsbereich festzustellen. Dies dürfte weitgehend eine Folge der zeitlich vorangegangenen Bevölkerungs- und Industriesuburbanisierung sein. So wanderten in jüngerer Zeit insbesondere unternehmens- und haushaltsbezogene Dienstleistungen (z. B. Großhandel, Verwaltungen, Einzelhandelsbetriebe, Zweigstellen von Banken und Versicherungen usw.) in das nahe Umland, weil hier inzwischen kaufkräftige Nachfrage entstanden ist.

Die Zielgebiete der Suburbanisierung haben sich von dem bereits hochverdichteten Umland der Großstädte weiter in die noch ländlich geprägten Kreise verlagert ...

Aus der Sicht der großstädtischen Siedlungskerne findet weiterhin eine Abwanderung von Bevölkerung und Arbeitsplätzen statt; die siedlungs- und wirtschaftsräumlichen (sog. funktionellen) Verflechtungen innerhalb der großen Verdichtungsräume nehmen jedoch weiter zu. Die Bedeutung der großen Verdichtungsräume gegenüber ländlichen Regionen wächst noch."

Raumordnungsbericht 1986. Bonn: Drucksache 10/6027 v. 19. 9. 86, S. 26

Prozeßmodell der Suburbanisierung

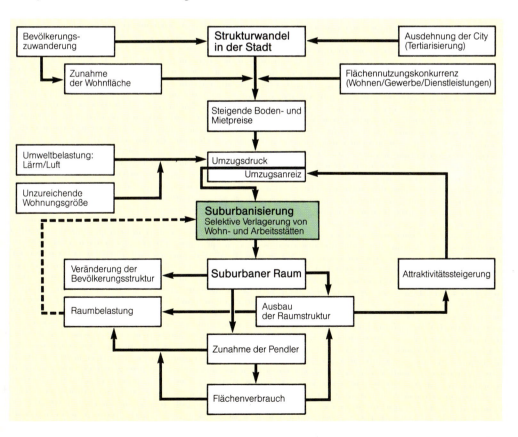

Bevölkerungsentwicklung in bestimmten Stadt-Umland-Regionen 1977–1986

Köln ①

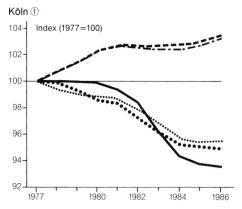

Essen ②

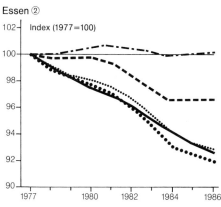

Münster ③

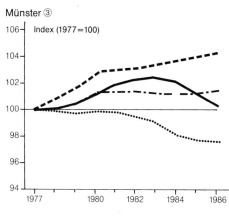

Berichtsregionen mit Umland gemäß Definition

━━━ Kernstadt
●●●●● engeres Umland
━ ━ ━ weiteres Umland

gleicher Regionstyp

●●●●●●●● Kernstädte
━ ∙ ━ ∙ Umland

Typ ①: Stadtregionen, deren Kernstädte als Wirtschafts- u. Dienst-
leistungszentren in Regionen mit großen Verdichtungsräumen liegen
Typ ②: Stadtregionen mit altindustrialisierten Strukturen
Typ ③: Stadtregionen, deren Kernstädte Oberzentren in (ländlichen)
Gebieten mit Verdichtungsansätzen sind

Wanderungen über die Grenzen der Stadt 1987

Deutsche Bevölkerung nach Altersgruppen
Saldo der Zu- und Abwanderungen je 1000
Einwohner (31. 12. 1986)

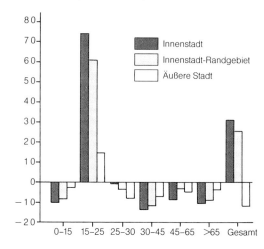

Wanderungen über die Grenzen der Stadt 1987

Ausländer nach Altersgruppen
Saldo der Zu- und Abwanderungen je 1000
Einwohner (31. 12. 1986)

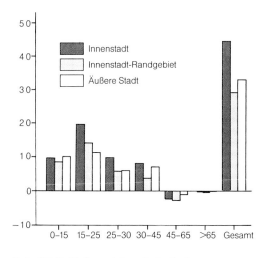

Basis: 375 Stadtteile, nach Lage in der Stadt
Quelle: Innerstädtische Raumbeobachtung (RB) der BfLR
Nach BfLR-Mitteilungen 2/Mai 1990, S. 1/2. Bonn-Bad Godesberg

←

Nach Bundesforschungsanstalt für Landeskunde und Raumentwicklung: Informationen zur Raumentwicklung H. 11/12, 1987, S. 653

Ein- und Auspendler (Region Stuttgart) im Berufsverkehr

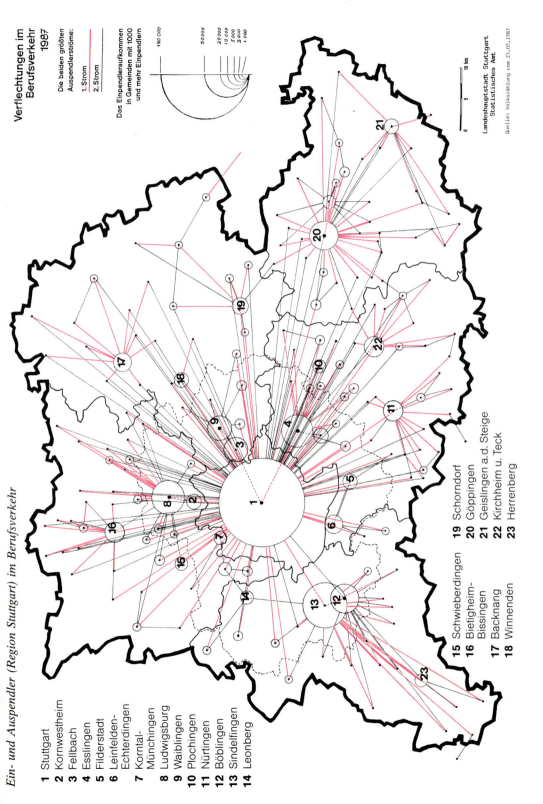

Verflechtungen im
Berufsverkehr
1987

Die beiden größten
Auspendlerströme:

1. Strom
2. Strom

Das Einpendleraufkommen
in Gemeinden mit 1000
und mehr Einpendlern

190 000

50 000

20 000
10 000
5 000
3 000
1 000

Landeshauptstadt Stuttgart.
Statistisches Amt.

Quelle: Volkszählung vom 25.05.1987

1 Stuttgart
2 Kornwestheim
3 Fellbach
4 Esslingen
5 Filderstadt
6 Leinfelden-
   Echterdingen
7 Korntal-
   Münchingen
8 Ludwigsburg
9 Waiblingen
10 Plochingen
11 Nürtingen
12 Böblingen
13 Sindelfingen
14 Leonberg

15 Schwieberdingen
16 Bietigheim-
   Bissingen
17 Backnang
18 Winnenden

19 Schorndorf
20 Göppingen
21 Geislingen a.d. Steige
22 Kirchheim u. Teck
23 Herrenberg

109

Anteil der Wegezwecke in %	
Arbeit	22
Dienst-/Geschäftsreise	4
Ausbildung	9
Versorgung	28
Service	3
Freizeit	34

Nach ADAC (Hrsg.): Mobilität. München 1988, S. 39

Pendler. Die Zunahme der Zahl der Pendler seit dem wirtschaftlichen Aufschwung ist Teil einer gesamtgesellschaftlichen Entwicklung, die allgemein durch eine höhere Mobilität in allen Lebensbereichen gekennzeichnet ist. Die wachsende Zahl der Pendler entspricht dabei sowohl der zunehmenden räumlichen Arbeitsteilung der Produktion als auch einer zunehmenden Funktionsteilung zwischen den großen Städten und ihrem Umland, besonders durch die Trennung von Wohnort und Arbeitsplatz. Die umfassende private Motorisierung schafft dazu in doppelter Weise die Voraussetzung: Sie ermöglicht die Suburbanisierung des Wohnens, woraus dann die wochentäglichen Pendelfahrten in die Kernstadt oder die benachbarten Zentren resultieren.

Die Pendlerströme besonders in den großstädtischen Verdichtungsräumen sind dabei nicht immer monozentrisch nur auf die Kernstadt ausgerichtet. Je nach dem Grad des eigenständigen Arbeitsplatzangebots von benachbarten Mittel- und Unterzentren werden sich die Pendlerströme vielfach überlagern. Der Ausbau des öffentlichen Nahverkehrs folgt meistens erst mit zeitlicher Verzögerung; nicht zuletzt wegen dieser „Verspätung" kann er sich nur sehr langsam gegen die subjektiven „Vorteile" der privaten Mobilität durchsetzen.

Einpendlerzentrum Stuttgart

Einpendler gesamt 1987:		209 397
Auspendler gesamt 1987:		33 506
Berufseinpendler 1950:		61 743
1961:		110 396
1970:		135 040
1987:		189 484
Berufsauspendler 1950:		6 779
1961:		13 279
1970:		17 371
1987:		30 456

Einpendler gesamt	1970	1987
	143 781	209 397
davon		
– mit öffentlichen Verkehrsmitteln	46,5%	37,6%
– im motorisierten Individualverkehr	52,3%	61,6%
– per Fahrrad/zu Fuß	1,1%	0,7%

Zeitaufwand der Berufspendler für den Weg zur Arbeitsstätte		
	1970	1987
< 15 Min.	4,2%	2,9%
15 –< 30 Min.	27,8%	26,4%
30 –< 60 Min.	47,1%	54,5%
> 60 Min.	20,8%	16,2%

Statistisches Amt der Landeshauptstadt Stuttgart: Statistischer Informationsdienst Nr. 3, 1990, S. 9 ff.

1. *Bewerten Sie die Aussagen der Befragung zur Wohnungssuche (S. 106).*
2. *Erläutern Sie Ursachen und Folgen der Suburbanisierung. Berücksichtigen Sie dabei besonders die Probleme aus der Sicht der Kernstädte (Kommunalpolitiker) und aus der Sicht der Betroffenen.*
3. *Suchen Sie Begründungen für die Unterschiede der Bevölkerungsentwicklung in der Kernstadt und im Umlandbereich bei verschiedenen Typen der Großstadtregionen (Abb. 108).*
4. *Suburbanisierung als Prozeß: Beschreiben Sie das Zusammenwirken der einzelnen Faktoren mit Hilfe des Modells (Abb. 107).*
5. *Interpretieren Sie die Karte S. 109 mit Hilfe des Indikators „vorherrschende Pendlerströme" unter der Frage: monozentrischer oder polyzentrischer Ballungsraum? Gibt es selbständige Einpendlerzentren im Einzugsgebiet eines Oberzentrums?*

3.3 Stadtentwicklung und Planungsleitbilder

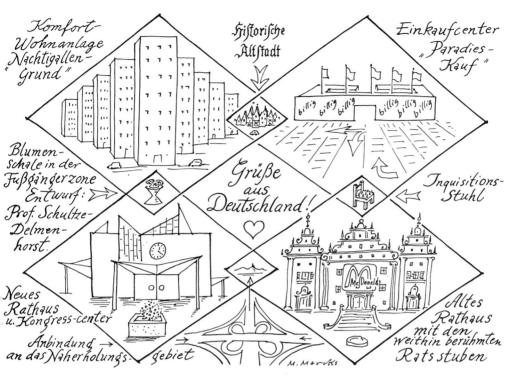

Komfort-
Wohnanlage
Nachtigallen-
„Grund"

Historische
Altstadt

Einkaufcenter
„Paradies-
Kauf"

billig billig billig   billig billig billig

Blumen-
Schale in der
Fußgängerzone
Entwurf:
Prof. Schultze-
Delmen-
horst.

Grüße
aus
Deutschland!

Inquisitions-
Stuhl

Neues
Rathaus
u. Kongress-Center
Anbindung →
an das Naherholungs- gebiet

Altes
Rathaus
mit den
weithin berühmten
Rats stuben

M. Marcks

SZ-Zeichnung: Maria Marcks

Die Entwicklung in den alten Bundesländern

In der unmittelbaren Nachkriegszeit gab es keine Rahmenbedingungen für eine an bestimmten *Leitbildern* ausgerichtete *Städtebaupolitik*. Der Wiederaufbau von zerstörtem Geschäfts- und Wohnraum hatte Vorrang, ebenso der Wohnungsneubau. Von den Großstadtwohnungen waren im Gebiet der Bundesrepublik fast die Hälfte zerstört, bei den Kleinstädten jede vierte und bei den Mittelstädten jede dritte Wohnung. So förderte das erste Wohnungsbaugesetz 1950 besonders den Bau von Sozialwohnungen, meist als einfachen Mietshausbau in Zeilenbauweise. Im zweiten Wohnungsbauförderungsgesetz von 1956 verschiebt sich der Schwerpunkt der Förderung dann schon auf den Eigenheimwohnungsbau. Trotz der enormen Bautätigkeit blieben die alten Stadtstrukturen zunächst ohne grundlegende Veränderung, weil die überkommene Bodenordnung (nämlich der vorherrschende private Grundbesitz), die Straßenführung oder die Lage der unterirdischen Ver- und Entsorgungsleitungen dem entgegenstanden. Erst das Bundesbaugesetz von 1960 schuf dann einen verbindlichen rechtlichen Rahmen für die Planungen der Gemeinden.

„Das Bundesbaugesetz von 1960 stellt die Ordnung des Bodenmarktes auf eine einheitliche gesetzliche Grundlage. Jedoch wurden die Fragen der Eigentumsgewalt über Grund und Boden, des Gemeindefinanzsystems und der Raumordnung nicht neu geregelt. Die Folgen dieser Versäumnisse sind landschaftsbestimmend geworden. Sie lassen sich in mehrere Hauptaspekte fassen. Die fehlende Sozialbindung des Eigentums betrifft die gesamte Struktur der Stadtlandschaft von der City über die Altviertel bis zur Stadtrandzone und dem Umland. Sie erschwert Sanierung und Stadterneuerung ebenso wie die Ordnung und Neuanlage von Erweiterungsgebieten. Die Schwierigkeiten der Baulandschaffung führten zur Aufsplitterung, zu höheren Erschließungskosten und längeren Pendlerwegen. Gerade große verdichtete Wohngebiete des sozialen Wohnungsbaus wurden durch die Bodenpreise oft weit ins Stadtumland hinaus gedrängt, während sich unmittelbar vor dem alten Stadtrand Gruppen protziger Einfamilienhäuser ansetzen konnten. Die weitere Außenzone eroberten die Einzelhäuser in Streusiedlungsweise. Das eigene ‚Häuschen im Grünen' wurde zum Leitbild für Millionen, wurde Statussymbol ... Die Auflösung der Stadtgrenzen in breite, ungeordnete Übergangszonen, in denen Einzelhäuser und Kleinsiedlungssprengel pilzartig wuchern, ist ein Entwicklungsmerkmal geworden, das die Städte der Bundesrepublik von denen der Vorkriegszeit ... unterscheidet. Dieser Ausverkauf des Bodens, die große Landzerstörung im Umkreis der Städte, bedeutete in mehrfacher Hinsicht für die Allgemeinheit eine Fehlentwicklung: sie verschärft die innerstädtischen Verkehrsnöte, vermehrt die Kosten für die Folgeeinrichtungen, schränkt die Erholungsmöglichkeiten ein, fördert die Ausgliederung des Bürgers aus städtischen Traditionen und verhindert die planerische Ordnung der städtischen Außenzone; denn Raum ist nicht reproduzierbar.

Eine zusätzliche Erschwerung sinnvoller Landnutzungsordnung bewirkt das kommunale Finanzsystem mit dem Primat der Gewerbesteuererträge. Jede Gemeinde, die ihre Finanzlage verbessern wollte, mußte bestrebt sein, möglichst viele und möglichst große Industriebetriebe in ihren Grenzen anzusiedeln. Dadurch ergaben sich nicht nur stete Konkurrenzkämpfe, bei denen sich Städte und Gemeinden in Vorleistungen überboten, sondern auch regionalplanerisch unzweckmäßige Lokalisationen und oft unproportional hohe Folgelasten (Social Costs)."

Peter Schöller: Die deutschen Städte. Wiesbaden: Steiner 1967, S. 83/84

Stadterweiterung der 60er Jahre: die Großwohnsiedlungen

„1. Die *Großwohnsiedlungen* der 60er und 70er Jahre sind ein wichtiger Abschnitt in der städtebaulichen Entwicklung der Nachkriegszeit in der Bundesrepublik Deutschland. Sie sind ein Stück zeitgemäßer Stadtgeschichte wie andere Wohnquartierstypen auch (z. B. die Gründerzeitquartiere und die Siedlungen der 20er und 30er Jahre).

2. Wie andere Siedlungsformen sind Großsiedlungen geprägt von den städtebaulichen und architektonischen Vorstellungen ihrer Zeit:

– In ihrer Anlage folgten viele Großsiedlungen einem Konzept der *Stadterweiterung,* welches eine Durchmischung von Wohnen mit Grün- und Freiflächen bei gleichzeitiger guter Erreichbarkeit im öffentlichen Nahverkehr anstrebte. Diese städtebaulichen Entwicklungsziele sind im Grundsatz auch heute noch aktuell.

– In der Bauform der Großsiedlung manifestieren sich die damaligen Vorstellungen vom Wohnen und von einer zukunftsträchtigen städtebaulichen Konzeption. Sie war geprägt von der Vorstellung der ‚Urbanität durch Dichte'; diese Konzeption war eine Gegenentwicklung zum aufgelockerten extensiven Siedlungsbau, der einem städtischen Leben nicht förderlich und dessen Landverbrauch zu groß erschien.

– Als Alternative zu den gründerzeitlichen Altbauquartieren auf der einen Seite und einer flächenverbrauchenden extensiven Besiedelung am Stadtrand auf der anderen Seite wurde diese Siedlungsform als gelungener Kompromiß mit optimalem Nutzen angesehen. Vor dem Hintergrund knapper und teuer werdenden Baulandes erschienen Großsiedlungen geradezu als ‚ökonomische Notwendigkeit'.

– Von wesentlicher Bedeutung für die Dimensionierung und die öffentliche Förderung der Großsiedlungen waren die damaligen demographischen und wirtschaftlichen Erwartungen; diese waren der ‚Treibsatz' für die Realisierung des damaligen städtebaulichen Leitbilds.

3. Die Entwicklung der Bautechnik hat die Gestalt der Großsiedlungen entscheidend mitgeformt. Die Verwendung von Fertigbauteilen erlaubte kurze Bauphasen bei geringem Arbeitskräfteeinsatz. In der Bauindustrie bestand ein Mangel an Arbeitskräften. Ohne die Rationalisierung der Bauproduktion wären daher die notwendigen Fertigstellungszahlen nicht erreichbar gewesen. 1970 betrug der Anteil der Fertigbauweise im Wohnungsbau der Stadtstaaten Hamburg und Bremen bis zu 40%.

4. Die Entwicklung wurde durch die Ausbauziele des schienengebundenen Nahverkehrs begünstigt. Der Ausbau von S- und U-Bahnen war nur rentabel, wenn um die Haltepunkte herum genügend Menschen in kurzer Entfernung wohnen. Dies erfordert eine konzentrierte Siedlungsform. So besitzen heute viele Großsiedlungen dank dieser Anschlüsse an das öffentliche Verkehrssystem eine außerordentlich gute Erreichbarkeit zum Stadtzentrum.

... In der Bundesrepublik Deutschland wohnen etwa 2 Millionen Menschen in etwa 500 000 bis 600 000 Wohnungen in den Großsiedlungen der 60er und 70er Jahre. Es handelt sich dabei im Bundesdurchschnitt zu 80% um öffentlich geförderte Wohnungen, zumeist im Eigentum gemeinnütziger Wohnungsunternehmen. Rund 10% aller Sozialwohnungen befinden sich in Großsiedlungen."

Bundesminister für Raumordnung, Bauwesen und Städtebau: Städtebaulicher Bericht. Neubausiedlungen der 60er und 70er Jahre. Probleme und Lösungswege. Bonn 1988, S. 7/8

Die größten Wohnanlagen in der Bundesrepublik Deutschland (1986)

Nr.	Stadt	Siedlung	Ende der Bauphase	Wohneinheiten insg.	davon Sozialwohnungen		davon Wohnungen in Häusern ab 6 Geschossen	
					Zahl	Anteil %[1]	Zahl 8	Anteil %[1]
1	München	Neu-Perlach	1991	20 100	10 050	50	15 075	75
2	Berlin	Gropiusstadt	1972	18 000	17 100	95	15 300	85
3	Berlin	Märkisches Viertel	1974	17 000	16 150	95	15 300	90
4	Nürnberg	Langwasser	1995	13 000	9 100	70	11 050	85
5	Berlin	Falkenhagener Feld	1973	11 000	11 000	100	2 200	20
6	Braunschweig	Weststadt	1991	10 000	5 995	55	2 725	25
7	Bremen	Neue Vahr	1962	10 000	10 000	100	1 000	10
8	München	Fürstenried	1968	8 200	4 920	60	3 280	40
9	Köln	Chorweiler	1987	8 100	7 290	90	3 645	45
10	München	Hasenberg	1966	7 900	7 505	95	1 975	25
11	Kiel	Mettenhof	1984	7 400	7 030	95	2 590	35
12	Hamburg	Mümmelmannsberg	1980	7 200	5 760	80	2 880	40
13	Frankfurt	Nordwest-Stadt	1969	7 100	6 390	90	1 420	20
14	Bielefeld	Sennestadt	1975	7 000	4 550	65	700	10
15	Hamburg	Steilshoop	1980	6 800	5 440	90	4 760	70
16	Laatzen (Hann.)	Laatzen-Mitte	1991	6 700	570	10	4 355	65
17	Mannheim	Vogelstang	1972	5 700	4 560	80	1 710	30
18	Bremen	Huchting	1963	5 300	5 300	100	0	0
19	Dortmund	Neu-Scharnhorst	1972	5 100	3 315	65	51	1
20	Hamburg	Osdorfer Born	1970	4 900	4 165	85	1 225	25
		Zusammen		186 500	146 190	78	91 241	49

[1] In Prozent der Gesamtzahl der Wohnungseinheiten der jeweiligen Wohnanlage

Frankfurter Allgemeine Zeitung v. 2. 6. 1986, S. 18, gekürzt

Das Beispiel: Würzburg – Heuchelhof (Baubeginn 1970)

„Planungshintergrund für die Siedlung Heuchelhof war ein geringes Wohnraumangebot im Stadtgebiet Würzburg bei hohem Anteil an Berufspendlern (45% der Beschäftigtenzahl). Nach den Grundsätzen der Bauleitplanung für dieses Gebiet sollte der neue Stadtteil nicht als Trabantenstadt, unabhängig von der Kernstadt, gestaltet und entwickelt werden, sondern auch Funktionen für die Gesamtstadt übernehmen. Durch die Integration von Gewerbegebieten nicht störender Art und sonstiger öffentlicher Einrichtungen sollte ein zwar eigenständiger, aber in die Gesamtheit der Stadt eingebundener Stadtteil entstehen. Hinsichtlich des Wohnungsbaus verfolgte man bei der Planung ein Konzept der Mischung von individuellem Eigentum (40%) und Mietwohnungen (60%) ...

Die Wohnbebauung wurde in sechs Bauabschnitte gegliedert. Als erstes wurde 1972–1978 die konzentrierte Hochbebauung innerhalb des Straßburger Ringes realisiert. In den außerhalb der Ringstraße gelegenen Randzonen wurden vorwiegend Einfamilienhäuser errichtet. In den seit 1980 konzipierten Bauabschnitten (‚Rundlinge‘) gibt es fast ausschließlich (Reihen-)Eigenheime. Auf der noch freien Fläche zwischen den beiden Straßenachsen will man wegen der starken Nachfrage ab 1991 nochmals Miet-(Sozial)-Wohnungen schaffen. Südlich und westlich der übrigen Wohnbebauung befinden sich neben noch unbebauten Abschnitten Gewerbebetriebe, Schulen und andere nicht zu Wohnzwecken dienende Gebäude. Die Siedlungsfläche beträgt insgesamt ca. 261 ha. Davon entfallen auf Bauland 67%, Verkehrsflächen 15% sowie Grünflächen 16%.

Die Anbindung an Würzburg erfolgt über eine vierspurige Schnellstraße. Die Fahrtzeit zum Zentrum beträgt je nach innerstädtischer Verkehrsdichte 15 bis 30 Minuten. Seit November 1989 gibt es eine neue Straßenbahnlinie aus der Innenstadt bis zum Heuchelhof-Gebiet; seither stieg die Zahl der ÖV-Benutzer um 30%.

Von dem derzeitigen Gesamtwohnungsbestand (ca. 2500 Wohnungseinheiten) befinden sich

in Ein- und Zweifamilienhäusern:	ca. 900 WE = 36%
in Mehrfamilienhäusern mit bis 4 Geschossen:	ca. 200 WE = 8%
in Mehrfamilienhäusern mit fünf bis 13 Geschossen	ca. 1400 WE = 56%

Die GFZ (Geschoßflächenzahl) liegt zwischen 0,4 und 1,0

Von dem Gesamtwohnungsbestand:

	ca. 2500 WE = 100%
sind Mietwohnungen:	ca. 1485 WE = 59%
Eigentumswohnungen:	ca. 115 WE = 5%
Eigenheime:	ca. 900 WE = 36%

Von den Mietwohnungen sind öffentlich gefördert:	95%

Von dem Mietwohnungsbestand gehören Städtischen Gesellschaften,

Stiftungen und Genossenschaften:	16%
anderen, bisher gemeinnützigen Baugesellschaften	59%
privaten Eigentümern	25%

Die Wohnungen haben folgende Größenklassen (jew. ohne Küche):

Wohnungen mit ein bis zwei Räumen:	ca. 14%
Wohnungen mit drei Räumen:	ca. 35%
Wohnungen mit vier Räumen:	ca. 23%
Wohnungen mit fünf und mehr Räumen:	ca. 28%

Die Versorgung mit Gütern des täglichen Bedarfs und mit Dienstleistungen aller Art wird im Innenbereich abgedeckt. Bei einer Bewohnerbefragung im Jahr 1986 wurde die Qualität der Einkaufsmöglichkeiten wesentlich besser (67,2% sehr gut/gut, 11% ausreichend/ungenügend) beurteilt als die der Dienstleistungen (42,8% sehr gut/gut, 24,4% ausreichend/ungenügend).

Es gibt ferner zwei Kirchen mit Gemeindezentrum, vier Kindergärten, zwei Jugendclubs, Grund- und Hauptschule, Wander- und Radwege, Sport- und Tennisplätze, zwei Dreifachturnhallen.

Würzburg-Heuchelhof

Die Gesamtzahl der Einwohner beträgt zur Zeit ca. 8500, nach dem Endausbau werden es schätzungsweise 11000 sein. Etwa die Hälfte aller jetzigen Bewohner wohnt in den „Großbauten" des inneren Bereichs, der infolgedessen eine bei weitem höhere Bevölkerungsdichte aufweist (24500 Einwohner pro km^2) als alle übrigen Teilgebiete.

Die Altersstruktur von Heuchelhof und Würzburg 1987

	Stadtteil Heuchelhof	Stadt Würzburg
0–17 Jahre	ca. 27,9%	14,2%
18–25 Jahre	ca. 11,4%	16,0%
26–60 Jahre	ca. 51,1%	46,2%
über 60 Jahre	ca. 9,6%	21,9%
Der Ausländer-anteil beträgt	ca. 5,4%	5,5%

Zwischen der Bevölkerung der Großwohnbauten und der Eigenheimgebiete bestehen Unterschiede in den Haushaltsgrößen. Ein- und Zwei-Personen-Haushalte sind wesentlich stärker im hochgeschossig erbauten Innenbe-

reich (48,7%) als in den übrigen Gebieten (32,9%) vertreten. In letzteren dominieren dagegen die Haushalte mit vier und mehr Mitgliedern (45,1%; Innenbereich 27,6%).

Hinsichtlich der Einkommensmerkmale ist festzustellen , daß 25% der Haushalte über ein Nettoeinkommen von bis zu 2000,– DM verfügen, ca. 41% über eines von 2001,– bis 3500,– DM und ca. 34% über eines von mehr als 3500,– DM.

Bereits die ursprüngliche Planung sah Gewerbegebiete mit insgesamt 3000 Arbeitsplätzen vor. Bis 1990 wurden insgesamt 2500 Arbeitsplätze geschaffen. Eine Umfrage bei den Bewohnern des Heuchelhofs hat ergeben, daß diese einer weiteren Gewerbeansiedlung überwiegend positiv gegenüberstehen (52,2%), während nur 33,3% sich dagegen aussprachen und 24,5% keine Meinung äußerten. Das im Aufbau befindliche Gewerbegebiet im Süden ist durch einen Schutzwall optisch und akustisch von den Wohngebieten getrennt."

Bundesminister für Raumordnung, Bauwesen und Städtebau: Städtebaulicher Bericht. Neubausiedlungen der 60er und 70er Jahre. Probleme und Lösungswege. Bonn 1988, S. 114/115. Aktualisiert nach Angaben von Dr. Konrad Schliephake, Geographisches Institut der Universität Würzburg

Die Entwicklung in den neuen Bundesländern

Komplexer Wohnungsbau – Großwohngebiete ausgewählter Großstädte

Standorte	Bevölkerung	Zahl der Wohnungen	Fläche (ha)
Berlin			
– Marzahn	133 700	46 528	516
– Hohenschönhausen/Nord	42 700	14 259	142
Halle			
– Südstadt	22 900	7 932	93
– Silberhöhe	43 100	13 322	154
– Heide Nord			
Leipzig			
– Grünau	89 200	31 142	375
– Paunsdorf	10 000	23 400	•
Rostock			
– Nordwest	91 700	27 000	354
Schwerin			
– Grosser Dreesch (Teil I–III)	61 154	20 046	235

„Für die künftige Entwicklung der Städte wird es entsprechend der Einheit der wirtschafts- und sozialpolitischen Zielstellung darauf ankommen, sowohl die neuen Aufgaben an den wirtschaftspolitischen Schwerpunktstandorten der volkswirtschaftlich entscheidenden Produktionszweige in Stadt und Land arbeitskräftemäßig zu sichern als auch in der nächsten Zeit die Wohnungsfrage für alle Bürger zu lösen."

Programm der SED. Berlin: Dietz 1976, S. 23

Erreichbarkeit des Stadtzentrums mit Öffentl. Personennahverkehr (%-Anteil der Einwohner in der Zeitzone bis 30 Minuten)

	1975	1990
	% der Einwohner	
Halle	82,0	60,0
Potsdam	96,5	84,0
Magdeburg	95,0	93,0
Rostock	52,0	50,0
Dessau	90,0	95,0
Cottbus	97,0	99,5
Brandenburg	88,0	89,0
Frankfurt/O.	90,2	94,2
Leipzig	69,6	59,0

In den 50er und 60er Jahren standen in der DDR der Neubau von Wohnstädten (z. B. Eisenhüttenstadt, Hoyerswerda und Halle-Neustadt), Stadterweiterungen in den nördlichen und mittleren Bezirken (u. a. Rostock, Schwerin, Neubrandenburg) sowie der Wiederaufbau kriegszerstörter Stadtzentren im Vordergrund. Ab den 70er Jahren begann dann mit der Verwirklichung des Wohnungsbauprogramms eine neue Phase städtebaulicher Entwicklung, 150 neue Wohngebiete wurden errichtet.

Das bedeutete von 1971 bis 1990 einen Zuwachs von 2,1 Millionen Neubauwohnungen und die Modernisierung von 1,3 Millionen Altbauwohnungen.

Städtebaulich herrschten dabei die vorwiegend extensiven, auf größeren Standorten am Rande der Städte industriemäßig in Plattenbauweise betriebenen komplexen Wohnungsneubau vor. Insbesondere bei einseitig erfolgter Stadterweiterung traten erhebliche stadtstrukturelle Veränderungen in den Groß- und Mittelstädten ein, die neue, oft aufwendige Verkehrslösungen (S-Bahn, Straßenbahn, Omnibus) für die häufig ungünstig veränderten Entfernungen zwischen Wohnen, Arbeiten und Erholen notwendig machten.

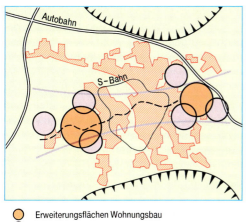

Erweiterungsflächen Wohnungsbau
Erweiterungsflächen Industrie
− − − Vorrangig Ausbau öffentl. Personennahverkehr -S-Bahn
Hauptbereiche der städtebaulichen Umgestaltung und Entwicklung
Bergbauschutzgebietsgrenze

10 km

(Nach H. Schmidt)

Ost-West-Achse der Stadtentwicklung, Leipzig

Plattenbauten in einem Wohngebiet in Halle

Zu den Grundübeln des Städtebaus in der DDR gehörte die uneingeschränkte Verpflichtung, auf die Vorgaben der Staatlichen Planungskommission einzugehen, also die Unterordnung der Stadtplanung unter wirtschaftspolitische Prämissen: „Städtebau verkam zur nachgeordneten Dienstleistung des komplexen Wohnungsbaus". Dies entsprach der generellen Tendenz, ökonomischen Kriterien die absolute Priorität innerhalb der Raumordnungspolitik einzuräumen. Durch die Fünfjahrespläne (der Bezirke) bekamen die Städte sogenannte „materielle Fonds" zugewiesen, die mit der Anweisung zur Schaffung von einer Anzahl von Wohnungen verbunden waren. Dabei spielten die Bezirkshauptstädte als Schwerpunkte des Wohnungsbauprogramms stets die überragende Rolle. Aber auch hier zwangen unrealistische Vorgaben, die mit der tatsächlichen Preisentwicklung nicht Schritt hielten, zunehmend zum Bau von z. T. absurden Notlösungen. So wurden dann beispielsweise – entgegen der ursprünglichen Regelung – sechsgeschossige Gebäude ohne den eigentlich erforderlichen Fahrstuhl errichtet, Wohnungen grundsätzlich nicht mehr mit Fensterbänken ausgestattet oder Bäder und Küchen nicht mehr gefliest. Völlig vernachlässigt wurde entsprechend den Anweisungen der sogenannte „Gesellschaftsbau" (Kaufhallen, Kinderkrippen, medizinische Einrichtungen, Freizeitanlagen etc.). Verschlimmert wurde dies alles durch die industrielle Plattenbauweise und die daraus resultierende eintönige Architektur.

1. *Welche Anspielungen auf städtebauliche Aspekte stecken in der Karikatur Seite 111?*
2. *Welche siedlungsräumlichen Folgen verbinden sich mit der ersten Phase des Städtewachstums in der Nachkriegszeit? Suchen Sie Beispiele dazu aus ihrer Heimatstadt.*
3. *Großwohnsiedlungen als Leitbild für Stadtwachstum?*
   a) Welche Begründungen gab es?
   b) Welche Lebenssituation entsteht für die Bewohner, welche Folgen gibt es für die Stadt?
4. *Benennen Sie am Beispiel Würzburg-Heuchelhof die Strukturmerkmale dieses Projektes. Welche Planungsideen lassen sich erkennen?*
5. *Die Vorgaben der Planwirtschaft hatten z. T. erhebliche negative Folgen für den Städtebau in der DDR. Erläutern Sie diesen Zusammenhang an Beispielen.*

117

Probleme in der Innenstadt: Von der Flächensanierung zur „erhaltenden Stadterneuerung" (alte Bundesländer)

Zur Situation vor 1970. „Sie liegen eingekeilt zwischen Eisenbahnlinien, und über ihre Dächer und Balkone schütten Fabrikschornsteine ihre Asche aus. Ihre Hinterhöfe sind gerade groß genug, um ein paar Mülltonnen darin unterzubringen, die Treppenhäuser finstere Schächte, in denen der Putz von den Wänden bröckelt. Slums in Deutschland – das gibt es noch trotz Bombenkrieg und Wiederaufbau, mag man sie nun weniger abfällig ‚städtische Krisengebiete' oder im Amtsdeutsch ‚Sanierungsgebiete' nennen. In unseren Großstädten liegen sie oft in unmittelbarer Nachbarschaft des Stadtzentrums; in den Klein- und Mittelstädten bilden sie nicht selten den malerischen Stadtkern selbst, Attraktionen des Tourismus, Sorgenkinder der Stadtplanung. Nicht Häßlichkeit ist ihr gemeinsames Kennzeichen, sondern Alter – städtebauliches Erbe mit und ohne Denkmalswert, Fachwerkromantik und wilhelminischer Wohnungsbau kunterbunt gemischt. Was werden wir mit diesem Erbe anfangen? Seine Pflege ist in der Zeit des Wiederaufbaus sträflich vernachlässigt worden. Eine kurzsichtige Wohnungsbewirtschaftung hat den natürlichen Regenerationsprozeß jahrzehntelang gehemmt, hemmt ihn zum Teil noch heute. In einer beispiellosen Bauleistung sind die riesigen Lücken, die der Krieg in unsere Städte gerissen hatte, wieder geschlossen und neue Wohnstädte draußen vor der Stadt aus dem Boden gestampft worden. Binnen weniger Jahrzehnte hat die totale Modernisierung unsere Lebensformen radikal verändert, Handel und Wandel auf neue Bahnen gebracht. Stadtkerne sind zu ‚Verkehrsdurchflutern' degradiert worden, manche davon angepaßt an ihre neue Funktion, andere noch in dem Zustand, wie ihn Landesfürsten und Stadtväter vor Jahrhunderten geschaffen haben. Was alt war in unseren Städten geriet ins Hintertreffen in diesen Jahren des Wiederaufbaus. Die Altbauwohnung, mancherorts noch begehrt, weil billig, wird mehr und mehr zum Inbegriff der Rückständigkeit. Das schöne Fachwerkhaus in der betagten Altstadt, in dem jahrhundertelang Waren über den Ladentisch gereicht wurden, bietet nicht mehr genügend Platz für einen modernen Selbstbedienungsladen. Nur der Landeskonservator kann es auf die Dauer vor den Gefahren des Baggers bewahren. Gerade viele unserer Mittel- und Kleinstädte bangen um ihre oftmals so malerisch anzusehenden Altstadtviertel, deren Nutzwert leider in ein immer krasseres Mißverhältnis zu ihrem Museumswert gerät. Was werden wir mit diesem Erbe anfangen?"

H. Jürgensen: Lebensglück im Plan-Quadrat. Frankfurter Allgemeine Zeitung vom 18. 4. 1970, S. 23

Zu einer grundlegenden Neugestaltung der Innenstädte war es nach dem Kriege trotz des hohen Zerstörungsgrades nicht gekommen. Von den 1943 vorhandenen 10,8 Mio. Wohnungen waren 2,2 Mio. zerstört oder unbrauchbar, weitere 2 Mio. beschädigt. In den Großstädten war sogar die Hälfte aller Wohnungen zerstört. Zunächst ging es also um einen schnellen Wiederaufbau. Außerdem haben Privatbesitz an Boden, vorgegebenes Straßennetz, verbaute Infrastruktur und Traditionswille der Bevölkerung die ererbten Strukturen lange erhalten. Allerdings gerieten auch diese Stadtteile bald unter die Ansprüche der „autogerechten Stadt": Durchgangsstraßen, Stadtkerntangenten und innerstädtische Parkplätze lenkten den Individualverkehr ins Zentrum, ruhender und fließender Verkehr schuf neue Belastungen.

Das beträchtliche Ansteigen der Boden- und Mietpreise durch die Standortkonkurrenz in der *City* der großen Städte hat hier in kurzer Zeit zur Konzentration von Geschäfts- und Büronutzungen geführt. Parallel dazu erfolgte die Verdrängung des Wohnens und der kleineren Gewerbebetriebe an den Cityrand, den Stadtrand oder in die Umlandgemeinden. Der Stadtplanung fehlte lange Zeit die Möglichkeiten, Planungskonzepte auch durchzusetzen. Den Handlungsspielraum für die Gemeinden, zu verändern oder zu sanieren bzw. Konzepte für ganze Stadtteile zu realisieren, gab es erst mit dem *Städtebauförderungsgesetz* 1971.

Das Städtebauförderungsgesetz 1971

„1. Nach dem bisherigen Bundesbaugesetz konnte die Gemeinde zwar Bauleitpläne aufstellen, für die Durchführung war sie jedoch überwiegend auf Privatinitiative angewiesen. Nach dem neuen Recht kann die Gemeinde in den Sanierungsgebieten ein Abbruchgebot, ein Baugebot und ein Modernisierungsgebot erlassen. Das Vorkaufsrecht der Gemeinden wird in ein Grunderwerbsrecht umgestaltet. Damit wird ermöglicht, Verzögerungen zu reduzieren und Planung schneller durchzuführen.

2. Die Gemeinde ist verpflichtet, umfangreiche Voruntersuchungen anzustellen und einen Sozialplan aufzustellen. D. h. sie muß laufend mit den Eigentümern, Mietern oder sonstigen von der Sanierung Betroffenen verhandeln und diese vor vermeidbaren Erschwernissen bewahren. Damit ist auch ein Mitspracherecht verbunden ...

3. Das Bodenrecht ist nicht grundsätzlich geändert worden; das Städtebauförderungsgesetz bringt aber eine Einschränkung der Bodenspekulation, indem es festlegt, daß Wertsteigerungen von Grund und Boden, die durch öffentliche Leistungen entstehen, nicht von selbst den Eigentümern zufließen, sondern zur Finanzierung dieser Leistungen verwendet werden sollen.

4. Bisher scheiterten entsprechende Planungen in der Regel an der Finanzkrise der Gemeinden, die durch die stark steigenden Grundstückspreise nicht in der Lage waren, größere Projekte durchzuführen. Das neue Gesetz enthält ein Finanzierungssystem, das die durch die städtebaulichen Maßnahmen entstehenden Kosten auf Eigentümer und die öffentliche Hand verteilt und Bundesmittel für diese Aufgaben vorsieht.

5. Städtische und ländliche Gebiete werden vom Gesetz gleichgesetzt, um so eine umfassende Planung für eine moderne Daseinsvorsorge zu ermöglichen."

Wolf Benicke (Hrsg.): Geographie (Fischer Kolleg: Das Abitur-Wissen). Frankfurt/Main: Fischer Taschenbuchverlag 1983, S. 164/165

Begründung für eine „Funktionsschwächensanierung" (Sanierungsmaßnahme Stuttgart-Vaihingen Ortsmitte 1981). „Der Ortskern Vaihingen hat mit der Entwicklung nicht Schritt gehalten: Der Verkehr erstickt, Parkplätze fehlen, die Betriebe können sich nicht marktgerecht entwickeln, Lage und Zuschnitt der Gehwege lassen keinen ungestörten Einkauf zu. Dies führt zu steigendem Kaufkraftabfluß und zur Verödung des einst blühenden Gemeindelebens. Wenn im Hinblick auf die Aktivitäten in der Umgebung Vaihingens ... nichts geschieht, wird der Kaufkraftabfluß verstärkt anhalten ... die Chancen für die Erneuerung werden mehr und mehr schwinden.
Durch die Sanierung der Ortsmitte von Vaihingen soll ein Stadtteilzentrum geschaffen werden, das die Bedürfnisse der heutigen und künftigen Bewohner von Vaihingen befriedigen kann, und zugleich die Voraussetzungen für Kontakte der Menschen untereinander durch Fußgängerzonen, Lokale, öffentliche Einrichtungen u. ä. bietet. Zur Belebung des Zentrums sollen außerdem Wohnungen in unmittelbarer Nähe des förmlich festgelegten Sanierungsgebietes beitragen, welche gleichzeitig neuen Wohnraum für Haushalte aus den Sanierungsgebieten bieten."

Bundesminister für Raumordnung, Bauwesen und Städtebau (Hrsg.): Städtebauförderung – Auswertung der Erfahrungen nach 10 Jahren Städtebauförderung. Schriftenreihe Stadtentwicklung 1981, Heft 02.027, S. 277

Stuttgart-Vaihingen, Ortsmitte 1991

Großangelegte Sanierungsvorhaben nach dem Städtebauförderungsgesetz konnten zwar eine Reihe aufwendiger und z. T. schwieriger Sanierungsfälle lösen. Der verfahrensaufwendige Weg war aber keineswegs geeignet, die vielen anstehenden – auch kleineren – städtebaulichen Erhaltungs- und Erneuerungsmaßnahmen in den Innenstädten zu bewältigen. Außerdem waren die Kommunen durch die zunehmende „Stadtflucht" vor allem junger Familien und deutscher Bevölkerung der Mittelschicht aufgeschreckt, deren Wegzug vor allem die Wohngebiete der Innenstädte schwächte.

Hinzu kam seit dem Ende der 70er Jahre ein allmähliches städteplanerisches Umdenken: Weg von der Kahlschlagsanierung und hin zur Orientierung an der kleinräumigen Verbesserung der Wohnqualität und des Wohnumfeldes. Dazu gehört auch eine stärkere Rückbesinnung auf die historisch gewachsenen stadträumlichen Verhältnisse, wie sie sich z. B. im Verlauf der Straßenfluchten und den Gebäudegrößen ausdrücken. Das hat in einzelnen Fällen sogar schon dazu geführt, daß zu starke Veränderungen durch Flächensanierung in einem zweiten Planungsverfahren wieder rückgängig gemacht werden. *„Erhaltende Stadterneuerung"* in kleinen Schritten – und z. T. von der betroffenen Stadtteilbevölkerung mit getragen und mit finanziert – ist seither die Leitvorstellung. Nur so war Städtebaupolitik in Zukunft noch zu finanzieren. Über stärker objekt- und straßenbezogene Planung erhofft man sich vor allem Schritte zu einer „Revitalisierung" der Innenstädte
– durch *Wohnumfeldverbesserung*, die vor allem die kleinen Hauseigentümer als Träger der Stadterneuerung zu aktivieren versucht,
– durch Maßnahmen zur Verkehrsberuhigung,
– durch Wohnungsmodernisierung,
– durch Standortsicherung von Betrieben in Mischgebieten und damit den Erhalt der Arbeitsplätze an dieser Stelle.
Problem: Häufig führt die Wohnungsmodernisierung zur Verdrängung der alten Mieter.

„Seit den 60er Jahren, verstärkt seit den 70er Jahren, wurden in den Stadtzentren der Bundesrepublik Maßnahmen der Stadtsanierung und -erhaltung mit speziellen Planungen zur funktionalen *Aufwertung der Stadtkerne* verknüpft. Dies äußerte sich ab Mitte der 60er Jahre insbesondere in der Ausweisung und Gestaltung von Fußgängerbereichen, deren Ausbreitung in den 70er Jahren außerordentlich rasch voranschritt ... Insbesondere Mittel- und Unterzentren haben in dem vergangenen Jahrzehnt durch attraktive Einkaufszentren mit leicht erreichbaren, ansprechenden Fußgängerzonen und ausreichenden Parkmöglichkeiten an Standortqualität gewonnen ...

Mit der Errichtung moderner cityintegrierter Einkaufszentren (Shopping-Center), von Passagen und überdachten Ladenstraßen, der Vergrößerung oder dem Neubau von Warenhäusern, der Anlage von Hoch- und Tiefgaragen, der Ausweitung von Fußgängerbereichen, umfassenden Fassadenrenovierungen (Stadterhaltung), der Errichtung von Wohnraum für kleinere Haushaltungen in Gestalt von Appartements oder Penthouse-Wohnungen, dem Ausbau unterirdischer Nahverkehrslinien ... etc. wird seit den 70er Jahren auch die Attraktivitätssteigerung der Großstadtcities seitens der Stadtplanung häufig konsequent verfolgt."

Heinz Heineberg: Stadtgeographie. Paderborn: Schöningh 1986, S. 89

Innenstadtentwicklung in den neuen Bundesländern

„Wenn im Zusammenhang mit der Rekonstruktion innerstädtischer Altbaugebiete von der Gestalt der sozialistischen Stadt gesprochen wird, so liegt dieser Vorstellung ein Stadttypus zugrunde, der sich deutlich vom Typ der kapitalistischen Stadt abhebt. Das Ziel ist die Gestaltung einer kompakten und planmäßig gegliederten Stadt, in der historisch Wertvolles bewahrt und fortgeführt wird und Struktur, Gestalt und Flächennutzung den Anforderungen ihrer Nutzer entsprechen. Dieser Gestalt immanent sind Stadtzentren bzw. Innenstadtgebiete mit allseitig entwickelten Funktionen als Mittelpunkte des gesellschaftlichen Zusammenlebens."

Beschluß des ZK der SED und des Ministerrates der DDR, Neues Deutschland vom 29./30. 5. 1982

Leipzig – zentrumsnahes innerstädtisches Stadtviertel und Bauvorhaben

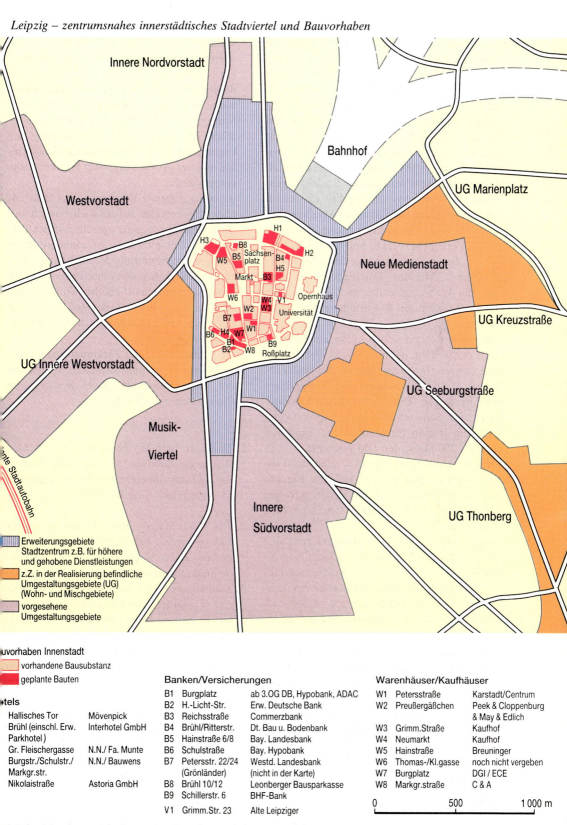

Innere Nordvorstadt

Bahnhof

Westvorstadt

UG Marienplatz

Neue Medienstadt

UG Kreuzstraße

UG Innere Westvorstadt

UG Seeburgstraße

Musik-
Viertel

UG Thonberg

Innere
Südvorstadt

H1
H3 B8 Sachsen- H2
B5 platz B4
W5 H5
Markt B3
W6 W4 V1
W2 W3 Opernhaus
B7 W1 Universität
B6 H4 W7
B1 B9
B2 W8 Roßplatz

Stadtautobahn

Erweiterungsgebiete
Stadtzentrum z.B. für höhere
und gehobene Dienstleistungen

z.Z. in der Realisierung befindliche
Umgestaltungsgebiete (UG)
(Wohn- und Mischgebiete)

vorgesehene
Umgestaltungsgebiete

uvorhaben Innenstadt

vorhandene Bausubstanz

geplante Bauten

tels

Hallisches Tor	Mövenpick
Brühl (einschl. Erw.	Interhotel GmbH
Parkhotel)	
Gr. Fleischergasse	N.N./ Fa. Munte
Burgstr./Schulstr./	N.N./ Bauwens
Markgr.str.	
Nikolaistraße	Astoria GmbH

Banken/Versicherungen

B1	Burgplatz	ab 3.OG DB, Hypobank, ADAC
B2	H.-Licht-Str.	Erw. Deutsche Bank
B3	Reichsstraße	Commerzbank
B4	Brühl/Ritterstr.	Dt. Bau u. Bodenbank
B5	Hainstraße 6/8	Bay. Landesbank
B6	Schulstraße	Bay. Hypobank
B7	Petersstr. 22/24	Westd. Landesbank
	(Grönländer)	(nicht in der Karte)
B8	Brühl 10/12	Leonberger Bausparkasse
B9	Schillerstr. 6	BHF-Bank
V1	Grimm.Str. 23	Alte Leipziger

Warenhäuser/Kaufhäuser

W1	Petersstraße	Karstadt/Centrum
W2	Preußergäßchen	Peek & Cloppenburg
		& May & Edlich
W3	Grimm.Straße	Kaufhof
W4	Neumarkt	Kaufhof
W5	Hainstraße	Breuninger
W6	Thomas-/Kl.gasse	noch nicht vergeben
W7	Burgplatz	DGI / ECE
W8	Markgr.straße	C & A

0   500   1 000 m

ch Helga Schmidt: Das Erbe der sozialistischen Planwirtschaft am Beispiel der Metropolitanen Region Leipzig. Wien 1991

Die konkrete planerische Umsetzung dieser städtebaulichen Leitlinien für die Erhaltung und Erneuerung innerstädtischer Gebiete ist in der ehemaligen DDR bestenfalls an Einzelbeispielen nachzuweisen. Der Übergang vom extensiven randstädtischen Wohnungsbau zur Umgestaltung und Erneuerung der innerstädtischen Altbaugebiete vollzog sich mit großer Verspätung und unter wachsenden Widersprüchen zwischen der angestrebten städtebaulichen Gestaltung und den real verfügbaren Bauleistungen. Damit war Stadtentwicklungspolitik im wesentlichen eine Sache der Standortverteilung des Wohnungsbaus. Die zentrale Ebene gab die regionale Verteilung vor. Die innerstädtische Umsetzung dieser Vorgaben war dann Sache der Kommunen. Meistens entschieden dabei aber auch die Wohnungsbaukombinate unter dem Gesichtspunkt ihrer Planerfüllung wesentlich mit.

Von den insgesamt sieben Millionen Wohnungen in den fünf Bundesländern sind 1990 1,5 Millionen wegen erheblicher Mängel nicht mehr bewohnt, das trifft besonders die Wohngebiete der Gründerzeit. Der Aufwand zum Modernisieren und Sanieren des Wohnungsbestandes wird vom Institut für Städtebau in Bonn auf mehr als 200 Milliarden DM geschätzt.

Nicht nur die Wohngebäude, sondern auch die Arbeitsstätten und gesellschaftlichen Einrichtungen und Anlagen sind vom Verfall betroffen oder befinden sich in einem sehr schlechten Bauzustand.

Erste Erfolge bei der Innenstadtsanierung sind ab Mitte der 80er Jahre zu verzeichnen. So wurden in Leipzig rund 60% der Neubauwohnungen seit 1989 im innerstädtischen Bereich errichtet. In 16 Gebieten der Innenstadt werden städtebauliche Sanierungsmaßnahmen eingeleitet.

Aus städtebaulicher Sicht sollten in den neuen Bundesländern im Rahmen der komplexen Umgestaltungs- und Modernisierungsmaßnahmen folgende Ziele verfolgt werden:

– die konsequente Durchsetzung des innerstädtischen Bauens bzw. Modernisierens von Wohn- und Arbeitsstätten, da die Weiterführung extensiven Bauens die bestehenden Probleme verschärft;

– die Sanierung der denkmalgeschützten Bausubstanz der Altstädte. Außerdem die schrittweise Auslagerung nicht innenstadtbezogener Nutzungen;

– die schrittweise Rekonstruktion und Erweiterung zentraler stadttechnischer Systeme. Schwerpunkte: Der Neu- bzw. Ausbau städtischer Kläranlagen, die Verbesserung der Fernsprech- und Telekommunikationssysteme und der Ausbau zentraler Wärmeversorgungssysteme;

– die weitergehende Begrenzung des individuellen Kfz-Verkehrs auf ein städtebaulich und ökologisch sowie gesamtgesellschaftlich vertretbares Gesamtniveau, insbesondere durch eine gezielte Förderung des öffentlichen Personennahverkehrs, den weiteren Ausbau von Fußgängerzonen und verkehrsberuhigten Bereichen, zügigen Ausbau des Radwegenetzes;

– der zügige Ausbau von Zentrums- und Ortsumgehungsstraßen;

– die Verbesserung der Parkraumsituation besonders in den zentrumsnahen Bereichen und die Weiterentwicklung eines Systems von Freiräumen und Grünflächen.

1. *Der Text Seite 118 beschreibt die „ererbten Ausgangssituationen" für viele Städte. Warum hat die Stadtplanung erst nach dem Städtebauförderungsgesetz nachdrücklich darauf reagiert?*
2. *Die Vorstellungen über „Sanierung" haben sich gewandelt. Erläutern Sie dies zu den Begriffen „Kahlschlagsanierung" und „erhaltende Stadterneuerung".*
3. *Funktionale Aufwertung der Stadtkerne: Welche Planungsmaßnahmen nennt der Text, welche davon finden sich auch in Ihrer Heimatstadt/an Ihrem Schulort?*
4. *Man kann die Nachkriegsentwicklung der Städte grob in drei Phasen gliedern. Finden Sie drei Überschriften und jeweils eine Kurztypisierung.*
5. *Zwischen dem Planungsmaßnahmen-Katalog zur Innenstadterneuerung in den Städten der ehemaligen DDR und dessen Realisierung klafft eine große Lücke. Worin werden die Ursachen zu suchen sein?*

3.4 Stadtentwicklung von Berlin

Seit 1871 war Berlin die Hauptstadt des Deutschen Reiches. Zu Beginn des Zweiten Weltkriegs 1939 hatte es 4,34 Mio. Einwohner und war mit 574 000 Industriebeschäftigten zugleich die größte deutsche Industriestadt. Dennoch bildete die Hauptstadtfunktion den Schwerpunkt! 877 000 Beschäftigte gab es in den Dienstleistungsbereichen! Neben seiner Bedeutung als politischem und kulturellem Zentrum war es Schaltzentrale für die Wirtschaft und Schwerpunkt des Finanzwesens.

Die Entwicklung nach 1945 hatte aus einer Stadt zwei Teilstädte entstehen lassen: die eine – Berlin-West – in isolierter Lage ohne Zugang zum Umland und, als Teil der Bundesrepublik, dem freiheitlich-demokratischen Westen Europas sowie der Marktwirtschaft zugehörig; die andere – Berlin-Ost – als Hauptstadt der DDR und damit Machtzentrum eines sozialistischen Landes mit Zentralverwaltungswirtschaft. 45 Jahre lang war die Entwicklung von Berlin somit – verglichen mit anderen Großstädten – mehr als nur „Stadtentwicklung".

Zonale Gliederung Groß-Berlins und seines Einflußgebietes bis 1945

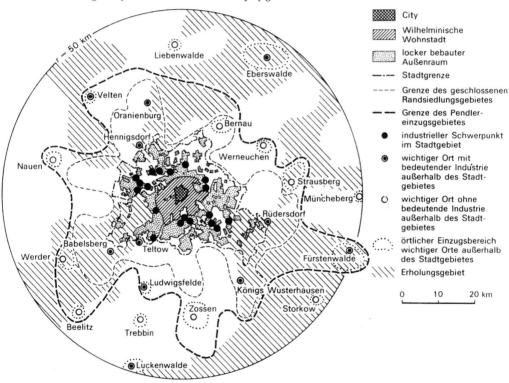

Alfred Zimm (Hrsg.): Berlin und sein Umland. Gotha: VEB Hermann Haack 1988, S. 210

Aspekte und Etappen der Stadtentwicklung von Berlin-West

Die Entwicklung von Berlin-West hatte neben den politischen auch besondere demographische und wirtschaftsstrukturelle Rahmenbedin-gungen. Neben einem andauernden Sterbeüberschuß in den 70er Jahren gab es viele Jahre einen Wanderungsverlust besonders der deutschen Bevölkerung. Anderseits ergaben sich aus der starken Zuwanderung ausländischer Bevölkerung sowie deren Konzentration auf einige Stadtteile weitere Probleme.

123

Am nachhaltigsten sind aber die Folgen der besonderen Wirtschaftsstruktur. Viele Arbeitsplätze in der Industrie waren als Folge des Krieges und der Teilung verlorengegangen. Besonders nachteilig war der Abzug von Firmenspitzen. Neue Arbeitsplätze entstanden häufig als „verlängerte Werkbänke", während Management, Verwaltung oder Forschung ihren Standort in der Bundesrepublik beibehielten. Berlin-West wäre, gestützt allein auf seine Wirtschaft und wegen der besonderen Lagebedingungen, nicht lebensfähig gewesen. Von Anfang an sind deshalb erhebliche Fördermittel (z. B. Berlin-Förderungsgesetz) und Subventionen der Bundesregierung nach Berlin-West geflossen, zuletzt ca. 13 Mrd. DM im Jahr.

Entwicklung der ausländischen, insbesondere der türkischen Bevölkerung in Berlin (West)

Nach Aktuelle IRO-Seydlitz-Landkarte 1, 1990: Berlin – geteilte Stadt im Umbruch, S. 8

Stadtprobleme sind in besonderem Maße Stadtteilprobleme. Dies gilt besonders für Berlin-West: Neuaufbau einer City, Sanierungsbedürftigkeit der Baumasse des Wilhelminischen Rings, Gestaltung neuer Großwohngebiete in der Außenzone und insgesamt: der Wiederaufbau von Wohnungen, von denen in einzelnen Stadtvierteln bis zu 50% zerstört waren.

Die städtebauliche Ausgangssituation Berlin-West unterscheidet sich von der Berlin-Ost. Viele Stadtteile Berlin-West basieren in ihrer Struktur auf der ehemaligen W-/SW-Orientierung der Bauten des Hofes und des Adels; auf der Westseite lagen deshalb die Wohnbauten und Villenkolonien der gehobenen Schichten, hier befanden sich auch die großen Stadtforst-Erholungsgebiete. Hinzu kamen die Wohngebiete der vielen Beschäftigten bei Regierung, Verwaltung und sonstigen Dienstleistungen; reine Arbeiterviertel waren auf die Innenstadtbezirke beschränkt.

Berlin-West liegt nahezu vollständig außerhalb Alt-Berlins und damit auch außerhalb der ehemaligen City, war also am Beginn seiner städtischen Umstrukturierung ohne eigentliches Zentrum. Die neu entstandene *City* heute konzentriert sich auf das Zoo-Viertel westlich des Tiergartens und ist damit Teilstück des Wilhelminischen Ringes.

Zum *Wilhelminischen Ring* gehörten bis in jüngster Zeit die Viertel höchster Bevölkerungsdichte. Als spezielle Probleme dieser Stadtteile erweisen sich – nach der starken Kriegszerstörung – die heutigen Ansprüchen nicht mehr genügende Bausubstanz und, daran gekoppelt, die Sozialstruktur der Bewohner.

Die *Außenzone* ist noch heute das heterogenste Stadtgebiet, dessen Flächennutzung und Aufsiedlung sich aber allmählich verdichtet. Industriegebiete liegen hier noch neben landwirtschaftlich genutzten Flächen und alten Dorfkernen; die meisten Dörfer sind aber bis auf den Grundriß schon weitgehend überformt und umgestaltet. Als weiteres Merkmal gelten die ehemaligen Villenkolonien und Gartenstädte, sie sind Beispiele früher Vorortbildung; dazu kommen Wohnanlagen der Weimarer Zeit und der Zeit des Nationalsozialismus. Den jüngsten Entwicklungsakzent setzen die neuen randstädtischen Großwohnsiedlungen: Märkisches Viertel, Falkenhagener Feld und Gropiusstadt, deren Baubeginn in den 60er Jahren lag.

124

Märkisches Viertel, Berlin (West)

Ausländer in Berlin (West) 1988

Bezirk	Ausländer	davon Türken	Bezirk	Ausländer	davon Türken
2 Tiergarten	18 681	8 068	10 Zehlendorf	7 469	810
3 Wedding	35 178	21 089	11 Schöneberg	28 830	12 420
6 Kreuzberg	43 545	28 169	12 Steglitz	13 229	2 886
7 Charlottenburg	26 605	7 521	13 Tempelhof	11 831	3 596
8 Spandau	18 583	7 941	14 Neukölln	44 373	23 006
9 Wilmersdorf	14 650	2 204	20 Reinickendorf	16 408	5 161

IRO-Seydlitz-Landkarte: a.a.O., S. 8

Wohnungsneubau in Berlin (Ost) und Berlin (West) je 10 000 der Bevölkerung; 1949–1987

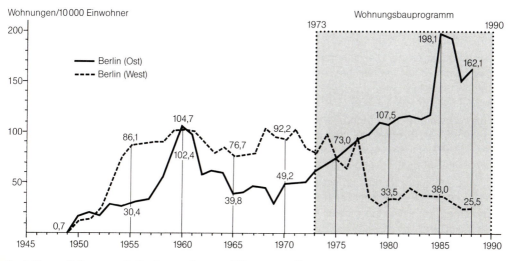

Frank Werner: Ballungsraum Berlin. Raumstrukturen und Planungsvorstellungen. In: Beiträge und Materialien zur Regionalen Geographie 1990, H. 4, S. 38

„Der Wiederaufbau in den 50er Jahren war vor allem geprägt durch die Instandsetzung kriegsbeschädigter Gebäude und die Errichtung von Wohnsiedlungen im sozialen Wohnungsbau.

Einschneidend für diese Entwicklung des Wohnungsbaus in Berlin (West) war das Jahr 1963. Damals fielen nicht nur die Entscheidungen für die Errichtung dreier Großwohnsiedlungen am Stadtrand, sondern es war gleichzeitig der Beginn des ersten Stadterneuerungsprogramms.

Die Großwohnsiedlungen: Märkisches Viertel im Norden und Gropiusstadt im Süden entstanden auf ehemaligen Laubengelände bzw. Ackerland mit rd. 17 000 Wohnungen. Die Siedlung Falkenhagener Feld wurde mit 7000 Wohnungen im Westen der Stadt errichtet.

Nach anfänglichen Schwierigkeiten wegen der fehlenden Handels- und Dienstleistungseinrichtungen bemüht man sich heute, durch Wohnumfeldverbesserungen den Wohnwert der Großwohnsiedlungen zu erhalten.

Das erste Stadterneuerungsprogramm umfaßte rd. 56 000 Wohnungen aus der Wilhelminischen Bauära auf rd. 450 ha Fläche mit 140 000 Bewohnern und 57 700 gewerblichen Arbeitsplätzen.

Merkmal der ersten Phase der Stadterneuerung war das Konzept der ‚Flächensanierung‘, das einen Abriß der alten Häuser vorsah, um neue zu errichten.

Das zweite Stadterneuerungsprogramm signalisierte 1974 eine Abkehr von den Leitbildern der Flächensanierung. Die Instandsetzung einzelner Wohnblöcke, gründlichere Voruntersuchungen und eine umfangreichere Bürgerbeteiligung sollten die im ersten Stadterneuerungsprogramm aufgetretenen Fehler vermeiden helfen. Im Vordergrund stand nun die Blockentkernung, die den Abriß der Häuser im Blockinnern vornahm. Neben der Begrünung der nun größeren Innenhöfe wurden erhaltungswürdige Häuser modernisiert.

Seit Anfang der 80er Jahre heißt die Devise ‚Instandsetzung vor Modernisierung und Modernisierung vor Sanierung‘.“

Aktuelle IRO-Seydlitz-Landkarte: a.a.O., S. 9/10

Aspekte und Etappen der Stadtentwicklung von Berlin-Ost

„... Unabhängig von der Frage, ob im Sinne des Vier-Mächte-Status für Berlin der Ostteil ‚Hauptstadt‘ sein kann: Der Ostteil von Berlin ist in die Funktion der Hauptstadt eines Zentralstaates hineingewachsen. Er ist, gleichsam als ‚Stadtstaat‘, zugleich einer von 15 Bezirken der DDR, die 1952 nach der Reform der Verwaltungsstrukturen der DDR anstelle von Preußen, Sachsen oder Mecklenburg geschaffen wurden. In Ost-Berlin ist die gesamte politische und wirtschaftspolitische Macht konzentriert. Ost-Berlin ist der Sitz des Zentralkomitees der SED, des Staatsrates, des Ministerrates, mit Ausnahme des Verteidigungsministeriums in Strausberg, aller 29 Fachministerien, der Plankommission, der Volkskammer und der großen Massenorganisationen, wie etwa des Freien Deutschen Gewerkschaftsbundes (FDGB); die Parteien, welche Bedeutung sie auch immer im politischen System der DDR noch haben mögen, haben ihren Sitz in Ost-Berlin, ebenso alle diplomatischen Missionen. Die großen wissenschaftlichen Organisationen wie beispielsweise die ‚Akademie der Wissenschaften‘ arbeiten in Ost-Berlin. Zu einem kommunistischen Zentralstaat gehört selbstverständlich, daß das Zentralorgan der SED, ‚Neues Deutschland‘, in der ‚Hauptstadt‘ erscheint und daß das DDR-Fernsehen von Adlershof aus sendet. Die wichtigsten Verlage haben ihren Sitz in Ost-Berlin. Ost-Berlin ist — darin Erbe seiner Vorgänger — das Kulturzentrum der DDR geworden, mit den Museen, Bibliotheken und Theatern.

Aber Ost-Berlin hat nicht nur die klassischen Hauptstadt-Funktionen erhalten, weshalb immer häufiger auch vom ‚Metropol‘-Charakter der Stadt gesprochen wird, Ost-Berlin ist zugleich die größte Industriestadt der DDR. Der Wert der Produktion wird in amtlichen Angaben auf 13 Milliarden Mark geschätzt. In 164 Betrieben werden etwa 670 000 ‚Werktätige‘ beschäftigt; 180 000 in der Industrie. Etwa 5,6 Prozent der gesamten industriellen Bruttoproduktion entfallen auf die ‚Hauptstadt‘. So wie West-Berlin hat auch der Ostteil der Stadt we-

Marzahn, Berlin (Ost)

der eine bedeutende Großchemie noch eine Schwerindustrie, wohl aber ist die Tradition von Berlin als einem Zentrum der Elektroindustrie auch im Ostteil erhalten geblieben. In beiden Teilen der geteilten Stadt ist dieser Industriezweig die wichtigste Branche ...

Ost-Berlin beherbergt ein enormes technisch-wissenschaftliches Potential in den Universitäten und Fachhochschulen."

Hans-Herbert Götz: Berlin – deutsche Hauptstadt zweier Welten. In: FAZ vom 25. 4. 1987, S. 15

Der Bezirk Mitte der Hauptstadt Berlin (Ost) vor 1989 ... „Während in den Citybereichen des Westens die Standorte durch die Bodenpreise bestimmt und daher die bevorzugten Plätze von den kapitalstärksten wirtschaftlichen Funktionsträgern eingenommen werden, spiegelt sich hier eine Gesellschaftsordnung wider, in der sich der Herrschaftsanspruch des Staates durch Lage und äußere Gestaltung der Regierungs- und Verwaltungsgebäude ausdrückt. Daher sind die zentralen Organe von Regierung und Verwaltung der DDR die wichtigsten Bestandteile dieses Stadtzentrums. So liegen innerhalb des ersten Tangentenringes

die meisten staatlichen Behörden, fast alle Ministerien und die Sitze von Parteien und Massenorganisationen. Dazu kommt eine Reihe weiterer hochrangiger Einrichtungen: diplomatische Vertretungen, zentrale Standorte der Kultur, Wissenschaft und Bildung, des Außen- und Binnenhandels, Bank- und Versicherungszentralen und schließlich auch die Berliner Stadtverwaltung. Hier liegen neben zahlreichen Gaststätten und Fremdenverkehrseinrichtungen alle ,Interhotels' der Stadt. Der Einzelhandel, der westliche Citygebiete prägt, hat nur eine ergänzende Funktion und dient lediglich der zweckmäßigen Warenverteilung, da bei durchweg staatlichen Läden eine Konkurrenz ohnehin nicht vorhanden ist. Nach diesem Prinzip sind die Standorte aller Läden geplant; hier im Zentrum werden zumeist teuere oder langlebige Waren angeboten. Neben der Konzentration von Gebäuden mit staatlicher oder gesellschaftlicher Funktion sind an einigen Stellen auch Wohnviertel eingeplant, so daß Teile des Zentrums auch außerhalb der Dienst- und Geschäftszeiten belebt sind."

Deutschland – Porträt einer Nation, Bd. 9. Gütersloh: Bertelsmann 1986, S. 26

„Richtungweisend für das Bauen in Berlin (Ost) waren mit der Staatsgründung 1949 die Überführung des Bodens in sozialistisches Eigentum und der erste Fünfjahresplan, der dem Wohnungsbau Bedeutung beimaß.

Am Ende des Zweiten Weltkrieges waren in Berlin (Ost) 185000 Wohnungen zerstört, 400000 – mehr oder weniger beschädigt – erhalten geblieben. Der großen Wohnraumnachfrage stand jahrzehntelang trotz aller Absichtserklärungen, Wohnungen zu bauen, ein nur geringes Neubauangebot gegenüber, da zunächst dem Wiederaufbau der Industrie und der Neugestaltung des Stadtzentrums Vorrang gegeben wurde.

Seit den 60er Jahren wurden etwa 5000 Neubauwohnungen pro Jahr gebaut und erst seit Mitte der 70er Jahre wächst das Bauvolumen stark an.

Standorte großer Wohnsiedlungen sind neben abgeräumten Flächen in der Innenstadt vor allem ehemalige Kleingartenareale innerhalb des am Rande geschlossen bebauten Stadtgebietes. Das nach dem sog. Generalbebauungsplan von 1968 mit dem Begriff ‚kompakte Stadt‘ bezeichnete Gebiet erstreckt sich bis zum Eisenbahn-Außenring.

Bereits in den 60er Jahren führte der Zwang, rationell zu bauen, zur industriellen Serienfertigung in Großplattenbauweise. Zudem wird gegenüber der lockeren Bebauung der frühen Nachkriegszeit aus Gründen der Materialeinsparung zunehmend mehr verdichtet, und der Anteil der Hochhäuser in Scheiben- und Punktbauweise steigt.

Eine neue Phase des Wohnungsbaus setzte in Berlin (Ost) in den 70er Jahren mit etwa zehnjähriger Verzögerung gegenüber Berlin (West) ein.

Für den Bau von Großwohnsiedlungen wurden eigens in Berlin (Ost) drei neue Stadtbezirke eingerichtet: Marzahn (seit 10. 1. 1979), Hohenschönhausen und Hellersdorf (seit 1. 6. 1986), die sich aus Gebietsteilen der Stadtbezirke Lichtenberg und Weißensee zusammensetzen, so daß Berlin (Ost) nun in 11 Bezirke gegliedert ist.

Mitte der 80er Jahre wohnten in den 40000 Neubauwohnungen Marzahns bereits 110000 Menschen. Ähnliche Ausmaße hat Hohenschönhausen.

Ebenso wie Berlin (West) besitzt der Ostteil der Stadt Quartiere aus der Wilhelminischen Bauära. Die bauliche Situation, die im Westteil der Stadt ab 1963 Stadterneuerungsprogramme ins Leben rief, ließ auch in Berlin (Ost) wiederum mit fast zehnjähriger Verspätung Konzepte einer Stadterneuerung entstehen. Hierbei kam dem Ostteil der Stadt der Umstand zugute, daß mit der Staatsgründung der DDR Berlin (Ost) die Hauptstadtfunktion übernahm und damit zu Lasten der anderen Bezirke der DDR besonders ausgebaut wurde.“

Aktuelle IRO-Seydlitz-Landkarte: a.a.O., S. 10

„mr. BERLIN, 29. März. Der Berliner Bausenator Wolfgang Nagel hat für den Bezirk Prenzlauer Berg Prioritäten gesetzt: ‚Wir können nicht umfassend modernisieren, sondern müssen den Verfall verhindern. Erst wenn das getan ist, können wir die Wohnungen in einen Standard versetzen, der menschenwürdig ist.‘ 145000 Menschen leben nordöstlich der Stadtmitte auf knapp elf Quadratkilometern in den ältesten Häusern der Stadt. Gut vier Fünftel der Wohnungen wurden vor 1946 fertiggestellt, und offenbar ist – bis auf Ausnahmen wie den Heimweg der SED-Spitze vom Palast der Republik hinaus nach Wandlitz – seitdem an diesen Häusern kaum etwas erhalten worden. Blanke Ziegelsteine sind hinter dem zerbröselnden und ausgewaschenen Putz zum Vorschein gekommen, Balkone sind abgestürzt, Dächer geborsten, Hinterhöfe verfallen, Toiletten auf den Fluren unbeleuchtet und verkommen. Aus Trümmern wachsen Bäume. In den Fassaden nisten Tauben, in den Kellern hausen Ratten. Wo der Putz noch hält, zeigen sich Schriftzüge aus der Vorkriegszeit, von Cigarrenladen und Briketthandlung. Wären da nicht die Westautos auf den Straßen und die Satellitenschüsseln an den Hauswänden, man glaubte sich um Jahrzehnte zurückversetzt.“

Mit der Notbremse gegen den Verfall von Wohnungen. In: FAZ vom 30. 3. 1991, S. 12

Potsdamer Platz 1991, Blick auf den Ostteil der Stadt

Das wiedervereinigte Berlin: Perspektiven und Probleme

Aus zwei Teilstädten wird nicht allein dadurch wieder eine Stadt, daß man die „Mauer" niederreißt und eine Grenze beseitigt. Jeder Teil bringt nach 45 Jahren Sonderentwicklungen Eigenstrukturen und „Defizite" mit ein, auch Auseinanderentwicklungen. Das betrifft vor allem den Lebens- und Wohnstandard weiter Bevölkerungsteile im ehemaligen Berlin-Ost.

Planungen für Gesamtberlin sind heute zu einem Teil Koordinationsaufgaben. Vor allem aber müssen sie der Situation Rechnung tragen, daß jetzt Stadt und Umland wieder als Kontinuum gesehen werden können und daß Berlin als größte deutsche Stadt vor der „Chance" steht, ein noch gering verstädtertes Umland vorzufinden.

Berlin: Ausgewählte Daten (1989)

	Berlin-West	Berlin-Ost
Stadtgebietsfläche	480,1 km^2	403,3 km^2
Bevölkerung	2,134 Mio.	1,279 Mio.
davon Ausländer	293 342	20 667
Erwerbstätige	ca. 895 000	ca. 697 000[1]
davon in der Industrie	165 960 (18%)	175 949 (25%)
Anteil der Industriebeschäftigten in Elektrotechnik, Elektronik und Gerätebau	35,5%	38,1%
bzw. im Maschinen- und Fahrzeugbau	20,5%	28,4%
Zahl der Industriebetriebe mit 20 oder mehr Beschäftigten	1123	144
Erwerbstätige im Tertiären Sektor	626 600[2]	446 000[2]

[1] ohne Lehrlinge und die in der DDR-Statistik nicht enthaltenen ca. 150000 Beschäftigten im Sicherheitsapparat, in den Streitkräften und im Parteiapparat, [2] errechnet

Quelle: nach Angaben des Statistischen Landesamts, der Senatsverwaltung für Wirtschaft und des DIW

Gisela Zimmermann: Berlin im Wandel. In: Praxis Geographie 1991, H. 2, S. 7, verändert

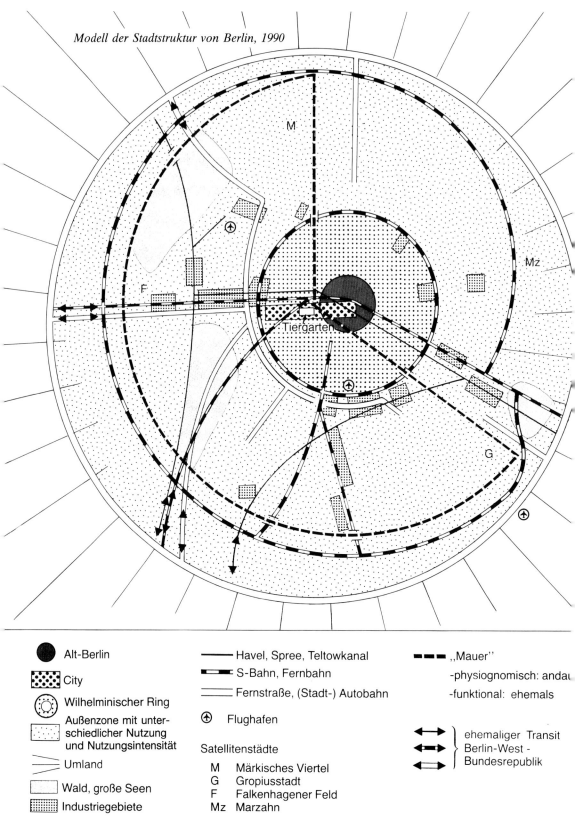

Modell der Stadtstruktur von Berlin, 1990

Legende:

- ● Alt-Berlin
- ▨ City
- ◉ Wilhelminischer Ring
- ⋮ Außenzone mit unter-schiedlicher Nutzung und Nutzungsintensität
- Umland
- Wald, große Seen
- Industriegebiete

- —— Havel, Spree, Teltowkanal
- ▰ S-Bahn, Fernbahn
- ═ Fernstraße, (Stadt-) Autobahn
- ⊕ Flughafen

Satellitenstädte

- M   Märkisches Viertel
- G   Gropiusstadt
- F   Falkenhagener Feld
- Mz Marzahn

- ■ ■ ■ ,,Mauer''
- -physiognomisch: andaι
- -funktional: ehemals

⟷ } ehemaliger Transit
⟷ } Berlin-West -
⟷ } Bundesrepublik

Ulrich Seewald: Modelle zur Stadtentwicklung. In: Praxis Geographie 1991, H. 2 (Berlin), S. 27

Probleme mit der Einigung

„Berlin ist die einzige Stadt Deutschlands, die von der Vereinigung und damit auch von den daraus entstehenden Lasten direkt betroffen ist. Für keine andere Stadt des alten Bundesgebiets führt die Vereinigung zwangsläufig zu steigenden Sozialkosten, höheren Infrastrukturen oder Aufwendungen für den Wohnungsbau.

200 000 Bedienstete der ehemals in Ost-Berlin ansässigen ‚zentralen Staatsorgane' der DDR werden sehr wahrscheinlich ihren Arbeitsplatz verlieren. Hinzu kommen zahlreiche Entlassungen in der maroden und desorganisierten, ehemals volkseigenen Wirtschaft. Wie West-Berlin für die Bundesrepublik war auch Ost-Berlin die größte Industriestadt der DDR. Dies heißt, daß sich nun hier auch der größte Investitionsbedarf und die höchsten sozialen Folgekosten ergeben. Für eine Übergangzeit ist mit einer Zahl bis zu 500 000 Arbeitslosen in der Stadt zu rechnen. Erhebliche Aufwendungen werden für Umschulungsprogramme erforderlich.

Fast 30 Jahre war West-Berlin eine Insel. Bis auf wenige Ausnahmen waren alle Kontakte zum Umland und zum Ostteil der Stadt abgeschnitten. Nun muß das für eine funktionierende Großstadt unverzichtbare Geflecht technischer Verbindungen mit hohem Aufwand rekonstruiert werden. Über 120 unterbrochene Straßenverbindungen sind seit November 1989 wiederhergestellt worden. Mit der Verknüpfung der Nahverkehrssysteme wurde begonnen. Das Ost-Berliner Telefonnetz ist technisch veraltet und seine Kapazität völlig unzureichend. Doch nicht nur die technischen Verbindungen, das gesamte Netzwerk des Alltags, von den kommunalen Diensten bis zu gemeinsamen Schulplänen, vom Gesundheitswesen bis zum Kultur- und Wissenschaftsbetrieb, muß neu organisiert werden.

Trotz eines Fehlbedarfs von nahezu 100 000 Wohnungen in der gesamten Stadt stehen in Ost-Berlin Zehntausende Wohnungen leer, da sie aufgrund ihres baulichen Zustands unbewohnbar sind. Der Neubau von Wohnungen und die Stadtsanierung gehören zu den größten Aufgaben für die kommenden Jahre."

Im Überblick: Berlin, Informationszentrum Berlin 1990

„Inzwischen gehen die Denkspiele in den Konzernzentralen schon in weit größere Dimensionen. Hertie überlegt, den Firmensitz nach Berlin zu verlegen. Ein World-Trade-Center ist beschlossene Sache, der japanische HiFi-Hersteller JVC verlegte seine Europa-Zentrale von Rotterdam an die Spree, Sony erwägt Berlin als Standort der neuen Halbleiterfabrik (Investitionsvolumen: 500 bis 600 Millionen Mark), Lufthansa und Interflug planen einen dritten Großflughafen, Bertelsmann, American Airlines und fast alle Einzelhandelsketten suchen Büro- und Gewerbeflächen, um ihre Präsenz hier zu stärken.

Quasi über Nacht hat der Boom begonnen. Insbesondere auf dem Immobilienmarkt hat eine heiße Spekulationswelle eingesetzt. Geisterte vor wenigen Monaten noch die Vision einer sterbenden Stadt durch die Senatskanzleien – für das Jahr 2010 wurde ein Bevölkerungsrückgang auf 1,6 Millionen prognostiziert –, sieht sich der regierende Bürgermeister Walter Momper nun an der Spitze einer Weltstadt und Wirtschaftsmetropole mit einem Einzugsbereich von fünf Millionen Einwohnern, der ‚größten Region zwischen dem Ruhrgebiet und Moskau'."

Auferstehung – In Berlin, noch vor kurzem sterbende Stadt, pulsiert wieder das Leben. Vor allem Unternehmer wittern Chancen. In: manager magazin 1990, H. 3, S. 226

Es spricht alles dafür, daß Berlin für Jahre in einen Entwicklungsboom gerät, der im Positiven wie im Negativen Rückwirkungen für die Bürger dieser Stadt haben wird. Der entscheidende Druck vor allem auf die Miet- und Grundstückspreise wird von der Entscheidung ausgehen, Berlin nun auch zum Regierungssitz zu machen. Schon jetzt steigen die Mietpreise für Läden, Büros und Wohnungen in unglaublichem Tempo. „Der Berliner Immobilienmarkt wird alle anderen Welt-Metropolen in den Schatten stellen", so ein Fachmann.

Der Entwicklungsboom setzt auch die Stadtplanung unter Zeitdruck. Politisch durchsetzbare Planungskonzepte für Berlin und Umland müssen fertig sein, bevor durch unkoordinierten Flächenverkauf und Standortplanungen die Chancen vergeben sind.

Schema einer möglichen räumlichen Gliederung der Region Berlin

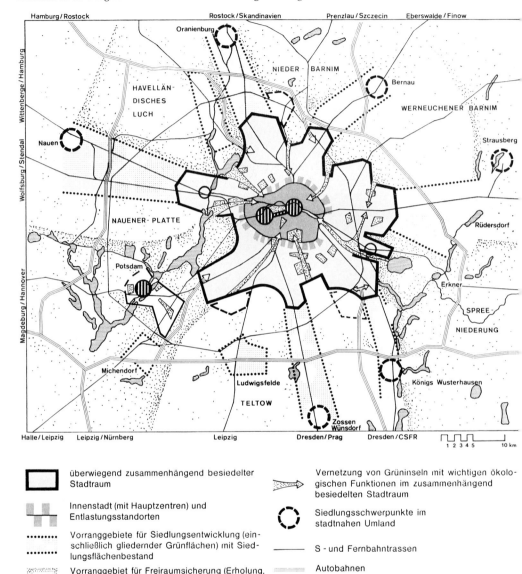

Provisorischer Regionalausschuß, Planungsgruppe Potsdam. Grundlagen und Zielvorstellungen für die Entwicklung der Region Berlin. 1. Bericht Mai 1990

1. Vergleichen Sie die Etappen des Wohnungsbaus in beiden Teilstädten. Wo gibt es Gemeinsamkeiten, wo Unterschiede?

2. Berlin-Ost war Hauptstadt und Regierungssitz der DDR. Was hatte dies vor der Wiedervereinigung für die Stadtentwicklung bedeutet? Welche Folgen und Probleme ergeben sich heute?

3. Erläutern Sie die Aussagen des Stadtmodells. In welchen Elementen spiegelt sich die ehemalige Zweiteilung?

4. Räumliche Entwicklungsplanung für die Region Berlin: Interpretieren Sie die Aussage der Karte und beschreiben Sie Planungsprinzipien, die sich aus der Karte erkennen lassen.

132

4 Landwirtschaft im Industriestaat

„Die Verflechtungen zwischen der Landwirtschaft und den übrigen Wirtschaftsbereichen sind im Laufe der Jahrzehnte immer enger geworden. So werden heute beispielsweise rund 90% der Verkäufe der Landwirtschaft weiter be- oder verarbeitet. Zusammen mit den ihr vor- und nachgelagerten Wirtschaftsstufen (vor allem Zulieferindustrien, Agrarhandel, Ernährungsindustrie und -handwerk, Lebensmittelhandel und große Teile des Gastgewerbes) erwirtschaftet die Landwirtschaft 8,5% der gesamten volkswirtschaftlichen Wertschöpfung. Jeder sechste Arbeitsplatz steht mehr oder weniger eng mit der landwirtschaftlichen Produktion in Verbindung“.

Agrarbericht der Bundesregierung 1988, Bonn, S. 61

Es ist wenig bekannt: Die Bundesrepublik Deutschland war zum Ende der 80er Jahre der Welt größter Importeur von Agrarprodukten. Zugleich war sie das viertgrößte Agrarexportland mit dem Schwerpunkt auf hochwertigen Veredelungsprodukten, 70% der Ausfuhren gingen in die Länder der EG.
Andererseits ist die Landwirtschaft in einem der bedeutendsten Agrarhandelsländer noch immer in einem Anpassungsprozeß an die industriegesellschaftlichen Anforderungen. Und zwar dort, wo dieser Vorgang am kompliziertesten ist: beim landwirtschaftlichen Betrieb und seinen Produktionsentscheidungen. Die „industrielle Revolution“ der westdeutschen Landwirtschaft setzte erst in den 60er Jahren voll ein und ist immer noch im Gang, für den einzelnen Betrieb häufig an den Generationswechsel gebunden. Zugleich stehen die Folgen dieser Produktionsanpassung schon in der kritischen Diskussion, denn „industrialisierte“ Produktion und ökologische Belastung liegen hier näher als bei manchem anderen Wirtschaftszweig.
Gerade noch 4,7% der Erwerbstätigen (1950: 23,3%) erwirtschaften einen Anteil an der gesamten Nettowertschöpfung von 1,1%; die volkswirtschaftliche Bedeutung und Einbindung aber ist umfangreicher. Zusammen mit dem Wald beansprucht Ende der 80er Jahre die Landwirtschaft 85% der Fläche der Bundesrepublik Deutschland.

In den neuen Bundesländern ist die Rolle der Landwirtschaft für die Volkswirtschaft bedeutender. So erbrachten die Erwerbstätigen in der Land- und Forstwirtschaft 1989 einen Anteil von 10% am Nettoprodukt aller Wirtschaftsbereiche. Der Anteil der in der Landwirtschaft Tätigen sank von 30,2% (1950) auf 10,1% (1989) und die landwirtschaftliche Nutzfläche nahm von 60,7% auf 57% ab. Land- und Forstwirtschaft nutzen zusammen 84,5% der Fläche der neuen Bundesländer.

4.1 Naturbedingter Nutzungsspielraum

Der Blick auf die Karte macht es deutlich: trotz kleiner Fläche des Staatsraumes eine große naturräumliche Vielfalt, ein schneller und kleinräumiger Wechsel der *natürlichen Wachstumsvoraussetzungen*. Einzelne Teilgebiete weisen jeweils besondere Konstellationen (und auch naturräumliche Hypotheken) auf, so z. B.
– die Marschen mit der Entwässerung und dem bodenfeuchten Sietland (tieferliegende Binnenmarsch),
– das Jungmoränenland mit seinen Lehmböden,
– das Altmoränenland, im NW die Geest mit ausgewaschenen Sand- und Moränenböden und den unterschiedlich kultivierten Moorgebieten,
– die Börden (im Osten: Gefilde) und Gäulandschaften mit guten Lößböden und günstigem Relief,

– der Mittelgebirgsraum mit dem vielfältigen Zusammenspiel von Relief (Täler, Hochflächen und Becken), Exposition und Verkürzung der Vegetationszeit mit der Höhe; mit dem häufigen Wechsel nur mittlerer Böden und z. T. gesteinsbedingtem Wassermangel,
– der im Regenschatten liegende klimatische Gunstraum der Oberrheinebene und des östlichen und südlichen Harzvorlandes,
– der Nordrand der Alpen mit seinen relief- und klimabedingten Nachteilen.

Entscheidend für die landwirtschaftliche Bodennutzung ist aber der durch die natürlichen Bedingungen, besonders durch die Böden, gegebene *Nutzungsspielraum.* Von ihm hängt es weitgehend ab, in welchem Umfang die Landwirte in den einzelnen Regionen marktorientierte Anpassungen oder Umstellungen vollziehen können. Natürliche Grünlandgebiete z. B. bieten kaum Nutzungsalternativen, Ackerbaugebiete auf Löß oder auf den Grundmoränenböden dagegen ermöglichen ein breites Anbauspektrum vom Feldfutterbau und Mais über Getreide und Kartoffeln bis zur Zuckerrübe.

Ertragsmeßzahl	≥ 64	
(„gute" Böden)		
Ertragsmeßzahl	≤ 32	
(für die Landwirtschaft ungünstige Böden)		
Gebiete mit mittleren Ertragsmeßzahlen und mittlerer Vegetationszeit		
Wärmegunst mit ≥ 6 Monate mit ≥ 10°C		
Wärmeungunst mit nur ≤ 4 Monate mit ≥ 10°C		
Gebiete mit ≥ 24 Eistagen (Tageshöchsttemperatur < 0°C)		

Intensivierung bedeutet weitgehend auch Spezialisierung, und die Spezialisierung der Produktion führt heute wieder zu einer sehr engen Abstimmung auf die Naturraumbedingungen; mit Hilfe der Agrartechnik werden Begrenzungen des Naturraumes weniger „überspielt" als vielmehr das vorhandene Potential optimiert.
Die Ertragskraft der *Böden,* ihre Fruchtbarkeit, schien lange Zeit ein nur gering zu beeinflussender Faktor zu sein. Somit schienen Regionen unterschiedlichen Nutzungsspielraumes und damit auch die Verteilung von armen und reichen Agrarwirtschaftsräumen festgeschrieben.

Die zehn phänologischen Jahreszeiten

(Regionale Unterschiede am Beispiel zweier Stationen)

Geisenheim

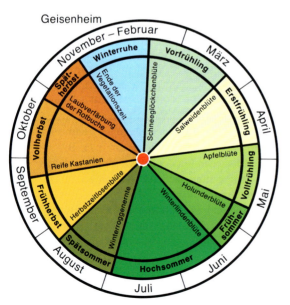

Bremen

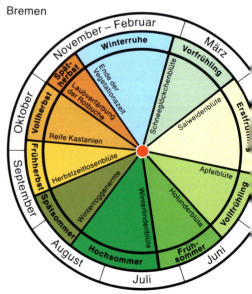

IMA (Hrsg.): Landwirtschaft im Unterricht. Kalender 1989/90. Hannover

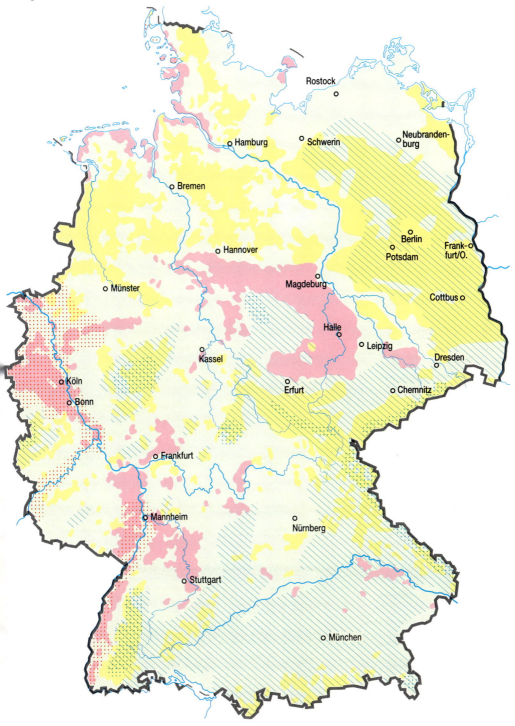

Nach Herbert Lietke: Naturräume der Bundesrepublik Deutschland und ihr Naturraumpotential. In: Geographische Rundschau 1988, H. 1, S. 17, ergänzt

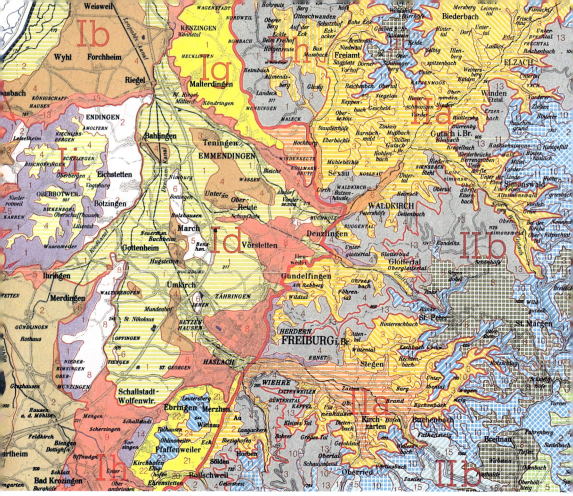

Wuchsklimatische Wärmegliederung (Profil: Oberrheinebene-Schwarzwald) Maßstab 1:250 000

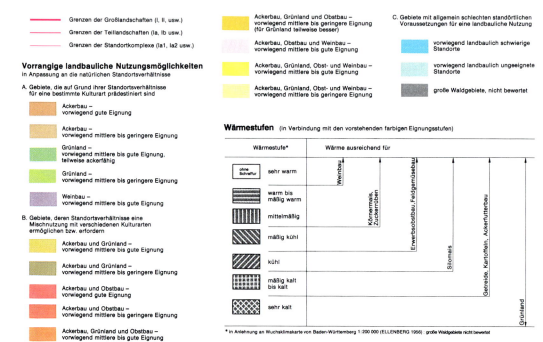

Grenzen der Großlandschaften (I, II, usw.)

Grenzen der Teillandschaften (Ia, Ib usw.)

Grenzen der Standortkomplexe (Ia1, Ia2 usw.)

Vorrangige landbauliche Nutzungsmöglichkeiten
in Anpassung an die natürlichen Standortverhältnisse

A. Gebiete, die auf Grund ihrer Standortverhältnisse
   für eine bestimmte Kulturart prädestiniert sind

Ackerbau –
vorwiegend gute Eignung

Ackerbau –
vorwiegend mittlere bis geringere Eignung

Grünland –
vorwiegend mittlere bis gute Eignung,
teilweise ackerfähig

Grünland –
vorwiegend mittlere bis geringere Eignung

Weinbau –
vorwiegend mittlere bis gute Eignung

B. Gebiete, deren Standortverhältnisse eine
   Mischnutzung mit verschiedenen Kulturarten
   ermöglichen bzw. erfordern

Ackerbau und Grünland –
vorwiegend mittlere bis gute Eignung

Ackerbau und Grünland –
vorwiegend mittlere bis geringere Eignung

Ackerbau und Obstbau –
vorwiegend gute Eignung

Ackerbau und Obstbau –
vorwiegend mittlere bis geringere Eignung

Ackerbau, Grünland und Obstbau –
vorwiegend mittlere bis gute Eignung

Ackerbau, Grünland und Obstbau –
vorwiegend mittlere bis geringere Eignung
(für Grünland teilweise besser)

Ackerbau, Obstbau und Weinbau –
vorwiegend mittlere bis gute Eignung

Ackerbau, Grünland, Obst- und Weinbau –
vorwiegend mittlere bis gute Eignung

Ackerbau, Grünland, Obst- und Weinbau –
vorwiegend mittlere bis geringere Eignung

C. Gebiete mit allgemein schlechten standörtlichen
   Voraussetzungen für eine landbauliche Nutzung

vorwiegend landbaulich schwierige
Standorte

vorwiegend landbaulich ungeeignete
Standorte

große Waldgebiete, nicht bewertet

Wärmestufen (in Verbindung mit den vorstehenden farbigen Eignungsstufen)

Wärmestufe*	Wärme ausreichend für
ohne Schraffur — sehr warm	
warm bis mäßig warm	
mittelmäßig	
mäßig kühl	
kühl	
mäßig kalt bis kalt	
sehr kalt	

Weinbau; Körnermais, Zuckerrüben; Erwerbsobstbau, Feldgemüsebau; Silomais; Getreide, Kartoffeln, Ackerfutterbau; Grünland

* in Anlehnung an Wuchsklimakarte von Baden-Württemberg 1:200 000 (ELLENBERG 1956); große Waldgebiete nicht bewertet

*Ministerium für Ländlichen Raum, Ernährung, Landwirtschaft und Forsten in Baden-Württemberg: Ökologische Standort-
eignungskarte für den Landbau*

Die Fortschritte in der Bodenbearbeitung, vor allem in der Fruchtfolge und der künstlichen Düngung, haben aber gezeigt, daß auch schlechte Böden in ihrer Produktivität erheblich beeinflußt werden können, soweit ihre physikalischen Eigenschaften auf Dünger-, Humus- und Wassergaben entsprechend reagieren können. Das kann bei günstigen Umständen zu erheblichen Ertragssteigerungen und damit zur Umwertung der Leistungsfähigkeit der Landwirtschaft einzelner Regionen führen. Das eindrucksvollste Beispiel dafür sind die leichten Sandböden der Geest, deren Landwirtschaft scheinbar auf Dauer auf den kargen Ertrag von Roggen und Kartoffeln angewiesen war. Durch gezielte Maßnahmen des Fruchtwechsels, der künstlichen Düngung und der Bewässerung ist dieser Raum heute zu einem spezialisierten Anbaugebiet für Pflanzkartoffeln und Saatzucht, für Spargel, Getreide und – bei entsprechender Gülledüngung – auch für Mais geworden.

1. *Der rechnerische Anteil der Landwirtschaft an der gesamten Wertschöpfung ist niedrig. Worin liegt dennoch ihre Bedeutung?*
2. *Versuchen Sie eine grobe regionale Differenzierung Deutschlands in naturbedingte landwirtschaftliche Gunst- oder Ungunsträume (Karte S. 135 und Atlas).*
3. *Erklären Sie den Zusammenhang von Wuchsklima/Vegetationszeit und Höhenlage (s. Abb. S. 136)*
4. *Welche Aussagen ergeben sich aus der vergleichenden Betrachtung phänologischer Jahreszeiten (vgl. Abb. S. 134)?*
5. *Stellen Sie Werte über die natürlichen Voraussetzungen der Landwirtschaft im Gebiet ihres Wohnortes/Schulortes zusammen.*

4.2 Agrarpolitisch bedingter Entscheidungsspielraum

In der alten Bundesrepublik

Was der einzelne landwirtschaftliche Betrieb produziert, ist – soweit es sich nicht um einen Vertragslandwirt handelt – zwar noch immer die Entscheidung des Betriebsinhabers. Diese Entscheidung ist aber längst nicht mehr „frei" im marktwirtschaftlichen Sinn. Produktionsentscheidungen und Betriebsstruktur-Anpassungen heute sind weitgehend nur noch eine Reaktion auf feste Rahmenbedingungen, die durch die (EG-)*Agrarpolitik* gesetzt werden.

„Gesetzliche Grundlage der Agrarpolitik in der Bundesrepublik ist das ‚Landwirtschaftsgesetz' aus dem Jahr 1955. Seine Grundidee ist, daß die Landwirtschaft wegen naturbedingter und struktureller Nachteile nicht automatisch an der Prosperität anderer Wirtschaftsbereiche teilhaben könne, ihr aber eine Sicherung der Ernährung als gesellschaftliche Aufgabe zufalle. Hieraus wird die Rechtfertigung für staatliche Eingriffe und insbesondere für eine sektorspezifische Einkommenspolitik abgeleitet: Die Landwirtschaft ist von den in der Bundesrepublik geltenden marktwirtschaftlichen Prinzipien weitgehend ausgenommen, die Agrarpolitik trägt in hohem Maße protektionistische und dirigistische Züge ... Zur Verwirklichung der agrarpolitischen Ziele stützt sich die Bundesregierung sowohl auf Verordnungen und Richtlinien der gemeinsamen Agrarpolitik im Rahmen der EG als auch auf originäres nationalstaatliches Recht. Während die Agrarmarktpolitik vollständig in den Zuständigkeitsbereich der EG übergegangen ist, verblieb der Bundesrepublik, wie allen Mitgliedstaaten, die eigene Entscheidungsbefugnis in der Struktur- und Finanzpolitik ...
Die Agrarverfassung der Bundesrepublik ist vor allem geprägt durch das private Eigentum. Sozioökonomisches Leitbild ist der existenzfähige *bäuerliche Familienbetrieb* auf der Basis von ein bis zwei Arbeitskräften, der einer Familie ausreichendes Einkommen gewährleistet."

Bundesministerium für innerdeutsche Beziehungen: Materialien zum Bericht zur Lage 1987. Bonn, S. 424

Agrarpolitik läßt sich als Struktur- und als Preispolitik betreiben.

Als *Strukturpolitik* ist sie Sache der EG-Einzelstaaten. Sie betrifft den Landwirt in der Bundesrepublik Deutschland über Gesetze und Maßnahmen wie die Flurbereinigung und Dorferneuerung, Investitionsbeihilfen und Subventionen, Verbesserung der Infrastruktur im ländlichen Raum, Förderprogramme für periphere benachteiligte Gebiete oder 1989 das „Strukturgesetz" zur Sicherung des bäuerlichen Familienbetriebs. Strukturpolitik soll schrittweise und langfristig den Betrieben ermöglichen, wirtschaftliche und soziale Anpassungsprozesse (Strukturwandel) vollziehen zu können, ohne ihre Existenz zu gefährden.

Preispolitik setzt direkt beim Einkommen an. Bis heute ist sie fast ausschließlich das Instrument der EG-Agrarpolitik über sog. *Marktordnungen*. Deren Ziel ist es, die landwirtschaftlichen Einkommen zu sichern, indem sie einen Mindestpreis für das betreffende Agrarprodukt garantieren. Sinkt der Marktpreis unter einen jährlich neu festgesetzten (*Interventions*)Preis, so kaufen staatliche Stellen das Produkt auf und lagern es ein. Damit ist den Landwirten der Absatz des Produkts zu einem Mindestpreis garantiert.

Marktordnungen dieser Art gibt es für die wichtigsten Getreidesorten, für Zucker, Milcherzeugnisse, Rindfleisch und einige Obst- und Gemüsesorten; sie erfassen etwa 70% aller Agrarprodukte. Daneben gibt es Marktordnungen für andere Produkte, die lediglich Schutzmaßnahmen für den Markt vorsehen.

Die Preispolitik über Marktordnungen hat die Landwirte vorrangig auf ein bestimmtes ökonomisches Handeln festgelegt: Bei garantierten Mindestpreisen kommt der Gewinn über den Mengenzuwachs oder die Betriebsumstellung auf Produkte mit besseren Garantiepreisen. Die Überproduktion war vorprogrammiert.

„Die verschiedenen Phasen der EG-Agrarpolitik haben sich sehr unterschiedlich auf die landwirtschaftlichen Betriebe und damit auf den ländlichen Raum ausgewirkt. Zu Beginn wurden die Agrarpreise relativ hoch festgesetzt. Dadurch blieb auch die landwirtschaftliche Tätigkeit in vielen von der Natur benachteiligten Gegenden und in kleineren Betrieben einigermaßen rentabel ... Mit dem verstärkten Einsetzen des technischen Fortschrittes wurde es größeren Betrieben und Betrieben mit günstigen Ertragsvoraussetzungen möglich, die Produktionskosten je Stück (je ha, je Tier) gegenüber den benachteiligten Betrieben und Gegenden deutlich zu senken. Der dadurch verstärkt ausgelöste Strukturwandel verlagerte allmählich immer größere Anteile der Produktionsmengen in die Räume mit günstigen Ertrags- und auch Absatzbedingungen.

Die Finanzpolitik der Gemeinschaft auf dem Agrarsektor warf bedeutende Finanzmittel aus, die aber mit weitaus großem Abstand vor allem den stark in der Produktion stehenden Betrieben zugute kam ... Im Durchschnitt der Jahre wurden 95% der Fondsmittel für die Markt- und Preispolitik ausgeworfen. Wer viel produzierte, hatte überproportionalen Nutzen ... Bestimmte Erzeugnisse, wie Milch, Getreide und Rindfleisch, wurden durch die EG-Marktpolitik besonders gefördert ... Mit dem Einsetzen der restriktiven Preispolitik ... sind die Gegenden mit ungünstigen Produktionsvoraussetzungen verstärkt in Schwierigkeiten geraten. Während Betriebe und Gebiete mit hohen Ausstoßmengen je Betrieb bzw. je Hektar oder Tier kalkulatorisch viel leichter mit den gedrückten Preisen zurechtkamen, ist der Druck zur Aufgabe der Produktion in den benachteiligten Betrieben und Gebieten verstärkt worden."

Günther Thiede: Einfluß der EG-Agrarpolitik auf den ländlichen Raum. In: Ländliche Soziologie deutschsprachiger Länder, Schriftenreihe des BMELF, Reihe A, H. 330, 1986, S. 282–284

1. *Welche Gründe nennt die Agrarpolitik für die Sonderbehandlung der Landwirtschaft im Rahmen der Marktwirtschaft?*

2. *EG-Agrarpolitik ist weitgehend Politik über den Preis: Welche Folgen erwachsen daraus für Betriebe unterschiedlicher Größe und Struktur bei steigenden Betriebskosten?*

4.3 Strukturwandel in der Landwirtschaft als Anpassungsprozeß

Die alten Bundesländer

Gewinn der landwirtschaftlichen Vollerwerbsbetriebe nach Größenklassen und gewerblicher Vergleichslohn

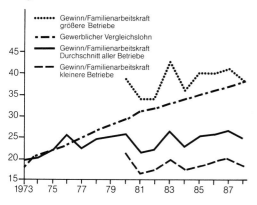

Nach Agrarbericht der Bundesregierung 1988, Bonn, S. 21

Preisbewegungen für Agrarprodukte und Produktionsfaktoren (Index 1979/80 = 100)

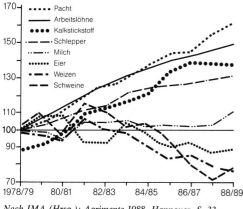

Nach IMA (Hrsg.): Agrimente 1988. Hannover, S. 33

Der *Strukturwandel* in der *Landwirtschaft* in der Zeit seit dem Zweiten Weltkrieg ist zugleich die Phase ihrer „Industrialisierung". Damit ist nicht in erster Linie die Herausbildung sog. „Agrarfabriken" (Agrarindustrieller Unternehmen) gemeint, sondern die Tatsache, daß sich die Betriebsorganisation des einzelnen Hofes und die Produktionsvorgänge schrittweise industrieller Techniken bedienen, gerade

auch im bäuerlichen Familienbetrieb. Dieser Prozeß lief in einzelnen Regionen unterschiedlich schnell ab, vor allem beeinflußt durch die verschiedenen Betriebsgrößen aufgrund der ererbten Strukturen in Realteilungsgebieten oder Anerbengebieten. Die Spannweite zwischen dem volltechnischen Betrieb mit ausgebildetem Betriebsleiter und auslaufenden traditionellen Betrieben ohne Hofnachfolger ist in allen Regionen noch groß.

Strukturwandel ist ein Reagieren auf den „Anpassungsdruck", der sich vor allem ergibt
– aus dem Vergleichseinkommen in Berufen außerhalb der Landwirtschaft,
– aus der Preis-Kosten-Relation des Einzelbetriebes,
– aus den Bedingungen der Agrarpolitik der EG und der nationalen Agrarpolitik.

Rein betriebswirtschaftlich bedeutete Anpassung, den jeweils teuersten Produktionsfaktor durch kostengünstigere andere zu ersetzen; mit einer gewissen Verallgemeinerung lassen sich einzelne Entwicklungsetappen typisieren.

Entwicklungs- und Anpassungsphasen

„I. ca. 1948: Man substituierte (ersetzte) den knappen und damit teuren Faktor Boden durch den Faktor Kapital, indem man ertragssteigernde Betriebsmittel wie Mineraldünger und Kraftfutter verwandte und damit die Flächenproduktion erhöhte.

II. ca. 1955: Der Produktionsfaktor Arbeit wurde durch den Produktionsfaktor Kapital substituiert, indem man bei landwirtschaftlichen Großbetrieben wegen steigender Lohnkosten, bei großbäuerlichen Betrieben wegen der Knappheit an Arbeitskräften und bei kleinbäuerlichen Betrieben wegen des wachsenden Einkommensanspruchs der Betriebsleiter mechanisierte und sich spezialisierte, also die Produktionsbreite beschränkte. Der Arbeitskräftebesatz begann in der Landwirtschaft abzunehmen und die Arbeitsproduktivität verbesserte sich.

III. ca. 1962: Der Produktionsfaktor Arbeit wurde wegen weiterhin bestehender Einkommensdisparitäten zwischen einem Betriebseinkommen in der Landwirtschaft und einem sog. Vergleichseinkommen außerhalb der Landwirtschaft durch den Produktionsfaktor Boden substituiert, indem man seine Bodenfläche durch Zupacht und Zukauf weiterer landwirtschaftlicher Nutzfläche zu erhöhen versuchte (äußere Aufstockung). War das nicht möglich, ging man den Weg über eine arbeitsintensivere Organisation, z. B. getreideverarbeitende Veredelungsproduktion (innere Aufstockung) oder über den außerbetrieblichen Zuerwerb (Nebenerwerbsbetrieb) oder über die Abstockung den Weg der vollständigen Betriebsaufgabe.

IV. ca. 1975: Der Agrarstrukturwandel verläuft gemäßigter, weil die Breitenwirkung sich abgeschwächt hat, nicht mehr für den landwirtschaftlichen Produktionsablauf umwälzende Innovationen (Neuerungen) stattgefunden haben ... Neben der Agrarproduktion gewinnt die Landschaftspflege wegen der Erholungsfunktion des ländlichen, agrarisch genutzten Raumes für die Ballungsräume an Bedeutung. Die ‚Doppelfunktion' des Landwirtes wird deutlich."

Hanns-Joachim Kolb: Strukturveränderungen im ländlichen Raum der Bundesrepublik Deutschland. In: Geographie und Schule, 1982, H. 19, S. 2/3

Motorisierung und Energieeinsatz

	1950	1970	1988
Schlepper (1000)	139	1356	1438
Treibstoff (Mio. l)	239	2194	2175

Erwerbstätige in der Landwirtschaft und Arbeitsproduktivität

	1952	1970	1988
Erwerbstätige (1000)	6280	2081	1142
ha LF je AK	4,1	10,0	18,3

Mineraldüngerverbrauch je ha LF

	1950 kg	1970 kg	1980 kg	1988 kg
Stickstoff	25,6	83,3	126,6	129,2
Phosphat	29,6	67,2	68,4	54,0
Kali	45,4	87,2	93,4	74,5

Ertragssteigerung und Nutzviehleistung

	1950 dt/ha	1970 dt/ha	1988 dt/ha
Weizen	25,8	37,9	68,4
Körnermais	25,5	50,9	77,8
Zuckerrüben	361,6	440,1	490,8
Milch/Kuh (kg)	2498	3800	4739

Landwirtschaftliche Betriebe[1] nach Erwerbscharakter (in 1000)

Jahr	Haupterwerb Vollerwerb Zahl	%	Haupterwerb Zuerwerb Zahl	%	Haupterwerb zusammen Zahl	%	Nebenerwerb Zahl	%	Insgesamt Zahl	%
1965	511,8	35	322,9	22	834,7	57	616,9	43	1451,6	100
1970	466,5	37	233,9	19	700,4	56	543,4	44	1243,8	100
1981	385,4	49,4	83,2	10,7	469,6	60,0	311,9	40,0	780,5	100
1989	318,6	49,1	58,4	9,0	377,0	58,1	271,8	41,9	648,8	100

[1] *Haupterwerbsbetrieb:* Mehr als 50% des Erwerbseinkommens des Betriebsinhabers stammen aus dem landwirtschaftlichen Betrieb.
Vollerwerb: Der Lebensunterhalt stammt in der Regel ausschließlich aus dem landwirtschaftlichen Betrieb.
Zuerwerb: Das außerbetriebliche Erwerbseinkommen beträgt 10 – unter 50%
Nebenerwerb: Weniger als 50% des Erwerbseinkommens stammen aus dem landwirtschaftlichen Betrieb.

Alle Tabellen aus verschiedenen Agrarberichten der Bundesregierung

Betriebe nach Betriebsformen[1]

| | Betriebe in 1000 | | | LF in Mio. ha | | |
	1971	1981	1987	1971	1981	1987
Marktfrucht	230,6	160,2	184,9	3,05	2,79	3,50
Futterbau	452,2	382,2	344,0	5,63	6,45	6,54
Veredlung	35,7	61,7	41,4	0,27	0,78	0,46
Dauerkultur	59,6	63,5	58,8	0,25	0,28	0,28
Gemischt	214,4	73,8	35,4	3,15	1,37	0,72
Zusammen	996,6	737,5	664,5	12,35	11,67	11,53

[1] vgl. dazu die Legende der Karte S. 156

Agrarbericht 1984, Materialband, Tab. 10 und Agrimente 90, S. 26

Seinen spezifischen Ausdruck findet der moderne Strukturwandel der Landwirtschaft in der betrieblichen *Spezialisierung*. Diese beinhaltet zum einen beim Marktfruchtanbau die Tendenz zur Monokultur, bei den Veredelungsbetrieben sogar die mögliche Beschränkung auf nur einen Betriebszweig, der – wie etwa bei der Geflügelhaltung – auch noch weitgehend bodenunabhängig betrieben werden kann. Die Art der Spezialisierung orientiert sich an verschiedenen Faktoren, so z. B. am natürlichen Grünlandstandort, an der günstigen Versorgungslage zum Importfutter, am guten Boden für die Zuckerrüben oder am Liefervertrag für die Nahrungsmittelindustrie.

Überlagert wird dies alles aber von der Preispolitik der EG und ihren Abnahmegarantien, neuerdings auch von Quotenregelungen (bei Milch und Zuckerrüben) für die Produktionsmengen.

Entwicklungstendenz der Ackernutzung

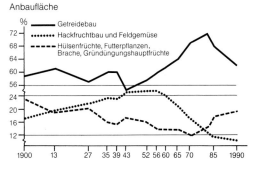

Eine wichtige Voraussetzung für die Spezialisierung waren die *Flurbereinigung* und die Aussiedlung, denn erst dadurch konnte die Mechanisierung in der Flur und in den landwirtschaftlichen Gebäuden voll zum Tragen kommen. Eine der wichtigsten Folgen liegt in der „Anpassung" der Flur an den rentablen Maschineneinsatz. Und schließlich hängen auch Spezialisierung und Umschichtung der Betriebsgrößen eng miteinander zusammen; eine Entwicklung, die immer mehr Land in Form der Pacht „mobil" werden läßt.

„Die Kulturlandschaftsveränderungen aufgrund der technischen Fortschritte, insbesondere des mechanisch-technischen Fortschritts, sind sehr vielfältig: Die Groß- und Spezialmaschine erfordert große, günstig geformte Flächen. Auf kleinen Parzellen wie in Realerbteilungsgebieten ist ihr Einsatz wegen der erforderlichen Rüst-, Wege- und Wendezeiten unrentabel. Verbrachungserscheinungen sind die Folge. Die moderne Landtechnik braucht für ihre optimale Anwendung die Ebene. Je größer die Hangneigung ist, um so kostenempfindlicher arbeitet die Maschine. Die Hanglagen zeigen seit dem Übergang von der tierischen zur motorischen Anspannung die größten Veränderungen in der Kulturlandschaft. Hang und Berg gehören daher der Viehzucht, dem Tourismus. In der (alten) Bundesrepublik liegen 41 Prozent der Fläche unter 200 m über dem Meeresspiegel, 35 Prozent in einer Höhe zwischen 200 und 500 m und 24

141

Kulturlandschaftsveränderung: Weinbau an der Mosel

Prozent über 500 m Höhe. In welligen bis hügeligen Lagen mit einem Gefälle von 12–18 Prozent ist der Anbau von Getreide noch möglich, der Hackfruchtanbau dagegen schon sehr erschwert. Die Technik zwingt zur Selektion der Böden und führt zur relativ vorzüglichen Nutzung. Bevor es Vollerntemaschinen gab, wurden auch auf steinigen Böden und in Höhenlagen überall Kartoffeln angebaut. Unter den heutigen Produktionsbedingungen hat sich der Kartoffelanbau fast ausschließlich auf die leichten Böden verlagert ...

Der rationelle Einsatz großer Maschinen wird durch eine Vielzahl bisher landschaftsprägender Gestaltelemente behindert. Ackerraine, Hecken, Obstbäume, Gehölzinseln und Gräben wurden vielfach beseitigt, um den Flächenansprüchen der Maschinen gerecht zu werden. Ein entsprechend ausgebautes Wirtschaftswegenetz für den schnellen Einsatz der Maschine ist schon eine Grundvoraussetzung ...

Der technische Fortschritt hat die Landarbeit in allen Bereichen humanisiert. Man kennt nicht mehr die früheren Arbeitsspitzen zwischen der Heu- und Rübenernte, die winterlichen Drescharbeiten entfallen gänzlich, und durch die Stalltechnik wurden die schweren Arbeiten in den meisten Betrieben erleichtert. Die Voraussetzung war für viele Betriebe die Aussiedlung. Die Anpassung der Betriebe an die Anforderungen des technischen Fortschritts hat schließlich im Siedlungsbereich erhebliche Auswirkungen. Der Deagrarisierungsprozeß hat eine Vielzahl der Dörfer erfaßt. Die Tier-Massenhaltung wird zunehmend und aufgrund der neuen Immissionsschutz-Gesetze in der freien Feldmark ihre Standorte finden müssen."

Josef Niggemann: Die Agrarstruktur- und Kulturlandschaftsentwicklung. In: Geographische Rundschau 1980, H. 4, S. 175

Betriebe nach Größenklassen und Flächenanteilen

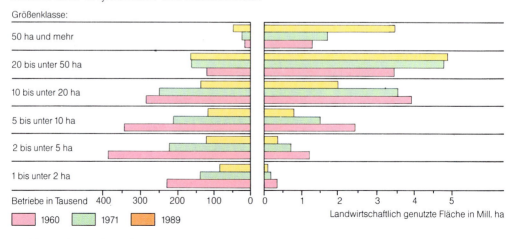

Nach Statistisches Bundesamt (Hrsg.): Datenreport 1987. Bundeszentrale für politische Bildung. Bonn 1987, S. 249 und Statistisches Jahrbuch der Bundesrepublik 1989, S. 132

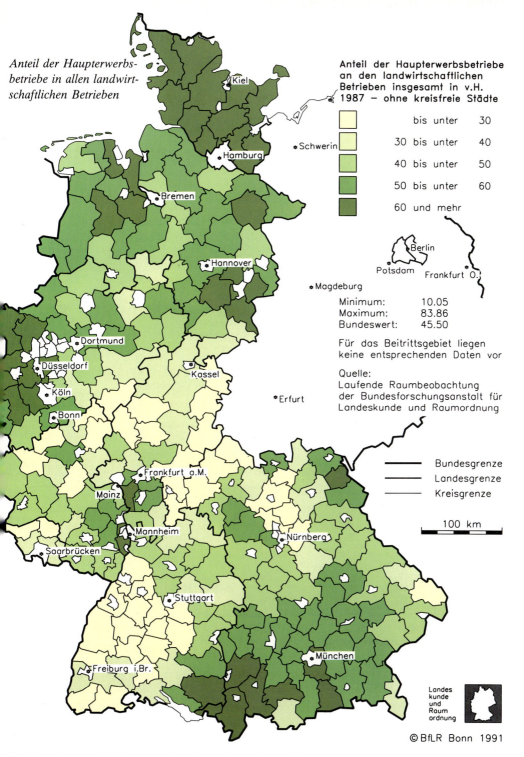

*Anteil der Haupterwerbs-
betriebe in allen landwirtschaftlichen Betrieben*

Anteil der Haupterwerbsbetriebe
an den landwirtschaftlichen
Betrieben insgesamt in v.H.
1987 – ohne kreisfreie Städte

bis unter 30
30 bis unter 40
40 bis unter 50
50 bis unter 60
60 und mehr

Minimum: 10.05
Maximum: 83.86
Bundeswert: 45.50

Für das Beitrittsgebiet liegen
keine entsprechenden Daten vor

Quelle:
Laufende Raumbeobachtung
der Bundesforschungsanstalt für
Landeskunde und Raumordnung

Bundesgrenze
Landesgrenze
Kreisgrenze

100 km

Landes
kunde
und
Raum
ordnung

© BfLR Bonn 1991

Bundesforschungsanstalt für Landeskunde und Raumordnung, Referat F 6

Die Karte spiegelt indirekt auch die ehemalige Verteilung von Anerbengebieten und Realteilungsgebieten wider.
Anerbenrecht: Die Hofübergabe erfolgt geschlossen an einen Erben.
Realteilungsrecht: Bei Hofübergabe wird der Besitz zu gleichen Teilen an alle Erben aufgeteilt.
Wegen der Besitzzersplitterung in Realteilungsgebieten waren dies bevorzugte Gebiete der Flurbereinigung.

143

Voraussetzungen

Bodenart	: Sand – sandiger Lehm
Ertragsmeßzahl (Boden)	: ∅ 45
Relief	: flach/flachwellig
Niederschlag	: 750 mm
Vegetationszeit	: ∅ 220–230 Tage
innere Verkehrslage	: Wege zu 33 Parzellen
	(Pachtflächen)

Arbeitskräftebesatz (1990)
1 Betriebsleiter (1 AK), 1 Bäuerin (0,5 AK), 2 Auszubildende (0,6 AK) 1 Teilzeitkraft (ca. 0,5 AK), Einsatz eines Lohnunternehmens im Ackerbau

Mechanisierung
3 Schlepper, 1 Pflug, 2 Güllewagen, 1 Säkombination, versch. Bodenbearbeitungsgeräte

Anteil der Betriebszweige am Betriebseinkommen in % (ungefähr)

Marktfrucht-Anbau	: 5
Sauenaufzucht und Schweinemast	: 60
Junghennenaufzucht	: 10
Putenmast	: 25

Betriebsfläche und Bodennutzung

	1955	1989
LF (ha)	18,2	85,0
Eigentum	9,5	19,7
Pacht	8,7	64,8
Ackerland	13,5	84,5
Grünland	4,7	0,5

Ackernutzung (ha)

Kartoffeln	3,5	–
Zuckerrüben	0,8	–
Futterrüben	0,3	–
Feldfutter u. a.	0,5	–
Mengkorn	2,0	–
S.-Gerste	0,4	–
W.-Roggen	4,5	–
W.-Weizen	0,8	14,0
W.-Gerste	–	25,0
Körnermais	–	32,0
Triticale	–	13,5

Futter-Zukauf
ca. 50% des Gesamtbedarfs

Betriebssystem
Futterbau-Veredlungsbetrieb

Entwicklung des Viehbestandes

	1950	1960	1965	1970	1975	1980	1985	1990
Pferde	2	1	1	–	–	–	–	–
Hühner	–	100	2600	–	–	–	–	–
Jungrinder (Mast)	8	12	29	–	–	–	–	–
Schweine (Mast)	30	123	157	150	1050	1210	1500	2000[1]
Bullen (Mast)	–	6	23	53	80	95	–	–
Sauen (Aufzucht)	4	10	13	34	65	68	160	160
Jungsauen (Aufzucht)	–	–	–	–	–	–	800	800[1]
Junghennen (Aufzucht)	–	–	–	45000	45000	45000	45000	45000[1]
Puten (Mast)	–	–	–	–	–	–	–	30000[1]

[1] Jahresproduktion

Nach Information des Betriebsleiters

1. *Stellen Sie Faktoren zusammen, die die Umschichtung bei den Betriebsgrößen beeinflussen. Einzelne Regionen (vgl. Karte S. 143) haben dazu unterschiedliche Voraussetzungen.*
2. *Man hat die Hauptmerkmale des Strukturwandels auch mit den Stichworten: Intensivierung, Mechanisierung, Betriebsaufstockung und Spezialisierung gekennzeichnet. Ordnen Sie die Aussagen von Text und Tabellen der Seiten 139/140 diesen Stichworten zu.*
3. *Welche Folgen für die Agrarlandschaft hat die Anpassung an die technisierte Landwirtschaft? Sammeln Sie dazu eigene Beobachtungen.*
4. *Erläutern Sie die Ursachen des „Anpassungsdrucks" auf die Landwirtschaft mit Hilfe der Abbildungen S. 139.*
5. *Analysieren Sie das Betriebsbeispiel (S. 144), inwieweit es einzelne Maßnahmen der „Strukturanpassung" erkennen läßt.*

Entwicklung eines agrarischen Intensivgebietes: Südoldenburg

Entwicklung der Viehbestände in Südoldenburg

	LK Cloppenburg	LK Vechta
Rindvieh		
1970	83 900	59 851
1986	183 627	119 187
Schweine		
1970	446 233	385 778
1986	864 942	779 263
Hühner		
1970	1 833 052	7 847 641
1986	2 448 003	11 002 862

Monika Böckmann, Ingo Mose: Agrarische Intensivgebiete – Entwicklung, Strukturen und Probleme. In: Hans-Wilhelm Windhorst (Hrsg.): Industrialisierte Landwirtschaft und Agrarindustrie. Vechtaer Arbeiten zur Geographie und Regionalwissenschaft, Bd. 8, Vechta 1989, S. 35

Konzentration der Legehennenhaltung und Mastschweinehaltung in Südoldenburg (1985)

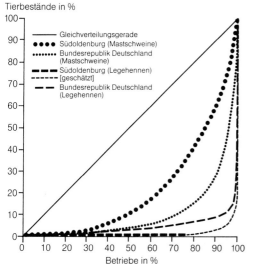

Tierbestände in %

Legend:
— Gleichverteilungsgerade
●●●● Südoldenburg (Mastschweine)
···· Bundesrepublik Deutschland (Mastschweine)
━ ━ Südoldenburg (Legehennen)
------ [geschätzt]
━ ━ Bundesrepublik Deutschland (Legehennen)

Betriebe in %

Nach Monika Böckmann und Ingo Mose; a.a.O., S. 36

Vor allem bei der Geflügelmast und der Schweinemast hat die „Industrialisierung" der Produktion mittlerweile zu Betriebsgrößen geführt, die mit der traditionellen Vorstellung auch vom modernen bäuerlichen Betrieb nichts mehr ge-

mein haben. Gemeint sind damit – neben den Großbetriebs-Landwirten – die sog. *agrarindustriellen Unternehmen*. Zu ihren Merkmalen gehören:

– die kapitalintensive (oft bodenunabhängige) Produktion,
– die Vereinigung großer Produktionskapazitäten auf eine Betriebseinheit,
– die vertikale Integration aller Produktionsstufen,
– eine „Hierarchisierung und Dezentralisierung des Managements".

Die Standorte dieser Betriebe bilden zugleich Schwerpunkträume der jeweiligen Produktion innerhalb eines Landes, man spricht von regionaler und sektoraler Konzentration.

„Noch vor 100 Jahren wurde die Landwirtschaft in Südoldenburg fast ausschließlich durch die Selbstversorgung geprägt. Mehr als die Hälfte der südoldenburgischen Geest nahmen Heideflächen ein, ein Großteil der übrigen kultivierten Flächen waren minderwertige Sandböden, die nur geringe Erträge lieferten und äußerst niedrige Tierbestände zuließen. Entsprechend lebten die Menschen, vor allem die zahlreichen kleinen Bauern, in oft bedrückenden wirtschaftlichen Verhältnissen ...

Erste Vorbedingung für eine Verbesserung der wirtschaftlichen Verhältnisse wurde um die Jahrhundertwende geschaffen. Entscheidende Bedeutung fällt dabei dem Anschluß an das Eisenbahnnetz (1895) zu. Erstmals ergab sich dadurch die Möglichkeit, in größerem Umfang von den Häfen an der Küste Dünge- und Futtermittel zu importieren und die erzeugten Agrarprodukte in die städtischen Zentren des Ruhrgebietes und anderswo abzusetzen. Vor allem Heuerlinge und kleine Bauern ergriffen diese Chance und spezialisierten sich schnell auf die Mast von Schweinen und Kälbern, was eine deutliche Intensivierung der Agrarproduktion zunächst bis zum Ersten Weltkrieg und dann nochmals in den dreißiger Jahren zur Folge hatte.

Nach dem Zusammenbruch des Zweiten Weltkrieges wurde schon bald mit dem Neuaufbau der Landwirtschaft begonnen. Da die Stallanlagen noch erhalten waren und auch das nötige Know-how vorhanden war, bestanden hierfür ausgesprochen gute Voraussetzungen. Mit dem Wiederbeginn der Futtermitteleinfuhren über die norddeutschen Hafenstädte (Bremen, Brake usw.) wurde so zu Mitte der fünfziger Jahre ein deutlicher Aufschwung der Agrarproduktion eingeleitet, der in den sechziger Jahren schließlich in einen ausgesprochenen Boom überging. In dessen Verlauf haben sich die Tierbestände in der Region sprunghaft vervielfacht und in weiten Bereichen zu Formen der flächenunabhängigen Großbestandshaltung geführt, die seither unter dem Schlagwort

der ‚Massentierhaltung' Anlaß zu vielfältigen öffentlichen Diskussionen gegeben hat. Während anfangs die Haltung von Mastschweinen vorherrschte, kamen später Legehennenhaltung sowie Hähnchen- und Kälbermast hinzu. Die fortschreitende Expansion wurde dabei maßgeblich durch die steigende Nachfrage nach Nahrungsmitteln, die unbegrenzten Importmöglichkeiten für Futtermittel, die konsequente Nutzung agrartechnischer Neuerungen und die enge Kooperation mit verschiedenen vor- und nachgelagerten Unternehmen gesteuert.

Struktur- und Funktionsmodell eines vertikal integrierten agrarindustriellen Unternehmens in der Geflügelfleisch-Erzeugung

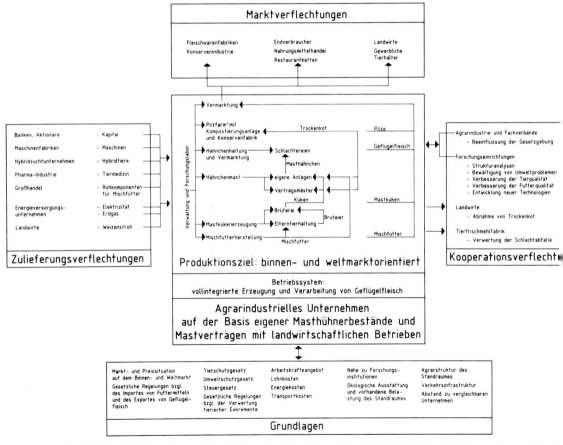

Hans-Wilhelm Windhorst (Hrsg.): Industrialisierte Landwirtschaft und Agrarindustrie. Vechtaer Arbeiten zur Geographie und Regionalwissenschaft, Bd. 8, Vechta 1989, S. 99

Die Entwicklung der siebziger und frühen achtziger Jahre war durch tiefgreifende Prozesse der *sektoralen Konzentration* (Konzentration in einem speziellen Produktionsbereich) bestimmt. Besonders nachhaltig haben diese die Strukturen in der Hühnerhaltung verändert. Durch das Ausscheiden zahlreicher Betriebe mit kleineren und mittleren Bestandsgrößen ist dieser Bereich zu einer Domäne einiger weniger agrarindustrieller Unternehmen geworden, die vom Futtermittelwerk bis zur Vermarktung des Endprodukts, Eier oder Hähnchen, alle Zweige der Produktion unter sich vereinigen. Im Bereich der Schweinemast blieb hingegen bis heute der bäuerliche Betrieb dominant. Allerdings schritt auch hier der Prozeß der betrieblichen Konzentration weiter voran. Parallel dazu haben sich sowohl in der Schweine- als auch Hähnchen- und Kälbermast, sowie in der Legehennenhaltung Formen der Vertragslandwirtschaft (überwiegend Lohnmast) entwickelt, die Klein- und Mittelbetriebe mit vor- und nachgelagerten Industrieunternehmen eingegangen sind. Während diese Organisationsform für viele Betriebe vielfach als ‚letzte Chance' zum Überleben angesehen wird, sind deren Nachteile für die betroffenen Landwirte jedoch ebenso offensichtlich: Sie verlieren ihre unternehmerische Entscheidungsfreiheit und werden von dem Großunternehmen direkt abhängig.

Zwangsläufig sind mit der ungeheuren Massierung von Nutzvieh eine ganze Reihe von ökologischen Problemen verbunden, die sich in den letzten Jahren dramatisch verschärft haben. Überhöhte Nitratwerte im Grundwasser (Überdüngung), Geruchsbelästigung, ein Trend zu Maismonokulturen und die unerwünschte Umnutzung von Grünlandstandorten (z. B. in der Dümmerniederung) sind nur einige Stichworte, die die Problemlage umreißen."

Monika Böckmann und Ingo Mose a.a.O., S. 34–37

Inwieweit das Problem allein durch technische Anlagen zur Be- und Verarbeitung von Gülle zu entschärfen sein wird, muß vorerst offen bleiben.

Versand von Kücken der Großbrüterei Baalsdorf, Leipzig

Vertragsbauern und Agrarindustrie

Spezialisierung des landwirtschaftlichen Betriebes bedeutet heute teuere Spezialmaschinen, die der einzelne nicht auslasten kann, und wirksame Einbindung in Vermarktungs- und Absatzorganisationen. Bei ersterem beginnen sich Formen nachbarschaftlicher Zusammenarbeit bis hin zum Zusammenschluß in Maschinenringen durchzusetzen; aber auch das Lohnverfahren besonders für die Getreide-, Mais- und Zukkerrübenaussaat gewinnt immer mehr an Bedeutung. Die Vermarktung der Produkte liegt heute weitgehend in den Händen von bäuerlichen Erzeuger- und Absatzgenossenschaften, Molkereigenossenschaften, Großschlachtereien oder von agrarindustriellen Unternehmen. Der Landwirt ist nur noch Zulieferer für die Agrar- und Nahrungsmittelindustrie und hat allenfalls auf die erste Stufe der Bodenproduktion oder der Veredelung Einfluß. In vielen Fällen ist er sogar nur „Lohnarbeiter" im eigenen Stall, indem er Lohnmästerei im Auftrag einer Großschlachterei betreibt; oder er ist *Vertragslandwirt* z. B. mit Kartoffel- oder Gemüseanbau.

147

1938 als landwirtschaftliche Selbsthilfeorganisation gegründet (Kartoffelflockenfabrik)
1947 Aufnahme der Stärkeproduktion
1951 Beginn der Herstellung von Kartoffelstärke-Folgeprodukten
1981 Zusammenschluß der Kartoffelstärke Schrobenhausen mit dem Kartoffelstärkewerk Sünching zur „Südstärke GmbH" Schrobenhausen

Auszug aus dem Vertrag

§ 1 Gegenstand des Vertrages
Der Vertragsanbauer verpflichtet sich, von seiner gesamten Kartoffelanbaufläche die umstehende Fläche für die Kartoffelstärke Schrobenhausen eG (KS) mit Fabrikkartoffeln als Vertragsware anzubauen und daraus den umseitig genannten Ertrag unsortiert, wie ihn das Feld gibt, abzuliefern. Abweichungen von plus oder minus 10% sind zulässig.

§ 2 Anbaumaßnahmen
Die Richtlinien der KS hinsichtlich Sortenwahl, Anbau, Bodenbearbeitung, Düngung, Pflege und Pflanzenschutz – den örtlichen Verhältnissen angepaßt – sind zu beachten.

Das Werk Schrobenhausen – an der Eisenbahnlinie Augsburg-Ingolstadt – hat Lieferverträge mit 1800 Vertragsbauern über ca. 193 000 t Stärkekartoffeln. Der Einzugsbereich erstreckt sich bis München.
Ein Landwirt liefert durchschnittlich 110 t Kartoffeln. Er ist über ein Darlehen an der Genossenschaft/Fabrik beteiligt. Aus Darlehen und Gewinnen erfolgen Investitionen.

Produkte
– Kartoffelstärke/Spezialstärke
– Kartoffeldextrin (Pflanzenleim)
– Kartoffeleiweiß
– Kartoffelpülpe (als Nebenprodukt für Rinderfutter)

(Nach Angaben der Werksleitung)

Strukturwandel der Landwirtschaft in der DDR

Daten zur Landwirtschaft in der DDR

Mineraldüngung je ha LN (kg/ha)					Ertragssteigerung und Nutzviehleistung (dt/ha)			
	1950	1970	1980	1986	1950	1970	1987	1989
Stickstoff	37	81	120	114	Weizen	34,8	35,6	54,0	44,8
Phosphat	34	65	62	57	Körnermais	23,5	27,5	47,5	65,7
Kali	77	98	79	93	Zuckerrüben	288	320	350	287
					Milch (kg/Kuh)	2315	2900	3996	4180

Motorisierung				Erwerbstätige in der Landwirtschaft und Arbeitsproduktivität			
	1960	1970	1989		1965	1970	1989
Traktoren (1000)	71	149	171	Erwerbstätige (1000)	1041	910	834
Lastkraftwagen (1000)	9	27	65	ha LN/AK		5,7	6,5	7,0

Statistisches Jahrbuch der DDR 1990

Die Auswirkungen des Zweiten Weltkriegs bestimmten die Entwicklung der Landwirtschaft in der ehemaligen Sowjetischen Besatzungszone. Die direkten Kriegszerstörungen auf dem Lande waren in der Umgebung von Berlin, im Oderbruch, in der Nieder- und Oberlausitz verheerend. Dort fanden die letzten großen Kämpfe beim Vordringen der Roten Armee statt. Die mittelbaren Wirkungen betrafen die Landwirtschaft auf allen Gebieten: Bauern waren gefallen oder lange Zeit in Kriegsgefangenschaft; es herrschte Mangel an Vieh, Zugmitteln, Saatgut und Geräten.

Der Zustrom deutscher Umsiedler aus Ostdeutschland, aus Ost- und Südosteuropa sowie die bereits einsetzende deutsch-deutsche Wanderung von Ost nach West verstärkte die Unsicherheiten und den Mangel. Unter dem Einfluß der sowjetischen Militärverwaltung wurde auch auf dem Lande der bisherige Verwaltungsapparat abgelöst und mit neuen, meist unerfahrenen Kräften wieder aufgebaut. 1945 wurde die Totalablieferungspflicht der Kriegszeit formal aufgehoben, aber sogleich durch das sog. staatliche Aufkommen abgelöst, dessen Ziele und Umfang der Staatsplan bestimmte.

Im Herbst 1945 begann die „antifaschistisch-demokratische" Bodenreform. Ihr Ziel war die entschädigungslose Enteignung vor allem des Großgrundbesitzes über 100 ha. Das betraf insgesamt 47% der landwirtschaftlichen Nutzfläche der Sowjetischen Besatzungszone. Ein großer Teil dieser Flächen wurde zunächst an Umsiedler, Landarbeiter, landarme Bauern und Kleinpächter in Anteilen von 0,5 bis 9 ha vergeben. Ein Drittel der Fläche wurde zum Aufbau volkseigener Güter (VEG) eingesetzt, z. T. auch für Lehr- und Versuchsstationen der Agrarforschung. Mit der Enteignung vor allem der größeren Landbesitzer war die Absicht verbunden, den Einfluß derjenigen gesellschaftlichen Kräfte auf dem Lande zu schwächen, von denen größerer Widerstand gegen die genossenschaftliche Entwicklung ausgehen konnte, die nach sowjetischem Vorbild geplant war. Dennoch ist die dann folgende Bildung der Landwirtschaftlichen Produktionsgenossenschaften (LPG) meist unter Zwang und größter Belastung für die Betroffenen vor sich gegangen.

Herkunft des Bodenreformlandes bis 1. 1. 1950

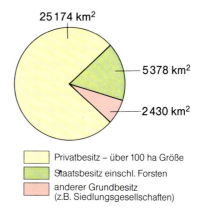

Anteile der privaten, genossenschaftlichen und volkseigenen Betriebe an der landwirtschaftlichen Nutzfläche 1950–1960

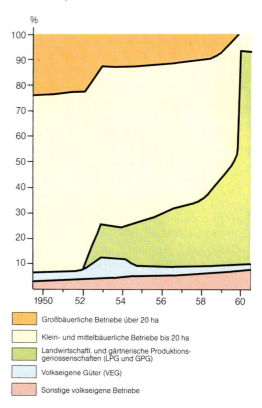

Nach Werner Gringmuth: Die Landwirtschaft. In: Gerhard Schmidt-Renner (Hrsg.): Wirtschaftsterritorium DDR. Berlin: Verlag Die Wirtschaft 1962, S. 172

Entwicklung der Landwirtschaftsbetriebe in der DDR 1960 bis 1989

	1960	1970	1975	1980	1989	Anteil an der LN 1989
LPG Pflanzenproduktion	} 19 313[2]	9069	4260[3]	1047	1162	} 86,7%
LPG Tierproduktion			47[4]	2899	2682	
Gärtnerische Produktions-genossenschaft	298	346	252	213	199	0,2%
VEG Pflanzenproduktion	} 669	511	463	66	78	} 7,2%
VEG Tierproduktion				319	312	
Andere genossenschaft-liche und volkseigene Einrichtungen[1]		1262	2141	1068	813	5,9%

[1] u. a. zwischengenossenschaftliche und -betriebliche Einrichtungen, z. B. für Melioration, Bau, weitere VEB der Landwirtschaft, z. B. Kombinate industrieller Mast
[2] LPG Typ I, II und III bis 1975/76   [3] LPG III   [4] LPG Pflanzenproduktion

Statistisches Jahrbuch der DDR, 1990

Im Vergleich zu den seit der Bodenreform bestehenden volkseigenen Gütern (VEG) war die Entwicklung der LPGs langwierig und widersprüchlich.

Eine LPG ist ein „Zusammenschluß von Bauern, Landarbeitern, Arbeitern und Angestellten zu einem genossenschaftlich arbeitenden Betrieb. Die Nutzung und Bewirtschaftung der eingebrachten ... Flächen und Produktionsmittel erfolgt gemeinsam" (Statistisches Jahrbuch der DDR). In Zusammenhang mit den Beschlüssen der SED-Parteitage wurden zwischen 1952 und 1960 die ehemals 880 000 Bauernstellen zu LPGs zusammengefaßt. Es gab drei Organisationsformen: die vollgenossenschaftliche LPG vom Typ III, der stufenweise die LPG-Typen I und II zugeordnet wurden. Diese verbanden noch längere Zeit genossenschaftliche und private Nutzung. 1975 wurden – im Zuge weiterer Konzentration zu immer größeren Betrieben – die Pflanzen- und Tierproduktion auf organisatorisch getrennte LPG verteilt. Gleichzeitig entwickelten sich verschiedene Formen der horizontalen Kooperation, vor allem zwischen den LPGs der Pflanzen- und Tierproduktion, sowie der vertikalen Kooperation z. B. mit Verarbeitungsbetrieben. Die Gesamtentwicklung der LPGs stand in engem Zusammenhang mit ihrer jeweiligen landtechnischen Ausstattung. Da deren Angebot begrenzt war, konnte mit ihrer Verteilung erheblicher Druck auf die Bauern bzw. LPG ausgeübt werden.

Durch die Vergrößerung der Betriebe wurde nicht nur die Industrialisierung, der in großen Teilen der Länder übliche Übergang zur Agrarfabrik vollzogen, sondern auch Voraussetzungen für erhebliche soziale Leistungen zugunsten der in der Landwirtschaft Tätigen geschaffen. Andererseits wurden erhebliche ökonomische und ökologische Nachteile in Kauf genommen.

1. *Die Herausbildung eines agrarischen Intensivgebietes hat besondere Voraussetzungen, entwickelt besondere Betriebsstrukturen und hat Folgewirkungen. Erläutern Sie dies am Beispiel der Region Südoldenburg. Ordnen Sie dabei ihre Aussagen auch der Abbildung S. 146 zu.*
2. *Entwickeln Sie eine vergleichbare Tabelle zu Abbildung Seite 144 auf der Basis einer eigenen Betriebserkundung.*
3. *Diskutieren Sie Chancen und Probleme der Vertragslandwirtschaft.*
4. *Beschreiben Sie die Veränderung im Anteil der Betriebe an der Landwirtschaftlichen Nutzfläche in der ehemaligen DDR seit 1950 (Abb. S. 149).*
5. *Stellen Sie einen Zusammenhang her zwischen der genossenschaftlichen Entwicklung in der Landwirtschaft und den Aussagen zum Eigentum in der Verfassung der DDR (Kap. 1.3).*

4.4 Fehlentwicklung und Zukunftsperspektiven

Die alten Bundesländer

„Problemdaten"

– Von 467000 Inhabern landwirtschaftlicher Betriebe im Alter von 45 Jahren und darüber haben auf die Frage geantwortet: „Haben Sie einen Hofnachfolger?"
39 Ja, wird Betrieb weiterführen
32 Ja, aber Weiterführung ungewiß
 3 Ja, aber gibt auf
26 Nein

– *Preise/Erlöse*

DM/dt	1960	1986/87	1988/89
Weizen	40,70	42,–	38,10
Braugerste	42,90	41,60	42,80
DM/kg			
Rinder	2,–	2,92	3,08
Schweine	2,41	2,26	2,23
Geflügel	2,39	2,04	1,96

– *Verbindlichkeiten (Schulden) durch Fremdkapital*
1960   826 DM/ha LF
1986   4089 DM/ha LF
1989   4001 DM/ha LF

– Bis zum Jahr 2000 werden voraussichtlich 40 bis 50% der Betriebe auf 30% der Fläche aufgegeben, das sind zugleich zwischen 250000 und 350000 Familienschicksale (nach Thiede, 1988)

– *Vergleiche mit EG-Staaten, 1985*

	D	DK	F	NL	GB
∅ Betriebs-größe (ha)					
Betriebe	16	30,7	27	14,9	65,1
1–5 ha (%)	31	2	18,5	24,3	12,9
>50 ha (%)	16,3	5,5	18,4	4,0	33,5
ab 50 Milch-kühe (%)	3,2	14,2	4,7	33,6	48,0
ab 400 Schweine (%)	2,9	15,4	3,4	27,9	20,1
ab 5000 Legehennen (%)	0,5	1,2	0,5	38,5	3,8

Agrarbericht 1989, S. 87/88 und Agrimente 1988, 1990

„Der Zwang einer falschen Agrarpolitik, der Druck des ständigen Kaufkraftverlustes der Erlöse hatte zur Folge, daß die meisten Landwirte ihre Betriebe und Produktionsmethoden in den letzten 30 Jahren fast völlig umgewandelt haben. Der Landwirt wurde von den Erkenntnissen einer Wissenschaft unterstützt, die durch unheilvolle Spezialisierung mit aus dem Zusammenhang gerissenen Experimenten die Natur korrigieren zu müssen glaubte. Verführt von den niedrigen Energiepreisen und getäuscht durch kurzfristige Erfolge, haben die meisten, wenn auch viele mit großen Bedenken, ihre Bewirtschaftungsweise geändert. Dem Bauern wurde der auf Gewinn wirtschaftende Unternehmer als Vorbild hingestellt. Das führte zur Industrialisierung der Landwirtschaft mit hohem Fremdinvestitionsbedarf, zu Betriebsvergrößerungen mit extremen Maschinenkosten und zur Überlastung der eigenen Arbeitskraft.

Mit wenigen Schlagworten lassen sich die Lehr- und Beratungsinhalte beschreiben, die diese Entwicklung kennzeichnen: Betriebsvereinfachung statt organischem Betriebsaufbau mit Stoffkreislauf, Spezialisierung mit risikoreichem Kapitalaufwand statt Vielfalt, Monokultur statt Fruchtwechsel, Betriebsvergrößerung mit schweren Großmaschinen statt Betriebsanpassung an die Arbeitskraft, Maximalleistung von Pflanze und Tier, Krankheitsbekämpfung statt Gesundheitsvorsorge.

Das biologische Ergebnis dieser Maßnahmen besteht in der Abnahme der natürlichen Bodenfruchtbarkeit und der Gesundheit von Pflanze und Tier neben den bekannten Folgen für die bäuerliche Existenz. Schwere Verdichtungen, zunehmende Erosion, immer höherer Dünger- und Pflanzenschutzmittelbedarf und vor allem die Auswaschung von Giftstoffen ins Trinkwasser zeigen deutlich, daß die Gesundheit der landwirtschaftlichen Böden rapide abnimmt."

Gerhardt Preuschen: Das neue Bodenbuch. Frankfurt/Main: Fischer Taschenbuchverlag 1988, S. 68/69

„Die Marktordnungsausgaben sind jedoch nicht die einzigen *Subventionen,* die die Landwirtschaft erhält, es kommen vielfältige nationale Beihilfen und Förderungsmaßnahmen hinzu. In der Bundesrepublik Deutschland betrugen im Jahr 1988 allein die ,öffentlichen Finanzhilfen' von Bund und Ländern unter Einschluß der Steuervergünstigungen etwa 23 Milliarden DM. Nach Schätzungen der OECD von Anfang der achtziger Jahre kommen zu jeder vom Steuerzahler finanzierten Mark an öffentlichen Hilfen weitere DM 1,70 hinzu, die die Konsumenten in Form erhöhter Verbraucherpreise zahlen müssen. Damit ist der gesamte Subventionsaufwand für die Landwirtschaft in der Bundesrepublik Deutschland nicht nur weit höher als sämtliche Einkommen, die in der Landwirtschaft erzielt werden, er ist sogar höher als der Wert der gesamten landwirtschaftlichen Produktion!"

Hermann von Laer: Der EG-Markt: Funktionsweise und Gründe seines Scheiterns. In: Geographie und Schule, 1989, H. 1, S. 41

Entwicklung der Marktordnungsausgaben[1] in der EG, 1974–1985

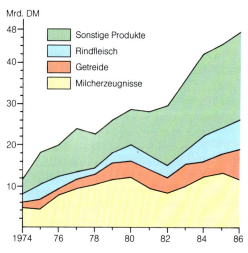

Mrd. DM

- Sonstige Produkte
- Rindfleisch
- Getreide
- Milcherzeugnisse

[1] Marktordnungsausgaben = Ausgaben für den Aufkauf der Überschüsse und Folgekosten

Nach Hermann von Laer: a.a.O.

Zukunftsperspektiven für die Landwirtschaft brauchen ein agrarpolitisches Umdenken in den folgenden Bereichen:
- dem Abbau der Überproduktion,
- der Abmilderung sozialer Härten beim Strukturwandel,

- der stärkeren Berücksichtigung ökologischer Belange bei der agrarischen Landnutzung.

Zusammen mit der EG bzw. nur auf der Ebene der nationalen Agrarpolitik ist es in den letzten Jahren dann zu gesetzlichen Regelungen gekommen, die ein Umdenken der Landwirte nicht an finanziellen Erwägungen scheitern lassen sollen.

Gegen die Überproduktion:

- Freiwillige *Flächenstillegungen* (Ackerflächen für 5 Jahre gegen Entschädigung),
- Produktionsaufgabenrente (für Landwirte ab 58, die den Betrieb aufgeben oder das Land verkaufen/verpachten),
- Extensivierung der Flächennutzung (durch weniger intensive Anbauformen, auch zur Förderung ökologischer Regeneration),
- Produktionsumstellungen (auf Anbauprodukte, die nicht zur Überproduktion beitragen bzw. auf solche, die als „nachwachsende Rohstoffe" gelten).

Gegen die Tendenz zur „Agrarfabrik":

Das „Gesetz zur Förderung der bäuerlichen Landwirtschaft". Sein Ziel: Stärkung des bäuerlichen Familienbetriebs
- durch Obergrenzen für die Förderung,
- durch Einkommensausgleich für EG-bedingte Währungsverluste.

Unabhängig davon entwickeln immer mehr Landwirte unterschiedliche Formen der Eigeninitiative, z. B. in Form des Direktverkaufes ab Hof oder durch Umstellung auf den alternativen Landbau (*biologischen Anbau*).

Probleme und Perspektiven der Landwirtschaft in den neuen Bundesländern

Auf den ersten Blick scheinen die landwirtschaftlichen Großbetriebe den Vorstellungen zukünftiger wirtschaftlicher Betriebsgrößen eher zu entsprechen als die Betriebsstruktur in den alten Bundesländern. Doch gab es hier wichtige – im sozialistischen System begründete – Fehlentwicklungen.

Da war zum einen die einseitige Orientierung auf das volkswirtschaftliche Ziel der möglichst vollständigen Selbstversorgung, ohne Rücksicht auf die Wirtschaftlichkeit oder internationale Wettbewerbsfähigkeit der Betriebe. Das zeigt sich z. B. in den überhöhten Beschäftigtenzahlen, in der unzureichenden Rationalisierung sowie der mangelhaften Kooperation in verschiedenen Stufen der Nahrungsgüterproduktion. Auch der Mechanisierungsgrad blieb hinter der allgemeinen Entwicklung zurück. Das gilt besonders auch für die Viehhaltung, wo er im Durchschnitt nur 20% (bezogen auf Tierplätze) betrug. Eine Ausnahme machten hierbei lediglich die Kombinate der industriellen Mast.

Zum anderen resultieren die Probleme aus der seitherigen Preispolitik. Um die steigende Differenz zwischen den Erzeugerpreisen und den künstlich niedrig gehaltenen Ladenverkaufspreisen auszugleichen, wurden die Subventionen für die Nahrungsgüter laufend erhöht. Sie betrugen 1989 32 Milliarden Mark, das waren 60% aller Subventionen.

Viele Maßnahmen zur Produktionssteigerung wurden schließlich oft überhastet und unkritisch als Kampagne durchgeführt, so daß große Schäden im Bereich der natürlichen Ressourcen die Folge waren.

Die Zukunftsperspektiven der Landwirtschaft in den neuen Bundesländern hängen im wesentlichen davon ab, welche Folge-Formen für die LPGs gefunden werden, und wie schnell eine allgemeine Modernisierung stattfinden kann. Verschiedene Probleme gibt es dabei gleichzeitig zu bewältigen.

– Die Reprivatisierung: Sie ist an die schnelle Klärung der Besitzverhältnisse gebunden und an die Bereitschaft der LPG-Mitglieder, private Betriebe zu bewirtschaften. Diese Bereitschaft ist häufig gering, obwohl die Qualifikation dazu gegeben ist. Man fürchtet jedoch den Verlust der bisherigen sozialen Sicherung.

– Der Arbeitskräfteabbau: Man schätzt, daß gut 50% der bisherigen Beschäftigten ausscheiden müssen. Das könnte z. B. über die Privatisierung gehen oder auch über die Verselbständigung der zahlreichen zwischengenossenschaftlichen Einrichtungen für Bauwirtschaft,

Hof eines Wiedereinrichters[1] im Kreis Eilenburg 1991

[1] Ein Wiedereinrichter will die selbständige Bewirtschaftung eines landwirtschaftlichen Betriebes in den neuen Bundesländern aufnehmen bzw. hat sie bereits aufgenommen.

Melioration oder der agrochemischen Zentren. Daneben könnten vor allem Dienstleistungsbetriebe neu entstehen, die für eine bessere Infrastruktur im ländlichen Raum sorgen.

– Die Flächenstillegung: Minderwertige Böden mit Bodenwertzahlen um und unter 25 sollten wieder aus der Produktion genommen werden (15% Anteil an der LN). Das würde allerdings bedeuten, daß vor allem in Mecklenburg-Vorpommern und Brandenburg ganze Landstriche als Landwirtschaftsräume ausfallen.

„Der Übergang in die Marktwirtschaft ist schmerzhaft.

Leipzig. (wil) – Die Kooperation Niedergoseln in der Nähe von Oschatz bricht auseinander. Gestiegene Futterkosten, Dumpingpreise für Milch und Schlachtvieh würgen den Bauern den Finanzhahn ab. Die Tierproduktion in Liptitz schreibt trotz drastischer Sparmaßnahmen rote Zahlen ...

Trotz klarer Eigentumsverhältnisse hat sich keiner der Liptitzer Bauern für die Einzelwirtschaft entschieden. Zu unrentabel scheint die Bewirtschaftung der handtuchgroßen Felder; zu unsicher die Kreditaufnahme mit einer immensen Verschuldung. Bei aller Versuchung, über 35 Jahre Genossenschaft stecken fest in den Knochen. Die Altersstruktur spielt dabei eine nicht zu unterschätzende Rolle.

Der Liptitzer Vorsitzende hat das Vertrauen der Bauern bekommen. Er greift deshalb nach jedem Strohhalm, der die noch intakte Gemeinde retten könnte. ‚Am 31. 12. 1990 haben wir die LPG als eingetragene Genossenschaft erst einmal registrieren lassen‘. Der Weg bis zum Genehmigungsverfahren ist allerdings noch weit ...

Die frühere Gemeinschaft ist zum großen Teil dahin. Die Leute rasen mit wehenden Fahnen in die Industrie. Dafür sorgt die fehlende Zukunft und die geringe Aussicht, in absehbarer Zeit vernünftig existieren zu können. ‚Kein Wunder‘ meint Kretzschmar, ‚wenn unsere Bauern soviel verdienen wie ein Arbeitsloser in der Industrie‘.“

Michael Fritzsch. In: „Wir in Leipzig“ vom 11. 1. 1991, S. 9, gekürzt

„Vorreiter auf dem Land.
Zur ostdeutschen Agrarsituation
... Bisher wurde und wird die landwirtschaftliche Nutzfläche im wesentlichen von den LPG bewirtschaftet. Diese LPG-Flächen sind im Durchschnitt zu rund zwei Dritteln privates Eigentum von LPG-Mitgliedern, die es einst zwangsweise in die Genossenschaft einbringen mußten und nun wieder frei darüber verfügen dürfen. Ihr Eigentum ist im Grundbuch eingetragen, die Eigentumsverhältnisse sind klar. Das restliche Drittel der LPG-Flächen ist (als ehemals ‚volkseigen‘) staatliches Eigentum. Über sie verfügt vorübergehend die Treuhandanstalt in Berlin, ebenso wie über die Flächen der Staatsgüter. Hier ist noch vieles unklar.

Wo die Eigentumsfrage geklärt ist, können sich die privaten Eigentümer jetzt selbständig machen, indem sie ihre Fläche aus der Genossenschaft herauslösen und sie selbst bewirtschaften. Die Wenigsten jedoch sind dazu hinreichend befähigt und bereit. Wie viele es schon getan haben, ist bisher nicht genau bekannt. ...

Doch können die LPG-Mitglieder ihr Land auch auf andere Weise der privaten Bewirtschaftung

zuführen. Eine erste Möglichkeit ist, daß sie sich zu einer Eigentümergemeinschaft zusammenschließen und ihre Flächen verpachten, damit der Pächter – ein Landwirt oder ein Unternehmen – sie geschlossen bewirtschaftet. Sie können sich ferner zu einer Betreibergesellschaft zusammentun, mit ihr die Bewirtschaftung selbst in die Hand nehmen und bei Bedarf noch Flächen von anderen Landeigentümern hinzupachten. ...

Längst beteiligen sich aber auch Landwirte aus den alten Bundesländern an der Privatisierung. Das sind einmal jene, die in der Nähe der einstigen Zonengrenze wohnen und nun drüben durch Zupacht ihren Betrieb vergrößern. Das sind zum anderen solche (meist jungen) Landwirte, die im neuen Bundesgebiet die Gelegenheit sehen, endlich an einen größeren Betrieb heranzukommen, oder die nicht Hoferben sind, aber trotzdem als selbständiger Landwirt arbeiten wollen. In der Regel bemühen sie sich um einige hundert Hektar und pachten sie ebenfalls. ...“

Klaus Peter Krause: In: FAZ vom 20. 2. 91, S. 15

1. *Überlegen Sie die möglichen Folgen aus einzelnen „Problemdaten“ (Tab. S. 151).*
2. *Stellen Sie die wichtigsten Fehlentwicklungen in den alten Bundesländern zusammen. Finden Sie gemeinsame Ursachen?*
3. *Bewerten Sie die mögliche Wirksamkeit der agrarpolitischen Maßnahmen zur Unterstützung des Strukturwandels in den alten Bundesländern. Verfolgen Sie dazu fallweise auch die Diskussion in den Medien.*
4. *Was kommt nach den LPGs? Diskutieren Sie die Ausgangssituation und die Anpassungsprobleme. Werten Sie dazu auch Berichte aus der Tagespresse aus.*
5. *Die Betriebe der neuen Bundesländer gehören jetzt zum Agrar-Binnenmarkt der EG mit seiner Überschußproduktion. Welche Zukunftsperspektiven ergeben sich?*

Agrarlandschaft in Schwansen, Holstein

4.5 Agrarwirtschaftsregionen

Große, fast monostrukturell geprägte *Agrarwirtschaftsregionen* wie die Futterbauregion des Allgäu oder die Marktfruchtregionen der Soester Börde (Getreide) oder des Uelzener Beckens (Zuckerrüben) findet man in den alten Bundesländern selten. Kleinräumig wie der Wechsel der naturräumlichen Voraussetzungen ist auch der Wechsel der Agrarstruktur, in der sich unterschiedliche Betriebsgrößen ebenso widerspiegeln wie unterschiedliche Reaktionen der Betriebsleiter auf die Bedingungen der Agrarpolitik.

Früher hat man im Gebiet der alten Bundesrepublik zur Unterscheidung einzelner Agrarwirtschaftsregionen die verschiedene Bodennutzung der Betriebe herangezogen: Nach dem jeweils vorherrschenden Flächenanteil von Grünland, Getreide, Hackfrüchten oder Sonderkulturen ergaben sich entsprechende *Bodennut-*

zungssysteme. So ließen sich z. B. Gebiete mit vorherrschendem Futterbau von solchen mit Hackfrucht-Getreidebau unterscheiden. Eine solche Gliederung des landwirtschaftlich genutzten Raumes ist in den westlichen Bundesländern der Bundesrepublik auch heute noch möglich, doch ist die landschaftlich sichtbare Bodennutzung allein nicht mehr aussagekräftig für die Agrarstruktur und die Verhältnisse in den Betrieben.

Viele Getreidefelder in einer Region bedeuten noch lange nicht, daß die Betriebe hier ihr Einkommen aus dem Verkauf von Getreide haben. Wenn man nachfragt, so wird sich zeigen, daß ein Großteil des Getreides verfüttert wird, und daß das Betriebseinkommen somit aus der Mast oder der Milchviehhaltung stammt. Will man diesen komplexeren Verhältnissen gerecht werden, muß also ein anderer Weg zur Regionalisierung der Agrarlandschaft gesucht werden.

155

Heute typisiert man die Betriebe nicht mehr nach der Bodennutzung, sondern nach demjenigen Betriebszweig, in welchem mehr als 50% des Betriebseinkommens erwirtschaftet wird. Trägt keiner der Betriebszweige mehr als 50% zum Gesamteinkommen bei, so gilt der Betrieb als landwirtschaftlicher Gemischtbetrieb.

Für eine Regionalisierung der Agrarwirtschaft nach der Betriebsform hat man dazu auf der Basis von Buchführungsergebnissen und Vorkenntnissen Durchschnittswerte für die Anteile der einzelnen Betriebszweige (Standarddeckungsbeiträge) am gesamten Betriebseinkommen (Summe der Standarddeckungsbeiträge) errechnet.

Die Karte gibt die Verbreitung der jeweils in einer Region vorherrschenden Betriebsformen wieder, Aussagen über andere Betriebsformen entfallen ebenso wie etwa über Betriebsgrößen oder Produktionsbedingungen. Auch verdeckt die Aussage zu den Futterbaubetrieben z. B. die Differenzierung, ob es sich dabei um eine Futterbasis auf Dauergrünland handelt oder um Feldfutter auf Ackerland.

Für die Darstellung der landwirtschaftlichen Betriebsformen in den neuen Bundesländern stand nur wenig Zahlenmaterial, aber umfangreiches Kartenmaterial aus früheren Jahren zur Verfügung. Er verdeutlicht vor allem die Unterschiede zur regionalen Verbreitung der Betriebsformen in den alten Bundesländern. Die Kennzeichnung als Marktfrucht- oder Futterbaubetrieb läßt sich auch hier anwenden. Hinzu kommen die Forstbetriebe, die betriebswirtschaftlich selbständig sind.

Marktfrucht-, Futterbau- und Forstbetriebe spiegeln in ihrer Verbreitung deutlich die naturräumlichen Voraussetzungen. Dauerkultur- und Gartenbaubetriebe dagegen sind eng an das Siedlungs-, insbesondere das Städtenetz gebunden. Überlagert werden diese Verbreitungsmuster von den etwa 3000 Veredelungsbetrieben der Tierproduktion, deren Standorte über das gesamte Territorium der damaligen DDR streuen und in der Karte (S. 157) nicht einzeln, sondern nur nach ihrer Verbreitungsdichte ausgewiesen werden können.

Landwirtschaftliche Vollerwerbsbetriebe nach Betriebsformen (1987/88) in den alten Bundesländern

Betriebsform	Betriebe %	Fläche %	Betriebsgröße ⌀ ha LF
Marktfrucht	17,1	24,7	45,02
Futterbau	62,9	59,8	29,56
Veredlung	5,1	4,8	29,27
Dauerkultur	7,2	2,4	10,40
Gemischt	7,6	8,2	33,57

Agrarbericht der Bundesregierung 1989. Materialband. Bonn, S. 23

Anteil des Produktionszweiges am Standarddeckungsbeitrag des Betriebes:

Marktfruchtbetriebe
Marktfrucht ≥ 50 %
(z.B. Getreide, Kartoffel, Zuckerrüben)

Futterbaubetriebe
Futterbau ≥ 50 %

Veredelungsbetriebe
Veredelung ≥ 50 %
(z.B. Geflügel, Schweinemast)

Dauerkulturbetriebe
Dauerkulturen ≥ 50 %
(Obst, Wein, Hopfen)

L W. Gemischtbetriebe
Marktfrucht, Futterbau, Veredelung und Dauerkulturen je < 50 %

Gartenbaubetriebe
Gemüse, Zierpflanzen, Baumschulen ≥ 50 %

Kombinationsbetriebe
Landwirtschaft, Gartenbau und Forstwirtschaft je < 75 %

Forstwirtschaft
Forstwirtschaft ≥ 75 %

Gemeindefreie Gebiete

Veredlungsbetriebe (LPG, VEG, ZGE, KIM Tierproduktion)
bis 5 Betriebe / 100 km² über 5 Betriebe / 100 km²

Zur Vereinheitlichung der Darstellung wurden die Bezeichnungen der Betriebstypen auch auf die Verhältnisse in den neuen Bundesländern übertragen.

(Typen zusammengefaßt bzw. vereinfacht)
Berechnung auf Gemeindebasis

Landwirtschaftliche Betriebsformen 1983
(Typisierung nach Gemeinden)

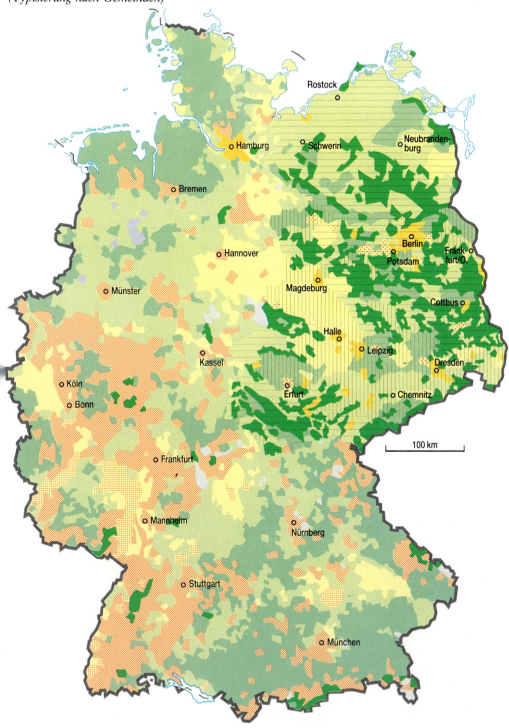

Nach Agrarbericht der Bundesregierung 1985, Materialband. Bonn, S. 25, ergänzt

**Beispiel: Marktfruchtbetriebe in Ackerbau-
regionen (alte Bundesländer)**

Getreide- und zuckerrübenanbauende Marktfruchtbetriebe finden sich vorwiegend in bodengünstigen Regionen. Gemeint sind die Gebiete mit hoher Bodenwertzahl (z. B. auf Löß
oder junger Grundmoräne), deren Böden sich
gut bearbeiten lassen, kein starkes Relief haben
und somit großflächigen Maschineneinsatz zu-
lassen. Soweit es sich um ehemalige Anerben-
gebiete handelt, liegen hier die im Durchschnitt
größten Vollerwerbsbetriebe. In den ehemaligen Realerbteilungsgebieten ist dagegen die
Betriebsgröße wesentlich geringer. Vergleichbare Gebiete finden sich in den niedersächsischen und westfälischen Bördenlandschaften, in
der Ostheide, z. T. in Rheinhessen sowie in den
südwestdeutschen Gäulandschaften.

*Buchführungsergebnisse der Vollerwerbsbetriebe
(Durchschnitt) 1987/88*

	Hildesheim-Braunschweiger Lößbörde
LF ha/Betrieb	59,09
Ackerfläche ha/Betrieb	57,39
davon Anteil Getreide und	
Körnermais (%)	67,8
Anteil Zuckerrüben (%)	28,0
Dauergrünland: ha/Betrieb	1,52
Viehbesatz: VE/100 ha LF	27,4
Getreide dt/ha	72,0
Zuckerrüben dt/ha	449,0
Milchleistung/Kuh (kg)	4892,0
Standardbetriebseinkommen[1]	
(1000 DM/Betrieb)	84,7

[1] Standardbetriebseinkommen – der um einige Werte berei-
nigte Standarddeckungsbeitrag aller Produktionszweige

*Agrarbericht der Bundesregierung 1989, Materialband. Bonn,
S. 217*

Soester Börde

158

Ackerbau- und Grünlandwirtschaft im Sauerland

Beispiel: Futterbaubetriebe in Ackerbau-Grünland-Regionen (alte Bundesländer)

Futterbaubetriebe mit unterschiedlichem Akkerlandanteil finden sich in vielen Mittelgebirgsräumen. Der hohe Grünlandanteil (Dauergrünland) ist die Folge oft bodenfeuchter Standorte auf mittelmäßigen Böden, steiler Geländeformen sowie einer verkürzten kühl-feuchten Vegetationsperiode in den Höhenlagen. Die Betriebe spiegeln andererseits den agrarwirtschaftlichen Anpassungsdruck, auf relativ kleiner Fläche mit eingeengtem Nutzungsspielraum durch Spezialisierung, z. B. auf Milchviehhaltung, ein ausreichendes Einkommen zu erzielen. Da es sich vielfach um ehemalige Realerbteilungsgebiete handelt, ist auch die Fläche der Vollerwerbsbetriebe weithin unterdurchschnittlich. Vergleichbare Gebiete finden sich im Bergischen Land, Sauerland, in der Rhön, der Eifel, dem Hunsrück, der Alb oder den ostbayerischen Mittelgebirgen.

Buchführungsergebnisse der Vollerwerbsbetriebe (Durchschnitt) 1987/88

	Ostalb-Hohenlohe	Westerwald, Eifel, Hunsrück
LF ha/Betrieb	25,31	21,78
Ackerfläche ha/Betrieb	13,25	9,29
davon Anteil Getreide und Körnermais (%)	60,8	76,5
Anteil Zuckerrüben (%)	1,2	0,2
Dauergrünland: (ha/Betrieb)	11,92	11,46
Viehbesatz: VE/100 ha LF	194,9	146,2
Getreide dt/ha	46,9	46,0
Kartoffeln dt/ha	181,5	174,1
Milchleistung/Kuh (kg)	3638,0	4388,0
Standardbetriebseinkommen (1000 DM/Betrieb)	38,3	39,3

Agrarbericht 1989, a.a.O., S. 219/221

Grünlandwirtschaftsregion, im Hintergrund der Watzmann

Beispiel: Futterbaubetriebe in Grünland-regionen (alte Bundesländer)

Buchführungsergebnisse der Vollerwerbsbetriebe (Durchschnitt) 1987/88 (Alpenvorland)

LF ha Betrieb	21,11
Ackerfläche ha/Betrieb	1,60
davon Anteil Getreide und	
Körnermais (%)	36,2
Anteil Zuckerrüben (%)	0,0
Dauergrünland: ha/Betrieb	19,47
Viehbesatz: VE/100 ha LF	188,5
Getreide dt/ha	43,6
Kartoffeln dt/ha	164,0
Milchleistung/Kuh (kg)	4303,0
Standardbetriebseinkommen	
(1000 DM/Betrieb)	36,5

Agrarbericht 1989: a.a.O., S. 223

Futterbaubetriebe und Grünlandregionen gehören nicht ausschließlich zusammen. Auch in vielen bodengünstigen Ackerbauregionen wie z. B. dem Münsterland oder dem nordbayerischen Hügelland finden wir Futterbaubetriebe, wobei das Futter aber vorwiegend als Feldfutter auf dem Acker die Voraussetzung für die Viehhaltung ist. Anders im Alpenvorland oder in Teilen der Marsch. Hier ist das Dauergrünland eine Anpassung an die Boden- und Klimaverhältnisse, vor allem aber die Folge der Betriebsspezialisierung. Bekanntes Beispiel dafür ist das Allgäu, dessen „Vergrünlandung" durch die Spezialisierung auf die Käseherstellung ausgelöst wurde. Gebiete der alten Marsch sind – vor allem wegen der schwierigen Grundwasserverhältnisse – natürliche Futterbaustandorte.

Dauerkulturbetriebe (z. B. in Weinbaugebieten in den alten Bundesländern)

Weinbaubetriebe in der Bundesrepublik haben eigentlich nur gemeinsam, daß ihre Anbauregionen bestimmte klimatische Bedingungen erfüllen. Schon die einzelnen Anbaustandorte (Hang, Terrassen, Ebene) wirken dabei stark differenzierend, vor allem aber die unterschiedlichen Betriebsgrößen. Standortabhängig ist auch der unterschiedliche Mechanisierungsgrad in einzelnen Regionen. Während auch an rebflurbereinigten Hängen Mechanisierung und Maschineneinsatz ihre Grenzen haben, wird in den „Weinfeldern" im Gebiet der südlichen Weinstraße dagegen schon ein Viertel der Ernte vollmechanisch gelesen.

Noch 1980 waren mehr als ein Drittel Mischbetriebe. Deren Zahl ist seither stark in Richtung auf Nebenerwerb zurückgegangen; wichtige Voraussetzung dafür ist die Vermarktungsmöglichkeit über die Winzergenossenschaften.

Buchführungsergebnisse der Weinbaubetriebe (Vollerwerbsbetriebe/Durchschnitt 1987/1988)

	Mosel, Saar, Ruwer	Rheinhessen	Baden-Württemberg
LF ha/Betrieb	3,28	17,22	5,30
davon: Dauerkulturen (ha)	2,52	7,59	3,35
Arbeitskraft/Betrieb	1,85	2,55	1,58
Standardbetriebseinkommen (1000 DM/Betrieb)	33,00	74,60	25,90

Agrarbericht 1989: a.a.O., S. 236

Weinbau bei Kobern-Gondorf, Untermosel

161

Agrargebiet der LPG Pflanzenproduktion Schlettau

Beispiel: LPB Pflanzenproduktion (Schlettau/ Kr. Annaberg, 1990)

LF ha	5000
Anteil (%)	
Futterpflanzen (Kleegras, Winterroggen, Grasgemenge)	70
Getreide (Gerste, Winterweizen)	25
Kartoffeln	5
Getreide dt/ha	41,5
Kartoffeln dt/ha	360

Einrichtungen:
Verwaltung, Küche, Kinderhort, Abteilung für Bauleistungen, Flur- und Wassermelioration, Instandhaltung des Maschinenparks, Kartoffelverarbeitungsbetrieb

Kooperation mit 3 LPGs Tierproduktion

Die landwirtschaftlichen Großbetriebe der LPG Pflanzenproduktion wie auch der LPG Tierproduktion bestimmten die Agrarstruktur im gesamten Gebiet der ehemaligen DDR. LPGs der Pflanzenproduktion finden wir somit in landwirtschaftlichen Gunstregionen (z. B. Magdeburger Börde) ebenso wie in ungünstigen Mittelgebirgsregionen (z. B. Erzgebirge).

Die Nachfolgeform dieses Großbetriebs war Anfang 1991 noch unklar.

1. *Erläutern Sie das Prinzip der Betriebstypisierung nach dem Standarddeckungsbeitrag (S. 158ff.), und beschreiben Sie die Aussagen der Karte (S. 157).*
2. *Die Buchführungsergebnisse der Vollerwerbsbetriebe sind zweifellos nur ein Orientierungswert für einen bestimmten Betriebstyp in einer bestimmten Region. Dennoch erlauben sie Vergleiche: Stellen Sie die einzelnen Betriebs-* *merkmale einander gegenüber und versuchen Sie, die Unterschiede zwischen den einzelnen Werten zu erklären.*
3. *Im Sinne der Betriebstypisierung nach dem Hauptanteil des Betriebseinkommens entspricht die LPG Pflanzenproduktion einem „Marktfruchtbetrieb". Wo liegen die Probleme dieses Vergleichs?*

162

4.6 Ländlicher Raum und Struktur-
wandel in ländlichen Siedlungen

Die alten Bundesländer

Ländlicher Raum ist – in der Sprache der Raumordnung – ein Sammelbegriff für alle Regionen außerhalb der Großstädte und ihres verdichteten Umlandes. Damit umfaßt er Gebiete mit ganz unterschiedlichen räumlichen Entwicklungen und Problemen. Selbstverständlich liegt hier der größte Teil des Agrarwirtschaftsraumes mit seinen ländlichen Siedlungen, aber eine Gleichsetzung von Ländlichem Raum und Landwirtschaft stimmt schon lange nicht mehr. Stadtentwicklung und Industrieansiedlung gibt es hier ebenso wie Bevölkerungsabwanderung und Arbeitslosigkeit; den Ausbau zum Ferienerholungsgebiet ebenso wie den Strukturwandel im „Dorf". Ob einzelne Regionen einem starken Wandel unterworfen waren oder lange Zeit hinter der modernen Entwicklung zurückblieben – das hing in den alten Bundesländern zum einen von der Lage zu den großstädtischen Oberzentren ab und von der Erschließung durch den Verkehr. Zum anderen aber davon, was Entwicklungs- und Förderprogramme zur Regionalentwicklung und Agrarstrukturverbesserung bewirken konnten.

Ländlich geprägte Regionen in den alten Bundesländern (vgl. Karte S. 196)

Fläche (1988) km^2	84 862 (34,1%)
Bevölkerung (1000), (1988)	9 709 (15,7%)

Diese Daten für „Ländlich geprägte Regionen" beziehen sich vor allem auf eher periphere Gebiete mit geringer Bevölkerungs- und Siedlungsdichte und oft auch mit Strukturschwächen. Eines ihrer Hauptmerkmale ist ihre Lage abseits von den großen wirtschaftlichen Zentren. Für einige dieser Gebiete kann sich die Lage nach dem Wegfall der Grenze zur DDR verbessern.

Erweitert man diese Gebiete um die Kategorie der ländlichen Kreise bei den „Regionen mit großen Verdichtungsräumen" und den „Regionen mit Verdichtungsansätzen" (Karte S. 196), so ändert sich der Anteil von Fläche und Bevölkerung beträchtlich.

Ländliche Kreise (alte Bundesländer)

Fläche (1987)	209 792 km^2 (84,3%)
Bevölkerung	29 246 Mio. (47,7%)

Quelle: RO-Bericht 1990 / Laufende Raumbeobachtung

Veränderungen in der großräumigen Verteilung von Bevölkerung, Arbeitsplätzen und Wirtschaftskraft seit 1960

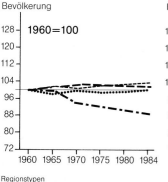

Bevölkerung

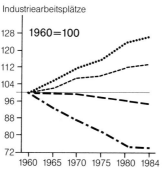

Industriearbeitsplätze

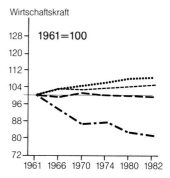

Wirtschaftskraft

Regionstypen
I Regionen mit großen Verdichtungsräumen
 — — strukturstark
 ▪ — ▪ strukturschwach
- - - - II Regionen mit Verdichtungsansätzen
▪▪▪▪▪ III Ländlich geprägte Regionen

Veränderungen = Veränderung des Anteils der Regionstypen am Bundesgebiet zwischen 1960 und dem jeweiligen Jahr

Nach Hans-Peter Gatzweiler: Der ländliche Raum in der Bundesrepublik Deutschland. In: Geographie und Schule 1988, H. 56, S. 37/38

Entwicklung der Bevölkerung und des Bestandes an Wohngebäuden eines Dorfes in der Bundesrepublik Deutschland mit günstigen Lagebeziehungen 1945–1985 (schematisch)

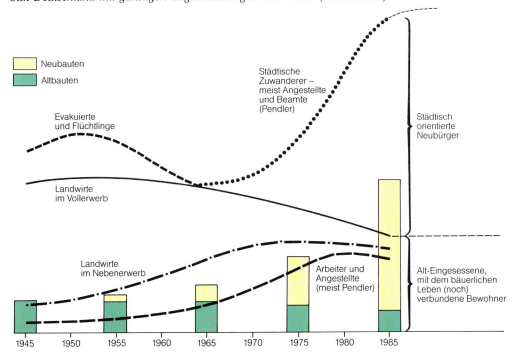

Erdmann Gormsen u. a. (Hrsg.): Dorfentwicklung – Dorferneuerung. Mainzer Geographische Studien. H. 31, März 1988, S. 11

„Ländlicher Raum ist nicht gleich ländlicher Raum.

1. Ländliche Räume innerhalb von Regionen mit großen Verdichtungsräumen.

   Hier haben die Bewohner Zugang zum Arbeitsplatzangebot der Verdichtungsräume, wenngleich gelegentlich mit langen Wegen. Auch die hochwertige Infrastrukturausstattung der Verdichtungsräume steht zur Verfügung. Die Wohn- und Umweltbedingungen sind vergleichsweise gut. Da die Nachfrage nach guten Wohnstandorten am Rande der Verdichtungsräume anhält, sind diese ländlichen Räume einem wachsenden Siedlungsdruck ausgesetzt.

2. Ländliche Räume mit leistungsfähigen Oberzentren und vergleichsweise guten wirtschaftlichen Entwicklungsbedingungen.

   Bei diesen Räumen handelt es sich um Regionen mit kleineren Verdichtungsansätzen, im Umland noch stark ländlich geprägt, aber mit hoher Standortattraktivität insbesondere

der Zentren. Sie weisen eine ausreichende Ausstattung mit Erwerbsgrundlagen und Infrastruktur bei genügender Bevölkerungsdichte sowie sonstige Standortvorteile auf, dies z. B. aufgrund ihrer Nähe zu den großen Verdichtungsräumen oder ihrer landschaftlichen Vorzüge. Die künftigen wirtschaftlichen Entwicklungsaussichten in diesen Räumen sind deshalb günstig einzuschätzen.

3. Periphere, dünn besiedelte ländliche Räume abseits der wirtschaftlichen Zentren des Bundesgebietes.

   Diese Räume sind durch das Zusammentreffen ungünstiger Faktoren, wie besonders niedrige Bevölkerungsdichte, ungünstige Wirtschaftsstruktur und periphere Lage in ihrer Entwicklung benachteiligt. Zentrale Probleme sind die Standortnachteile, die sich aus der geringen wirtschaftlichen Entwicklung und aus der Enge des Arbeits- und Ausbildungsmarktes ergeben. Nur in wenigen dieser Gebiete kann auf eine industriell-gewerbliche Tradition aufgebaut werden. Daher stehen hier Entwicklungsaufgaben, die ihren Schwerpunkt in der Gestaltung der Wirtschaftsstruktur und damit in der öffentlichen Beeinflussung privater Investitionen haben, im Vordergrund. Zu diesen ländlichen Räumen gehören z. B. das Emsland, die Eifel und weite Teile von Ostbayern."

Hans-Peter Gatzweilerr, a.a.O., S. 37/38

„Der ländliche Raum hat keineswegs nur die Funktion des Ergänzungsraumes zu den Verdichtungsräumen, des ‚Freiraumes‘, aus dem die Arbeitskräfte und sonstige wirtschaftliche Wachstumsressourcen für die großen Verdichtungsräume bei Bedarf entnommen werden und der im übrigen dazu dient, Bauboden und Bewegungsraum für die großen Städte vorzuhalten.

Die ländlichen Räume haben im Rahmen der raumstrukturellen Arbeitsteilung – unabhängig von der jeweiligen Nutzung – folgende wesentliche Grundfunktionen. Sie sind, wenn auch in regional unterschiedlichem Maße, Siedlungs- und Arbeitsraum für die Bevölkerung, Standort für die land- und forstwirtschaftliche Produktion, ökologischer Ausgleichsraum für Umweltbelastungen, Raum für natur- und landschaftsgebundene Freizeit und Erholung, wichtigste Grundlage für die Wasserversorgung und Raum für Vorhaltefunktionen (Reservefunktionen) für künftige Bedürfnisse."

Raumordnungsbericht der Bundesregierung. Bonn 1972, S. 64

Strukturwandel im ländlichen Raum bedeutet nicht nur Veränderungen in der Landwirtschaft. Es bedeutet zugleich auch Abschied von Verhältnissen, die lange Zeit vorherrschend von der Landbewirtschaftung und vom ländlichen Handwerk geprägt waren. Auch Abschied von einer idyllischen Vorstellung vom „Dorf" als „heiler Welt", von deren Wandel ein Autor treffend bemerkte, das Dorf sei nun „auch nicht mehr das, was es noch nie war". Das Dorf – oder besser: die *ländliche Gemeinde* – ist heute zum Schnittpunkt der Veränderungen im ländlichen Raum geworden. Aber mit deutlichen Un-

Funktionswandel eines Hauses

terschieden in einzelnen Regionen: Der Grad der Veränderung erweist sich als eine Funktion der Lage im Zentren- und Verkehrssystem. Gormsen (1989) unterscheidet deshalb drei Typen des Strukturwandels:

– Ländliche Gemeinden mit einem hohen Verstädterungsgrad im Einflußbereich der Großstädte mit Bevölkerungszunahme und schwindender landwirtschaftlicher Bedeutung,
– ländliche Gemeinden in günstiger agrarräumlicher Lage mit noch deutlich ausgeprägter ländlicher Substanz und einer einigermaßen stabilen Bevölkerungsstruktur,
– ländliche Kleingemeinden mit ungünstigen naturräumlichen Bedingungen und mangelhaften Lagebeziehungen, fehlendem Gewerbe und abnehmender Einwohnerzahl.

Die ländliche Gemeinde als „Siedlung" hat im Rahmen dieser Entwicklung einen Problembereich: Den alten Dorfkern mit seiner sozialen, wirtschaftlichen und baulichen Verödung, mit zunehmend leerstehenden Gebäuden und verfallender Baustubstanz. Programme zur sog. „Dorferneuerung" zielen heute gerade auch auf diesen Kernbereich.

Dorfentwicklung in den neuen Bundesländern

„Vor 1952 existierten in den 12000 Dörfern der DDR 880000 landwirtschaftliche Betriebe. Noch in den 60er Jahren war in jedem Dorf der Sitz einer oder mehrerer LPG oder eines VEG. Gegenwärtig bestehen etwa 4900 VEG, LPG, GPG oder ZBE, davon rund 1200 Betriebe der Pflanzenproduktion; ebenso viele Kooperationen der Pflanzen- und Tierproduktion erstrecken sich im Durchschnitt über 8 bis 10 Siedlungen."

Robert Bartelmann: Das sozialistische Dorf. In: Kooperation 1984, H. 9

Diese Beschreibung für 1984 zeigt das Ausmaß des Strukturwandels, der durch die Bodenreform, die Bildung der Genossenschaften und Kooperationen und der zahlreichen zwischengenossenschaftlichen Einrichtungen in den Dörfern der DDR ausgelöst worden ist. Die betriebliche Konzentration von Geräten, Maschinen und Fahrzeugen sowie die allerdings nur teilweise durchgesetzte Konzentration in der Viehhaltung erforderte eine große Zahl an neuen, großen, funktionsgerechten Wirtschaftsgebäuden, Stallanlagen, Futtersilos und Stapelanlagen, oft am Rande oder außerhalb der alten Dörfer. In denjenigen Dörfern, die zentrale Aufgaben der LPG und der Kooperation zu erfüllen hatten, war die Bautätigkeit für Wohnungen sowie Versorgungseinrichtungen stärker. Im Zuge dieser Entwicklung wurden viele Teilgebäude der ehemals privaten Bauernhöfe funktionslos. Sie wurden umgebaut oder verfielen. Am stärksten waren diese Veränderungen in den ehemaligen Gutsdörfern in Mecklenburg-Vorpommern und in Brandenburg. Die meisten der baulich wertvollen Gutshöfe wurden nur teilweise weitergenutzt; auffällig sind hier die noch erhaltenen Neubauerngehöfte, die Wohnraum, Stall und Scheune unter einem Dach zusammenfaßten.
In den Dörfern der Ballungs- und Dichteräume in Sachsen und Thüringen ist dieser Strukturwandel geringer, sind Gutshöfe seltener gewesen und meist auch kleiner. Der Anteil der in der Landwirtschaft Tätigen liegt dort häufig nur zwischen 5 und 8%. Die Dörfer sind entweder Pendlerwohnort für die benachbarte Industrie oder sie bieten als Industriedorf selbst ausreichend Arbeitsplätze in Industrie und Handwerk. Die funktionslos gewordenen Gebäude der Bauernhöfe sind meist zu Wohnraum umgebaut worden. Lediglich die größeren Neubauten für die Tierproduktion (Fahrzeug-, Geräte-, Werkstatthallen sowie Stallanlagen und Futtersilo-Türme) fallen hier auf.

═══════════════════════════

Projekt eines Grundkurses 13 (1988/1989) am Störck-Gymnasium Saulgau: Renhardsweiler – ein Dorf im Wandel

(Kurzbeschreibung von Sigrid Merz und Jürgen Mattes)

Die Themen, die im Rahmen der Projektarbeit zu bearbeiten waren:

Einwohner 1822–1988	Mechanisierung
Dorfbild im Wandel	Erwerbsformen
Hofstellen im Wandel	Hofnachfolge
Berufsstruktur	Pendler
Gebäudenutzung	Infrastruktur
Flurkarten 1950, 1988	Einkommen Voll-/
Flächennutzung	Nebenerwerb
Anbaustruktur	Schulbesuch
Viehhaltung	Vergleichsdaten zur
	Bundesrepublik

Zur Bearbeitung des Hauptthemas „Renhardsweiler – ein Dorf im Wandel" befaßten sich einzelne Schülergruppen mit jeweils einem oben erwähnten Thema. Informationsquellen waren u. a. das Landwirtschaftsamt, der Ortsvorsteher, das Einwohnermeldeamt, das Vermessungsamt und vor allem eigene Begehungen und Befragung der Dorfbewohner. Aus diesen Kontakten und dem Interesse an dem Projekt entstand die Idee, die Ergebnisse der Arbeit in einer Ausstellung im örtlichen Gasthaus vorzustellen. Das abendliche Treffen mit dem „ganzen Dorf" brachte weitere bis dahin unbekannte Hinweise auf die Veränderungen während der letzten Jahrzehnte.

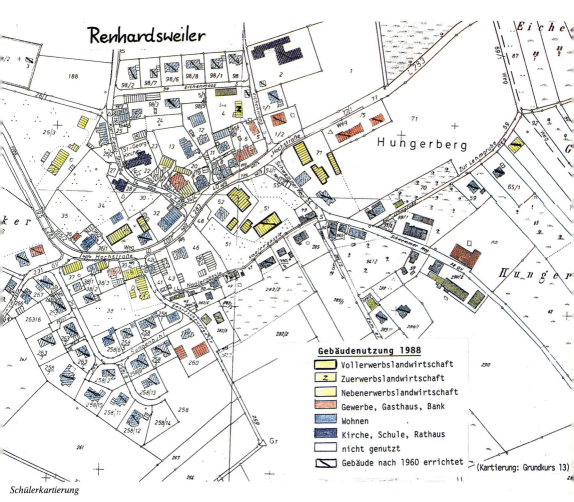

Gebäudenutzung 1988

☐	Vollerwerbslandwirtschaft
z	Zuerwerbslandwirtschaft
☐	Nebenerwerbslandwirtschaft
☐	Gewerbe, Gasthaus, Bank
☐	Wohnen
☐	Kirche, Schule, Rathaus
☐	nicht genutzt
☐	Gebäude nach 1960 errichtet

(Kartierung: Grundkurs 13)

Schülerkartierung

Renhardsweiler in Oberschwaben – 686 m hoch – liegt auf der äußeren Jungendmoräne, die hier die Wasserscheide zwischen Donau und Rhein bildet. Das Dorf hat seit 1959 durchgehend etwa 240 Einwohner; es wurde 1972 in die 6 km entfernte Stadt Saulgau (15000 Einwohner) eingemeindet.

Das Dorfbild weist keine Besonderheiten auf. Um den Ortskern aus alten Bauernhöfen und der Kirche legt sich ein fast geschlossener Ring von Ein- und Zweifamilienhäusern, die nach dem Zweiten Weltkrieg gebaut wurden. Um Veränderungen des Dorfbildes durch direkten Vergleich deutlich zu machen, wurden Photos aus dem Blickwinkel vorliegender alter Bilder gemacht. Dadurch ließ sich u. a. feststellen, daß viele Hofstellen nicht mehr landwirtschaftlich genutzt werden.

Zusammen mit der immer größer werdenden Zahl von Auspendlern und dem festgestellten Rückgang der Erwerbstätigen in der Landwirtschaft läßt sich folgender Trend erkennen: Das Dorf wird mehr und mehr zu einer ländlichen Wohngemeinde für die in den umliegenden Städten Arbeitenden. Ursache hierfür ist vor allem die bundesweit verbreitete Konzentration in der Landwirtschaft: Rückgang der Anzahl der Betriebe und Zunahme der durchschnittlichen Betriebsgrößen. Diese wirkt sich auch in Renhardsweiler negativ auf das Landschaftsbild aus: Um dem europäischen Konkurrenzdruck standzuhalten, vergrößern viele Betriebe durch Anpachten oder Zukauf von Land ihre Höfe und verändern ihre Anbauprodukte. So kam es zu einer Flächenzusammenlegung und zur Vereinfachung des Anbaus ohne Flurbereinigung.

Statistik über Renhardsweiler

Erwerbstätige	1961	1987
Land- u. Forstwirtschaft	64	13
Prod. Gewerbe	40	37
Handel/Verkehr	5	13
übrige Wirtschaftsbereiche	8	41

Berufspendler	Einpendler	Auspendler
1961	16	36
1988	20	57

LW Betriebe nach Größe (ha)	1959	1989
unter 2 ha	2	1
2– 5 ha	6	2
5–10 ha	15	1
10–20 ha	3	3
20–50 ha	3	4

LW Betriebe nach Erwerbsformen	1970	1989
Vollerwerb	3	3
Zuerwerb	4	1
Nebenerwerb	7	7

Viehhaltung 1951–1987	1951	1987
Rinder	269	357
Milchvieh	117	74
Halter	29	8
Schweine	251	35
Halter	35	4

Veränderung in der Anbaustruktur (%)	1952	1960	1977	1989
Weizen	14,3	23,2	30,1	30,3
Winter-Gerste	0,3	–	8,3	15,1
Sommer-Gerste	12,7	14,5	23,2	7,2
Hafer	7,4	3,9	14,0	11,2
Kartoffeln	15,1	14,3	8,6	5,2
übrige Hackfrüchte	11,7	6,1	3,0	0,1
übrige Futterpflanzen	30,6	29,0	1,4	18,7[1]

[1] bis 1977 ohne Mais, 1989 Maisanteil 13,3%

Zunehmende Spezialisierung, Technisierung und Intensivierung der Anbaumethoden, die eine extensive Bewirtschaftung verhindern, sind weitere Mittel, mit denen Landwirte versuchen, ihre Existenz zu sichern.

Renhardsweiler

Immer mehr betreiben ihre Höfe nur noch als Neben- oder Zuerwerb, die Hofnachfolge ist nicht gesichert und – falls ein attraktiver Arbeitsplatz winkt – die Aufgabe des Hofes vorprogrammiert.

1. *Welche Aussagen macht die Abbildung Seite 163 über den ländlichen Raum im Vergleich mit anderen Gebietstypen?*
2. *Ländlicher Raum ist ein Sammelbegriff. Erläutern Sie die Schwierigkeit, ihn inhaltlich zu bestimmen.*
3. *Der ländliche Raum als „Mehrzweckraum": Welche Vorstellung hat die Raumordnung?*
4. *Erläutern Sie die Aussagen der Abbildung Seite 164.*
5. *Welche der Entwicklungstrends der Landwirtschaft, die Sie in den Materialien seither kennengelernt haben, spiegeln sich im Beispiel Renhardsweiler?*
6. *Das sozialistische Programm der DDR sah vor, die Produktion in der Landwirtschaft nach industriellem Vorbild umzugestalten. Welche Konsequenzen hatte das für die traditionelle Struktur des Dorfes?*

5 Fremdenverkehrsregionen

Immer noch verbringen mehr Bundesbürger ihren Urlaub in der Bundesrepublik als – einzeln gerechnet – in jedem anderen Land. Insgesamt gesehen haben sich die Urlaubsreiseziele jedoch deutlich verschoben. Verbrachten in den 50er Jahren noch vier von fünf der damaligen Bundesdeutschen den Jahresurlaub in einem Feriengebiet im Inland, so überwiegen heute deutlich die Auslandsreisen.

Entwicklung der Reiseziele in den alten Bundesländern (Urlaubsreisen)

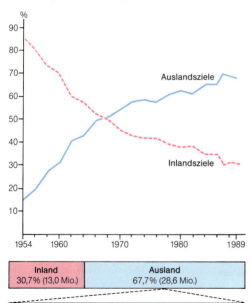

Inland	Ausland		
30,7 % (13,0 Mio.)	67,7 % (28,6 Mio.)		

Spanien Mio. Reisen	Italien	Österreich	Frankreich	*	Sonstige europäische Länder	Außereurop. Länder
4,9	4,8	4,3	2,4		7,2	3,5

*Jugoslawien: 1,5 Mio. Reisen

Nach J. Mundt: Urlaubsreisen 1988 (Reiseanalyse/Kurzfassung). Starnberg: Studienkreis für Tourismus e.V. 1989, S. 47/48, ergänzt

Die Inlandsgebiete profitieren heute nicht mehr allein vom Jahresurlaub, sondern vom zunehmenden Trend zum Urlaubssplitting. D. h., sie werden zunehmend interessant für eine Gruppe, die zwar dem Trend zum Auslandsurlaub folgt, aber einen kürzeren Zweit- oder Dritturlaub im Inland verbringt.

Verstärkt und überlagert wird die Entwicklung in den Fremdenverkehrsgebieten durch den Naherholungsverkehr und durch die Zunahme der Zweitwohnsitze und Ferienwohnungen in den Fremdenverkehrsregionen.

5.1 Inlandstourismus und Reiseziele

In den alten Bundesländern

Die wichtigsten *Fremdenverkehrsregionen* stimmen mit den Gebieten der Bundesrepublik überein, die offensichtlich einem „Kontrast-Suchbild" der Erholungssuchenden aus vorwiegend städtischen Verdichtungsgebieten entsprechen, also einen Erlebnis-Gegensatz zur räumlichen Umgebung des „Alltags" erwarten lassen:
– Gebiete mit noch naturnaher Landschaft und der Möglichkeit zu elementarem Landschaftserleben,
– Gebiete, die sowohl Ruhe als auch Raum für vielfältige Freizeitaktivitäten bieten,
– Gebiete, deren unterschiedliche bioklimatische Reizstufen für einen differenzierten Erholungseffekt sorgen.
Dabei wird es für die Attraktivität dieser Gebiete immer wichtiger, daß sie eine zusätzliche Freizeit-Infrastruktur aufweisen, die den Anspruch-Standards aus den Herkunftsgebieten entspricht.

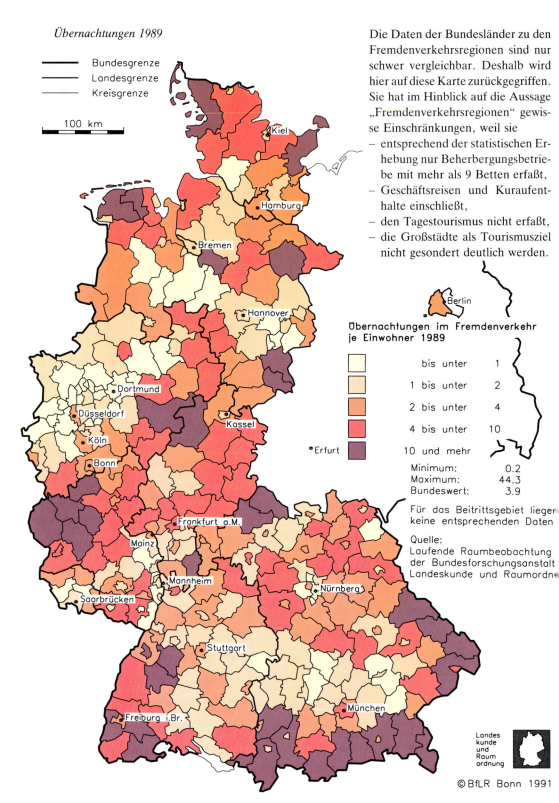

Übernachtungen 1989

Bundesgrenze
Landesgrenze
Kreisgrenze

100 km

Kiel

Hamburg

Bremen

Hannover

Dortmund

Düsseldorf

Köln

Bonn

Kassel

Erfurt

Frankfurt a.M.

Mainz

Mannheim

Saarbrücken

Nürnberg

Stuttgart

Freiburg i.Br.

München

Berlin

Die Daten der Bundesländer zu den
Fremdenverkehrsregionen sind nur
schwer vergleichbar. Deshalb wird
hier auf diese Karte zurückgegriffen.
Sie hat im Hinblick auf die Aussage
„Fremdenverkehrsregionen" gewisse Einschränkungen, weil sie
– entsprechend der statistischen Er-
  hebung nur Beherbergungsbetriebe mit mehr als 9 Betten erfaßt,
– Geschäftsreisen und Kuraufent-
  halte einschließt,
– den Tagestourismus nicht erfaßt,
– die Großstädte als Tourismusziel
  nicht gesondert deutlich werden.

Übernachtungen im Fremdenverkehr
je Einwohner 1989

bis unter 1

1 bis unter 2

2 bis unter 4

4 bis unter 10

10 und mehr

Minimum: 0.2
Maximum: 44.3
Bundeswert: 3.9

Für das Beitrittsgebiet lieger
keine entsprechenden Daten

Quelle:
Laufende Raumbeobachtung
der Bundesforschungsanstalt
Landeskunde und Raumordn

Landes
kunde
und
Raum
ordnung

© BfLR Bonn 1991

170

Übernachtungen 1987 in ausgewählten Fremdenverkehrsgemeinden (in 1000)

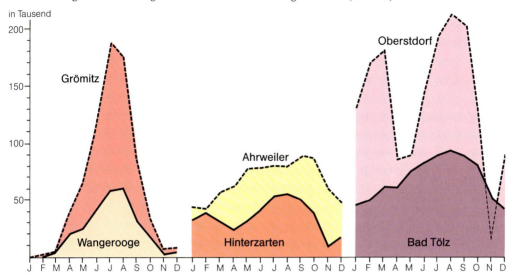

Nach Fremdenverkehrsstatistik und Statistische Landesämter

Interesse an Reisezielen innerhalb der alten Bundesländer 1989–1991 (Nennungen auf die Frage nach dem voraussichtlichen Inlands-Urlaubsreiseziel)

| | ziemlich sicher | | wahrscheinlich | |
	%	Mio.	%	Mio.
Alpen/Voralpenland	11,9	5,8	11,3	5,5
Nord-/Ostsee	9,0	4,4	7,9	3,8
Südliches Mittelgebirge	6,8	3,3	6,9	3,3
Städte	6,1	3,0	5,2	2,5
Norddeutsches Flachland	2,9	1,4	3,0	1,5
Nördliches Mittelgebirge	2,9	1,4	3,2	1,6

J. Mundt: a.a.O., S. 52

Die jahreszeitliche Saisonalität bestimmt im einzelnen den Rhythmus der touristischen Nachfrage und damit die jahreszeitlich stark schwankende Gästezahl.

Betrachtet man also das Merkmal des touristisch bedeutsamen Naturpotentials, so liegt darin für den kleinen Flächenstaat der Bundesrepublik gerade die Chance: Der Anteil an der Wattenküste mit den Inseln, an der fast gezeitenfreien Ostseeküste, am Hochgebirge und Alpenvorland sowie an den waldreichen Mittelgebirgen unterschiedlichen Typs und deren Becken- und Tallandschaften ergibt eine große naturräumliche Vielfalt und damit zugleich einen breiten Nutzungsspielraum für unterschiedliche Freizeitansprüche.

Die Herausbildung von Fremdenverkehrsregionen ist zugleich ein Prozeß, der dem zeitlichen Wandel der Freizeitmöglichkeiten und -ansprüche der Gesellschaft folgt, und der einzelne Gebiete zu ganz unterschiedlicher Zeit erreicht hat. Gebiete einzelner Entwicklungsstadien stehen somit nebeneinander:

– In den schon lange dominierenden Gebieten wie den Alpen, dem Schwarzwald oder der Küstenregion besteht heute eine am Massentourismus orientierte Infrastruktur, die zwar den Vorsprung dieser Gebiete sichert, aber vielerorts an die Grenze der Belastbarkeit stößt.

– In Fremdenverkehrsgebieten wie dem Mittelrheintal oder der Bodenseeregion entstehen lagebedingt immer mehr Nutzungskonflikte und Überlagerungen zwischen Fremdenverkehr, Siedlungs- und Industrieentwicklung, Verkehr sowie den Ansprüchen der Naherholung, die insgesamt die Erholungsmöglichkeiten beeinträchtigen.

171

– In anderen Gebieten, besonders im Mittelgebirge, die erst in jüngster Zeit ihre touristische Infrastruktur – meist mit Fördermitteln – aufbauen konnten, sind nachholende Entwicklungen noch im Gang.

Einen Gegenpol zu den stark vom Naturraumpotential bestimmten Zielgebieten stellen die touristisch attraktiven (Groß-)städte dar, die – vor allem in Form des Tagesausflugsverkehrs und der Kurzaufenthalte – eine wachsende Zahl von deutschen und ausländischen Urlaubern auf sich ziehen. So gelten für den Spitzenreiter München für 1985: 2,7 Mio. Gästemeldungen, 2,1 Nächte $\emptyset$ Verweildauer. 22 Mio. Bundesbürger unternahmen 1989 eine oder mehrere Städtereisen, fast die Hälfte aller Reisen führt dabei in Klein- und Mittelstädte.

Inlandtourismus in den neuen Bundesländern

In einigen Aspekten schien die Urlaubs- und Freizeitgestaltung in der DDR mit der in der Bundesrepublik vergleichbar, wesentliche Bedingungen wie der Umfang der Freizeit, die finanziellen Voraussetzungen und die Erschließung von Reisezielen im Ausland hatten sich verbessert. Aber grundsätzlich blockierte die eingeschränkte Reisefreiheit die attraktiven Reiseziele im „Westen". So gingen die Auslandsreisen nur in die sozialistischen Länder, unter denen Jugoslawien, Kuba, Vietnam u. a. bereits Genehmigungen erforderten. Die Relation zwischen Inlands- und Auslandsreisen von 1 : 0,4 war häufig politischen Schwankungen unterworfen. In der von der SED und ihren Massenorganisationen (Gewerkschaftsverband, Jugendverband) mit hohem Aufwand gelenkten Urlaubsgestaltung spiegelten sich für die Menschen aller Altersstufen die Auswirkungen der Teilung Deutschlands und auch Europas.

Bei steigender Nachfrage haben sich die Fremdenverkehrsregionen unterschiedlich entwickelt. Die seit langem bevorzugten Urlaubsgebiete an der Ostseeküste, in der Umgebung von Berlin sowie in den Mittelgebirgen zwischen Harz und Zittauer Gebirge wurden quantitativ und qualitativ ausgebaut. Daneben sind neue Gebiete erschlossen worden, so in der Mecklenburger Seenplatte, in den Wäldern der Altmoränengebiete und punktförmig in den Bergbaufolgelandschaften mit gutgestalteten Restlochseen. Hohe Bedeutung haben die in den Fremdenverkehrsgebieten liegenden Städte mit ihrem historischen und kulturellen Angebot zur Ergänzung der naturgebundenen Erholung oder überhaupt als Ziel einer Urlaubsreise.

Formen der Urlaubsreisen in der DDR 1986

Inlandsreisen
3,0 Mio. – in Betriebsheimen
1,8 Mio. – in Gewerkschaftsheimen   } durch Gewerkschaft, FDJ u. a. Organisationen
1,5 Mio. – in Jugenderholungseinrichtungen   vermittelt
0,1 Mio. – durch Jugendtourist

2,3 Mio. – Camping verschiedenen Niveaus
0,2 Mio. – durch Zimmervermittlung, private Vermieter, Hotels   } Privatreisen
0,1 Mio. – durch Reisebüros

Auslandsreisen
0,9 Mio. – durch Reisebüros, teils auch durch gesellschaftliche Organisationen
2,6 Mio. – Reisen privater Gestaltung

Gesamt
12,5 Mio. Reisen

Dazu kamen etwa 1,2 Mio. Reisen ausländischer Touristen, die durch das Reisebüro vermittelt wurden.

Bruno Benthien: Geographie des Erholungswesens und des Tourismus. In: Konrad Scherf u. a. (Hrsg.): Ökonomische und soziale Geographie DDR. Gotha: Haack 1990, S. 279, und Presseinformationen

Erholungsregionen in den neuen Bundesländern

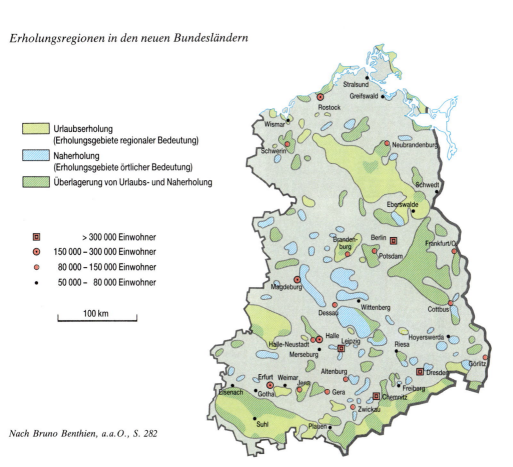

Urlaubserholung
(Erholungsgebiete regionaler Bedeutung)

Naherholung
(Erholungsgebiete örtlicher Bedeutung)

Überlagerung von Urlaubs- und Naherholung

▣ > 300 000 Einwohner

◉ 150 000 – 300 000 Einwohner

○ 80 000 – 150 000 Einwohner

• 50 000 – 80 000 Einwohner

100 km

Nach Bruno Benthien, a.a.O., S. 282

Saison an der Küste und im Mittelgebirge

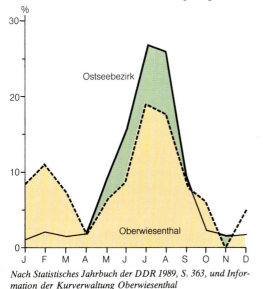

Nach Statistisches Jahrbuch der DDR 1989, S. 363, und Information der Kurverwaltung Oberwiesenthal

Urlauber im Ostseebezirk Rostock (in 1000)

1955	410	1980	2677
1960	1061	1985	3417
1965	1311	1987	3305
1970	1861	1989	3488
1975	2563		

Statistisches Jahrbuch DDR 1990, S. 60

Die Fremdenverkehrsgebiete hatten dabei mit erheblichen Schwierigkeiten zu ringen. Die Ansprüche an die Qualität der Infrastruktur für Unterbringung, Versorgung und Betreuungsangebot stiegen meist schneller als die zur Verfügung stehenden Möglichkeiten. Die Arbeitskräfte in den überwiegend saisonal genutzten Fremdenverkehrsgebieten mußten meist aus Städten außerhalb der Erholungsgebiete abgeworben werden. Nur wenige Orte waren ganz auf den

173

Urlaubsregion Ostsee 1990 mit beginnender (Segel- und Surfschule) und alter (Eisverkäufer auf dem Boot) touristischer Infrastruktur

Fremdenverkehr eingestellt. In den übrigen mußten immer wieder die saisonale Touristennachfrage und die anderen Erwerbsmöglichkeiten aufeinander abgestimmt werden. Zunehmenden Aufwand erforderte schließlich der Schutz der Landschaft vor Schäden, die durch die Überlastung infolge des Fremdenverkehrs ausgelöst werden. „Eine Urlaubssaison macht mehr Schäden als drei Hochwässer", äußerte ein bekannter Geowissenschaftler für die Ostseeküste.

Urlaubertyp und Regions-Image

Die Urlaubsvorstellungen von Menschen, die an die Küste, ins Hochgebirge, ins Mittelgebirge oder auf eine Städtetour fahren, unterscheiden sich in vielen Punkten. Sie führen andererseits aber dazu, daß im Zielgebiet Menschen beieinander sind, die sich in vielen Merkmalen und Erwartungen an den Urlaub ähneln. So gibt es dann den Typ des Nordsee-Urlaubers, des Al-

pen-Urlaubers im Winter oder auch den des Mittelgebirgsurlaubers. Regionsausstattung und Gästegruppe weisen also bestimmte Zusammenhänge auf.

In der Vorstellung der Reisenden haben diese Regionen vor allem ein bestimmtes *Image*, das aus der eigenen Wahrnehmung ebenso resultiert wie z. B. aus der Information durch die Werbung. Für den Einzelnen entsteht auf diese Weise immer eine „subjektive Realität", die der realen Umwelt nur unterschiedlich genau entspricht. Zum Image gehören auf der einen Seite Vorstellungen über die gesamte räumliche Situation und auch darüber, wie man hier glaubt, seinen Urlaub verbringen zu können. Zum anderen zeigt es eine selektive Bekanntheit mit den räumlich-topographischen Verhältnissen, was dann dazu führt, daß die Raumvorstellung sich auf wenige Namen von Bergen, Flüssen, Städten oder Landschaften reduziert. Bestimmte Raum- und Ausstattungselemente werden dadurch überbetont, andere kaum bewußt wahrgenommen.

174

Ökonomische Effekte

Fremdenverkehrsregionen sind zugleich Gebiete mit einer besonderen Wirtschaftsstruktur. Sie unterscheiden sich von anderen Wirtschaftsräumen durch den hohen Anteil von Dienstleistungen für eine nicht dauernd am Ort lebende Bevölkerung. Diese Leistungen können nicht wie ein Agrar- oder Industrieprodukt auf dem Markt nach außerhalb verkauft werden, ihre Produktivität entwickeln sie allein am Ort selbst. Werden sie nicht mehr nachgefragt, weil die Gäste ausbleiben, so sind Investitionen umsonst, Arbeitskräfte ohne Beschäftigung; der auf den Fremdenverkehr bezogene Wirtschaftssektor gerät in die Krise. Fremdenverkehrsregionen sind also in besonderer Weise außenabhängig und fremdbestimmt; sie sind dem Freizeitbedarf der Bevölkerung anderer Gebiete im Sinne von Ergänzungsgebieten einseitig verbunden.

Der erhoffte oder tatsächliche *wirtschaftliche Effekt* des Fremdenverkehrs ist seit Jahren zu einem Instrument der Raumplanung geworden, um periphere, strukturschwache Räume zu fördern, ähnlich wie die Industrieansiedlungen im ländlichen Raum.

„Volkswirtschaftlich gesehen bewirkt Tourismus eine Verlagerung von Kaufkraft in andere Räume. Kaufkraftübertragungen aus außerbayerischen Räumen nach Bayern, aber auch innerhalb des Landes aus Verdichtungsräumen in ländliche Gebiete tragen dazu bei, die Wirtschaftskraft gerade solcher Gebiete in Bayern zu steigern, die aufgrund ihrer Lage, ihrer topographischen Gegebenheiten und ihrer ungünstigen Arbeitsmarktbilanzen besondere Strukturprobleme aufweisen. Es handelt sich beispielsweise um wirtschaftsschwache und periphere Mittelgebirgslandschaften, die auf strukturverbessernde Aktivitäten in besonderem Maße angewiesen sind. In diesen vielfach noch stark landwirtschaftlich orientierten Gebieten ermöglicht der Fremdenverkehr zahlreiche selbständige Existenzen, stellt qualifizierte Dauerarbeitsplätze zur Verfügung und eröffnet der dortigen Bevölkerung zusätzliche Beschäftigungschancen, auch als Nebenerwerb. Der Fremdenverkehr bewirkt damit Einkommensverbesserungen, von denen die gesamte Wirtschaft der betroffenen Gebiete profitiert, leistet folglich einen erheblichen Beitrag zu Strukturverbesserungen sowie zur Stärkung der Wirtschaftskraft industriearmer und überwiegend landwirtschaftlich strukturierter Gebiete und fördert dort eine ausgewogene und stabile wirtschaftliche Gesamtentwicklung.“

Bayrische Staatsregierung: Fremdenverkehrs-Förderprogramm. München 1978, S. 4

Die ökonomische Rolle des Inlandstourismus (1986)

– Durch die touristische Nachfrage der Bevölkerung in der Bundesrepublik und ausländische Besucher: Umsatz 96,1 Mrd. DM.
– Die Inlandsumsätze aus der touristischen Nachfrage bewirken eine Nettowertschöpfung, die zu einem Einkommensbeitrag von 68,9 Mrd. DM führten (4,6% des Volkseinkommens).
– Dieser Einkommensbeitrag entspricht einem Äquivalent von rund 1,2 Mio. Vollarbeitsplätzen. Die tatsächlich vom Tourismus abhängige Zahl an Beschäftigten ist aber höher.

Zusammengestellt nach Deutscher-Reisebranche-Verband e.V. (Hrsg.): Wirtschaftsfaktor Tourismus. Eine Grundlagenstudie der Reisebranche. Frankfurt/M. 1989

1. *Beschreiben Sie das räumliche Muster der Fremdenverkehrsregionen, wie es sich aus den Karten Seite 170 und 173 ergibt. Kennzeichnen Sie für ausgewählte Gebiete die touristisch wichtigen Attraktivitätsfaktoren.*
2. *Begründen Sie den unterschiedlichen Saisonverlauf einzelner Orte (Abb. 171 und 173).*
3. *Erkunden Sie durch Befragung in ihrem Bekanntenkreis die Image-Vorstellungen zu einer deutschen Fremdenverkehrsregion.*
4. *Beschaffen Sie sich Werbeprodukte für eine deutsche Fremdenverkehrsregion und stellen Sie fest, welches Image für diese Region aufgebaut und mit welchen Faktoren vorrangig geworben wird.*
5. *In welcher Form kann der Fremdenverkehr für strukturschwache Regionen ökonomisch wirksam werden?*

5.2 Strukturwandel und Entwicklungstrends

Zwei Entwicklungen sind für die Fremdenverkehrsregionen in den letzten 20 Jahren von besonderer Bedeutung geworden: die Massenhaftigkeit der Teilnahme am Reiseverkehr und die Nachfrage nach einem neuen gehobenen Angebotsstandard. Das führte vor allem beim Freizeitwohnen und bei den begleitenden Infrastruktur-Einrichtungen zu neuen Angebotsformen.

Ein vergleichender Blick in die Beherbergungsverzeichnisse früherer Jahre macht den Trend deutlich: weg von der (einfachen) Pension oder der Gasthaus- und Hotelübernachtung und hin zum Urlaub in *Ferienwohnungen,* Ferienhäusern oder Appartements mit einem attraktiven Freizeitangebot in der Umgebung.

Ergänzt – und vielfach auch erst ermöglicht – wurde diese Veränderung durch den Trend zur eigenen Freizeitwohnung (*Zweitwohnsitz*) im Naherholungsgebiet oder im Feriengebiet. Für 1980/81 hat man geschätzt: ca. 260 000 Haushalte mit Ferienwohnungen, ca. 540 000 mit einem Wochenendhaus und ca. 730 000 mit einem Dauercampingplatz. Ergänzt man um Schrebergartenhäuser, Boote usw., ergab das damals ca. 2 Mio. Familien mit Freizeitwohnsitzen; deren Zahl dürfte heute erheblich höher liegen.

Die einzelnen Fremdenverkehrsregionen haben auf derartige Entwicklungstrends nur unterschiedlich schnell reagieren können. Der notwendige Wandel im Angebot ist für den einzelnen Betrieb teuer, viel fremdes Kapital kommt von außen in die Gemeinden. Neue Formen des Freizeitwohnens in Gestalt der Feriengroßprojekte haben alte Strukturen überformt oder ergänzt und – vor allem im Mittelgebirge – auch neue Gebiete erschlossen.

Unter *Feriengroßprojekten* werden hier vor allem Ferienzentren und Feriendörfer/Ferienparks verstanden, d. h. Ferienanlagen, in denen mindestens 200 Betten (oder 35 Wohneinheiten) zur Vermietung angeboten werden. In den Ferienzentren kommt dabei meist ein Angebot an Versorgungs- und Unterhaltungseinrichtungen hinzu. Zwischen 1969 und 1973 kam es vor allem zum Bauboom großer Ferienzentren (kompakter Hochhausanlagen, z. T. gemischt mit Bungalows) sowie von Appartementhäusern. Motor dieser Entwicklung war die damalige Neigung privater Kapitalgeber, aus Gründen der Steuerersparnis in Immobilien mit der Möglichkeit zu Sonderabschreibungen zu investieren. Dies war anfangs wegen zusätzlicher Fördermittel des Staates besonders im Zonenrandgebiet interessant. Große Bauträgergesellschaften haben so in kurzer Zeit die Struktur- und auch das Erscheinungsbild der drei Regionen Ostseeküste, Harz und Bayerischer Wald entscheidend umgestaltet und die Bettenkapazität z. T. verdoppelt.

Bereits ab 1975 kam es aber dann schon zur Abkehr von derart überdimensionalen Bauvorhaben; als gemäßigte Formen entstanden jetzt kleinere Anlagen, überschaubarer gegliedert und der jeweiligen Landschaft besser angepaßt: die *Feriendörfer* oder *Ferienparks.*

Auch hier stehen fallweise Fördermittel des Bundes für zurückgebliebene Regionen zur Verfügung.

Vor- und Nachteile von Ferienzentren und Feriendörfern/Ferienparks für Urlauber und Kommunen

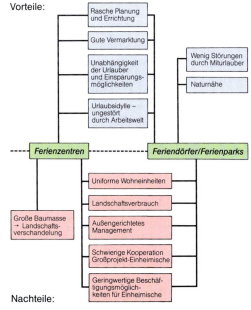

Christoph Becker, a.a.O. S. 181

Feriengroßprojekte (Stand 1984)

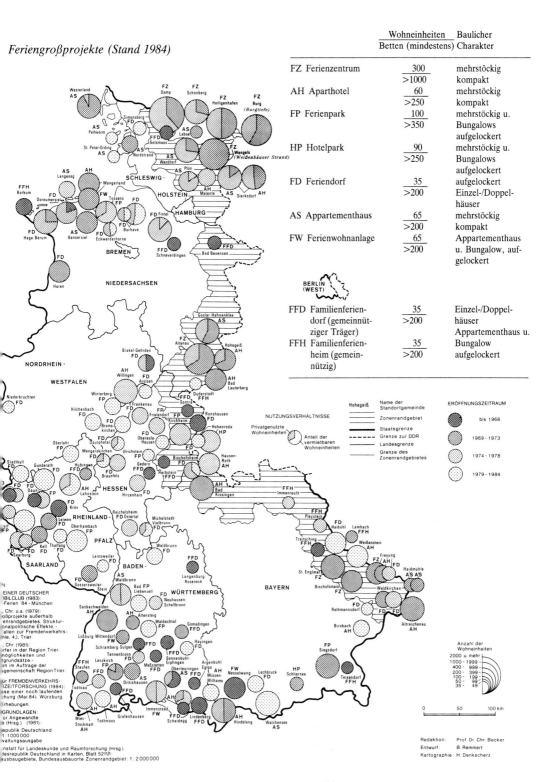

	Wohneinheiten Betten (mindestens)	Baulicher Charakter
FZ Ferienzentrum	300 / >1000	mehrstöckig kompakt
AH Aparthotel	60 / >250	mehrstöckig kompakt
FP Ferienpark	100 / >350	mehrstöckig u. Bungalows aufgelockert
HP Hotelpark	90 / >250	mehrstöckig u. Bungalows aufgelockert
FD Feriendorf	35 / >200	aufgelockert Einzel-/Doppelhäuser
AS Appartementhaus	65 / >200	mehrstöckig kompakt
FW Ferienwohnanlage	65 / >200	Appartementhaus u. Bungalow, aufgelockert
FFD Familienferiendorf (gemeinnütziger Träger)	35 / >200	Einzel-/Doppelhäuser Appartementhaus u.
FFH Familienferienheim (gemeinnützig)	35 / >200	Bungalow aufgelockert

NUTZUNGSVERHÄLTNISSE

Privatgenutzte Wohneinheiten — Anteil der vermietbaren Wohneinheiten

Hohegeiß — Name der Standortgemeinde
Zonenrandgebiet
Staatsgrenze
Grenze zur DDR
Landesgrenze
Grenze des Zonenrandgebietes

ERÖFFNUNGSZEITRAUM

bis 1968
1969 - 1973
1974 - 1978
1979 - 1984

Anzahl der Wohneinheiten
2000 u. mehr
1000 - 1999
400 - 999
200 - 399
100 - 199
50 - 99
35 - 49

0   50   100 km

Redaktion: Prof. Dr. Chr. Becker
Entwurf: B. Remmert
Kartographie: H. Denkscherz

Christoph Becker, Neue Entwicklungen bei den Feriengroßprojekten in der Bundesrepublik Deutschland. Diffusion und Probleme einer noch wachsenden Betriebsform. In: Zeitschrift für Wirtschaftsgeographie, Jg. 28, S. 164. Frankfurt 1984, ergänzt

177

Strukturwandel und Fremdbestimmung: z. B. Greetsiel

Greetsiel ist der westlichste der ehemaligen Sielhäfen an der Küste Ostfrieslands, die schon lange ihre ehemalige Funktion als Fischer- und Handelsschiffahrtsort an der Wattenmeerküste verloren haben. Aufgrund ihrer Lage in der peripheren, strukturschwachen ostfriesischen Küstenregion, die keine Industrialisierung als Entwicklungsstrategie zuläßt, setzen die regionalen Entwicklungspläne auf den Fremdenverkehr als *Entwicklungsperspektive.*

Die Sielhafenorte sind von Natur aus gegenüber den vorgelagerten ostfriesischen Sandstrandinseln benachteiligt, und erst seit 10 bis 15 Jahren erfährt der Fremdenverkehr hier einen gelenkten Ausbau. Das Naturraum-Potential wie Küsten-Reizklima, Gezeitenmeer, Watt oder Deichlandschaft werden vermarktet, der stimmungsvolle Ortskern mit dem Hafen und den Kuttern (in Greetsiel: Krabbenfang) werbewirksam genutzt, fehlender Sandstrand wird aufgesandet, Freizeiteinrichtungen geschaffen, Campingplätze und Baugebiete ausgewiesen.

Bis in die 60er Jahre war Greetsiel ein Ort mit einer überschaubaren und weitgehend integrierten Gästezahl, die in privat vermieteten Zimmern oder im Gasthof übernachteten. Nach 1970 kam dann in kurzer Zeit die Trendwende: eine schnell steigende Gästezahl (1969: 2500, 1975: 9500, 1980: 12271, 1989: 22567) sowie die Umorientierung in den Urlaubsansprüchen. 1981 beziehen sich bereits 65% der Übernachtungsanfragen auf Ferienwohnungen und Ferienhäuser, nur noch 25% auf Privatquartiere mit Frühstück; Gaststätten und Hotels sind kaum mehr gefragt. Die Gemeinde hat reagiert, hat die Bettenzahl von 1969: 552 auf 1980: 1626 ausgebaut. Diese Steigerung lag aber fast ausschließlich im Bereich der Ferienhäuser und Ferienwohnungen.

Dabei, so der Fremdenverkehrsplan der Gemeinde Krummhörn (1979), zu der Greetsiel gehört, sei darauf zu achten, der besonderen Art der örtlichen Strukturen und damit der Erhaltung und Verbesserung der Lebensqualität der hier wohnenden und wirtschaftenden Menschen besondere Beachtung zu schenken.

„Trotz der beachtlichen Erhöhung der Übernachtungszahlen konnte der Erwerbsbereich Fremdenverkehr nicht die wirtschaftliche Bedeutung für die Bewohner Greetsiels erlangen, die von den maßgeblichen Initiatoren vorausgesagt wurde. Dies ist ursächlich auf die Struktur der Beherbergungsarten zurückzuführen, die durch einen überdurchschnittlich hohen Anteil der Ferienhäuser an Bettenkapazität und Übernachtungszahlen geprägt ist. Während Greetsiel 1968 lediglich ein Ferienhaus verzeichnete und für die Fremdenverkehrsstruktur der hohe Anteil an Privatquartieren kennzeichnend war, stellen die Ferienhäuser, die fast ausschließlich im Besitz Auswärtiger sind, 1982 bereits mehr als die Hälfte der im Ort angebotenen Betten.

Ferienwohnungen verbuchen dagegen nur einen Anteil von 22,1%, Privatquartiere 10,8% und Hotels und Gästehäuser von 14,5%. Betrachtet man die Entwicklung der einzelnen Beherbergungsarten über die letzten Jahre, so zeigt sich, daß bei Hotelbetrieben und Privatvermietern (Zimmervermietung) die Bettenkapazität nicht wesentlich erhöht werden konnte. Die Steigerung der Fremdenverkehrsintensität ist also fast ausschließlich auf Kapazitätenerweiterung im Ferienhausbereich, der von Auswärtigen beherrscht wird, zurückzuführen, während bei den einheimischen Privatvermietern aufgrund des Konkurrenzdruckes eine verstärkte Umstrukturierung der Beherbergungsart von Einzelzimmervermietung zur Vermietung von Ferienwohnungen erfolgte.

Auch in Zukunft wird die Entwicklung des Fremdenverkehrs weitgehend unter Ausschluß Einheimischer vonstatten gehen, da mit der Einstellung der Zuschüsse für kleingewerbliche Beherbergungsbetriebe und Privatquartiere durch den Kreis Aurich nur noch reine Beherbergungsbetriebe mit wenigstens 8 Betten staatliche Zuschüsse beantragen können. Die Kosten für einen gewerblich betriebenen Beherbungsbetrieb belaufen sich auf ca. 400 000 DM, was die Investitionskraft der breiten Bevölkerung Greetsiels übersteigt. Entsprechend sind es vor allem Auswärtige, die in einem Beherbergungsbetrieb eine sichere Kapitalanlage sehen und sich stetigen Wertzu-

Greetsiel 1988 – Funktionale Gliederung unter dem Aspekt des Fremdenverkehrs

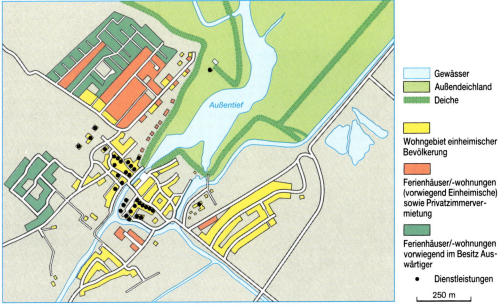

Gewässer

Außendeichland

Deiche

Wohngebiet einheimischer Bevölkerung

Ferienhäuser/-wohnungen (vorwiegend Einheimische) sowie Privatzimmervermietung

Ferienhäuser/-wohnungen vorwiegend im Besitz Auswärtiger

• Dienstleistungen

250 m

Eigene Kartierung: Fuchs/Reimann

wachs und steuerliche Vorteile erhoffen. Das von den Einheimischen im Nebenerwerb betriebene Beherbungswesen dagegen wird durch die Professionalisierung des Fremdenverkehrs (Luxus-Ferienwohnungen) zunehmend unter Druck geraten.

Charakteristisch für das von den Ortsansässigen betriebene Übernachtungswesen ist die geringe Verberuflichung. Vermietet werden überwiegend aus- und umgebaute Wohnungsteile bzw. Anbauten. Das ‚Vermietungsmanagement' liegt in der Regel in den Händen von Frauen, die sich über das Bareinkommen aus den Übernachtungsgeldern einen Nebenerwerb aufgebaut haben, ohne die eigentliche Hausarbeit vernachlässigen zu müssen.

Die männliche Erwerbstätigkeit – vorwiegend ‚Außen' in den Industriebetrieben Emdens – ist zwar der hauptsächliche Geldbringer, daß von den Frauen jedoch zusätzlich zu den eigentlich reproduktiven Tätigkeiten erwirtschaftete Einkommen verschafft vielen Haushalten einen finanziellen Spielraum."

Manfred Henning und Siegfried Kraus: Fremdenverkehrsökonomie und Siedlungsplanung – Aspekte zur Dorfentwicklung Greetsiels (Ostfriesland). Gesamthochschule Kassel; Arbeitsbericht des Fachbereiches Stadtplanung und Landschaftsplanung. Kassel 1983, S. 159/161

Greetsiel 1988 – Daten zum Fremdenverkehr

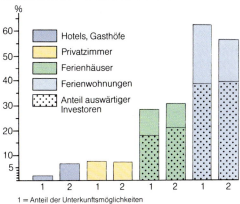

Hotels, Gasthöfe
Privatzimmer
Ferienhäuser
Ferienwohnungen
Anteil auswärtiger Investoren

1 = Anteil der Unterkunftsmöglichkeiten
2 = Zahl der Betten (ungefähr)

1. *Beschreiben Sie mit Hilfe von Karte (177) die regionale Konzentration einzelner Typen von Feriengroßprojekten. Beachten Sie dabei die zeitliche Differenzierung. Suchen Sie Begründungen.*

2. *Beurteilen Sie mögliche Chancen und Folgen für einzelne Gemeinden durch Fremdenverkehrsentwicklung am Beispiel von Greetsiel.*

179

Wintertourismus am Nebelhorn

Der bayerische Alpenraum ist:
- Lebens- und Wirtschaftsraum für rund 453 000 im bayerischen Alpenraum ansässige Menschen;
- Erholungsraum für rund 4 Mio. Urlaubsgäste mit insgesamt mehr als 26 Mio. Gästeübernachtungen pro Jahr; zusätzlich Naherholungsraum für Südbayern und Südwürttemberg mit einem Bevölkerungspotential von rund 10 Mio. Einwohnern;
- Transitraum über die Fernstraßenverbindungen Ulm – Füssen – Tirol – Italien, München – Garmisch-Partenkirchen – Tirol – Italien, München – Kiefersfelden – Tirol – Italien, München – Salzburg – Südosteuropa;
- Lebensstätte und Rückzugsgebiet für viele inzwischen selten gewordene Tier- und Pflanzenarten, teilweise als letzter Standort innerhalb der Bundesrepublik Deutschland;
- Träger wichtiger ökologischer Funktionen im landesweiten Naturhaushalt, insbesondere im Klima- und Wasserhaushalt.

Die Alpen sind also kein monofunktionaler Fremdenverkehrsraum, selbst wenn das für einige Gemeinden gelten mag. Die vielfältigen Nutzungsansprüche an diese Region bedeuten zugleich *Nutzungskonflikte* und auch Übernutzung (Belastungen). Die eigentliche Freizeitnutzung geschieht dabei hauptsächlich durch drei Gruppen, die alle ihren Lebensmittelpunkt außerhalb der Alpenregion haben: durch Urlauber, Naherholer und Freizeitwohnsitzinhaber.

Als Naherholungsraum ist der Alpenrand besonders für die Verdichtungsgebiete Stuttgart und München attraktiv. Das Allgäu gehört noch in die Reichweite von Stuttgart und Ulm, wogegen das Werdenfelser Land, der Isarwinkel, Tegernsee und Schliersee überwiegend von München aus besucht werden. In manchen Gegenden wie am Schliersee oder Tegernsee, im Raum Füssen oder Oberstdorf hat die Überlagerung von Naherholungs- und Urlaubsfremdenverkehr am Wochenende schon zu erheblichen Störungen und Überlastungen der Infrastruktur geführt.

Mitte der 70er Jahre hatte dann auch in den Alpen der Boom der Ferienwohnungen eingesetzt; 1983 lag das Bettenangebot hier schon bei 15–20%. Bereits länger in der Diskussion waren damals schon die Zweitwohnsitze (Freizeitwohnsitze), über die keine genauen Zahlen vorliegen, die aber nur in wenigen Gemeinden auf mehr als 20% am gesamten Wohnungs- und Hausbestand kommen dürften. Die Probleme für die Gemeinden liegen hier nicht nur im Ausbleiben des erhofften wirtschaftlichen Effekts und der Zersiedelung der Landschaft; gerade in den Alpen kommt auch noch die langfristige Perspektive der Umwandlung zum möglichen Alterswohnsitz hinzu.

In Rottach-Egern (Tegernsee) z. B. war 1981 schon ein Viertel der Einwohner über 65 Jahre alt. Die Nachfrage nach Zweitwohnungen hatte bis 1981 dazu geführt, daß von 565 Eigentumswohnungen 384 in auswärtigem Besitz waren, von 1330 Wohngebäuden waren es 314.

Die wachsende Bedeutung des *Wintertourismus* hat für viele Gemeinden eine zweigipfelige Saison gebracht und für bessere Auslastung gesorgt. Die Zunahme der Gästezahlen im Alpenraum ist aber schon um 1980 zum Stillstand gekommen, dafür verschieben sich die Anteile der Sommer- und Winterurlauber.

Der moderne Wintersporttourismus hat mittlerweile zu heftigen Diskussionen über die ökologischen Folgen der damit verbundenen Landschaftsbelastungen geführt. Eingriffe in die Schutzwälder, Lawinen- und Erosionsgefährdung, Zerstörung der Vegetationsdecke und Beeinträchtigung des Landschaftsbildes als Folge der notwendigen technischen Infrastruktur sind die Themen.

„Die Spekulationsspirale als Beispiel für eine selbstverstärkende Expansion des Fremdenverkehrs

---

Ausgangsbedingungen

- knappes Angebot an Bauland im Verhältnis zur Ausdehnung und zur Qualität des Erholungsgebietes,
- gut erschlossene Skigebiete hoher Kapazität,
- allgemeines wirtschaftliches Wachstum mit begleitender Inflation und daraus resultierendem Trend zur Vermögensanlage in Sachwerten,
- flüssiger Geldmarkt.

Ablauf:

1. Einleitung einer ersten Bauphase mit Erstellung von Einzelbauten in bevorzugter Lage, Siedlungswachstum in Streubauweise. Anziehen der Baulandpreise, indem die jeweils höchstbezahlten Preise als Richtwerte gelten. Die wachsende Nachfrage nach Bauleistungen führt zur Steigerung der Baukosten.
2. Ein Teil der Wohnungen und Häuser wird während der Saison vermietet. Die kurzen Belegungszeiten bewirken hohe Mietpreise. Die teuren Mieten für Ferienwohnungen ziehen auch die Zinsen für Dauermieter nach.
3. Die steigenden Preise für Bauland, Bauarbeiten und Mieten heizen die Nachfrage nach Grundstücken, Häusern und Wohnungen an. Unter Ausnützung der vermehrten Nachfrage werden die Preise erhöht; die Bauwirtschaft expandiert.
4. Die zunehmende Bautätigkeit zwingt die Gemeinde, mit raumordnenden Maßnahmen und Bauvorschriften in das Geschehen einzugreifen. Die Erstellung der Versorgungs- und Entsorgungsnetze wie auch der Ausbau der Straßen und Parkplätze erfordern hohe finanzielle Aufwendungen. Steuern und Gebühren werden erhöht.
5. Die Ausscheidung flächenmäßig beschränkter Bauzonen schafft eine künstliche Verknappung des Baulandangebotes und fördert die Bodenspekulation. Bau- und Mietboom beschleunigen die Preisspirale; Mieten und Wiederverkaufspreise früher erstellter Bauten werden laufend an die übersetzten Preise der neuen Objekte angeglichen.
6. Die große Preisdifferenz zwischen Bau- und Landwirtschaftsland begünstigt jene einheimischen Bodenbesitzer, die Land in der Bauzone haben. Die übrigen Bodeneigentümer haben das Nachsehen. Die daraus resultierende Klassenbildung leitet die Sprengung der alten Dorfgemeinschaft ein. Vom Landverkauf ausgeschlossene Bauern fühlen sich zurückgesetzt; die Neigung zur Aufgabe bestehender Landwirtschaftsbetriebe nimmt zu, um so mehr, als die allgemeinen Lebenskosten in der Region ansteigen."

Fritz Hans Schwarzenbach: Belastung alpiner Landschaften durch den Tourismus. Ergebnisse einer Systemanalyse unter Anwendung eines ökodynamischen Modells. In: Raumforschung und Raumordnung, H. 1, 1979, S. 41

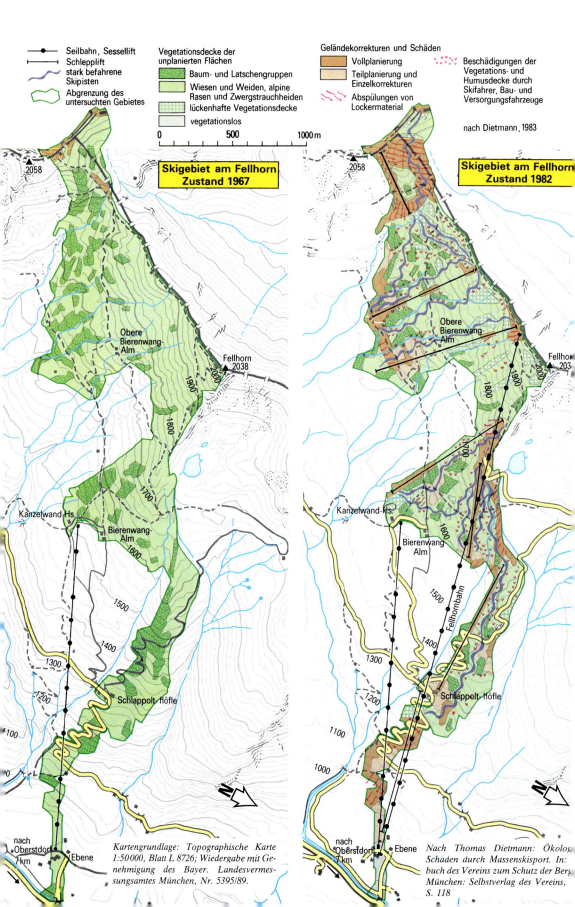

Legend:

Seilbahn, Sessellift
Schlepplift
stark befahrene Skipisten
Abgrenzung des untersuchten Gebietes

Vegetationsdecke der unplanierten Flächen
Baum- und Latschengruppen
Wiesen und Weiden, alpine Rasen und Zwergstrauchheiden
lückenhafte Vegetationsdecke
vegetationslos

Geländekorrekturen und Schäden
Vollplanierung
Teilplanierung und Einzelkorrekturen
Abspülungen von Lockermaterial
Beschädigungen der Vegetations- und Humusdecke durch Skifahrer, Bau- und Versorgungsfahrzeuge

nach Dietmann, 1983

0   500   1000 m

Skigebiet am Fellhorn Zustand 1967

Skigebiet am Fellhorn Zustand 1982

Map labels (1967): 2058, Obere Bierenwang-Alm, Fellhorn 2038, 2000, 1900, 1800, 1700, Kanzelwand-Hs., Bierenwang-Alm, 1600, 1500, 1400, 1300, 1200, 1100, Schlappolt-Höfle, nach Oberstdorf 7 km, Ebene

Map labels (1982): 2058, Obere Bierenwang-Alm, Fellhorn 203., 2000, 1900, 1800, 1700, Kanzelwand-Hs., Bierenwang Alm, 1600, Fellhornbahn, 1500, 1400, 1300, 1200, 1100, 1000, Schlappolt-Höfle, nach Oberstdorf 7 km, Ebene

Kartengrundlage: Topographische Karte 1:50000, Blatt L 8726; Wiedergabe mit Genehmigung des Bayer. Landesvermessungsamtes München, Nr. 5395/89.

Nach Thomas Dietmann: Ökolog. Schaden durch Massenskisport. In: buch des Vereins zum Schutz der Berg. München: Selbstverlag des Vereins, S. 118

Höhenstufe	Gesamt-fläche	gesamte veränderte Fläche		Voll-planierung		Teil-planierung		Einzel-korrekturen		gesamte unplanierte Fläche	
(m)	ha	ha	%	ha	%	ha	%	ha	%	ha	%
	1	2	von (1)		von (2)		von (2)		von (2)		von (2)
900–1000	2,73	2,45	90,74	1,53	63,75			0,92	37,55	0,28	9,27
1000–1100	3,52	3,52	100,00	1,78	50,56			1,74	49,43	0,00	0,00
1100–1200	2,11	2,10	99,52	1,59	75,71	0,11	5,23	0,40	19,04	0,01	0,48
1200–1300	7,20	3,43	47,63	2,06	60,05	1,17	34,11	0,20	5,83	3,77	52,37
1300–1400	7,80	1,56	20,00	0,37	24,66	0,69	44,23	0,50	32,05	6,24	80,00
1400–1500	6,09	2,41	39,57	0,76	31,53	0,38	15,76	1,27	52,69	3,68	60,42
1500–1600	17,08	3,17	18,64	0,99	31,23	0,69	21,76	1,49	47,00	13,91	81,44
1600–1700	45,74	12,11	26,91	7,53	62,23	2,69	22,23	1,89	15,61	33,63	73,52
1700–1800	48,15	7,08	14,75	5,23	73,87	0,65	9,18	1,20	16,94	41,07	85,29
1800–1900	44,89	7,45	16,93	7,14	95,83	0,31	4,16			37,44	83,40
1900–2000	16,06	3,20	20,00	2,96	92,50	0,24	7,50			12,86	80,04
über 2000	1,17	0,00								1,17	100,00
Summen	202,54	48,48	23,93	31,94	65,88	6,93	14,29	9,61	19,82	154,06	

Thomas Dietmann, a.a.O., S. 155

1. *In Hinblick auf Dauer und Art der Unterkunft kann man drei Gruppen von „Fremden" unterscheiden. Welche sind es? Welche Probleme können für einzelne Orte dadurch auftreten, daß diese Gruppen gleichzeitig auftreten?*
2. *Belastungen durch Wintersporttourismus: Werten Sie das Beispiel „Fellhorngebiet" aus. Welche Formen des Eingriffs in die Landschaft liegen vor?*
3. *Setzen Sie wichtige Elemente und Zusammenhänge des Textes „Spekulationsspirale" in eine Schemazeichnung um, in der Pfeile die jeweilige Einflußrichtung angeben.*

5.4 Anpassungsprobleme in den Fremdenverkehrsregionen der neuen Bundesländer

Die Vereinigung beider deutscher Staaten beendete die Reglementierung des Reiseverkehrs in der DDR und brachte eine Umorientierung der Reiseziele. Viele Erholungsorte wirkten 1990 anstelle der oft bedrückenden Überlastung z. T. wie verlassen. Schwierigkeiten für die zukünftige Entwicklung liegen in den zum Teil unklaren Besitzverhältnissen bei den Gewerkschafts- und Betriebsheimen, im Wegfall der bisherigen finanziellen Unterstützung des Urlaubs durch die Gewerkschaft und bei den wirtschaftlichen Schwierigkeiten der einzelnen Betriebe selbst, die z. T. unter Treuhand-Verwaltung stehen. Hinzu kommen auch die Arbeitslosigkeit und die erst langsam wachsende Flexibilität im Übernachtungs- und Aufenthaltsangebot.

Man rechnet jedoch damit, daß sich dieser Wirtschaftsbereich relativ bald stabilisieren wird. Der dann notwendige Strukturwandel wird durch die Vielfalt der bestehenden Fremdenverkehrseinrichtungen erleichtert.

„Ostdeutsche Wintersportorte kämpfen ums Überleben"

Ausgebuchte Hotels und Ferienheime sind in den Wintersportorten der ehemaligen DDR nur noch Schnee von gestern. Ob im Thüringer Wald oder im Erzgebirge – in der ersten Wintersaison nach der deutschen Einheit kämpft die Fremdenverkehrsbranche in den traditionellen Urlauberhochburgen Ostdeutschlands fast überall um ihr Überleben. Viele haben den Kampf bereits verloren. Zahlreiche Häuser mußten schließen oder stehen kurz vor dem Aus, ergab eine Umfrage der Deutschen Presse-Agentur (dpa) … Als Grund wird der fehlende Schnee, aber auch der Service genannt, der noch nicht Weststandards entspreche …

Neben dem Schneemangel macht aber auch das Ausbleiben der sogenannten Ferienscheck-Gäste der Branche zu schaffen, die bisher fast ausschließlich von staatlich subventioniertem Massentourismus lebte. Mit rund 500 Millionen Mark jährlich finanzierte die DDR für ihre Bürger einen Tourismus innerhalb ihrer Grenzen zum Ausgleich für mangelnde Reisefreiheit ins Ausland. Seit dem Konkurs des Feriendienstes der ehemaligen DDR-Einheitsgewerkschaft Anfang Januar blieben die bisherigen Stammgäste weg. Auf zahlungskräftige Westkundschaft hofft man bisher vergebens."

Sächsisches Tageblatt vom 5. 2. 1991

Betten- bzw. Platzangebot der Gewerkschaft und der Betriebe in der DDR 1989

	Gewerkschaft	Betriebe
Eigene Heime, Betten	61 900	86 000
Vertragsheime, Betten	25 000	–
Hotels, Betten	2 400	–
Privatquartiere, Betten	43 700	47 600
Wohnwagen/Zelte, Plätze	–	104 300
Bungalows, Plätze	–	152 200

Statistisches Jahrbuch der DDR 1990, S. 365/366

Nur 28% des Betten- bzw. Platzangebotes waren an die von der Gewerkschaft und den Betrieben getragenen Heimen gebunden. Die Gebäude sind teils Neubauten, teils auch gut instandgesetzte ältere Häuser aus unterschiedlichen Eigentumsformen. Diese Heime bestimmen die Verhältnisse einer größeren Zahl von Erholungsorten, vergleichbar etwa den Orten mit Feriengroßprojekten in den alten Bundes-

ländern. Solche Orte sind deshalb auch von der weiteren Entwicklung dieser Heime abhängig. Die Vertragsheime – etwa 5% der Kapazität – sind meist in privater Hand, so daß ihre Weiterführung vor allem nun vom Geschick des Managements abhängt. Ähnliches gilt für die vertraglich gebundenen Privatquartiere, die etwa 18% des Bettenangebotes ausmachen. Ihre Existenz ist allerdings direkt an die Funktionsfähigkeit der Dienstleistungen am Ort und die laufende Verbesserung ihrer Ausstattung gebunden.

Beachtlich hoch ist der Anteil der Plätze, den sich Betriebe auf Campingplätzen sicherten und diesen teilweise für eine ganzjährige Nutzung ausstatteten. Nach dem Wegfall der von den Betrieben bei dieser Erholungsform nur geringen finanziellen Unterstützung kann diese Urlaubsgestaltung faktisch unverändert aus privater Initiative weitergeführt werden. Das wird vor allem davon abhängen, inwieweit die Gemeinden in der Lage sind, die Qualität der Infrastruktur auf das Niveau zu heben, das für Campingplätze in den alten Bundesländern bereits längere Zeit erreicht wurde.

Auf der Karte der Erholungsregionen in den neuen Bundesländern (siehe Seite 173) wurden die Überschneidungen mit den Naherholungsgebieten sichtbar, die bereits auf bedeutenden Flächen bestehen. In vielen dieser Naherholungsgebiete haben sich verschiedene Formen des Freizeitwohnens entwickelt, zum Teil bis zum voll ausgebauten Zweitwohnsitz erweitert. Unter diesen Umständen kann ein vorübergehender Rückgang des längerfristigen Erholungsverkehrs leicht überbrückt werden. Man muß sogar davon ausgehen, daß sich das Freizeitwohnen gebietsweise noch erheblich ausdehnen wird. Das gilt besonders für das Umland von Berlin, wo ein erheblicher Nachholbedarf besteht.

Fraglich sind zur Zeit die Perspektiven der Kleingärten, die sich als „Schrebergärten" zu einer selbstverständlichen Form der Flächennutzung auf urbanen Splitterflächen und am Stadtrand entwickelt haben. Ihre Bedeutung für die Erholung und Freizeit wird eng mit der zukünftigen Entwicklung der Mobilität der Bevölkerung zusammenhängen.

Private Kapazität des Freizeitwohnens in der DDR 1988

Art des privaten Freizeitwohngebäudes	Anzahl (1000)	Bettplätze (1000)	Übernachtungen Jahr (Mio.)
Wochenendhäuser	250	1000	30–50
Gartenlauben (VKSK)	120–150	350–450	8–10
Dauercamping (Zelte, Wohnwagen)	50	150	4– 5

Frankdieter Grimm und Wolfgang Albrecht: Freizeitwohnen und Freizeitsiedlung in der DDR. Petermanns Geographische Mitteilungen 1990, S. 91

„Die von Freizeitwohngrundstücken eingenommene Fläche umfaßt in der DDR schätzungsweise 450–500 km^2, der Anteil der produktiven Kleingärten daran etwa 70–80%. Der Gesamtflächenanspruch ist also nicht nur absolut gering (weniger als 0,5% der Staatsfläche), sondern auch relativ zum Anteil der speziellen Flächennutzer, der ja bei 20–25% der Bevölkerung liegt. Er fällt aber lokal und regional dennoch ins Gewicht, da er sich auf bestimmte Landschaftssausschnitte konzentriert. Dadurch treten erhebliche Nutzungskonkurrenzen auf, die nicht immer im Sinne gesamtgesellschaftlich optimaler Mehrfach- oder Vorrangnutzung entschieden worden sind."

Frankdieter Grimm und Wolfgang Albrecht: a.a.O., S. 91

1. *Benennen Sie wesentliche Anpassungsprobleme der Fremdenverkehrsregionen/Fremdenverkehrsgemeinden in den neuen Bundesländern. Welche Rolle spielen dabei die Strukturen, die durch den staatlich gelenkten Tourismus entstanden sind?*
2. *Diskutieren Sie darüber, welche Veränderungen sich durch die Vereinigung für die bisherigen Urlaubsorte ergeben haben und wie die Orte sich in der Zukunft entwickeln werden.*

5.5 Naherholung: Die „Fernwirkung" der Großstädte

Nicht nur die zunehmende Freizeit, sondern gerade auch der damit verbundene kurzzeitige Ortswechsel sind eine junge gesellschaftliche Reaktionsform auf die Belastungen des Alltags in (groß-)städtischer Umgebung. Mit der privaten Mobilität des größten Teils der Bevölkerung ist heute die Möglichkeit der Kurzzeiterholung an Wochenenden und Feiertagen in den *Naherholungsgebieten* zum Massenphänomen geworden. Damit ist ein periodisch auftretender zusätzlicher Raumbedarf in benachbarten Regionen entstanden, neue Formen der Raumbeanspruchung prägen jetzt Gebiete, die nur einseitig den Herkunftsgebieten als „Ergänzungsräume" dienen. Fast die Hälfte der Fläche der Bundesrepublik gilt heute als (potentielle) Naherholungsfläche, und um jede Mittel- und Großstadt haben sich feste Naherholungs-Zielgebiete entwickelt. Es sind dabei häufig die noch naturnahen Gebiete, die von der städtischen Bevölkerung aufgesucht werden. Die meist wetterabhängige stoßweise Beanspruchung dieser Gebiete schafft dort kurzzeitig große Belastungen.

„Naherholungsräume sind heute weitgehend als Teile urbaner Intensitätsfelder mit einem Kern-Rand-Gefälle zu sehen. Die Vielzahl der städtischen Verflechtungsbeziehungen ist damit um ein nicht unbedeutendes Element erweitert worden. Quell- und Zielgebiete lassen aber nur eine grobe Zuordnung deutlich werden, da nicht allein die städtischen Kerne als Ursprungsgebiete der Naherholer gelten dür-

185

fen. Mit zunehmender Urbanisierung der außerstädtischen Bevölkerung, auch innerhalb der Stadt-Rand-Wanderung, nehmen die Bewohner des ‚ländlichen' Raumes mehr und mehr Verhaltensweisen urbaner Prägung an und werden in unserem Sinne ‚naherholungsaktiv'. Dabei muß die Wohnortgröße keinesfalls ein Gradmesser für die Beteiligungsquote sein, vielmehr können durchaus kleinere, stadtnahe Gemeinden deutlichere urbane Verhaltensweisen aufzeigen, als größere Siedlungen im stärker ‚rural' geprägten Raum. Die Beteiligungsquoten sind entsprechend sozioökonomischer Kriterien (z. B. Einkommen, Alter usw.), der verfügbaren Zeit usw. recht unterschiedlich. Zahlreiche Untersuchungen verweisen jedoch auf einen groben Orientierungswert, der besagt, daß in stark urbanen Bereichen in der Regel über 30% der Bevölkerung regelmäßig am Naherholungsverkehr teilnehmen."

Karl Ruppert: Grundtendenzen freizeitorientierter Raumstruktur. In: Geographische Rundschau 1980, H. 4, S. 183

Ausflugsverkehr 1986

Durchschnittliche Ausflugsdauer	
Kurzausflüge (bis 3 Stunden)	5,2%
Halbtagsausflüge (4–6 Stunden)	24,8%
Tagesausflüge (7–12 Stunden)	53,4%
Tagesausflüge (über 12 Stunden)	16,6%
Durchschnittliche Entfernung des Ausflugsziels	83,5 km
Benutzte Verkehrsmittel:	
Pkw	83,4%
Bus	6,2%
Bahn	3,1%
sonstige	7,3%

Anzahl der Ausflüge je Haushalt:

Haushaltsgröße	Zahl der Ausflüge pro Haushaltsmitglied und Jahr (absolut)
1 Person	31,0
2 Personen	22,4
3 Personen	19,8
4 Personen	16,7
5 und mehr Personen	13,2
∅ Bevölkerung	19,9

	Gästeübernachtungen in Beherbergungsstätten mit 9 und mehr Betten, 1986	
Fremdenverkehrsgebiet (Auswahl)	Ausflüge pro Jahr in dieses Gebiet (ohne Übernachtung) in Mio.	in Mio.
Nordsee (SH)	14,5	6,3
Niedersächsische Küste	14,4	7,4
Ostsee	31,0	7,5
Hamburg	22,1	3,0
Berlin	34,3	5,1
Lüneburger Heide	28,2	2,8
Harz/Harzvorland	21,5	5,5
Niederrhein-Ruhrland	85,9	5,9
Siebengebirge	18,3	1,7
Teutoburger Wald	38,0	7,9
Eifel	22,9	2,0
Main, Taunus, Rheingau	32,5	7,5
Rheintal (in Rh-Pf)	16,9	1,9
Mosel-Saar	11,8	3,0
Pfalz	24,9	2,6
Spessart u. Odenwald	17,6	0,9
Schwarzwald	59,6	19,2
Schwäbische Alb	27,9	2,7
Allgäu-Oberschwaben-Bodensee-Hegau	17,0	4,8
Fränkisches Seenland u. Altmühltal	11,1	1,1
Bayerischer Wald u. Rottaler Bäder	13,5	8,5
Fünf-Seen-Land	10,0	0,7
Allgäuer Alpen	17,7	7,9

A. Koch, M. Zeiner, M. Feige: Die ökonomische Bedeutung des Ausflugs- und Geschäftsreiseverkehrs (ohne Übernachtungen) in der Bundesrepublik Deutschland. Schriftenreihe des Deutschen Wirtschaftswissenschaftlichen Instituts für Fremdenverkehr an der Universität München, Heft 39, München 1987

1. *Listen Sie Ihre subjektiven Argumente für die Bedeutung der Naherholung auf, und sprechen Sie darüber.*
2. *Beschreiben Sie Naherholungsgebiete Ihrer Heimatregion.*
3. *Werten Sie die Daten zum Ausflugsverkehr 1986 aus. Achten Sie bei den Fremdenverkehrsgebieten besonders darauf, ob sie in der Reichweite von Großstädten/Verdichtungsräumen liegen.*

6 Raumordnung in Deutschland

Veringenstadt
Der „Mehrzweckraum": Wohn- und Gewerbeflächen, Landwirtschaftsflächen und Flächen für Verkehr, Freizeit, Bildung und Kultur drängen sich in vielen Gebieten der Bundesrepublik Deutschland auf engem Raum und schränken die naturnahen Flächen immer mehr ein.

Welche Prioritäten gelten bei der Nutzung des Raums? Wer setzt die Prioritäten fest, und wer soll über die Verteilung der Flächen bestimmen? Wie können Konflikte der verschiedenen Interessenten vermieden oder gemildert werden? Was ist eine vernünftige, den Interessen der Allgemeinheit dienende Flächennutzung? Wie kann der „Landverbrauch" reduziert werden? Wie lassen sich Fehlnutzungen beenden und künftige vermeiden? Welche Veränderungen und Belastungen der Umwelt ergeben sich durch die Nutzung und Übernutzung der Landschaft? Wie kann der Schutz persönlicher Interessen mit den Interessen der Gemeinschaft vereinbart werden? Dies sind einige der Fragen, mit denen sich die Raumordnung beschäftigt.

6.1 Die Kulturlandschaft, ein Mehrzweckraum – Die Ansprüche der Gesellschaft an den Raum

Die Bundesrepublik Deutschland war bis 1990 248 709 km² groß. Auch die geringe Neulandgewinnung an den Küsten und einige Grenzbegradigungen können die Fläche dieses Lebensraumes praktisch nicht verändern. Erst durch die Wiedervereinigung vergrößerte sich Deutschland auf eine Fläche von 357 050 km². Von 1950 bis 1990 ist die Bevölkerung der Bundesrepublik in den alten Bundesländern um ungefähr ein Fünftel gewachsen. Aber die Ansprüche an die Fläche haben sich vervielfacht: Wir

187

nutzen mehr Wohnraum, weil wir andere Wohnbedürfnisse haben. Viele verlangen wegen neuer Arbeitsbedingungen und Freizeitwünsche Zweitwohnungen. Wir brauchen mehr Verkehrsflächen und Parkraum, weil die Entfernungen zwischen Wohn- und Arbeitsplatz gewachsen sind, und weil wir für unsere gewachsene Freizeit einen höheren Mobilitätsanspruch haben. Und wir ziehen dabei das Auto allen anderen Verkehrsmitteln vor – das Auto, das viel mehr Verkehrsfläche benötigt und Emissionen verursacht als die anderen Verkehrsmittel. Die Wirtschaft hat für neue Fertigungsmethoden und neue Dienstleistungseinrichtungen zusätzlichen Flächenbedarf. Und auch der Flächenbedarf für unsere Freizeit und ihre Einrichtungen ist gewachsen. Das Ausmaß dieser Ansprüche ist uns selten bewußt.

Daten zu den alten Bundesländern

Die Bevölkerung der Bundesrepublik 1950–1988

1950	49,98 Mio.	1980	61,56 Mio.
1960	55,43 Mio.	1985	61,02 Mio.
1970	60,65 Mio.	1989	61,82 Mio.

Wohnungsbestand 1950–1987[1]

	1950	1970	1980	1987
Mio. Einheiten	10,1	20,8	23,1	26,3
pro 1000 Einw.	202	342	375	429

[1] Die durchschnittliche Größe einer Wohneinheit stieg von 74 m² 1960 auf 99 m² 1980

Verkehrsleistung im Personenverkehr (Mrd. Personenkilometer)

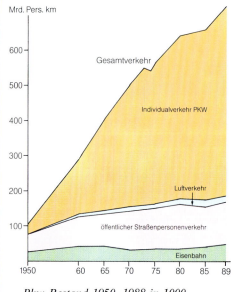

Verkehrsleistung im Güterverkehr (Mrd. t/km)

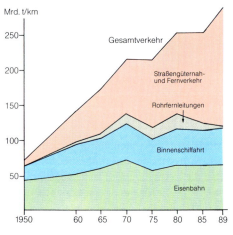

Pkw-Bestand 1950–1988 in 1000

1950	540	1985	25 845
1960	4 490	1988	28 872
1970	13 941	1989	29 830
1980	23 192	1990	30 152

Relativer Flächenbedarf von Verkehrsmitteln

Eisenbahn	1	Bus	1,7
Fußgänger	0,4	Pkw	16,4
Fahrrad	1,7		

Nach: Verkehr in Zahlen 1986, Statist. Jahrbücher der Bundesrepublik Deutschland bis 1990, Datenreport 1987, S. 123

Länge des Straßennetzes in km

	1950	1960	1970	1989
Straßen für überörtl. Verkehr	•	135 300	162 300	173 652
davon Autobahn	2128	2551	4110	8721
Gemeindestraßen	•	233 300	270 100	324 000

Daten zu den neuen Bundesländern

Die Bevölkerung der DDR

(1939)	16,745 Mio.	1980	16,740 Mio.
1950	18,360 Mio.	1985	16,655 Mio.
1960	17,188 Mio.	1989	16,434 Mio.
1970	17,068 Mio.		

Wohnungsbestand 1971–1989 in Mio.

	1971	1981	1985	1989
Gesamt	6,1	6,6	6,8	7,0
pro 1000 Einw.	355	393	410	426
Staatlich	1,7	2,5	2,7	2,8
Genossenschaftl.	0,6	1,0	1,1	1,2
Privat u. a.	3,6	3,1	3,0	3,0

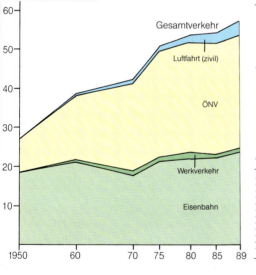

Mrd. Personenkilometer

Gesamtverkehr
Luftfahrt (zivil)
ÖNV
Werkverkehr
Eisenbahn

← Personenbeförderung in Milliarden Personenkilometern

Pkw-Bestand 1950–1989 in 1000

1950	75
1960	298
1970	1 159
1980	2 677
1985	3 306
1989	3 898

Länge des Straßennetzes in km

	1960	1970	1980	1985	1989
Straßen für überörtlichen Verkehr	12 300	12 400	13 100	13 200	13 200
davon Autobahn	1 400	1 400	1 700	1 900	1 900
Bezirksstraßen	33 100	33 300	34 400	34 000	34 400

Wie kann eine beschränkte, nicht zu vergrößernde Fläche diese gestiegenen und weiter steigenden Ansprüche aufnehmen? Die folgenden Tabellen können eine erste Antwort und zugleich Hinweise auf Probleme geben:

Flächenanteile der Nutzungsarten in den alten Bundesländern in 1000 ha

Nutzungsart	1950	1971	1981	1985	1989	Veränderungen 1989 gegen 1950 in Prozent
Landwirtschaftsfläche (ab 1981 mit Moor, Heide)	14160	13503,7	13953,7	13718,6	13488,1	− 4,7
landwirtschaftl. genutzte Fläche	13485,2	12723,8	12196,5	12019,1	11885,3	−11,9
darunter Ackerland	7982,8	7548,0	7262,7	7219,1	7272,7	− 8,9
Dauergrünland	5625,1	5418,3	4714,0	4566,3	4406,8	−21,6
Moor, Heide[1]	965,4	848,4	198,8	171,0	132,9	−86,2
Wald	7018,4	7183,2	7328,0	7360,0	7400,5	+ 5,4
Wasserflächen	436,4	442,9	429,8	444,3	450,1	+ 3,1
Siedlungsfläche	1863,2	2197,8	2671,3	2972,5	3045,2	+63,4
darunter Gebäude- und (ab 81) Freiflächen	781,1	1069,8	1360,2	1488,5	1548,4	+98,2
Betriebsflächen mit Abbauland	–	–	142,1	127,4	137,0	
Erholungsfläche	–	–	128,5	146,1	180,2	
Verkehrsfläche	862,9	1128,0	1169,0	1210,5	1242,2	+44,0
sonstige Nutzung, Öd- und Unland	–	–	358,0	218,1	345,1	
Gesamtfläche	24679	24776,8	24869,2	24869,4	24861,9	+ 0,7

[1] Bis 1971 mit Öd- und Unland
Landwirtschaftsfläche und landwirtschaftl. genutzte Fläche auf unterschiedlicher Bemessungsgrundlage, 1950 nicht voll vergleichbar
Betriebsfläche: unbebaute gewerblich oder industriell genutzte Flächen
Verkehrsfläche: Straßen, Wege, Schienen, Brücken, Rad- und Gehwege etc.
sonstige Nutzung: Übungsgelände, Felsen, Dünen etc.

Datengrundlage: Statistische Jahrbücher der Bundesrepublik Deutschland bis 1990, Bodennutzungshaupterhebungen bis 1989

Flächenanteile der Nutzungsarten in der DDR in 1000 ha

Nutzungsart	1950	1970	1980	1985	1989	Veränderungen 1989 gegen 1950 in Prozent
Landwirtschaftliche Nutzfläche	6526,5	6286,3	6269,0	6224,8	6171,4	−5,5
Ackerland	5017,2	4618,0	4760,0	4716,7	4676,3	
Grünland	1291,0	1469,1	1235,3	1250,6	1257,6	
Forsten, Holzungen	2898,6	2947,9	2954,7	2972,8	2983,0	2,9
Ödland	104,3	81,9	70,9	78,5	98,1	−6,0
Unland	202,2	146,9	139,0	103,3	93,3	−37,6[2]
Abbauland (Bergbau)		45,5	85,4	96,4	97,9	115,0[2]
Wasserfläche[3]	220,6	210,6	224,8	291,5	313,5	42,1
Restfläche[1]	880,5	1111,8	1090,1	1065,5	1074,2	22,0
Gesamtfläche[4]	10754,8	10830,9	10833,9	10832,8	10832,8	

[1] Unter Restfläche sind die bebauten Flächen, Verkehrsflächen, militärische Flächen usw. zusammengefaßt; [2]1989=70%; [3]einschl. Stauseen, Restlöcher; [4]Veränderungen durch neue Vermessungen

Statistisches Jahrbuch der DDR, 1990

Entzug der LNF in ha pro Tag in der DDR 1950–1989

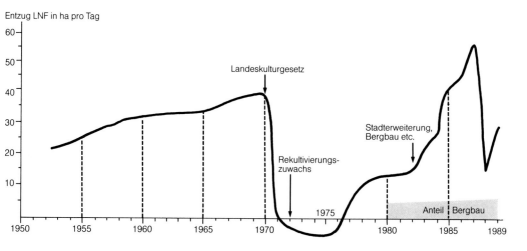

In der DDR wurde wegen der geringeren Intensität der Wirtschaftsentwicklung im allgemeinen weniger landwirtschaftliche Nutzfläche der Bewirtschaftung entzogen als in den Altbundesländern. Zwischen 1950 und 1989 waren es „nur" 3553 km^2 oder 25 ha pro Tag.

Die größten Veränderungen in der Flächennutzung erfolgten durch die Landwirtschaft selbst, z. B. beim Einrichten der Großschläge für die industriemäßige Pflanzenproduktion, seit 1980 auch durch die Stillegung von Flächen, die durch Bodenerosion, -verdichtung oder -vernässung Schäden erlitten hatten. Der Anteil des Bergbaus am Entzug landwirtschaftlicher Nutzfläche – daneben wurden Wald- und Siedlungsflächen beansprucht – ist vergleichsweise gering. Der Bergbau ist auch der einzige Wirtschaftszweig, der nach der Wiederurbarmachung und Rekultivierung nennenswerte Flächen an die Landwirtschaft zurückgibt.

Zu den politökonomischen Ursachen des Landverbrauchs zählen auch die niedrigen Bodenpreise, die sorgsamen Umgang mit der Landwirtschaftsfläche nicht förderten. Das Landeskulturgesetz, das 1970 nach öffentlicher Diskussion verabschiedet worden war und die Rückgabe rekultivierter Flächen an die Landwirtschaft zum Inhalt hatte, wirkte sich zeitweilig positiv auf die Flächenbilanz aus. So wurden zwischen 1971 und 1976 mehr Flächen an die Landwirtschaft zurückgegeben als ihr entzogen.

Nach der Vereinigung der beiden deutschen Staaten wird in den neuen Bundesländern der ökonomische Wert des Bodens standortabhängig rasch zunehmen und den Verbrauch für andere Wirtschaftssektoren beschleunigen. Außerdem werden bedeutende Flächen geringwertiger Böden – die Angaben bewegen sich zwischen 300000 und 600000 ha, also 5 bis 10% der heutigen LNF – infolge der Anpassung an die Agrarpolitik der Europäischen Gemeinschaft vermutlich stillgelegt oder anders genutzt.

An zwei Beispielen aus den alten Bundesländern sollen zentrale Aufgabenfelder der Raumordnung dargestellt werden: Das erste ist der Kulturlandschaftswandel, also die Veränderung der Anteile der verschiedenen Formen der Flächennutzung, was man heute vielfach als „Landverbrauch" bezeichnet. Das zweite ist die unterschiedliche Struktur und der unterschiedliche Entwicklungsstand verschiedener Räume, also die Frage der räumlichen Disparitäten.

Kulturlandschaftswandel

Wir sprechen von „Landverbrauch", wenn Agrarland umgewidmet oder wenn die kleinen naturnahen Restflächen in Nutzung genommen werden. Im folgenden wird an einem Beispiel aus dem Raum Bietigheim-Brackenheim-

–Großbottwar im nördlichen Randgebiet des Verdichtungsraums Mittlerer Neckar detailliert die Veränderung in der Flächennutzung gezeigt. Das Beispiel bietet zugleich Hinweise auf die Arbeitsweise der Raumordnung: Zuerst muß das vorhandene Raumpotential untersucht, müssen die konkurrierenden Interessen erfaßt werden. Die Raumforschung erstellt also zuerst eine *Raumanalyse*. Sie ergab u. a.:

- „Die Ausweitung der Siedlungsfläche hängt zwar eng mit Zuwächsen an Bevölkerung und gewerblichen Arbeitsplätzen zusammen, wird jedoch von weiteren Komponenten beeinflußt.
- Ein Extensivierungsprozeß überlagert den vom Verdichtungsprozeß gesteuerten Kulturlandschaftswandel. Im Untersuchungsgebiet setzt er mit Beginn der 60er Jahre ein …
- Bei grober Betrachtungsweise zeigt der Kulturlandschaftswandel der 70er Jahre, daß in der Mehrzahl der Gemeinden das Verhältnis zwischen Bevölkerungs-/Arbeitsplatzentwicklung und Siedlungsflächenentwicklung 1:1,3 beträgt …
- Übermäßig flächenbeanspruchende Entwicklungen in einigen Gemeinden (Index 0,5–0,7) sind größtenteils auf die Ausweisung ausgedehnter, dünn besetzter Gewerbeareale zurückzuführen, vor allem in der Nähe der Autobahn."

Christoph Borcherdt u. Stefan Kuballa, a.a.O., S. 132/133 (gekürzt)

Landverbrauch 1950–1983 nach Raumkategorien im Untersuchungsgebiet

	Siedlungs-fläche in ha[1]		Siedlungsflächenzuwachs nach Nutzungen								Siedlungsflächenzuwachs insgesamt	
			Wohnen		Industrie/ Gewerbe		Versorgung		Erholung[2]			
	1950	1983	in ha	in %	in ha	in %	in ha	in %	in ha	in %	in ha	in %
Verdichtungsraum	764	2682	1233	64%	461	24%	72	4%	152	8%	1918	100%
Randzone um den Verdichtungsraum	452	1787	977	73%	206	16%	28	2%	124	9%	1335	100%
Ländlicher Raum	261	1121	604	70%	168	20%	20	2%	68	8%	860	100%
Untersuchungsgebiet	1477	5590	2814	68%	835	20%	120	3%	344	9%	4113	100%

[1] Ohne Verkehrsfläche außerorts; [2] ohne ungeregelte Gartenhausgebiete

Christoph Borcherdt und Stefan Kuballa: Der „Landverbrauch" – seine Erfassung und Bewertung. Stuttgarter Geographische Studien, Bd. 104, 1985, S. 131. Selbstverlag des Geographischen Instituts der Universität Stuttgart

Kulturlandschaftswandel in der Bundesrepublik Deutschland

	1950–1971	1981–1985
Durchschnittlicher Rückgang/Tag[1] Landwirtschaftsfläche[2]	85,6 ha	161,0 ha
/Tag landwirtschaftlich genutzte Fläche (1981–1988)	99,3 ha	110,1 ha
Durchschnittliche Zunahme/Tag Gebäude- und Freifläche[3]	37,7 ha	87,8 ha
/Tag Verkehrsfläche	34,6 ha	28,4 ha

[1] Wegen veränderter Erhebungsgrundlagen kann 1971–1980 nicht vergleichbar gemittelt werden; [2] ab 1981 mit Heide und Moor; [3] ab 1981 mit Vor- und Hausgärten, Spielplätzen, Betriebsflächen

Datengrundlage: Allgemeine Flächenerhebungen bis 1985, Bodennutzungshaupterhebungen bis 1988

Siedlungswachstum 1950–1983: Die Realnutzung der umgewandelten Freiflächen bei Ludwigsburg

☐	alte Siedlungsfläche	🟦	Industrie und Gewerbe
🟨	landwirtschaftl. Betriebe, Gärtnereien	🟩	Gärten, Grün- und Sportanlagen
🟧	Wohngebäude	🟪	Versorgungseinrichtungen (Einkauf, Bildung, Soziales)
🟥	Durchmischung Wohnen/Arbeiten	▬ ▬	Verkehrsstraßen mit Lärmschutzwall

0   0,5   1 km

Topographische Karte, verkleinerter Ausschnitt aus dem Blatt 7021, herausgegeben vom Landesvermessungsamt Baden-Württemberg. Vervielf. gen. unter Az 5.11/697, ergänzt durch den Autor

Gemeinde	Markungs-fläche	Außerört-liche Ver-kehrsflächen, militär. Flä-chen u. a.	Bruttobaufläche			naturräuml. u. ökolog. Restrik-tionsflä-chen	Mindest-freifläche für die Naherholg. (200 m² Freifl./Ew. 1979)	nach 1989 bebaubare Restfläche	jährl. Verlust an Freiflächen	extrapol. Dauer bis zur Überbau-ung d. verfügbar. Restfläche
	in ha	in ha Stand 78	in ha 1960	1979	1989	in ha Stand 79	in ha	in ha	in ha	
Asperg	580	ca. 120	74	158	207	32	231	6	4,4	11 Jahre
Bietigh.-B.	3130	ca. 230	312	702	805	1310	672	768	20,5	47 Jahre
Tamm	877	ca. 70	40	126	158	81	145	463	4,5	über 50 J.

Christoph Borcherdt u. Stefan Kuballa, a.a.O., S. 142 (gekürzt)

Eine besonders schwierige, für die Raumordnung aber unverzichtbare Aufgabe, ist die Abschätzung der zukünftigen Entwicklung. Solche Prognosen sind problematisch, da sich auch die Werthaltung der Gesellschaft ändert und damit die Grundvorstellung von sinnvoller Raumnutzung. Ein Beispiel für drei Gemeinden aus dem oben dargestellten Untersuchungsraum kommt unter Berücksichtigung nur weniger unterschiedlicher Prämissen zu stark abweichenden Prognosen.

Verändert man nur eine Prämisse, z. B. die Mindestfreifläche von 200 auf 400 m²/Ew., so bliebe in Asperg keine verfügbare Restfläche mehr (letzte Spalte der Tabelle), in Bietigheim-Bissingen dauerte es 10 Jahre, in Tamm über 50 Jahre bis zur Überbauung der Restfläche. Bezieht man die Extrapolation auf die zukünftige Einwohnerentwicklung auf der Basis der Veränderungen von 1960 bis 1979, so ergibt die Hochrechnung für Bietigheim-Bissingen nur noch eine Dauer von drei Jahren bis zur Überbauung der Restfläche!

Räumliche Disparitäten

Die verschiedenen Räume der Bundesrepublik Deutschland haben sich aufgrund unterschiedlicher naturräumlicher Voraussetzungen oder vielfältiger wirtschaftlicher, politischer und sozialer Bedingungen stark unterschiedlich entwickelt. Eine (auch vom Grundgesetz vorgegebene) Aufgabe der Raumordnung ist es, „gleichwertige Lebensbedingungen" zu schaffen. Demnach soll die Entwicklung zurückgebliebener Problemgebiete gefördert werden. Dazu müssen in einer Bestandsaufnahme zuerst räumliche Kategorien festgestellt und *Problemgebiete* ausgewiesen werden. Maßgebend für die Einstufung als Problemgebiet sind vor allem Eigenschaften, die die wirtschaftliche Entwicklung hemmen: Klima- und Bodenungunst und Hanglagen (*„naturbenachteiligte Gebiete"*), unterdurchschnittliche Entwicklung bei Bevölkerungs- und Industriedichte, hohe Wanderungsverluste, geringe Steuerkraft und niedriges BIP (*„zurückgebliebene Gebiete"*).

Bereits eine Analyse nach nur einem Kriterium, z. B. der Einwohnerarbeitsplatzdichte (EAD, vergl. Abb. Verdichtungsräume in Kapitel 3, S. 101), weist deutlich abgegrenzte Raumtypen auf. Diese räumlichen Unterschiede versucht man durch verschiedene Analysemethoden festzustellen und danach bestimmte Raumtypen auszuweisen. Das Bundesraumordnungsgesetz von 1965 unterschied beispielsweise vier *Gebietskategorien:*

– Ländliche Räume,
– Verdichtungsräume,
– zurückgebliebene Gebiete,
– das Zonenrandgebiet.

Sie wurden u. a. zur Grundlage der Zuweisung von Fördermitteln. Weil diese Raumeinheiten wiederum unterschiedlich ausgeprägt sind, werden weitere Differenzierungen vorgenommen.

„In der Gruppe der großen Verdichtungsräume bildete sich Mitte der 60er Jahre eine stärkere Zweiteilung heraus, und zwar in die auf große Dienstleistungszentren orientierten Regionen mit günstigen ökonomischen Entwicklungsbedingungen und die sog. altindustrialisierten, strukturschwachen Regionen mit ausgeprägt ungünstiger Arbeitsmarktsituation und oftmals starker Umweltbelastung.

Auch bei den weniger verdichteten, ländlich geprägten Regionen hat eine räumliche Differenzierung stattgefunden. In den peripheren, dünn besiedelten, strukturschwachen ländlichen Räumen besteht unverändert ein beträchtlicher Mangel an Arbeitsplätzen im allgemeinen und qualitativ hochwertigen Arbeitsplätzen im besonderen. Daneben gibt es noch weitgehend ländlich geprägte Regionen mit Verdichtungsansätzen, die oft zentral gelegen und gut an das Fernverkehrsnetz angeschlossen sind, und in denen relativ gut ausgestattete Oberzentren und ein dichtes Netz von Mittelzentren vorhanden sind. Sie haben in der Regel Wanderungsgewinne zu verzeichnen und werden vermutlich auch in Zukunft günstige Entwicklungsmöglichkeiten aufweisen.

Mit Hilfe der Kriterien ,Verdichtung' und ,Zentralität' wurden *siedlungsstrukturelle Gebietstypen* entwickelt, die diesen Prozeß der räumlichen Differenzierung abbilden und deshalb als analytisches räumliches Beobachtungsraster für die Berichterstattung dienen. Auf der Ebene der Raumordnungsregionen werden dabei drei Regionstypen unterschieden."

Deutscher Bundestag: Raumordnungsbericht 1986, S. 13

Eine einfache Bewertung dieser Gebietstypen als günstig oder ungünstig ist nicht möglich, da alle Gebiete ihre mehr oder minder stark ausgeprägten Probleme haben – wirtschaftlichen Strukturwandel mit Arbeitsplatzverlusten oder Infrastruktur- und Versorgungsmängel oder ungünstige Bevölkerungsstruktur oder kritische Umweltbelastung und Gefährdung der Ressourcen oder fehlende Erholungsräume und Regenerationsflächen.

Bevölkerungs-, Beschäftigten- und Siedlungsflächenentwicklung nach siedlungsstrukturellen Gebietstypen 1980–1985 in der alten Bundesrepublik (vgl. die neuen Gebietstypen in Abb. S. 196)

Siedlungsstrukturelle Gebietstypen und Zahl der Kreise	Bevölkerungs-entwicklung		Beschäftigten-entwicklung[1]		Siedlungsflächen-entwicklung[2]	
	in 1000	in %	in 1000	in %	in km²	in %
I Regionen mit großen Verdichtungsräumen, 119 Kreise	−494,2	−1,4	−426,9	−3,4	648	5,6
,– darunter: „altindustrialisierte" Regionen, 24 Kreise[3]	−212,0[3]	−3,1	−149,1	−6,8	114	5,4
– Kernstädte, 40 Kreise[3]	−679,7[3]	−4,0	−383,7	−5,0	146	3,9
– Hochverdichtetes Umland, 49 Kreise	103,0	0,8	− 34,4	−1,0	276	6,1
– Ländliches Umland, 30 Kreise	82,5	1,6	− 8,8	−0,7	225	6,6
II Regionen mit Verdichtungsansätzen, 119 Kreise	26,7	0,2	−104,7	−1,9	755	7,3
– Kernstädte, 21 Kreise	− 66,3	−2,0	− 71,8	−4,5	42	4,4
– Ländliches Umland, 96 Kreise	93,0	0,7	− 33,0	−0,8	713	7,6
III Ländlich geprägte Regionen, 90 Kreise	49,1	−0,5	− 17,1	−0,6	377	5,1
Bundesgebiet, 328 Kreise	418,5	−0,7	−548,8	−2,6	1779	6,1

[1] Sozialversicherungspflichtig Beschäftigte; [2] 1981 bis 1985; [3] Mehrfachnennungen möglich
Quelle: Laufende Raumbeobachtung der Bundesforschungsanstalt für Landeskunde und Raumordnung

Deutscher Bundestag: Raumordnungsbericht 1986, S. 24 (ergänzt)

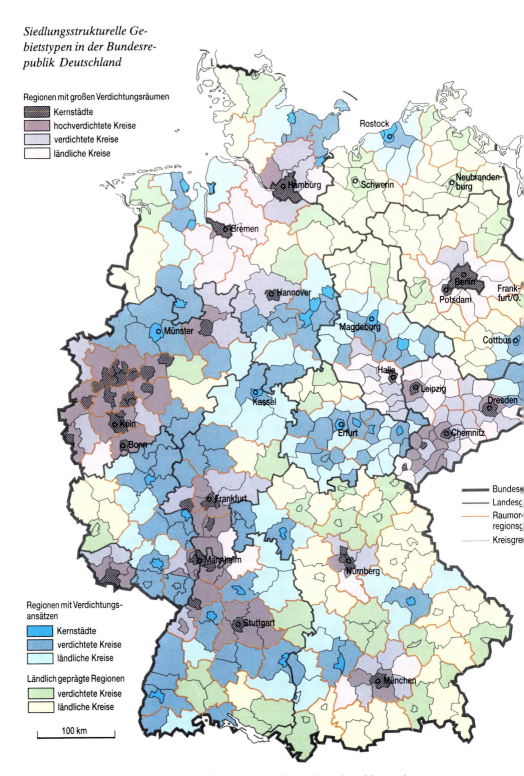

Siedlungsstrukturelle Gebietstypen in der Bundesrepublik Deutschland

Regionen mit großen Verdichtungsräumen
- Kernstädte
- hochverdichtete Kreise
- verdichtete Kreise
- ländliche Kreise

Regionen mit Verdichtungsansätzen
- Kernstädte
- verdichtete Kreise
- ländliche Kreise

Ländlich geprägte Regionen
- verdichtete Kreise
- ländliche Kreise

Bundes
Landesg
Raumor
regionsg
Kreisgre

100 km

Rostock
Schwerin
Neubrandenburg
Hamburg
Bremen
Hannover
Münster
Berlin
Potsdam
Frankfurt/O.
Magdeburg
Cottbus
Halle
Leipzig
Kassel
Dresden
Köln
Bonn
Erfurt
Chemnitz
Frankfurt
Mannheim
Nürnberg
Stuttgart
München

Nach Laufende Raumbeobachtung der Bundesforschungsanstalt für Landeskunde und Raumordnung

196

In den alten Bundesländern gibt es eine flächenhafte Verdichtung im Umland fast aller großen Zentren, in den neuen Bundesländern dagegen ist eine punktuelle Verdichtung vorherrschend. 1991 wurden wegen dieser Unterschiede die siedlungsstrukturellen Gebietstypen für die Raumbeobachtung entsprechend der Abgrenzungskriterien für die nebenstehende Karte modifiziert:

Regionen mit großen Verdichtungsräumen (mit einem Oberzentrum mit >300 000 Ew. und/oder einer Bevölkerungsdichte von >300 E/km^2
- Kernstädte: Kreisfreie Städte >100 000 Ew.
- Hochverdichtete Kreise: Bevölkerungsdichte um/über 300 E/km^2, kreisfreie Städte <100 000 Ew.
- Verdichtete Kreise: Bevölkerungsdichte 150–300 E/km^2
- Ländliche Kreise: Bevölkerungsdichte unter 150 E/km^2

Regionen mit Verdichtungsansätzen (i.d.R. mit einem Oberzentrum >100 000 Ew. und/oder einer Bevölkerungsdichte von >150 E/km^2
- Kernstädte: Kreisfreie Städte um/über 100 000 Ew.
- Verdichtete Kreise: Bevölkerungsdichte >150 E/km^2, kreisfreie Städte <100 00 Ew., umliegende Kreise oder umliegende Kreise von Kernstädten mit einer Bevölkerungsdichte von zusammen über 150 E/km^2
- Ländliche Kreise: Kreise und kreisfreie Städte zusammen mit einer Bevölkerungsdichte über 150 E/km^2

Ländlich geprägte Regionen (nicht peripher, stärker besiedelt ohne Oberzentrum >100 000 Ew., Bevölkerungsdichte über 100 E/km^2; bzw. peripher und gering bediedelt, ohne Oberzentrum >100 000 Ew., Bevölkerungsdichte um 100 E/km^2 oder weniger
- Verdichtete Kreise: Bevölkerungsdichte um/über 150 E/km^2, kreisfreie Städte um/über 50 000 Ew., Kreise mit einer Gemeinde über 50 000 Ew.
- Ländliche Kreise: sonstige Kreise und kreisfreie Städte in ländlich geprägten Regionen

Die Gebietskategorien haben sich in der Vergangenheit notwendigerweise verändert, denn nicht nur die Grunddaten der Raumanalyse ändern sich (dies untersucht die *„laufende Raumbeobachtung"*), sondern auch die Vorstellungen der Gesellschaft davon, wie der Raum genutzt und entwickelt werden soll, werden immer wieder modifiziert. Ein Grundkonzept der Raumordnung heißt deshalb, nicht Planungen langfristig festzuschreiben, sondern so zu konzipieren, daß notwendige Anpassungen immer wieder möglich sind.

Die im Bereich der neuen Bundesländer am deutlichsten ausgebildete Disparität ist die strukturelle Differenzierung zwischen dem Norden und dem Süden. Sie umfaßt Unterschiede im Siedlungsnetz, in der Bevölkerungsdichte, den Beschäftigtenstrukturen sowie auch in der Naturausstattung und ihrem aktuellen Zustand. Die Grenze folgt einer Linie Helmstedt – Haldensleben – Wittenberg – Riesa – Görlitz. Zeitweise wurden diese Strukturunterschiede zwischen dem Norden und Süden als das deutlichste Abbild der Gegensätze zwischen Stadt und Land angesehen, obgleich diese auch auf viel kleinerer Distanz wirken.

Diese über eine lange Entwicklungsphase angelegte Disparität ist in den zurückliegenden 40 Jahren zwar gemindert, aber nicht beseitigt worden.

„Mit dem Übergang zur umfassenden Intensivierung der Volkswirtschaft seit Ende der 70er Jahre/Anfang der 80er Jahre erhielten die ökonomischen Bedingungen und die sozialen Erfordernisse der ... territorialen Grundstruktur, insbesondere der weiteren Annäherung von Stadt und Land, noch stärkeres Gewicht ... Bei der weiteren Gestaltung des Verhältnisses von Stadt und Land spielen ... die Verringerung der Unterschiede ... (und) die Erhaltung, Ausprägung und Nutzung spezifischer Differenzierungen ... eine gewichtige Rolle."

Konrad Scherf: DDR. Ökonomische und soziale Geographie.
Haack: Gotha 1990, S. 28

Die wichtigsten Prozesse, die diesen gewünschten Ausgleich von Stadt und Land begleiteten, waren
- die Migration von Arbeitskräften aus den

Nord- und Teilen der Südbezirke in die Mittleren Bezirke und Ostberlin,
- die allmähliche Verbesserung der Infrastruktur und wesentlicher, vor allem sozialer Dienstleistungen sowie
- die veränderte Bewertung wesentlicher Teile der Nord- und Mittelbezirke, deren vielfältige Naturausstattung kaum von Umweltschäden belastet ist und in der Aufenthalts- und Erholungsqualität mit der Ostseeküste verglichen werden kann.

1. *Beschreiben Sie wichtige Phasen der Veränderung der Flächenanteile im Gebiet der DDR und der alten Bundesrepublik. Versuchen Sie dafür Erklärungen zu geben, und ziehen Sie dabei auch die Kapitel 2 (Industrie), 3 (Stadt) und 4 (Landwirtschaft) zu Rate.*

2. *Vergleichen Sie die Daten zum Bereich Verkehr in den alten und den neuen Bundesländern, und ziehen Sie daraus Rückschlüsse auf die jeweils spezifischen Leitbilder und Aufgaben der Raumordnung und Landesplanung.*

3. *Ordnen Sie den Kartenausschnitt (S. 193) einer größeren räumlichen Einheit zu, nennen Sie Gründe für den Kulturlandschaftswandel und für die differenzierte Veränderung der Nutzung bei unterschiedlichen Standortbedingungen.*

4. *Versuchen Sie, Beispiele zum Landverbrauch in Ihrem Heimatraum in Unterlagen (Karten, Flächennutzungsplänen, Ortsbeschreibungen, Presseberichten etc.) zu finden. Setzen Sie sie in bezug zu den im Kapitel dargestellten Entwicklungen.*

5. *Sowohl in den alten als auch in den neuen Bundesländern ist ein Süd-Nord-Gefälle festzustellen. Konkretisieren und erklären Sie diesen Tatbestand. Berücksichtigen Sie dabei Bevölkerungsverteilung, Siedlungsnetz, Wirtschaftsstruktur und Naturausstattung.*

6. *Werten Sie die Abbildung Seite 196 aus! Vergleichen Sie sie mit einer Karte der Verdichtungsräume (Atlas), und beziehen Sie das Süd-Nord-Gefälle (Kap. 2.2) mit in die Betrachtung ein.*

7. *Zu welchem siedlungsstrukturellen Gebietstyp gehören Ihre Heimatregionen und die benachbarten Regionen? Begründen Sie die Zuordnung nach den Abgrenzungskriterien.*

6.2 Das System der Raumordnung und Landesplanung in der Bundesrepublik Deutschland

Im politischen System der Bundesrepublik Deutschland gibt es zwei Formen raumbezogener Planung. Es sind dies zum einen die *Fachplanungen*, die zur Ressortpolitik der Ministerien gehören. Dazu zählen beispielsweise die Verkehrsplanung, die agrarstrukturelle Rahmenplanung, die „technischen Anweisungen" (wie die TA-Luft). Im Gegensatz dazu stehen die ganzheitlichen, auf die Gesamtentwicklung einer Region ausgerichteten Planungen der Raumordnung und Landesplanung bzw. ihrer Instanzen.

Nach der Verfassung der Bundesrepublik Deutschland hat die Raumordnung nur beschränkte Wirkungsmöglichkeiten. Dies hängt zum einen mit dem föderativen System der Bundesrepublik zusammen, in dem die Realisierung der raumordnerischen Ziele großenteils den Bundesländern überlassen ist (*„Landesplanung"*). Zum anderen ist in unserer Marktwirtschaft das „freie Spiel der Kräfte von Angebot und Nachfrage" Kernpunkt der wirtschaftlichen Entwicklung. Öffentliche, also staatliche und kommunale Eingriffe sind vor allem im sekundären Sektor begrenzt und auf gesetzlich vorgegebene indirekte Fördermaßnahmen beschränkt. Direkte staatliche Einflußnahme bei der Raumentwicklung gibt es in Teilen des tertiären Sektors, wo der Staat vor allem durch die Verteilung und Standortfestlegung der öffentlichen Dienstleistungen, der Änderung der Verwaltungsgrenzen und der Schaffung und Verbesserung der Infrastruktur unmittelbar wirksam werden kann. Auch die Ausweisung von Freiräumen und Vorrangflächen ist Sache der öffentlichen Institutionen.

In den letzten Jahren verstärkten sich die Bemühungen, die unteren Ebenen der Planung mit größeren Rechten und Möglichkeiten auszustatten. Vor allem die Kommunen erwarten eine Verlagerung der Kompetenzen auf die Gemeinden, weil sie sich von der staatlichen Fachplanungskompetenz in ihrer Selbstverwaltungsfähigkeit bedroht fühlen und häufig gegenüber den oberen Ebenen einen schweren Stand haben.

Raumordnung bedarf grundlegender „Leitbilder", die die Zielvorstellungen der Gesellschaft für die Ordnung im Raum enthalten. Während der vergangenen Jahrzehnte sind merkliche Akzentverschiebungen dieser Grundvorstellungen eingetreten:

– Dem *Raumordnungsgesetz* von 1965 ist folgende Vorgabe vorangestellt: „Das Bundesgebiet ist in seiner allgemeinen räumlichen Struktur einer Entwicklung zuzuführen, die der freien Entfaltung der Persönlichkeit in der Gemeinschaft am besten dient." Sodann wurde vorrangig die Schaffung und Erhaltung gleichwertiger Lebensbedingungen, vor allem eine verstärkte wirtschaftliche Entwicklung der relativ zurückgebliebenen Gebiete gefordert. Räumliche Disparitäten sollten durch die Schaffung von Arbeitsplätzen und gleichwertigem Energie- und Bildungsangebot abgebaut werden. Diese Grundsätze werden im Raumordnungsprogramm des Bundes von 1975 (BROP) im Hinblick auf die „Lebensqualität" weiter differenziert.

– In den 80er Jahren standen zwei Grundpositionen einander gegenüber: Die eine („funktionsräumliche Arbeitsteilung") sah für die einzelnen Gebiete eine ihrer Struktur angemessene Arbeitsteilung mit vorrangigen Funktionen vor. Die andere („ausgeglichener Funktionsraum") zielte darauf ab, daß jede größere Region alle Funktionen erfüllen sollte.

– Im *Raumordnungsbericht* 1982 tritt das Ziel der „Erhaltung der natürlichen Lebensgrundlagen" stärker in den Vordergrund. Dauerhafte Belastungen des ökologischen Potentials sollen vermieden werden.

– Heute ist Raumordnung nicht mehr vorrangig Standortplanung, also Zuweisung neuer Einrichtungen und Funktionen an bestimmte Räume, sondern vermehrt „Sicherung der Ressourcen", bei der die Entwicklung des Landverbrauchs und die Sicherung von Freiräumen und Gebieten mit ökologischer Ausgleichsfunktion als besonders wichtig angesehen werden. Außerdem sollen Räume entsprechend ihrer Individualität entwickelt und optimiert werden.

1. *Regionalisierung.* Die auf Seite 196 dargestellten Gebietstypen und 97 *Planungsregionen* dienen vor allem der Raumbeobachtung und -analyse. Ihre Ergebnisse sind Voraussetzung für planerische Maßnahmen, die den individuellen Ansprüchen der Regionen angepaßt werden können.

2. *Das punkt-axiale System.* Das System der Zentralen Orte und der Entwicklungsachsen war das Hauptinstrument der Landesplanung in den 60er und 70er Jahren. *„Zentrale Orte"* sind mit zentralen Einrichtungen ausgestattet (öffentliche und private Dienstleistungen, Handel mit Kundenverkehr), die auch der Versorgung des Umlands dienen. Damit wurden die Verbindungen zwischen zentralem Ort und Umland gestärkt, Versorgungs- und Einflußbereiche geschaffen.

„Entwicklungsachsen" sind Gebiete, entlang denen sich eine höhere Verdichtung an Wohn- und Arbeitsplätzen entwickeln soll und deren Infrastruktur, besonders die Verkehrseinrichtungen, entsprechend gefördert werden soll. Da beispielsweise Gewerbebetriebe auf eine betriebsnahe Infrastruktur angewiesen sind oder deren Angebote als Standortvorteile betrachten, hat der Staat die Möglichkeit, durch das System der Entwicklungsachsen indirekt die räumliche Verteilung der Einrichtungen des sekundären Sektors in gewissem Maße zu beeinflussen.

3. *Vorranggebiete.* Sie sollen einer bestimmten Nutzung, für die sie besonders geeignet sind, vorbehalten werden. Andere Nutzung soll unterbunden werden. So einleuchtend das Prinzip auch ist, so schwierig ist die Verwirklichung, da es kaum möglich ist, einem bestimmten Gebiet eine einzige „optimale" Nutzung zuzuschreiben und diese gegenüber den konkurrierenden Interessenten auch durchzusetzen. Auch (nach harten Auseinandersetzungen) ausgewiesene Naturschutzgebiete versteht man heute nicht als Vorranggebiete mit nur einer einzigen Funktion. Sie sollen nicht nur ökologische Ausgleichsräume und Reservate ungestörter Natur, sondern auch Erholungsgebiete der Bevölkerung sein.

Verdichtungsräume, Randzonen um die Verdichtungsräume, Verdichtungsbereiche und struktur-schwache Räume in Baden-Württemberg

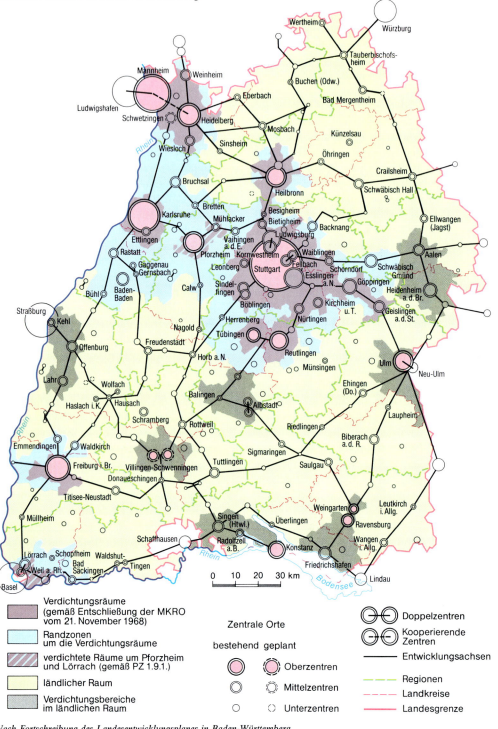

Nach Fortschreibung des Landesentwicklungsplanes in Baden-Württemberg

In *Naturschutzgebieten* (NSG) soll die Gesamtheit der Naturerscheinungen geschützt werden; wirtschaftliche Nutzung ist nur beschränkt und unter speziellen Auflagen erlaubt. Sie darf nicht ausgeweitet werden. Bestimmte Banngebiete dürfen nicht betreten werden.

In *Landschaftsschutzgebieten* (LSG) ist die landwirtschaftliche und forstliche Nutzung erlaubt, das Landschaftsbild soll gegen Veränderungen geschützt werden. Bisherige gewerbliche Nutzung ist möglich.

Die staatliche Planung in der Bundesrepublik Deutschland ist gesetzlich streng geregelt, weitgehende Eingriffe sollen auf Einzelfälle beschränkt sein. Die *Zwangsmittel* der Planung (Verbote, Enteignungen, Nutzungsgebote) sind nur vereinzelt anwendbar. Häufiger werden *Gestaltungsmittel* (Infrastrukturinvestitionen) und *Anpassungsmittel* (Fördermittel, räumlich unterschiedliche Steuerlast, Steuerbefreiung z. B. für Autos mit Katalysator etc.) eingesetzt. Zu ihnen zählen auch die großen Zuschüsse

(1982–1985 6,4 Mrd. DM) für die Gemeinschaftsaufgabe (GA) „Verbesserung der regionalen Wirtschaftsstruktur". Fast ein Drittel der Bevölkerung der Bundesrepublik lebt in *Fördergebieten,* die Investitionszulagen von 10–25% erhalten (vgl. Kapitel 2.5). Drei Problemgebiete waren bis 1990 gesondert ausgewiesen:
– Berlin und das Zonenrandgebiet,
– ländliche Gebiete mit erheblichem Mangel an gewerblichen Arbeitsplätzen,
– Gebiete alter Industrie mit ungünstiger Struktur.

Durch den Wegfall der innerdeutschen Grenze und durch die neuen regionalen Wirtschaftsentwicklungen, bei denen ländliche Räume häufig überdurchschnittlich abschneiden, werden bei der Zuordnung der Fördergebiete wohl Veränderungen notwendig. Hier zeigt sich ein Grundproblem der Planung: Da ihr die für eine Anpassung an eingetretene Veränderungen notwendigen Meßmöglichkeiten, wie z. B. Volks- und Arbeitsstättenzählungen, nur in langen Zeitabständen zur Verfügung gestellt werden, sind verspätete Reaktionen unvermeidlich und Prognosen sehr schwierig.

Die Träger der Raumordnung in der Bundesrepublik Deutschland und in ihnen zugeordneten Planungsstufen

Träger	Planung	gesetzliche Grundlage	zeitlicher Geltungsbereich
Bund	Bundesraumordnungsprogramm Fachpläne (z. B. Bundesfernstraßen)	Raumordnungsgesetz Fachgesetze	Fortschreibung alle 5 Jahre mittel- bis langfristig
Länder	Landesentwicklungspläne Fachentwicklungspläne Gemeinsame, grenzüberschreitende Planung einzelner Bundesländer (z. B. Wasser- und Bodenverbände)	Landesplanungsgesetze	ca. 10 Jahre
Regionen	Regionalpläne, regionale Raumordnungspläne oder Raumordnungsprogramme, Landschaftsrahmenplan		ca. 10 Jahre
Gemeinden	Bauleitplanung (Flächennutzungsplan, Bebauungsplan)	Bundesbaugesetz Städtebauförderungsgesetz	5–10 Jahre
Bauherr	Bauplan	Landesbauordnung Bebauungsplan	

Hans-Ulrich Bender u. a.: Fundamente. Stuttgart: Klett 1989, S. 242

In den meisten Bundesländern ist das Schwergewicht der Maßnahmen räumlicher Planung den Gemeinden, den Gemeinde- und den Regionalverbänden übertragen worden. Die in der Planungshierarchie höheren Instanzen wirken über Maßgaben nach unten, die niedrigeren versuchen, über Kritik und Anregungen nach oben wirksam zu werden.

In der Planungspraxis müssen auf allen Ebenen zahlreiche Detailregelungen beachtet werden. Sie führen häufig zu langwierigen Verwaltungsverfahren, und dementsprechend lange ziehen sich viele Planungsmaßnahmen hin. Es kann Jahrzehnte dauern, bis es zur *Planfeststellung* kommt, zur verbindlichen Festlegung der technischen und rechtlichen Prinzipien für die Planausführung.

Die Verfahrenskataloge wirken sich als bürokratische Hemmnisse aus, sind aber großenteils notwendig, um Siedlungs- und Landschaftsbild zu schützen und unverantwortlichen Landverbrauch zu verhindern. Sie haben Fehlentwicklungen zwar reduzieren, aber nicht verhindern können. Und die Ansichten darüber, ob das System der Raumordnung in der Bundesrepublik effektiv genug ist, gehen weit auseinander.

„Das Zusammenspiel all dieser Rahmenbedingungen und Entwicklungen erzeugt in seinem räumlichen Niederschlag Nutzungskonflikte, die jedoch selten mit umfassenden Lösungen in Angriff genommen werden. Im Gegenteil, allzu oft ist die räumliche Planung auf ihren verschiedenen Ebenen nur der vollziehende, räumliche Notar, selten der Maßstäbe setzende Kapitän ...

Das ausgleichende und letztlich entscheidende Gewicht, das ihr eigentlich zukommen sollte, hat die räumliche Planung nur selten.

Das Wissen um das Ungenügen der traditionellen Instrumente der räumlichen Ordnung angesichts der zunehmend divergierenden Entwicklung in der Bundesrepublik Deutschland hat zu verschiedenen Überlegungen geführt, wie dem begegnet werden kann. So ist von einem ‚Plädoyer für eine neue Raumordnung‘ die Rede, oder es wird die Einrichtung eines ‚Strukturministeriums‘ angeregt. Interessant ist in diesem Zusammenhang nicht nur,

daß eine Belebung der Raumordnung verlangt wird, sondern daß auch völlig neue Vorgehensweisen gefordert werden. Wenn nämlich aus der Unterschiedlichkeit des realen Lebensstandards durch die Unterschiede in den Lebenshaltungskosten auch die Lohnstruktur regional differenziert werden soll, dann wird hier ein Weg vorgeschlagen, der zur Erhaltung des verfassungsrechtlich garantierten Prinzips der Gleichwertigkeit der Lebensverhältnisse eine regional differenzierte Ungleichwertigkeit fordert. Dies setzt dann nicht mehr an den traditionellen Instrumenten der Raumordnung an, nämlich bei der Entwicklung der Infrastruktur in jeder Hinsicht, sondern beim Ende der Kette, nämlich beim einzelnen Arbeitgeber."

Wendelin Strubelt: Neuere Tendenzen der räumlichen Entwicklung der Bundesrepublik Deutschland. In: Ifo Schnelldienst 17/1988, S. 32

„Welchen Anteil hat der Staat als raumprägender Faktor? Allein für die Länder marktwirtschaftlicher Grundordnung sind drei einschränkende Thesen für die Raumwirksamkeit der Staatstätigkeit zu beachten:

a) Es könnte sein, daß die raumwirksame Staatstätigkeit auf tatsächliche Tendenzen der Raumentwicklung lediglich reagiert, d. h. die staatliche Politik steuert die Raumentwicklung nicht, sie wird von ihr gesteuert.

b) Es könnte sein, daß die raumwirksame Staatstätigkeit die räumliche Entwicklung zwar steuert, aber nicht in einer durch regionale oder sektorale Pläne vorher festgelegten Weise. Die unbeabsichtigten Effekte könnten also größer sein als die beabsichtigten.

c) Es könnte schließlich trotz wechselseitiger Abhängigkeit zwischen Raumentwicklung und raumwirksamer Staatstätigkeit eine Steuerungsbeziehung überhaupt nicht bestehen."

Klaus-Achim Boesler: Geographie und Raumordnung. In: Geographie und Schule. April 1980. S. 9/10

Territorialplanung in der DDR

Versuch einer vereinfachten Darstellung der

Raumordnung und Landesplanung in der Bundesrepublik Deutschland	Territorialplanung in der DDR
Direkte Lenkungs- und Eingriffsmöglichkeiten nur im tertiären Sektor (öffentliche Dienstleistungen und Infrastruktur), im primären und sekundären Sektor nur indirekte Mittel mit stark beschränkter Wirksamkeit	Direkte Lenkungsaufgaben und Eingriffsmöglichkeiten im primären, sekundären und tertiären Sektor in den Händen der Sozialistischen Einheitspartei SED; umfassende Aufgabenfelder, umfassendes Instrumentarium
Instrumente: *Regionalisierung* = regionale Abgrenzung als Grundlage der Raumanalyse und der Anwendung der Instrumente und Mittel; *Gebietseinheiten* = Planungsregion der Länder *Zentrale Orte und Entwicklungsachsen* = punkt-axiales System für gewichtete Entwicklung innerhalb eines Bundeslandes; folgt in der Regel den vorhandenen strukturellen Tendenzen	System: hierarchisches Gefüge von *zentraler Ebene:* Ministerrat, Staatliche Planungskommission, Industrieministerien etc. *örtliche Ebene:* Bezirke, Kreise, Städte
Vorranggebiete mit absolutem oder relativem Vorrang für besondere Funktionen (z. B. für ökologischen Ausgleich)	Funktionsabgrenzungen: *Bezirke:* bezirksgeleitete Industriestruktur *Kreise:* örtliche Versorgungswirtschaft *Städte:* Teile der örtlichen Versorgungswirtschaft neuerdings: Kombinate z. T. mit Lenkungsaufgaben
Mittel: *Zwangsmittel* (beschränkt): Gebote, Verbote, Vorkaufsrechte, Enteignungen; *Anpassungsmittel:* Anreizmittel (Beihilfen); *Abschreckungsmittel:* Umweltschutzauflagen, Sondersteuern; *Gestaltungsmittel:* Infrastrukturinvestitionen (für Verkehr, Versorgung, Bildung, Gesundheit, staatliche Verwaltung), Informations- und Kommunikationsmittel	Instrumente: *Standortplanung* für Investitionen in allen Wirtschaftssektoren *Entwicklungs- und Aufbauplanung* des Siedlungsnetzes, einschließlich Lenkung der Wanderung von Bevölkerung und Arbeitskräften *Standortplanung* für Wohnungsbau, Versorgungs- und Infrastruktureinrichtungen *Mittel:* – umfassende Investitionsmittelhoheit – umfassende Steuermöglichkeit der Branchenstruktur und Branchenanteile

Konzepte der Territorialplanung in der DDR
„Die Territorialplanung ist als Bestandteil der Leitung und Planung der sozialistischen Gesellschaft, insbesondere ihrer Volkswirtschaft, auf eine spezielle Seite des gesellschaftlichen Reproduktionsprozesses gerichtet. Territorialplanung ist planmäßige Gestaltung der räumlichen Beziehungen der gesellschaftlichen Reproduktion im Sozialismus/Kommunismus. Die Territorialplanung nimmt aktiven Einfluß auf die Entwicklumg der Produktivkräfte durch deren rationale Standortverteilung entsprechend den Anforderungen, die an die materiell-technische Basis der entwickelten sozialistischen Gesellschaft zu stellen sind. Territorialplanung beschränkt sich nicht auf die ökonomischen Faktoren. Sie muß die Gesamtheit der territorialen Bedingungen des gesellschaftlichen Lebens, insbesondere bei der Gestaltung effektiver Proportionen zwischen dessen Bereichen und Teilprozessen in den Bezirken und Kreisen, berücksichtigen."

Rudolf Bönisch u. a. (Hrsg.): Territorialplanung. Berlin: Die Wirtschaft, 1980, S. 11

Was steckt hinter diesen Formulierungen? Zunächst einmal, daß Aufgabenbereich und Instrumente der Planung umfassender waren als in der Bundesrepublik, wo auch vor allem der ökonomische Bereich einbezogen war. Standorte für wirtschaftliche Unternehmen beispielsweise, die in der Bundesrepublik der Investor wählt – nur eingeschränkt durch die Vorgaben der Flächennutzungs- oder Regionalpläne – wurden in der DDR von den Planungsbehörden festgelegt (vgl. Kap. 2). Auch die Siedlungsplanung war in viel umfassenderer Weise Teil der staatlichen Planung, wobei die Siedlungsplanung der ökonomischen Planung nachgeordnet war: „Die materielle Produktion bildet die allgemeine Voraussetzung für die Entwicklung der einzelnen Siedlungen und der gesamten Siedlungsstruktur" (W. Ostwald / K. Scherf).

Die zentralistische Territorialplanung war fest in das Netz der allgemeinen Leitung und Planung der Gesellschaft eingefügt: Ministerrat – Staatliche Plankommisssion, Bezirke, Kreise, Städte und Gemeinden. Daneben erhielten die Industriekombinate im Verlaufe ihrer Entwicklung gleichfalls Einfluß auf räumliche Entscheidungen. Die Bezirksebene hatte bei der Umsetzung der zentralen, durch die SED vorgegebenen Leitlinien (Beschlüsse der SED-Parteitage) u. a. durch ihre Büros für Territorialplanung, für Städtebau, für Verkehrsplanung besonderes Gewicht.

Trotz der umfassenden Planungshoheit und der entsprechenden Instrumente wurden die Ziele allenfalls teilweise erreicht. Die Ursachen für die unzureichende Effizienz der Territorialplanung lagen auf verschiedenen Ebenen:

– Kurzfristig veränderte politische Entscheidungen dominierten häufig und störten den längerfristigen Ablauf der räumlichen Entwicklung.
– Örtliche, betriebliche oder gar private Initiativen wurden grundsätzlich unterbunden.
– Die Entscheidungen über räumliche Veränderungen und Innovationen sowie deren Realisierung litten unter der Schwerfälligkeit der Planungsinstanzen.

Einige Leitbilder, die die Territorialplanung beeinflußten, werden in den neuen Bundesländern noch geraume Zeit nachwirken:

– Das Programm zur Lösung der Wohnungsfrage als sozialem Problem, das den Neubau monotoner Stadtviertel gegenüber der Sanierung älteren Wohnraums lange Zeit bevorzugte,
– das Prinzip, so viel wie möglich einheimische Rohstoffe zu verwenden und eine möglichst weitgehende Selbstversorgung mit Nahrungsmitteln zu gewährleisten,
– der Ersatz von importierten Geräten und Material, um den Wirtschaftsablauf „störfrei" zu machen von dem Zwang, mit unzureichenden Maßnahmen Gebiete proportional zu entwickeln.

1. *Die „Leitbilder" der Raumordnung spiegeln die Werthaltung der Gesellschaft wider. Fassen Sie zusammen, welche Positionen seit 1965 beibehalten, welche verändert wurden.*
2. *Versuchen Sie mit Beispielen aus der Raumordnung/Landesplanung in ihrem Heimatraum die Akzentverschiebung bei den Leitbildern zu belegen.*
3. *Vergleichen Sie die Karte des punkt-axialen Systems (S. 200) mit Karten in Atlanten. Versuchen Sie Gründe für die Festlegung der Entwicklungsachsen zu finden (und schätzen Sie deren weitere Entwicklung ab).*
4. *Nennen Sie Gründe für die beschränkte Wirksamkeit der Raumordnung in unserem politischen und wirtschaftlichen System.*
5. *Beschreiben Sie die grundsätzliche Kritik an der Raumordnung in der Bundesrepublik im Text S. 202, und diskutieren Sie die darin skizzierte neue Konzeption.*
6. *Erläutern Sie System und Aufgabenbereich der zentralistisch organisierten Territorialplanung in der DDR, und versuchen Sie, deren unzureichende Effizienz zu erklären.*
7. *Vergleichen Sie Leitbilder, Konzeptionen und Instrumente der Raumordnung und Landesplanung in der Bundesrepublik Deutschland mit dem System der Territorialplanung in der DDR.*

Ein Beispiel: Bundesstraße 32, Planung der Umgehung Altshausen (Landkreis Ravensburg, Baden-Württemberg)

Verkehrsplanung und Flächennutzung in Altshausen

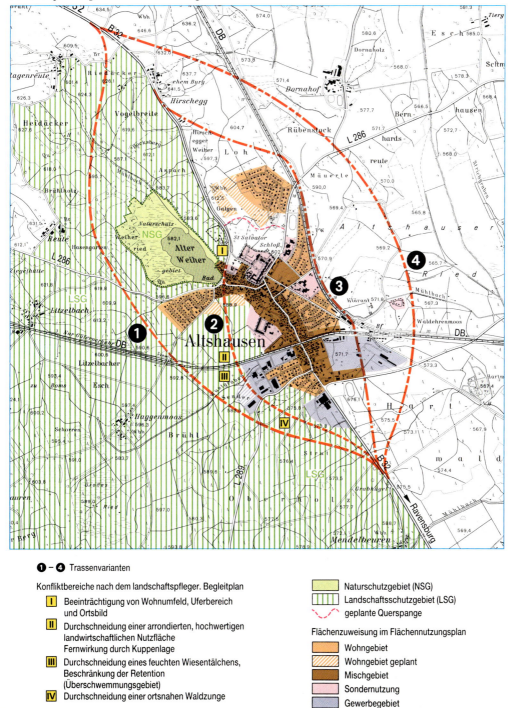

❶ – ❹ Trassenvarianten

Konfliktbereiche nach dem landschaftspfleger. Begleitplan

Ⅰ Beeinträchtigung von Wohnumfeld, Uferbereich und Ortsbild

Ⅱ Durchschneidung einer arrondierten, hochwertigen landwirtschaftlichen Nutzfläche
Fernwirkung durch Kuppenlage

Ⅲ Durchschneidung eines feuchten Wiesentälchens, Beschränkung der Retention
(Überschwemmungsgebiet)

Ⅳ Durchschneidung einer ortsnahen Waldzunge

├─────── 1 000 m ───────┤

- Naturschutzgebiet (NSG)
- Landschaftsschutzgebiet (LSG)
- geplante Querspange

Flächenzuweisung im Flächennutzungsplan

- Wohngebiet
- Wohngebiet geplant
- Mischgebiet
- Sondernutzung
- Gewerbegebiet
- Gewerbegebiet geplant

TK 25 000, Blatt 8023, Ausschnitt, herausgegeben vom Landesvermessungsamt Baden-Württemberg. Vervielf. gen. unter Az 5.11/ 697. Ergänzt durch Erhebungen des Autors auf der Grundlage der Verkehrs- und Flächennutzungsplanung

Die Ausgangssituation. Die B 32 von Hechingen bis Wangen/Allgäu verbindet den Raum Tübingen-Reutlingen mit Ravensburg-Friedrichshafen und dem Allgäu. Im Ortsgebiet Altshausen (3850 Einwohner) ist die B 32 zugleich innerörtliche Hauptstraße, nimmt den überwiegenden Teil des Ziel- und Quellverkehrs auf und ist Haupteinkaufsstraße ohne beidseitiges Halteverbot. Die Fahrbahnbreite beträgt teilweise nur 6 m. Getrennte Radwege sind nicht vorhanden. Die nördliche Ortseinfahrt ist eine Gefällstrecke. In der Ortsmitte ergibt eine unübersichtliche 90°-Abknickung immer Rückstau.

In Altshausen sind die Möglichkeiten des öffentlichen Nahverkehrs beschränkt, z. B. bestehen nach 20 Uhr keine Verbindungen mehr aus den Mittel- und Oberzentren. Mit einer überdurchschnittlichen Zunahme des Individualverkehrs muß deshalb gerechnet werden.

In den 70er Jahren entstand ohne Berücksichtigung eventuell notwendiger Straßenbaumaßnahmen das Wohngebiet Schönenberg und ein schulnahes Wohngebiet nahe der Bahnlinie (vgl. Abbildung S. 205).

			Verkehrsmengen 1986		
				Kfz/24 h	davon Lkw/24 h
Einwohner	1987:1970	+ 4,7%	B 32	10300	
Arbeitsplätze	1987:1970	+ 28,5%	L 286 West	4300	1000
Einpendler	1987:1970	+113,0%	L 286 Ost	3300	400
			L 289	3200	200
Erwartete Einwohnerentwicklung bis 1995:		+ 6%			200
Erwartetes Verkehrsaufkommen bis 1995:		+14%	Fahrräder B 32	640/24 h	
Erwarteter Durchgangsverkehr bis 1995:		+11%			
Anteil des Durchgangsverkehrs:	68%		davon Personenverkehr: 86%		
Anteil des Quellverkehrs:	32%		davon Personenverkehr: 93%		

Ziele für die Verkehrsplanung und die raumordnerische Entwicklung

Ziele des Bundes:	Chancengleichheit für alle Bürger in allen Teilräumen, also gleichwertige Verkehrsinfrastruktur und Verkehrsmöglichkeiten (Bundesfernstraßenprogramm) Verminderung der Umweltbelastung, Verbesserung der Verkehrssicherheit (Fortschreibung 1975)
Ziele des Landes:	Ausgewogenes Verkehrssystem, Verbindung der Zentralen Orte, Verkehrsausbau zur Stärkung nichtlandwirtschaftlicher Arbeitsplätze und zur Verbesserung der Raumordnungs- und Wirtschaftsstruktur im ländlichen Raum (Landesentwicklungsplan 1975)
Ziele der Region:	Herstellung leistungsfähiger Verbindungen zu den Nachbarräumen, Erleichterung der Pendelwege, Verringerung der Lärm- und Abgasbelastungen, Einschränkung des Landschaftsverbrauchs (Regionalplan Bodensee-Oberschwaben)
Ziele der Gemeinde:	Entlastung des Ortes vom Durchgangsverkehr, vor allem dem erheblichen Schwerverkehr, Anpassung der Trassenführung an den Flächennutzungsplan und die Ortserweiterungsabsichten; Schaffung der verkehrsmäßigen Voraussetzungen für eine Ortskernsanierung Direkter Anschluß eines vorhandenen und eines geplanten Gewerbegebiets an die Fernstraße; Erschließung und Anschluß eines Wohngebiets durch die neue L 286 (Querspange)

1. *Vergleichen Sie die Ziele der verschiedenen Interessenten bei der Planung der B 32 in Altshausen.*

2. *Vergleichen Sie die vier Trassenvarianten (Abbildung S. 205), und begründen Sie, warum nur die Trassen 2 und 3 weiter verfolgt wurden. Beschreiben Sie, welche alternativen Varianten im Rahmen einer frühzeitigen Gesamtplanung möglich gewesen wären.*

Rechtlicher Rahmen. Für die B 32 gilt das *Bundesfernstraßengesetz* mit seinen Regelungen:
- Fachbehörden haben bei der Straßenplanung Gestaltungsfreiheit, die durch die Abwägung öffentlicher und privater Interessen eingeschränkt ist. Belange des Verkehrs, der Wirtschaftlichkeit und des Immissionsschutzes haben Vorrang.
  Technische Probleme der Trassenführung fallen in das Aufgabenfeld der Fachplanungen, Gesichtspunkte wie Landschaftsbild, Umwelt- und Denkmalschutz werden meist von regionalen und kommunalen Instanzen vertreten.
- Bauträger ist die Bundesrepublik Deutschland, sie wird vom Regierungspräsidium vertreten.
- Der Regionalverband ist bei der Aufstellung der Straßenplanung zu beteiligen. Die Bundestraßenplanung wird in die Regionalpläne aufgenommen.
- Jedermann, dessen Belange betroffen werden, kann Einwendungen geltend machen. Nach Auslegung des Planes erfolgt ein Anhörungsverfahren zu den gemachten Einwendungen. Der Planfeststellungsbeschluß (Abschluß des Planungsverfahrens) kann durch Klage beim Verwaltungsgericht angefochten werden.

Gegen den einhelligen Widerstand von Gemeindeverwaltung und Bürgerschaft kann eine Bundesstraßenplanung in aller Regel nicht durchgesetzt werden.

Zeitlicher Ablauf der Planung

1967	Pläne für den Bau einer neutrassierten autobahnähnlichen Fernstraße von Reutlingen an den Bodensee mit großzügiger Umfahrung des Ortes (noch im Generalverkehrsplan 1975 enthalten).
1972	Gutachten für einen Verkehrs- und Flächennutzungsplan; westliche Umgehung wird empfohlen.
1977/78	Bereichsentwicklungsplan durch eine Diplomandengruppe; Untersuchung von 4 Trassenvarianten:
	Trasse 1 großräumige Westumfahrung des Naturschutzgebietes Alter Weiher und des Orts; keine Beeinträchtigung des Ortsbilds und keine Belastung durch Emissionen im Ort; wurde wegen großen Landverbrauchs, Eingriff in ein Niedermoor und hoher Kosten nicht weiter verfolgt,
	Trasse 2 ortsnahe Westumgehung, bis zur Gefällstrecke auf der alten B 32,
	Trasse 3 ortsnahe Ostumgehung, auf längerer Strecke parallel zur Bahnlinie,
	Trasse 4 großräumige Ostumfahrung; wegen hohen Landverbrauchs, Durchschneidung land- und forstwirtschaftlicher Nutzflächen und Querung eines Feuchtgebiets nicht weiter verfolgt.
1978	Genereller Entwurf einer westlichen Umgehungsstraße durch das Straßenbauamt Ravensburg (= Trasse 2).
November 1979	Planung abgeschlossen, Finanzierung gesichert.
1984	Änderung des Bauentwurfs durch das Straßenbauamt Ravensburg, u. a. Reduzierung der Kreuzungen.
Juli 1985	Empfehlung des Landes zur Aufnahme in den Bundesverkehrswegeplan.
Januar 1986	Landschaftspflegerischer Begleitplan des Regierungspräsidiums.
Januar 1987	Planfeststellungsentwurf unter Berücksichtigung von Lärmschutz.
Juni 1987	Einleitung des Planfeststellungsverfahrens durch das Regierungspräsidium.
1989	Neues Planfeststellungsverfahren. Planänderungen: Reduzierungen der Zufahrten und z. T. der Fahrbahnbreite, fußgängerfreundliche Ergänzungen; Maßnahmen, um den gesamten Schwerverkehr auf die neue Trasse zu leiten.
Januar 1990	Bürgerversammlung (Anhörung zum veränderten Planfeststellungsverfahren).

3. *Beziehen Sie die Planungsänderungen seit 1967 auf die Veränderung der Leitbilder.*
4. *Nennen Sie Möglichkeiten der Bürgerbeteiligung bei der Straßenplanung am Beispiel Altshausen.*
5. *Vergleichen Sie die Trassen 2 und 3, und nennen Sie vermutliche Gründe, die zur Wahl der Trasse 2 geführt haben.*

Vergleich der Trassen 2 und 3 (entsprechend dem Planungsgutachten):
Gleichwertig bei folgenden Aspekten:
– Entlastung des Orts vom Durchgangsverkehr
– Trennung des Durchgangsverkehrs vom Ziel- und Quellverkehr
– Verbesserung der Verkehrssicherheit
– Inanspruchnahme land- und forstwirtschaftlicher Nutzflächen

Unterschiedliche Bewertung von Trasse 2 und 3

	Trasse 2	Trasse 3
Verkehrsanbindung	günstig	günstig, aber Anbindung an L 286-West schlechter
Wirtschaftlichkeit	Zeitgewinn durch Umgehung 6 bis 8 Minuten	gleicher Zeitgewinn, geringere Steigung, deshalb noch besser
Anbindung an Gewerbegebiet Sender	günstig	schlechter
Lärm- und Schadstoffbelastung	günstig	günstig, durch Bahndamm zusätzliche Abschirmung
Natur und Landschaft	Probleme im Bereich des NSG Alter Weiher, wo die Trasse den Uferbereich tangiert, abmildernde Maßnahmen notwendig; Waldeingriffe im Süden	Waldeingriffe im Süden; Tunnel im Bahnhofsbereich notwendig
Landschaftsbild, Ortsbild	erhebliche negative Auswirkungen im Bereich des Weihers durch ein Brückenbauwerk, das die Sicht zwischen Weiher und Schloß beeinträchtigt	kaum nachteilige Auswirkungen, vor allem wegen der Parallelführung zum Bahndamm
Natur- und Landschaftsschutzgebiete	Umgestaltung des NSG am Weiher nötig, ebenso landespflegerische Maßnahmen notwendig, da die gesamte Trasse außerhalb des Orts in einem LSG liegt	ebenfalls landespflegerische Maßnahmen wegen Durchquerung eines Landschaftsschutzgebietes notwendig
Flächenbedarf	insgesamt 12,3 ha, Länge 2800 m	wegen 1,8 km größerer Länge erhöhter Flächenbedarf, aber landschaftspflegerischer Bedarf geringer; Flächenbilanz könnte durch Rekultivierung der B 32 (alt) verbessert werden
bebaute Gebiete notwendig	auf 400 m wird vorhandene Bebauung betroffen; Abbruch einzelner Gebäude erforderlich, Lärmschutzmaßnahmen für mindestens 24 Gebäude notwendig	praktisch keine Beeinträchtigung, Lärmschutzmaßnahmen nicht notwendig

Kritikpunkte der Bevölkerung an der gewählten Trasse 2:
– Trasse 2 ist keine echte Umgehung, sondern hat teilweise noch Durchfahrtscharakter
– für den Ziel- und Quellverkehr werden Wege länger
– das Brückenbauwerk zwischen See und Schloß verändert und beeinträchtigt das Ortsbild
– Anwohner der neuen Trasse, aber auch solche an der bisherigen Durchfahrt, fühlen sich wirtschaftlich oder im Wohnwert benachteiligt

6. *Nehmen Sie Stellung zu den Kritikpunkten der Bevölkerung, und vergleichen Sie das Planungsergebnis mit den Zielvorstellungen.*
7. *Werten Sie die Abbildung auf Seite 209 aus und nennen Sie Folgen für die Verkehrsführung für die Anlieger und die Ortskernentwicklung.*

Detaillplanung B 32 neu

N

OD Bereich Altshausen
Darstellung ohne Leit...
Entwässer...ngis Lage

GEPLANTES BAUGEBIET

BAUWERK NR 1
Bau-km 0.211

Unterführung der L 286
Bau-km 0.193809/6.361.492
Kr ⊀ = 94.18⁵ Stw = 20.50-25.00-25.00-20.50
LH = 470 m. NBr = 1310 m.
Br Kl 60/30 zusätzl SLFZ
mit Ges Gew 232 to u 244 to

B 32 neu

Brückenbauwerk
zwischen See und Schloß

Ufersicherung
durch Stahlspundwand.

Alter Weiher
(Naturschutzgebiet)

Stützmauer I = 36.0

Weiherüberlauf
Sohle = 581.85 m

B 32 neu

Fußgänger-
unterführung

Schwerlastausfahrt
nur mit Sonder-
genehmigung zu öffnen

Schwerlastausfahrt
demontierbare
Stahlleitplanke

Alten- und
Pflegeheim

Alten- und Pflegeheim

50 m

Eigene Erhebungen auf der Grundlage der
Planung durch das Straßenbauamt
Ravensburg

Abriß

neue Trassen

Lärmschutzmaßnahmen
notwendig, da
Veränderungen um > 3 dB(A)
[z.B. 60 dB(A) nachts]

So   Sondernutzung

M   Mischgebiet

Gr   Grünfläche

W   Wohngebiet

Wi   Wohngebiet (geplant)

6.3 Nutzungskonkurrenz und Nutzungskonflikte: Jadebusen und Nationalpark Niedersächsisches Wattenmeer

Flächennutzung im Jadebusen

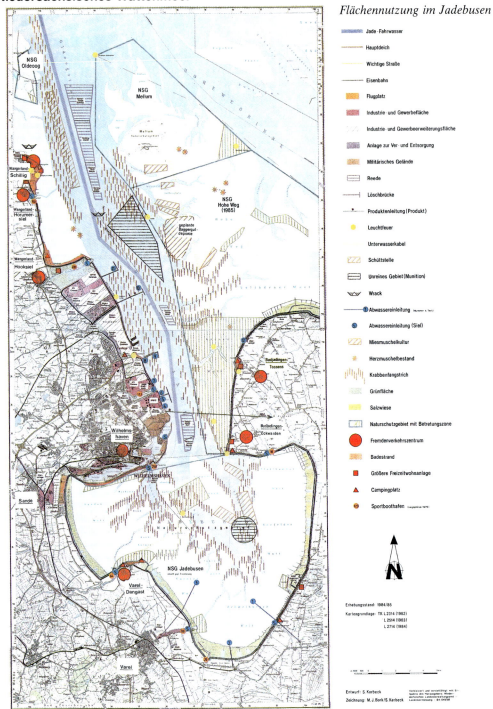

Stephan Kerbeck: Nutzungskonkurrenz und Nutzungskonflikte im Bereich der deutschen Nordseeküste, dargestellt am Beispiel der Jade. In: Bremer Beiträge zur Geographie und Raumplanung, H. 15. Bremen 1989, Kartenbeilage

Nutzungsformen in der Nordsee und ihre gegenseitige Beeinflussung

Beeinflussung

Auswirkungen von

Legende:

- □ weitgehend neutral bzw. keine Beeinflussung
- ...ließende Wirkung
- ⊕ je nach Ausprägungsform begünstigende bzw. beeinträchtigende Wirkung
- ...rächtigende Wirkung · ● beeinträchtigende Wirkung
- ...trächtigung möglich · + begünstigende Wirkung

gsmaßstab: der Flächennutzungskonkurrenz einschließlich ...ner Fernwirkungen

...sfelder	Nutzungsformen	Schutz der Küstenlandschaft	Naturschutz, Biotopschutz	Wildschutz, Vogelschutz	Bestandsschutz für Fischarten	Schutz natürl. Produktionsfaktoren	Seeverkehr	Hafenfunktionen	Rohrleitungen (Öl, Gas)	Rohrleitungen (Wasser)	Kabel	pelagische Fischerei	Grundschleppnetzfischerei	Industriefischerei	Muschelfischerei	Aquakultur von Mollusken	Gewinnung von Muschelschill	Kiesgewinnung am Strand	Kiesgewinnung off-shore	Prospektion auf Öl und Gas	Erdgas- und Erdölförderung	Seeverbrennung	Einleitung von Dünnsäuren	Öleintrag	Einleitung kommunaler Abwässer	Klärschlammverklappung	Einpolderungen	Aufspülungen	Hafenbau	Industrieflächen	Küstenschutz	Seebäderverkehr	Naherholung	Baden und Schwimmen	Bootssport	Wattwanderungen, Wattverkehr
...les ...aumes	Schutz der Küstenlandschaft	■	+	+		+		○	–								○	●	●	○	–		○	●	●		●	●	●	●	●	○	○	○	○	○
	Naturschutz, Biotopschutz	+	■	+	+	+		●	○	○		–	–	–		○	○	○	○	●		○	○	●	○	○	●	●	●	●	○	●	●	●	●	●
	Wildschutz, Vogelschutz	+	+	■	+	+		○								○	+	○	○			○	○	●	○		●	●	●	●	○	●	●	●	●	●
	Bestandsschutz für Fischarten	+	+	○	■	+			–			–		– ○		○	○		–			–	●	○	○	○	●	○				○				○
	Schutz natürl. Produktionsfaktoren	+	+	+	+	■		–			–	–	–	–	○		○	–	–			–	●	○	○	●	●	●	○			○	○		
...rt und	Seeverkehr						■	+												⊕								+	+	–					○	
	Hafenfunktionen	○		+				■	+															–	+	+	+	–		+		○				
	Rohrleitungen (Öl, Gas)	–	–		–	+			■	○		○	–	○	●	○	–	○	○	+				–	–											
	Rohrleitungen (Wasser)	–	–		–					■		○	–	○	●	○	–	○	○					–	–											
	Kabel	–	–								■	○	–	○	○	○	–	○	○					–	–											
...iologische ...essourcen	pelagische Fischerei			+	+	●	●					■	–		○		○					–	●	○	○							+	+			○
	Grundschleppnetzfischerei	⊕		+	+	●	●	○	○	○			■		○		○					–	●	○	○					–	+	+				○
	Industriefischerei			+	+	●	●	○	–	–	–	○	○	■			○					–	●	○	○					○						
	Muschelfischerei	○	○	○	+	●	●	○	●	○	○			○	■					–	●	○	○					–	⊕	⊕				○	○	
	Aquakultur von Mollusken		○	○	+	●	●	●	●	●	●	●	●	●		■					–	●	○	○					–	⊕	⊕			○	○	
...ineralische ...essourcen	Gewinnung von Muschelschill	●	●	○				○	○	●					+	+	■				–			○		○	○	○	○	○	○	–				
	Kiesgewinnung am Strand	●	●	○						–	–	–						■			–		○			●	●	●	●	●	●	○				
	Kiesgewinnung off-shore	○	○	○	○	–			●	●	●								■		–		○			●		●			○					
	Prospektion auf Öl und Gas	○	●						–	○	○	○	○							■	●											○	○	○		
	Erdgas- und Erdölförderung	●	●	○					–	○		○	○	○	○	○	●	●		○	■	+								○	○	○	○		
...ung	Seeverbrennung	○																				■										○	○			
	Einleitung von Dünnsäuren	○	○	○	○																		■					+				○	○	○		
	Öleintrag	●	●	●	●	●		+	+	+				●	●	●	●	●			+	+		■					●	●	●		+	+		
	Einleitung kommunaler Abwässer	○	●	●	●			+																	■			+				●	●	●	+	+
	Klärschlammverklappung	●	●	●	●	●									○		○		○							■			+			○	○	○		
...rweiterung	Einpolderungen	●	●	●	●	○		○							○		○		○								■	●	●			+	○	○	○	
	Aufspülungen	●	●	●	○	○		○							○		○		○								●	■		+		+	⊕	⊕	⊕	
	Hafenbau	●	●	●	●	●	+	+	+						○		○				+								■	+	+		+			+
	Industrieflächen	●	●	●	●	●	+	+	+						○		○				+						+	+	+	■	●	●	●	●		+
	Küstenschutz	○	○	○	○			○									●		○								+	+	+	+	■	○	○	○		
...und	Seebäderverkehr	○	⊕	⊕		+						+	○	+	+		○		○	○	○	○	●	●	●	●	○	⊕	⊕	●	○	■		○	+	+	+
	Naherholung	○	⊕	⊕		⊕						+	○	+	+		○		○	○	○	○	○	⊕	●	⊕	○	⊕	⊕	⊕	+		■		+	+	+
	Baden und Schwimmen		○	⊕								●	●							●				●	●	●		○	●	●		+	+	■	+	+
	Bootssport		○	⊕								●	●							●				○	○		+	○	○	○		+	+	+	■	+
	Wattwanderungen, Wattverkehr	○	●	●	○													●						●	●	●	●	○	●	●	●	○	+	+	+	■

Dieter Uthoff: Konfliktfeld Nordsee. In: Geographische Rundschau 1983, H. 6, S. 291

Räumlich wirksame Faktoren sind vielfältig miteinander verflochten – vielfältiger als auf den ersten Blick zu erkennen.

Stellt man räumlich wirksame Einzelelemente und ihre Auswirkungen auf andere Elemente graphisch dar, so werden Konfliktpotentiale und Problemfelder optisch verdeutlicht. Die obige Abbildung tut dies am Beispiel der vielfältigen Nutzungsformen im Nordseeraum, wobei sechs Stufen der Beeinflussung verwendet werden. Auch diese Darstellung ist eine Vereinfachung, in der längst nicht alle im Küstengebiet wirksamen Einzelelemente enthalten sind.

Siedlungen und Verkehr. Die Karte Seite 210 zeigt die unterschiedliche Siedlungsdichte im Beispielraum. Im Siedlungsband am Westufer der Jade zwischen Varel und Wangerland wohnen ca. 160 000 Menschen. 20 km der Küstenlinie zwischen Hooksiel und Sande sind industriell genutzt.

Größere Verkehrsprojekte sind nicht aktuell, nachdem der Bau der im Landesentwicklungsprogramm vorgesehenen Autobahn parallel zur Küste wenig Chancen auf Verwirklichung hat. Das neue Industriegleis zu den Aufschüttungsflächen (ICI) berührt Wilhelmshaven nicht.

Bevölkerungsentwicklung und Bevölkerungsdichte

| | Bevölkerung | | | | Bevölkerungsdichte (E/km^2) | | |
	1950	1970	1987	Prognose 1995	1970	1987	Prognose 1995
Stadt Wilhelmshaven	104057	104918	90982	87300	1014	880	844
Lkrs. Friesland	92890	91764	93634	94800	151	154	156
Lkrs. Wesermarsch	109977	96078	89349	88200	117	109	107

Nach Statistische Berichte Niedersachsen: Volkszählung 1987 und Kerbeck

Industrie. Bis 1956 war die Industrie in Wilhelmshaven auf das innere Stadtgebiet beschränkt. Erst danach begann die Entwicklung zum deutschen Tiefwasserhafen.
– 1958 wurde Wilhelmshaven durch die „Nord-West-Ölleitung GmbH" zum Ölhafen ausgebaut. Die NWO ist ein Zusammenschluß großer Ölgesellschaften und betreibt neben einer großen Tankerlöschbrücke und einem Rohöllager Pipelines in den Raum Köln und Dinslaken.
– 1960 bis 1976 wurden Aufspülungen für zusätzliche Tanklager vorgenommen.

– Auf der Basis des Mineralölumschlags sollten Grundstoffindustrien angesiedelt werden.
– Direkt an der Küste werden jährlich 260000 t Natronlauge, 115000 t Chlor und 400000 t Kunststoffe hergestellt.

Wirtschaftsförderung. Wilhelmshaven und Sande sind Schwerpunktorte B (20% Förderung) der „Gemeinschaftsaufgabe zur Verbesserung der regionalen Wirtschaftsstruktur" (GA). Gesamtvolumen der Förderung von Bund und Land 1972–1982: 344 Mio. DM. Daneben gab es regionale und kommunale Förderung.

Anteil der Erwerbspersonen an den Wirtschaftssektoren in %

	Land- und Forstwirtsch.	Produz. Gewerbe	Handel, Verkehr Nachrichten	sonstige Wirtschaftsbereiche
Stadt Wilhelmshaven	0,9	25,7	14,7	58,7
Lkrs. Friesland	6,1	33,6	14,8	45,5
Lkrs. Wesermarsch	7,7	43,1	17,2	32,0

Nach Statistische Berichte Niedersachsen: Volkszählung 1987

Beschäftigte in den strukturbestimmenden Branchen des Verarbeitenden Gewerbes 1987

	Stadt Wilhelmshaven	Lkrs. Friesland	Lkrs. Wesermarsch
Stahl-, Maschinen-, Fahrzeugbau	2323	6115	5804
Elektrotechnik, Feinmechanik	760	318	2966
Chemische Industrie	511	9	615
Bekleidungsgewerbe	1609	278	205
Ernährung, Tabak	745	1307	1412
Verarb. Gewerbe gesamt	6470	10157	13047

Datengrundlage: Statistik Niedersachsen, Volks- und Arbeitsstättenzählung, Teil 3

Industrieflächenangebot der deutschen Nordseehäfen, in ha

	belegte Industrieflächen (einschl. Optionen)	Industriereserveflächen (einschl. konkreter Planungen)	Industrie-flächen insgesamt
Brunsbüttel	913	280	1193
Stade	800	200	1000
Hamburg	1790	1210	3000
Bremerhaven (nach Ausbau)	56	1362	1418
Wilhelmshaven	554	1520	2074
Emden (nach Ausbau)	400	1547	1947

Stephan Kerbeck: a.a.O.: S. 21

– „Die 2700 ha, mit hohem finanziellen Aufwand aufgespülten und erschlossenen Neulandflächen, liegen zu rund 70% brach; dabei nehmen firmeneigene Erweiterungsflächen oder Optionen den größten Teil der Brachen ein. Landes- oder bundeseigenes Ansiedlungsgelände steht nur mit rund 600 ha zur Verfügung, allerdings sind auch viele Optionsflächen oder firmeneigene Reserveflächen inzwischen wieder zu erwerben.

– Der erdölwirtschaftliche Komplex an der Jade ist derzeit im Zerfall begriffen. Die Stillegung der ‚Mobil-Oil'-Raffinerie und zweier Pipelines sowie die mangelnde Auslastung des NWO-Ölhafens lassen es fraglich erscheinen, ob die riesigen Industriepolder in absehbarer Zeit überhaupt noch industriell genutzt werden.

– Die Arbeitsplatzbilanz der vorhandenen Werke ist ernüchternd; einer Gesamtinvestitionssumme von ca. 2,5 Mrd. DM stehen nicht einmal 1000 Arbeitsplätze gegenüber. Damit konnten die Arbeitsplatzverluste in anderen Industriebetrieben (‚Olympia' usw.) bei weitem nicht aufgefangen werden. Das Konzept einer extrem flächen- und kapitalintensiven Ansiedlung von Großunternehmen muß daher für Wilhelmshaven als gescheitert betrachtet werden, zumal auch die Steuereinnahmen wegen rückläufiger Ölumsätze sinken."

Stephan Kerbeck: Nutzungsformen, Nutzungskonkurrenzen und Nutzungskonflikte im Bereich der deutschen Nordseeküste dargestellt am Beispiel der Jade. Bremer Beiträge zur Geographie und Raumplanung, H. 15. Bremen: Universität Bremen 1989, S. 152/3 (gekürzt)

Fischerei. Die wirtschaftliche Bedeutung der Erwerbsfischerei ist gering. Die traditionelle Krabbenfischerei im Jadebusen geht seit 1970 deutlich zurück, dagegen nimmt die Muschelkultur noch zu, ist jedoch durch Ölunfälle (wie 1970, 1977 und 1978) gefährdet.

Rohstoffe. Insgesamt ist das Jadegebiet rohstoffarm.

– Bei Varel geringe Erdölförderung;
– Sand, Kies und Schlick dürfen nur beim Ausbaggern der Fahrrinne und zu Aufspülungen entnommen werden;
– Meerwasser und (mit Sondergenehmigung) Schlick werden in den Kureinrichtungen angewandt;
– im Salzstock Rüstringen nördlich von Wilhelmshaven wurden Kavernen für ca. 7 Mio. m^3 Rohöl angelegt.

Fremdenverkehr. Aus klimatischen Gründen ist die Saison kurz (Juni bis Anfang September). Die einschlägige Infrastruktur ist gut ausgebaut.

Bettenangebot gesamt:	11 500
darunter Hotels, Gasthöfe	2 882
Privatzimmer	1 722
Ferienwohnungen	1 096
Ferienheime, Jugendherbergen	1 000
Camping: Stellplätze	4 672
Liegeplätze für Sportboote	1 000

Übernachtungen nach der amtlichen Statistik (nur Betriebe über 8 Betten) in Butjadingen, Varel, Wilhelmshaven und Wangerland (1984): 484 457[1]

[1] Nach Stephan Kerbeck (S. 178) liegt jedoch die tatsächliche Zahl weit höher, am Jadebusen bei 2,5 bis 3,0 Mio. pro Jahr.

Hafenumschlag in Wilhelmshaven in Mio. t

	Seewärtiger Hafenumschlag	davon Mineralöl und Mineralölprodukte	Anzahl der eingelaufenen Schiffe mit Mineralölprodukten
1959	6,1	6,0	236
1965	18,5	18,3	569
1974	30,5	29,5	551
1983	22,1	19,8	780

Stephan Kerbeck: a.a.O., S. 146 (gekürzt)

Hafen und Seeverkehr. Vor dem Zweiten Weltkrieg wurde der Jadebusen fast ausschließlich von der Marine genutzt.
– Wilhelmshaven ist heute der einzige deutsche Tiefwasserhafen. Das Fahrwasser ist seit 1974 für Supertanker bis 250 000 t ausgelegt.
– Vier große Umschlaganlagen am Industriepolder zwischen Wilhelmshaven und Hooksiel sind heute nur teilweise genutzt. (Höchster Umschlag der Tankerlöschbrücke der NWO: 29,16 Mio. t 1974). 1985 wurde eine Löschbrücke, die 1982 noch 8,5 Mio. t umsetzte, ganz stillgelegt.
– 6 Kleinhäfen für Küstenfahrt und Fischerei.

Natur- und Landschaftsschutz. Das gesamte Wattenmeer von Den Helder (NL) bis Esbjerg (DK) ist nach internationalen Abkommen (MAR-Liste 1965, Ramsar-Konvention) ein schützenswertes Feuchtgebiet von internationaler Bedeutung. 60% davon liegen an der deutschen Nordseeküste, einschließlich der Bereiche „Jadebusen und westliche Wesermündung" und „Ostfriesisches Wattenmeer und Dollart".

Was macht das *Wattenmeer* so wertvoll?
– Das niederländisch-deutsch-dänische Wattenmeer ist die größte zusammenhängende Wattfläche der Erde.

Ölhafen im Jadebusen

Naturschutzgebiet

- Die Landschaftselemente (Dünen, Strandinseln, Buchten, Halligen, offene Wattflächen) sind in ihrer Verbindung und Verzahnung einmalig.
- Das Wattenmeer ist ein vom Menschen noch weitgehend unveränderter Raum, darin in Europa nur mit alpinen Hochgebirgslagen vergleichbar.
- Die hochspezialisierte Fauna weist 250 Arten auf, die an keiner anderen Stelle der Erde vorkommen.
- Die hohe Biomasseproduktion des Wattenmeers ist ein Nahrungsreservoir und damit Brut-, Rast- und Überwinterungsraum für viele Küstenvögel und Seefische.
- Es ist ein Rückzugsgebiet für Pflanzen- und Tierarten, die im Binnenland gefährdet sind.
- Das *Watt* (also der im Wechsel der Gezeiten immer wieder überflutete und trockenfallende Teil der Nordsee) ist ein Gebiet hoher Biomasseproduktion, die Ernährungsbasis vieler Tierarten.
- Die *Salzwiesen* (zeitweilig von Salzwasser überflutete Flächen) sind ein Rast-, Nahrungs- und Brutgebiet von Seevögeln.
- Das Wattenmeer schützt die Küste als natürlicher Wellenbrecher.

Nutzungskonflikte

Aus den verschiedenen Nutzungsformen lassen sich nach Kerbeck drei wesentliche Nutzungskomplexe ausgliedern, die in scharfer Konkurrenz zueinander stehen:
1. Der Natur und Landschaftsschutz
2. Fremdenverkehr, Naherholung und Wohnsiedlungen
3. Seeverkehr, Hafenwirtschaft, Industrie und Gewerbe

„Von den drei angeführten Nutzungskomplexen ist der Komplex 1 stets der am meisten leidtragende, dem andere Nutzungen fast nur schaden können. Somit betrifft weit mehr als die Hälfte der räumlichen Konflikte an der Jade direkt oder indirekt die Gefährdung des Naturraumes, von dessen Funktionsfähigkeit wiederum andere Nutzungen abhängen. Die vom Natur- und Landschaftsschutz ausgehenden restriktiven Wirkungen auf andere Nutzungen waren bislang nicht allzu groß. Die Tatsache, daß die ursprünglichen Pläne der massiven Industrieansiedlung nicht realisiert werden konnten, ist nahezu ausschließlich auf die ökonomischen Rahmenbedingungen zurückzuführen;

für die Zukunft deutet sich jedoch ein wachsendes Gewicht ökologischer Aspekte an.

Der Nutzungskomplex 2 profitiert von Komplex 1, belastet diesen aber auch zugleich. Komplex 3 schließlich stellt für alle anderen Nutzungen eine erhebliche Belastung dar, die nur durch strenge Auflagen im Rahmen gehalten werden kann. Einseitige oder gar gegenseitige positive Beeinflussungen zwischen zwei Nutzungsformen treten recht selten auf und betreffen dann meist nur Teilaspekte des Verhältnisses.“

Stephan Kerbeck, a.a.O., S. 303

Bewertungen sind – wie immer bei raumordnerischen Problemen – schwierig, Kompromisse unverzichtbar. So ist es einleuchtend, daß die Ansiedlung eines großen Chemiekomplexes (ICI) zur Herstellung von PVC und Vinylchlorid auf einer 320 ha großen Aufschüttungsfläche trotz einer 2 km breiten Schutzzone auf den Widerstand von Naturschützern stoßen mußte. Andererseits aber ist für die strukturschwache Region mit ihren überdurchschnittlichen Arbeitslosenzahlen die Schaffung von industriellen Arbeitsplätzen vordringlich. Und die Verkehrslage am Tiefwasserhafen war verständlicherweise in erster Linie für Grundstoffindustrien attraktiv. Diese aber bieten hohe Umweltgefährdung und relativ wenige Arbeitsplätze.

Der Nationalpark Niedersächsisches Wattenmeer

Raumordnerische Aufgaben am Wattenmeer sind auch deshalb so schwer zu lösen, weil Rechte und Wirkungsbereiche lokaler, regionaler und überregionaler Instanzen betroffen sind. Bei der Fahrwasseränderung der Jade waren zum Beispiel neben regionalen Behörden auch Land und Bund maßgeblich beteiligt.

Einen Ansatz zu Lösungen auf einem Teilgebiet bot die Ausweisung des Wattenmeers als Nationalpark.

Am 1. 1. 1986 wurde der größte Teil des niedersächsischen Wattenmeers zum Nationalpark erklärt, drei Monate nachdem schon der „Nationalpark Schleswig-Holsteinisches Wattenmeer“ verkündet worden war.

Die im *Bundesnaturschutzgesetz* vorgesehene Kategorie *Nationalpark* ist an folgende Bedingungen gebunden:
1. Es muß ein großräumiges Gebiet von besonderer Eigenart sein;
2. im überwiegenden Teil müssen die Voraussetzungen für die Ausweisung als Naturschutzgebiet gegeben sein;
3. es darf vom Menschen noch nicht nachhaltig verändert sein;
4. es soll vorrangig dem Schutz der Pflanzen- und Tierwelt dienen;
5. es soll – sofern die Schutzfunktion nicht beeinträchtigt wird – für die Bevölkerung zugänglich sein.

Nationalparks in der Bundesrepublik. Bis auf die Lüneburger Heide und das Gebiet Lange Rhön wurden alle, im Gutachten zum Bundesnaturschutzgesetz vorgeschlagenen Nationalparkgebiete, ausgewiesen:
– 1970 der Nationalpark Bayerischer Wald (13 000 ha),
– 1978 der Nationalpark Berchtesgaden mit Königsee (21 000 ha),
– 1985 der Nationalpark Schleswig-Holsteinisches Wattenmeer (285 000 ha),
– 1986 der Nationalpark Niedersächsisches Wattenmeer (240 000 ha).
– 1991 Nationalpark Hamburgisches Wattenmeer,
– 1991 wurden in den neuen Bundesländern das Elbsandsteingebirge als Nationalpark ausgewiesen,
– in Diskussion sind Gebiete des ehemaligen Zonengrenzgebietes im Thüringer Wald und Teile der Mecklenburgischen Seenplatte und an der Ostsee um Rügen.

Der Nationalpark Wattenmeer umfaßt das Watt mit seinem Rinnensystem, die Salzwiesen und die Inseln und Dünen.

Nach dem Landesraumordnungsprogramm ist er ein Vorranggebiet für den Naturschutz. Drei gesonderte Zonen wurden ausgewiesen:

Schematischer Querschnitt durch das Watt vor der ostfriesischen Küste. Die großen vorgelagerten Düneninseln fehlen vor der Wurster Küste (zwischen Bremerhaven und Cuxhaven).

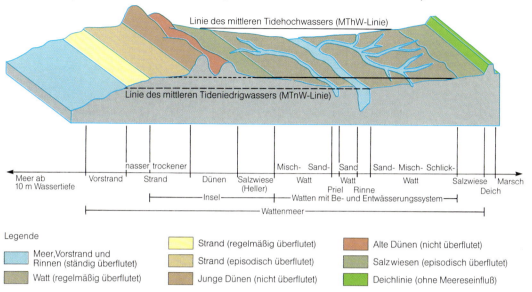

Legende

- Meer, Vorstrand und Rinnen (ständig überflutet)
- Watt (regelmäßig überflutet)
- Strand (regelmäßig überflutet)
- Strand (episodisch überflutet)
- Junge Dünen (nicht überflutet)
- Alte Dünen (nicht überflutet)
- Salzwiesen (episodisch überflutet)
- Deichlinie (ohne Meereseinfluß)

Nach National Parkverwaltung Niedersächsisches Wattenmeer, Wilhelmshaven 1988, S. 7

– Die Ruhezone (129 600 ha) mit dem strengsten Schutz (Seehundsbänke, Rast- und Mausergebiete der Vögel), in der „alles verboten ist, was nicht ausdrücklich erlaubt ist".

– Die Zwischenzone (108 000 ha), wo das Betreten generell erlaubt ist, die „Veränderung des Landschaftsbildes" verboten und die Störung der Tierwelt nicht erlaubt ist.

– Die Erholungszone (1660 ha), die als Badestrand und Kurgebiet dienen soll.

„Die Nutzung in den Schutzzonen des Nationalparks.

Auch die Ruhezone, die am strengsten geschützte Zone, darf genutzt werden:

– „Landwirtschaft in der Ruhezone
Die ordnungsgemäße Landwirtschaft auf den von einem Sommerdeich geschützten Flächen einschließlich der Instandhaltung und Erneuerung der zugehörigen Anlagen unterliegt keiner Beschränkung; dies gilt nicht für die Umwandlung von Grünlandflächen in Acker und die Flächenplanierung.
Die Bewirtschaftung der nicht von einem Sommerdeich geschützten Flächen ist in Art und Umfang wie bisher zulässig.
Die Bewirtschaftung der nicht von einem Sommerdeich geschützten landeseigenen Flächen soll über Verträge beschränkt werden, soweit es zur Erhöhung des Naturschutzwertes der Salzwiesen erforderlich ist und die Deichsicherheit nicht berührt wird.

– Jagd in der Ruhezone
Außerhalb der Wattenjagdbezirke ist die Jagd erlaubt. Dies gilt nicht für die Jagd auf Wasserwild; Ausnahmen hiervon können für einen Zeitraum von bis zu zehn Tagen im Jahr zugelassen werden.
Die Nationalparkverwaltung Niedersächsisches Wattenmeer kann Maßnahmen zur Bestandslenkung von Seevögeln und anderen Tierarten veranlassen.

– Fischerei in der Ruhezone
Der Fisch- und Krebsfang, die Stellnetzfischerei … sind zu gewerblichen Zwecken in der Ruhezone erlaubt, ausgenommen bestimmte Gebiete.

217

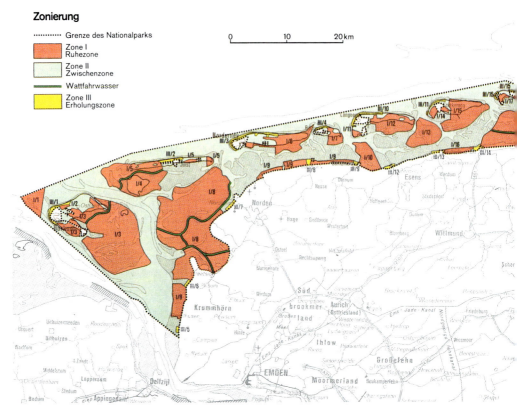

Nationalpark Niedersächsisches Wattenmeer

– Betreten der Ruhezone
ist auch für Wattwanderungen, Wandern, Radwandern, Kutschen- und Versorgungsfahrten auf bestimmten Wegen erlaubt, ebenso die Schlickentnahme für Heilzwecke ... Außerdem darf die Ruhezone zur Erfüllung öffentlicher Aufgaben und u. a. zu Betrieb, Unterhaltung von Rohr- und Transportleitungen etc. betreten werden."

Verordnungen über den Nationalpark Niedersächsisches Wattenmeer vom 13. 12. 1985, gekürzt

Obwohl die Ausweisung des Nationalparks allseits als wichtiger Schritt in die richtige Richtung gefeiert wurde, gibt es auch Kritik. Sie setzt an der Tatsache an, daß einige Naturschutzgebiete, für die konkrete und detaillierte Gebote und Verbote bestanden, in den Geltungsbereich der allgemeineren Verordnungen für den Nationalpark überführt wurden.

In einem Punkt aber ist der Nationalpark unbestritten ein Fortschritt: Er verwirklicht auf einem Teilgebiet eine zentrale Forderung für die Planung im Küstenraum, nämlich einen ein großes Gebiet überspannenden Gültigkeitsbereich.

„Großräumiger Naturschutz am Wattenmeer, Meeresreinhaltung und eine ökonomisch sinnvolle Lokalisierung von Industrie- und Hafenstandorten sind nur bei intensiver, grenzüberschreitender Zusammenarbeit möglich; nur so läßt sich eventuell die ökonomisch wie ökologisch fatale Übererschließung des Küstenraums und der damit sehr teure Wettbewerb der Standorte ... reduzieren ... Wer das Wattenmeer oder nur auch einzelne Abschnitte davon schützen und erhalten will, muß das ganze Ökosystem Nordsee vor weiterer Verschmutzung und Ressourcenraub bewahren."

Kerbeck, a.a.O., S. 287, 288

218

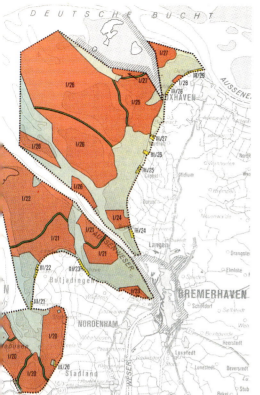

Ausschnitt aus der Karte 1:500000 Niedersachsen. Vervielfältigt mit Erlaubnis des Herausgebers; Niedersächsisches Landesverwaltungsamt – Landesvermessung – B4-741/91, ergänzt durch die Nationalparkverwaltung

1. *Werten Sie die Matrix Seite 211 aus. Nennen Sie Schwerpunkte negativer oder positiver Beeinflussungen.*
2. *Nennen und lokalisieren Sie Konfliktzonen (s. Karte S. 210), verwenden Sie dazu die Matrix.*
3. *Nennen und begründen Sie die besonderen Strukturprobleme des Jaderaums.*
4. *Erklären Sie die Abweichungen im Anteil der bereits genutzten Flächen in der Tabelle S. 213.*
5. *Fassen Sie die Interessen der verschiedenen Nutzungskonkurrenten zusammen, nennen und begründen Sie wahrscheinliche Konflikte.*
6. *Lokalisieren Sie die verschiedenen Schutzzonen des Nationalparks. Vergleichen Sie sie mit den wahrscheinlichen Konfliktzonen (Aufgabe 2).*
7. *Diskutieren Sie die Bedeutung des Beispielraums Jadebusen im Gesamtkonzept des Nationalparks Niedersächsisches Wattenmeer.*

6.4 Landschaftseingriffe: Braunkohlentagebau im Rheinischen Revier

Ungefähr ein Viertel der bundesdeutschen Stromerzeugung basiert auf der Braunkohle des Rheinischen Reviers. Das 2500 km^2 große Gebiet ist mit Vorräten von 55 Mrd. t das größte Braunkohlenrevier Europas. 1989 wurden dort von 15 500 Beschäftigten 104,2 Mio. t gefördert, das sind 94,8% der Braunkohlenförderung der Bundesrepublik. Dabei hat die Niederrheinische Bucht ertragsstarke Lößböden und ist ein intensiv genutztes Agrarland, das zudem mit über 420 E/km^2 sehr dicht besiedelt ist. Nutzungskonflikte sind deshalb unausbleiblich. Dazu nur ein Hinweis: Bis Ende 1989 wurden 51 Orte mit mehr als 100 Einwohnern und 74 kleinere Siedlungen aus Abbaugebieten verlegt. 29 600 Menschen mußten ihren angestammten Lebensraum verlassen und neue Siedlungen beziehen!

Großtagebaue

Ein besonderes Problem liegt darin, daß die Braunkohle des Reviers in Großtagebauen gefördert wird. In der Abbildung auf Seite 221 sind es noch sechs (Stand 1986), ab 1995 werden es nur noch drei sein: Hambach, Garzweiler und Inden. Aber diese sind riesige, die Landschaft entstellende und verformende, bis zu 400 m tiefe Wunden. Im folgenden soll nicht die Gesamtheit der Probleme und Nutzungskonflikte angesprochen werden. Die Darstellung beschränkt sich auf Auswirkungen der Großtagebaue auf die Landschaft und die Möglichkeiten, die sich der Raumordnung bieten, um Schäden zu begrenzen bzw. auszugleichen.

„Der Welt größter Eingriff
Die Tagebaue Hambach, Frimmersdorf-Garzweiler und der in Rede stehende künftige Tagebau Frimmersdorf-West-West werden in der Fläche eine Größenordnung und in der Tiefe Dimensionen haben, wie sie der Tagebau der 60er und 70er Jahre nicht gekannt hat. Man spricht bereits heute von ‚den größten Löchern der Welt'. Da nun aber Braunkohlentagebau

Braunkohletagebau Garzweiler mit den Kraftwerken Frimmersdorf und Neurath

bisher darauf angewiesen ist, aus absolut trokkengelegtem Erdreich die Kohle zu schürfen, vollziehen sich die Sümpfungsmaßnahmen zur Absenkung des Grundwassers in einer gleichen, bis heute nicht dagewesenen Größenordnung.

Zur Verdeutlichung dessen, hier ein paar Zahlen: Das Rheinische Braunkohlenrevier unserer Tage mißt rund 3600 km²; das gesamte Saarland zum Vergleich mißt nur 2600 km²! Im Städtedreieck Bonn, Aachen und Mönchengladbach werden heute bereits 30 Prozent der Gesamtfläche durch laufende oder geplante Tagebaue in Anspruch genommen. Konkret werden zur Zeit 170 km² bis in eine Tiefe von 500 m abgebaut. Damit aber vollzieht sich der Welt größter Eingriff in den Naturhaushalt, dessen Folgen bis heute kein Wissenschaftler klar voraussagen kann!"

Bernhard Spellerberg: Können wir uns die Braunkohle noch leisten? In: Aachener Nachrichten v. 11. 10. 1985

Auch wenn einige der Daten des Textes zu modifizieren sind – zur Zeit wird in Hambach nur bis 280 m Tiefe abgebaut, erst im Jahr 2020 sollen es 450 m sein, und das Revier hat heute eine Ausdehnung von 2500 km² – kein Zweifel kann daran bestehen, daß der Tagebau riesige Eingriffe bedingt.

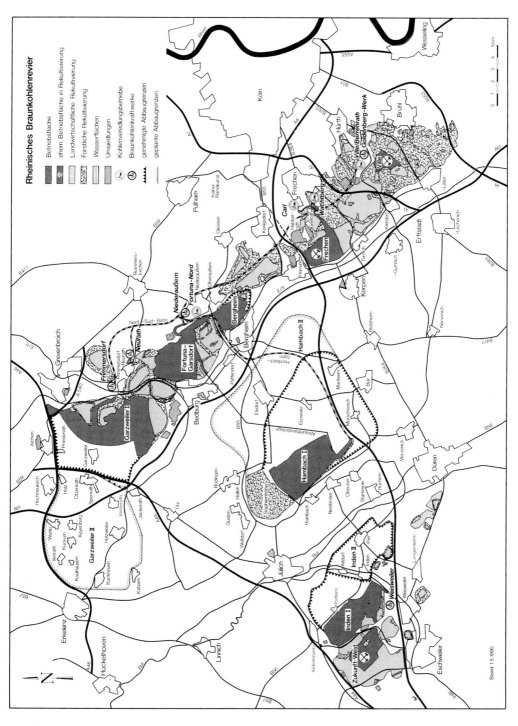

Ernst Klahsen, Norbert von der Ruhren: Das Rheinische Braunkohlenrevier. Materialien 3. Rheinbraun, Mat. 1, Brühl 1990

221

Geologischer Schnitt durch das Abbaugebiet Hambach

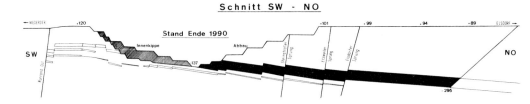

Rheinbraun AG: Tagebau Hambach

Umwelteinwirkungen bei der Gewinnung und Veredlung von Braunkohle

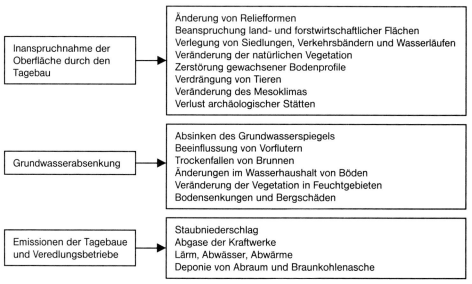

Nach Ernst Klahsen, Norbert von der Ruhren: Das Rheinische Braunkohlenrevier, II. Rheinbraun: 1986, S. 25

Warum wird überhaupt im Großtagebau abgebaut, warum werden nicht mehrere kleinere Abbauflächen geplant? Warum wird nicht im Untertagebau gefördert?

Gegen den Untertagebau spricht:
– Er könnte nur ein Viertel der Vorräte erreichen.
– Er wäre wirtschaftlich nicht konkurrenzfähig, da die Investitionskosten im Vergleich zum Heizwert der Braunkohle zu hoch wären; wegen des nicht entwässerten Deckgebirges aus Lockersedimenten wären technisch aufwendige Sicherungsmaßnahmen erforderlich.
– Bodensenkungen und Bergschäden wären unausbleiblich.

Für den Großtagebau spricht:
– „Da die Tagebauböschungen aus Gründen der Standsicherheit eine bestimmte Generalneigung (im Normalfall 1:3) nicht überschreiten dürfen, ist mit zunehmender Teufe eine immer größere Abbaufläche erforderlich, um das Flöz freizulegen.
– Beim Aufschluß tiefer Lagerstätten ist die Kostenbelastung der Kohle nur dann in wirtschaftlich vertretbaren Grenzen zu halten, wenn ihr Abbau möglichst großflächig erfolgt. Hierdurch lassen sich eine maßgebliche Verminderung des Böschungsabraumes (günstigeres Abraum-Kohle-Verhältnis) und folglich geringere Abbauverluste erzielen.

222

– Wenige große Tagebaue nehmen gegenüber einer Vielzahl kleiner Betriebe die bergbauliche Fläche durch hohe Abbau- und Kippenfortschritte für eine kürzere Dauer in Anspruch.

– Die technische Ausrüstung leistungsstarker Tagebaue erfordert gewaltige Investitionen, die nur durch kapitalkräftige Gesellschaften aufgebracht werden können und sich ausschließlich bei großräumigen Förderbetrieben mit ausreichender Lagerstättensubstanz amortisieren.

– Gesetzlich vorgeschriebene Entschädigungs- und Ersatzleistungen stellen den Bergbau vor umfangreiche Aufgaben. Die Umsiedlung von Ortschaften, die Schaffung einer neuen Infrastruktur, die Rekultivierung und Landschaftsgestaltung schlechthin sind bei zentraler Planung wesentlich effektiver und ansprechender durchführbar."

Ernst Klahsen, Norbert von der Ruhren: a.a.O., S. 12/13

Rechtliche Grundlagen. Das Bundesberggesetz von 1982 regelt die Suche und Gewinnung und Aufbereitung von Bodenschätzen und soll für die Sicherheit der Beschäftigten vorsorgen. Ferner soll es den Lagerstättenschutz fördern. Außerdem regelt es die Wiedernutzbarmachung der Oberfläche. Das Bergamt Köln, als zuständige Bergbaubehörde, prüft den vom Unternehmen einzureichenden Betriebsplan und beteiligt Gemeinden und Fachbehörden, die für Sonderrechte (wie Wasserhaushalt, Immissionsschutz) zuständig sind, an der Planung. Das gesamte Verfahren ist in die Landesplanung eingebunden, die die konkurrierenden Interessen von Bergbau, Industrie, Landwirtschaft und Bevölkerung ausgleichen soll. Gemeinden und Verbände haben erheblichen Einfluß in den Gremien, die Mitwirkung der betroffenen Bürger bei der Aufstellung der Braunkohlenpläne ist dagegen begrenzt.

Zeitrahmen für die Realisisierung eines Tagebaus (dargestellt am Beispiel Garzweiler II)

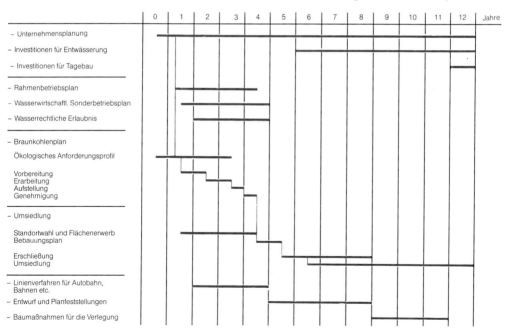

Nach Ernst Klahsen, Norbert von der Ruhren: Das Rheinische Braunkohlenrevier. Materialien 3. Rheinbraun, Mat. 10. Brühl 1990

223

Aufstellung und Genehmigung der Braunkohlenpläne

Der Braunkohlenausschuß
wird über vorliegende Absichten informiert und beauftragt die Bezirksplanungsbehörde mit der Erstellung eines Vorentwurfs als Grundlage für den Erarbeitungsbeschluß

↓

Die **Bezirksplanungsbehörde**
erstellt einen Vorentwurf

↓

Der **Braunkohlenausschuß**
leitet das Verfahren für die Erarbeitung des Braunkohlenplanes ein; zur Vorbereitung dieses Beschlusses gibt der *Unterausschuß* eine Stellungnahme ab

↙ ↓ ↘

Die **Gemeinden** legen den Planentwurf zur Einsichtnahme öffentlich aus	Der zuständige **Unterausschuß** wird über den beschlossenen Planentwurf unterrichtet	Die **Bezirksplanungsbehörde** fordert die Beteiligten schriftlich zur Mitwirkung auf

↘ ↓ ↙

Die **Bezirksplanungsbehörde**
prüft die Bedenken und Anregungen und erörtert sie mit den Beteiligten; dabei strebt die Bezirksplanungsbehörde einen Ausgleich der Meinungen an

↓

Der **Braunkohlenausschuß**
prüft die Bedenken und Anregungen und stellt den Braunkohlenplan auf; zur Vorbereitung dieses Beschlusses gibt der *Unterausschuß* eine Empfehlung ab

↓

Der **Bezirksplanungsrat**
nimmt zu dem aufgestellten Braunkohlenplan Stellung

↓

Der aufgestellte Braunkohlenplan wird der **Landesplanungsbehörde** zur Genehmigung vorgelegt

↓

Die Genehmigung des Braunkohlenplanes wird bekanntgemacht

Ernst Klahsen, Norbert von der Ruhren: a.a.O., Mat. 72

Ein wichtiges Gremium im Rahmen der Abbauplanung ist der Braunkohlenausschuß. Stimmberechtigt sind bei ihm Mitglieder der Bezirksplanungsbehörde, also des Regierungspräsidiums Köln, Vertreter der Gemeinden des Braunkohlenplangebiets und anderer Gemeinden der Region, außerdem Repräsentanten der Kammern, Verbände und Gewerkschaften.
Der Ausschuß hat die Möglichkeit, in einem Richtlinienkatalog Vorgaben zu setzen, die die Umweltverträglichkeit des Abbaus sichern sollen. Sie enthalten Maßgaben zu den Bereichen:

- Begrenzung des Abbaufeldes
- Rekultivierung (Anteil der Wasserfläche, und der landwirtschaftlichen Rekultivierung)
- Gewinnung und Verkippung (z. B. Hangneigung und Höhe der Außenkippe)
- Wasserwirtschaft und Grundwasserabsenkung

- Verkehrsplanung und Erholungsnutzung
- Immissionen und Klima im Bereich des Tagebaus, der Kohlenbahn und außerdem der Bandstraße
- Umsiedlungen, die eigens in einem Gebietsentwicklungsplan dargestellt werden.

Ein Beispiel: Das Grundwasserproblem

Rheinbraun-Wasserhebung 1985/1989

Bereich	10^6 m^3			m^3/s	Anteil an der Gesamthebung %	Vorfluter
	Brunnen-wasser	Tages-wasser	Summe			
Tagebau Frimmersd./Garzw.	77/70	4/2	81/72	2,6/2,3	8/11	Erft
Tagebau Fortuna/Bergheim	383/167	8/4	391/171	12,4/5,4	39/26	Erft, Gillbach, Kölner Randkanal
Tagebau Frechen/Ville	204/139	11/2	215/141	6,8/4,5	21/22	Erft, Kölner Randkanal
Tagebau Zukunft/Inden	66/75	5/3	71/78	2,3/2,5	7/12	Inde
Tagebau Hambach	241/188	4/5	245/193	7,8/6,1	24/29	Rur, Erft, Kölner Randkanal
Summe Rheinbraun 1985/89	971/638	32/16	1003/655	32/20,8	100/100	

Ernst Klahsen, Norbert von der Ruhren: Das Rheinische Braunkohlenrevier. Materialien 2. Rheinbraun/1986, Mat. 23, ergänzt

Voraussetzung für den Kohleabbau ist die Entwässerung des Deckgebirges, der Böschungen und der Flöze. Der Grundwasserzufluß aus den angeschnittenen Deck- und Zwischenschichten muß völlig gestoppt werden. Zu bedenken ist, daß das tiefere Grundwasser häufig unter hydrostatischem Druck steht. Mehrere hundert Pumpen sorgen im Feld Hambach für die Absenkung des Grundwasserspiegels. Die Teufen betragen bis 520 m. Die Wasserentnahme („Sümpfung") betrug im Feld Hambach 1989 ca. 21 450 m^3/h, das entspricht dem stündlichen Bedarf von ca. 4 Mio. Menschen.
Die Wasserentnahmen sind unter zwei Gesichtspunkten zu sehen: Zum einen als Verbrauch der Ressource Wasser, zum anderen als Eingriff in ein ökologisches System.

„Rechtlich ungelöste Fragen

Angriffspunkte gibt es aber auch mehr als genug. Da sind vorrangig die rechtlich ungeklärten Fragen um die Wasserentnahme, die sogenannten Sümpfungen! Momentan werden z. B. wegen der notwendigen Trockenhaltung der Tagebaufelder aus 850 Tiefbrunnen rund 1,2 Milliarden Kubikmeter Grundwasser heraufgepumpt und abgeleitet. Das aber heißt, für die Förderung von nur einer Tonne Braunkohle werden 10 Kubikmeter Grundwasser aus bis zu 600 Meter Tiefe dem Erdreich entzogen. Von den insgesamt ca. 1,2 Milliarden Kubikmeter Grundwasser aber werden nur ganze 19 Prozent wirtschaftlich genutzt, während 1 Milliarde Kubikmeter Grundwasser ungenutzt in die Erft bzw. in den Rhein abgeleitet werden.

Bei ihnen bricht nämlich nicht nur die öffentliche Wasserversorgung zusammen, sie müssen auch teuer investieren, um ihren Bedarf langfristig anderweitig zu garantieren.

Allein der Wasserbedarf einer Stadt wie Mönchengladbach beläuft sich für den öffentlichen Bereich auf ca. 18 Millionen Kubikmeter jährlich; bei einer Einwohnerzahl von rd. 260 000 Bürgern könnten mit dem sinnlos abgeleiteten Wasser allein 55 gleichgroße Städte im Lande mit Wasser oder rund 14 Millionen Bürger versorgt werden. Das aber heißt, da das Land Nordrhein-Westfalen rd. 17 Millionen Einwohner zählt, wären zwei Drittel der Einwohner mit Wasser versorgt!"

Bernhard Spellerberg: Können wir uns die Braunkohle noch leisten? In: Aachener Nachrichten v. 11. 10. 1985

„Schon vor Beginn der Absenkungsmaßnahmen lag in 91% der heute betroffenen Flächen des Reviers der Grundwasserspiegel mehr als 3 m unter der Oberfläche. Da weder landwirtschaftliche Kulturpflanzen noch Bäume in der Regel diese Wurzeltiefen erreichen, hatte auch das Grundwasser hier nie eine unmittelbare Bedeutung für den Pflanzenwuchs. Die Pflanzen leben in diesem Raum überwiegend bis ausschließlich von den Niederschlägen, die im feinporigen Löß wie in einem Schwamm gespeichert werden. . . .

In den Talauen der Bäche und Flüsse, wo das Grundwasser weniger als 3 m unter der Bodenoberfläche steht, kann es durch den Wasserentzug zu Veränderungen der Vegetation kommen. Im Bereich der bergbaubedingten Sümpfung hatten ursprünglich 9% der Fläche einen so hohen Grundwasserspiegel. . . .

Problematisch und besonders auffällig sind die Auswirkungen der Grundwasserabsenkung in den Feuchtbiotopen. Darunter sind ökologisch jene Flächen zu verstehen, in denen das Wasser eine so dominante Rolle spielt, daß es den gesamten Lebensraum der dort vertretenen Tiere und Pflanzen bestimmt. Solche echten Feuchtbiotope machen etwa 1% des insgesamt von der Grundwasserabsenkung betroffenen Gebietes aus."

Ernst Klahsen, Norbert von der Ruhren: a.a.O., S. 31, gekürzt

Tagebauentwässerung und Grundwasserabsenkung

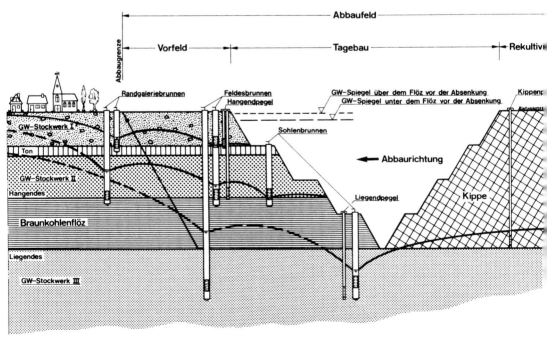

Ernst Klahsen, Norbert von der Ruhren: a.a.O., Mat. 20

226

Die Grundwasserabsenkung wirkt sich auch auf die Schüttung von Brunnen im Abbaugebiet und seiner näheren und weiteren Umgebung aus. Das Bergbauunternehmen ist zur Bereitstellung von Ersatzwasser verpflichtet, das aus neuen, tieferen Brunnen stammt und teilweise erst aufbereitet werden muß. Auch auf die Vegetation in der Niederrheinischen Bucht wirken sich die Grundwasserabsenkungen aus, wenn auch nicht in jedem Falle der Braunkohlentagebau ausschließlicher Verursacher ist.

Bei allen Problemen, die die riesigen Tagebaulöcher nach wie vor bieten, ist nicht zu übersehen, daß ökologische Gesichtspunkte und Fragen der Gestaltung der Landschaft immerhin stärker berücksichtigt werden als früher und umfangreiche Maßnahmen zur Verringerung der Schäden getroffen werden. 2,7 Mrd. m^3 Abraum müssen beispielsweise vom Feld Hambach auf Außenkippen gelagert werden. Aber sie werden nicht kostengünstig auf einer großen Außenhalde verkippt, sondern der größere Teil (1,7 Mrd. m^3) wird zur Verfüllung von Restlöchern anderer Tagebaue abtransportiert (vgl. Abb.). Insgesamt hat sich die Flächenbilanz verbessert.

Landwirtschaftliche Rekultivierung auf der Niedenfelder Höhe

Vom Braunkohlenbergbau im Rheinischen Revier seit Abbaubeginn in Anspruch genommene Fläche

Gesamt	234,9 km^2
davon rekultiviert	147,6 km^2
landwirtschaftliche Fläche	67,0 km^2
forstwirtschaftliche Fläche	64,1 km^2
Wasserflächen (47 Seen)	7 km^2
Verkehrswege, Siedlungen, Industrie	10 km^2

Fünf weitere Seen mit einer Gesamtfläche von ca. 0,2 km^2 (ohne Feld Hambach) sind geplant.

Die rekultivierten Gebiete im Süden des Reviers sind schon heute ein beliebtes Naherholungsgebiet für Köln. Und der künftige, 4000 ha große See im einmal rekultivierten Hambacher Feld wird die Attraktivität weiter steigern. Aber an die Landschaft von einst wird fast nichts mehr erinnern.

1. *Nennen Sie die durch den Tagebau Hambach notwendig gewordenen Verlagerungsmaßnahmen. Vergleichen Sie die Ausmaße der Abbau- und Rekultivierungsgebiete mit denen von Flächen in Ihrem Heimatraum (Abbildung S. 221).*
2. *Fassen Sie die Vor- und Nachteile der Großtagebaue zusammen, und begründen Sie deren Anlage.*
3. *Werten Sie das geologische Profil aus, und ziehen Sie Folgerungen für die Abfolge der Erschließung, den weiteren Abbau und die Förderkosten.*
4. *Werten Sie die Abbildung Seite 226 aus, und nennen Sie Folgerungen der Sümpfungen.*
5. *Werten Sie die Tabelle S. 225 im Hinblick auf die Veränderungen aus, und vergleichen Sie die Daten mit dem täglichen Wasserverbrauch in der Bundesrepublik von ca. 140 l je Einwohner.*
6. *Diskutieren Sie die wirtschaftlichen und ökologischen Vor- und Nachteile der Großtagebaue im Rheinischen Revier.*

7 Grundproblem Umweltbelastung

SZ-Zeichnung: Murschetz

Die Karikatur soll an die fünf Orkane erinnern, die im Februar und März 1990 im Süden der Bundesrepublik Deutschland die größten Wetterschäden des Jahrhunderts anrichteten. (Der Windbruch belief sich auf 65 Mio. m^3.) Der Orkan und seine Folgen waren für einige Tage wichtige Themen für die Bevölkerung und die Medien, und immer wieder wurde die Frage gestellt, ob die Katastrophe nicht mit klimatischen Veränderungen zusammenhänge, die durch menschliches Verhalten mitverursacht seien. Ähnliche Fragen gab es zuvor beim Waldsterben, der Ölpest an den Küsten, dem Robbensterben in der Nordsee. Und zumindest seit der Tschernobyl-Katastrophe und den Ölbränden in Kuwait ist das Bewußtsein von der Gefährdung der Umwelt gewachsen und hat auch für die alltäglichen Belastungen durch Emissionen, Müll und Altlasten sensibel gemacht und weite Teile der Bevölkerung von der Bedeutung des Umweltschutzes überzeugt.

Dessen Aufgaben sind im vereinigten Deutschland weiter gewachsen.

Umweltbelastung wird im folgenden als vom Menschen verursachte negative Auswirkung auf seinen Lebensraum verstanden – im Gegensatz zu Naturrisiken wie Vulkanausbrüchen oder Orkanen.

Die Themen Umweltbelastung und Umweltschutz sind so komplex – zumal in einem Industriestaat –, daß eine Darstellung an einzelnen räumlichen Beispielen nur Teilaspekte darstellen könnte und die Sachverhalte unzulässig verkürzen müßte. Deshalb wird hier im folgenden eine gegenüber den anderen Kapiteln abgewandelte Arbeitsmethode angewandt: Den Übersichten über die Grundprobleme und die zentralen Bereiche folgen einige, ihnen zugeordnete Materialien. Bei der Aufarbeitung sollen mit ihnen Bezüge zu den vorhergehenden Kapiteln (Landwirtschaft, Industrie, Stadt) hergestellt und Zusammenhänge erkannt werden.

228

Ökologische Schäden lassen sich nur teilweise in Summen ausdrücken. Die folgende Tabelle ist ein Versuch, „rechenbare" ökologische Schäden in der Bundesrepublik Deutschland zusammenzufassen.

Ökologische Schäden in den alten Bundesländern

Schadenspositionen	Schadenskosten (in Mrd. DM pro Jahr)
Luftverschmutzung	rund 48,0
– Gesundheitsschäden	– über 2,3–5,8
– Materialschäden	– über 2,3
– Schädigung der Freilandvegetation	– über 1,0
– Waldschäden	– über 5,5–8,8
Gewässerverschmutzung	weit über 17,6
– Schäden im Bereich Flüsse und Seen	– über 14,3
– Schäden im Bereich Nord- und Ostsee	– weit über 0,3
– Schäden im Bereich Grundwasser	– über 3,0
Bodenzerstörung	weit über 5,2
– Tschernobyl und „Tschernobyl-Vermeidungskosten"	– über 2,4
– Altlastensanierung	– über 1,7
– Kosten der Biotop- und Arterhaltung	– über 1,0
– „Erinnerungsposten" sonstige Bodenkontaminationen	– weit über 0,1
Lärm	über 32,7
– Wohnwertverluste	– über 29,3
– Produktivitätsverluste	– über 3,0
– „Lärmrenten"	– über 0,4
Summe der Schäden	weit über 103,5

Gesamtbeurteilung der Schätzung: Die genannten Zahlen basieren auf einer Reihe neuerer, fundierter in- und teilweise auch ausländischer Untersuchungen. Verbliebene Lücken wurden in vielen Fällen durch eigene Berechnungen ergänzt. Da es sich um eine systematische, solide Schätzung handelt, kann sie für die von Politikern und Umweltschützern geforderte erweiterte volkswirtschaftliche Gesamtrechnung, die auch Umweltschäden einbezieht, verwendet werden. Wertung: Äußerst vorsichtige Gesamtermittlung aller Umweltschäden.
Quelle: L. Wicke et al.

Christian Leipert, Udo E. Simonis: Umweltschäden – Umweltschutz. In: Geographische Rundschau 1987, H. 6, S. 306

Grundprobleme

– Die Steigerung des Lebensstandards ist, nach unserer bisherigen Erfahrung, an wirtschaftliches Wachstum gebunden, dieses wiederum an Energieverbrauch. Eben dieser Energieverbrauch ist ein zentraler Schadensverursacher. In der industriestarken Bundesrepublik Deutschland mit hohem Lebensstandard und hoher Bevölkerungsdichte müssen sich demnach hohe Belastungen ergeben (vgl. Mat. S. 231, 232).
– Umweltschutz und Wirtschaftsentwicklung stehen oft in Widerspruch. Beispielsweise muß der besonders problematische Individualverkehr in der Bundesrepublik auch in Zusammenhang mit der Schlüsselindustrie Fahrzeugbau gesehen werden (vgl. Kap. 2.2). Auch weitere Verbesserungen im Abgasverhalten können nach derzeitigem Stand der Technik die CO_2-Emissionen der Verbrennungsmotoren nicht vermeiden. Sie werden bei der Güterabwägung akzeptiert. Auch bei Detailregelungen muß zwischen Umwelt- und Wirtschaftsinteressen abgewogen werden. So verlangen auch rigorose Umweltschützer nicht grundsätzlich das Verbot von Benzin, obwohl Benzin das krebserregende Benzol enthält. Aber dessen enorm aufwendige Entfernung ist heute ökonomisch nicht vertretbar.
– Immissionen und Umweltschäden machen nicht an nationalen Grenzen halt. Belastungen aus der Bundesrepublik treffen auch unsere Nachbarn, deren Emissionen auch die Bundesrepublik (vgl. Mat. S. 234).
– Viele Auflagen, die in der Bundesrepublik gelten, haben nur beschränkte Wirkung. So wird beispielsweise das Verbot bestimmter Holzpflegemittel durch den Import von Holzwaren, die mit eben diesem Mittel behandelt wurden, durchlöchert.
– Über die Langzeitwirkung von Immissionen und Schadstoffeinleitungen kann weithin nur spekuliert werden, da einschlägige wissenschaftlich gesicherte Erkenntnisse nur selten vorliegen. Vor allem über die Summenwirkung verschiedener Einzelfaktoren ist zu wenig bekannt.

– Belastungen eines Sektors können vielfältige Auswirkungen haben. So wirkt sich Luftverschmutzung auch auf die Vegetation aus, auf Böden, Gewässer, menschliche und tierische Gesundheit, auf Bauwerke, Maschinen etc. Die genannten Umweltprobleme gelten in gleicher Weise in den neuen Bundesländern. Trotzdem hat sich der Umweltzustand vor allem in den letzten zwei Jahrzehnten hier sehr verschieden entwickelt. Ursachen für eine regional deutlich höhere Belastung sind vor allem der überwiegende Einsatz von Braunkohle für die Energieerzeugung und Heizung, teilweise auch noch als Grundstoff der chemischen Großindustrie, die Vernachlässigung bei der Entwicklung der Umwelttechnik gerade in den genannten Wirtschaftszweigen, die erhebliche Steigerung der landwirtschaftlichen Produktion, ohne die komplexen und langzeitlichen Wirkungen auf Boden und Wasser zu berücksichtigen. Verschärft wurde die Belastung durch unzureichende Kontrolle und durch eine Vielzahl von Ausnahmegenehmigungen, mit denen die Bestimmungen für den Umweltschutz umgangen wurden. Geringere Belastungen ergaben sich in der DDR durch die strikte und vielfältige Nutzung von Abfällen aus Siedlung und Industrie als Sekundärrohstoffe, durch die geringe Dichte des Straßenverkehrs und die regional unterschiedliche Verteilung von Siedlungen und Industrie.

Umweltrelevante Bereiche im Überblick

Bereich Energie. Umweltbelastung durch
Emissionen und Stoffeinträge
  bei Gewinnung: Staub, Lärm, Grundwasserbelastung (vgl. Kap. 6.3)
  bei Umwandlung: CO_2, Schadstoffe, Gewässererwärmung durch Abwärme
  bei Transport: Gefährdung durch Leitungssysteme
  bei Nutzung: CO_2, Schadstoffe
Abraum, Abfälle
  bei Gewinnung: Ablagerung von Rückständen, Verkippung
Flächenverbrauch, Eingriffe
  in das Landschaftsbild
  bei Gewinnung: (vgl. Kap. 6.3)
  bei Transport: Leitungssysteme

Bereich Verkehr. Umweltbelastung durch
Emissionen
  CO_2 und NO_x durch Verbrennungsmotoren
  SO_2 (vgl. Mat. S. 233–236), Grundwassergefährdung,
  Lärm: Motor- und Fahrgeräusche
Flächenverbrauch, Eingriffe in das Landschaftsbild
  Versiegelung des Bodens durch Verkehrswege
  Eingriffe in Ökosysteme (vgl. Kap. 6.1)

Bereich Landwirtschaft. Umweltbelastung durch
Intensivierung, Mechanisierung, Flurbereinigung
  Veränderung der Verdunstungs- und Abflußverhältnisse, Bodenverdichtung, Überbelastung der Böden mit Gülle, Beseitigung naturnaher Flächen, Verminderung der Artenvielfalt etc.
Emissionen und Stoffeinträge
  Dünger, Herbizide, Pestizide, Fungizide; Nitrateintrag in Boden und Grundwasser, Eutrophierung, Reduzierung der Artenvielfalt

Bereich Industrie. Umweltbelastung durch
Emissionen und Stoffeinträge
  Luft-, Boden-, Wasserbelastung mit CO_2, SO_2, NO_x, CO, Stäube (vgl. Mat. S. 232–233)
Flächenverbrauch und Eingriffe in das Landschaftsbild
  Bodenversiegelung, Veränderung des Wasserhaushalts (vgl. Kap. 6.1), Großbauten, Abholzung, Tagebaue etc. (vgl. Kap. 6.4)

Bereich Wohnen, Haushalt. Umweltbelastung durch
Flächenverbrauch, Eingriffe in das Landschaftsbild
  Bodenversiegelung, Veränderung des Wasserhaushalts und des Kleinklimas (Hochhäuser!)
Trennung von Wohn- und Arbeitsplatz
  Verkehrsbedarf (s. o.)
Abraum, Hausmüll
  Grundwasser- und Bodenbelastung, Risiko Müllverbrennung
Emissionen und Stoffeinträge
  Grundwasserbelastung durch Wasch- und Reinigungsmittel, CO_2 (fossile Energieträger)

Primärenergieverbrauch in der Bundesrepublik Deutschland 1950–1988

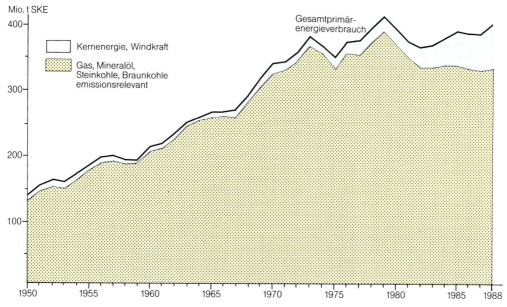

Nach Kernforschungsanlage Jülich GmbH.: Nutzen und Risiko der Kernenergie. Jülich 1985, S. 10, ergänzt

CO$_2$-Emissionen in der Bundesrepublik Deutschland 1984 in 1000 t

Kraftwerke	260 554	Kleinverbraucher	62 945
Industrie	136 572	übrige Umwandlung	28 333
Straßenverkehr	115 057	Haushalte	112 831
sonst. Verkehr	15 120		

CO$_2$-Emissionen in der Europäischen Gemeinschaft 1984 und 1987

	CO$_2$-Emission Mio. t		CO$_2$-Emission in t/Einw.
	1984	1987	1987
Belgien, Luxemburg	110	111	10,8
Bundesrepublik Deutschland	734	715	11,7
Dänemark	55	59	11,6
Spanien	189	183	4,7
Frankreich	384	356	6,5
Griechenland	56	65	6,5
Großbritannien	534	592	10,5
Italien	346	375	6,6
Republik Irland	22	24	6,9
Niederlande	142	161	11,1
Portugal	27	32	3,2
Gesamt	2599	2673	8,3

Kombinierte Abbildung des Energieendverbrauchs in der Bundesrepublik (Kraftwerke, Verarbeiten-
des Gewerbe, Straßenverkehr, Haushalte) und Umwandlungseinsatz von Kraftwerken und Fernheiz-
werken – nur Menge und emissionsrelevant

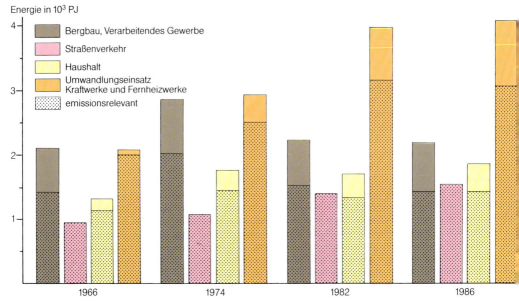

Die Materialien stammen – sofern nicht anders angegeben – aus: Umweltbundesamt (Hrsg.): Daten zur Umwelt 1988/89. Berlin:
Erich Schmidt Verlag 1989, teilweise verändert

Hausmüll in Gewichtsprozent 1985

Zusammensetzung des Abfalls des Produzieren-
den Gewerbes 1984

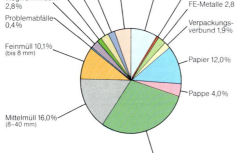

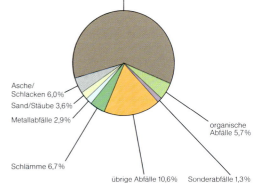

Müll und Abfall in der Bundesrepublik

	Eingesammelte Menge Hausmüll (Mio. t)	Abfallaufkommen des Produzierenden Gewerbes (Mio. t)
1977	22,43	158,30
1980	23,45	207,48
1982	23,07	193,58
1984	22,12	197,59

Emissionen nach Sektoren in der Bundesrepublik Deutschland 1966–1986 mit Prognose 1998

Luftverunreinigung Bereich/Sektor	1966 1000 t/J	%	1970 1000 t/J	%	1980 1000 t/J	%	1986 1000 t/J	%	Prognose 1998 Variante I 1000 t/J	%	Variante II 1000 t/J	%
Stickstoffoxide NO$_x$ ber. als NO$_2$												
Insgesamt Mio. t/J	1,95		2,35		2,95		2,95		2,25		1,85	
Energieverbrauch	1900	97,9	2300	98,2	2900	99,1	2950	99,2	2250	99,6	1850	99,6
Kraft- und Fernheizwerke[1]	480	24,4	610	26,1	800	27,2	730	24,6	240	10,6	240	12,8
Verarb. Gewerbe und übr. Bergbau[2]	360	18,3	380	16,2	290	9,8	210	7,1	160	7,0	160	8,5
Haushalte	70	3,7	90	3,8	85	3,0	90	3,1	80	3,5	80	4,3
Straßenverkehr	610	31,4	800	34,1	1350	46,3	1550	52,4	1450	64,0	1050	56,4
Übriger Verkehr	210	10,8	250	10,5	230	7,9	250	8,3	240	10,6	240	12,8
Prozesse[3]	40	2,1	40	1,8	25	0,9	25	0,8	8	0,4	8	0,4
Flüchtige organische Verbindungen												
Insgesamt Mio. t/J	2,20		2,60		2,50		2,45		1,55		1,35	
Energieverbrauch	1050	48,1	1250	47,9	1400	55,5	1400	56,4	950	60,4	740	54,4
Kraft- und Fernheizwerke[1]	9	0,4	13	0,5	18	0,7	13	0,5	13	0,8	13	1,0
Verarb. Gewerbe und übr. Bergbau[3]	25	1,1	25	1,0	20	0,9	20	0,8	17	1,1	17	1,2
Haushalte	240	10,7	200	7,5	75	3,0	75	3,0	60	3,7	60	4,3
Straßenverkehr	700	31,6	910	34,6	1200	47,3	1200	48,5	780	49,9	580	42,4
Übriger Verkehr	70	3,1	85	3,3	70	2,8	75	3,0	60	3,9	60	4,5
Prozesse[3]	300	13,8	430	16,6	170	6,9	110	4,6	110	7,0	110	8,1
Lösemittelverwendung	840	38,1	930	35,5	940	37,6	950	39,0	510	32,6	510	37,4
Kohlenmonoxid CO												
Insgesamt Mio. t/J	12,4		14,0		11,7		8,90		6,20		5,10	
Energieverbrauch	11200	89,9	12600	89,6	10400	88,6	7850	88,1	5300	85,0	4200	81,8
Kraft- und Fernheizwerke[1]	30	0,2	35	0,3	45	0,4	45	0,5	45	0,7	45	0,9
Verarb. Gewerbe und übr. Bergbau[3]	650	5,3	510	3,6	360	3,1	260	2,9	270	4,3	270	5,2
Haushalte	3400	27,3	2750	19,7	960	8,2	810	9,0	650	10,5	650	12,8
Straßenverkehr	6350	50,8	8400	59,9	8500	72,5	6300	70,7	3950	63,6	2850	55,8
Übriger Verkehr	410	3,3	500	3,6	320	2,7	280	3,2	210	3,4	210	4,1
Prozesse	1250	10,1	1450	10,4	1350	11,4	1050	11,9	940	15,0	940	18,2
Schwefeldioxid SO$_2$												
Insgesamt Mio. t/J	3,35		3,75		3,20		2,30		1,00		0,93	
Energieverbrauch	3300	97,4	3650	97,6	3050	96,3	2200	95,7	940	92,1	850	91,3
Kraft- und Fernheizwerke[1]	1350	40,6	1700	45,9	1900	58,8	1450	62,6	370	36,1	370	39,9
Verarb. Gewerbe und übr. Bergbau[3]	700	20,8	710	18,9	480	15,0	290	12,6	150	14,7	150	15,8
Haushalte	470	13,9	460	12,3	190	6,1	130	5,8	100	9,6	65	6,8
Straßenverkehr	50	1,5	65	1,7	65	2,1	65	2,8	75	7,5	45	4,6
Übriger Verkehr	110	3,4	90	2,4	40	1,3	40	1,8	35	3,3	30	3,1
Prozesse[3]	90	2,6	90	2,4	120	3,7	100	4,3	80	7,9	80	8,7
Staub												
Insgesamt Mio. t/J	1,75		1,30		0,69		0,56		0,47		0,46	
Energieverbrauch	1100	62,3	690	52,5	300	43,0	240	42,3	190	40,9	180	38,6
Kraft- und Fernheizwerke[1]	480	27,4	300	22,8	130	18,5	85	15,6	55	12,0	55	12,5
Übriger Umwandlungsbereich[2,3]	100	5,6	30	2,4	10	1,5	5	0,9	6	1,3	6	1,3
Verarb. Gewerbe und übr. Bergbau[3]	170	9,6	75	5,5	30	4,4	25	4,1	20	4,6	20	4,8
Haushalte	220	12,3	180	13,6	50	7,1	35	6,7	30	6,1	30	6,4
Straßenverkehr[1]	30	1,7	35	2,8	45	6,8	55	10,3	60	12,9	45	9,4
Übriger Verkehr	75	4,2	45	3,6	17	2,5	17	3,1	13	2,7	13	2,9
Prozesse[3]	660	37,7	630	47,5	390	57,0	320	57,7	280	59,1	280	61,4

[1] Bei Industriekraftwerken nur Stromerzeugung, [2] Zum Beispiel: Raffinerien, Kokereien, Brikettfabriken, [3] Industrie: Übriger Umwandlungsbereich, Verarbeitendes Gewerbe und übriger Bergbau, Prozesse (soweit industriell)
Variante I: In Kraft befindliche Grenzwertregelungen, durch „Binnenmarkt" bedingtes Steigen der Straßengütertransporte
Variante II: Zusätzliche verkehrsbezogene Regelungen, Absenkung des Schwefelgehaltes in Heizöl EL und Dieselkraftstoff
Umweltbundesamt: Daten zur Umwelt 1988/1989, S. 281, gekürzt

Verkehrsleistung in den alten Bundesländern und Schadstoffemissionen

| Verkehrs-mittel | Verkehrsleistung 1985[1] | | Energie-einsatz | CO | HC | Schadstoffemissionen | | Staub |
	(Mrd. Pkm)	(Prozent)	(KJ/Pkm)			NO$_x$ SO$_2$ in (g/Pers.km)		
Eisenbahnen	43,5	7,2						
Diesel	6,7		1570	0,74	0,37	1,84	0,18	0,29
Elektro	36,0		1730	0,02	0,01	0,45	0,89	0,09
Pkw/Kombi	481,6	80,0						
Otto	404,9	67,2	2330	13,88	1,73	2,16	0,03	0,01
Diesel	71,3	11,8	2060	0,99	0,28	0,63	0,23	0,19
Taxi/Mietwagen	2,0	0,3						
Luftverkehr	12,7	2,1	5004	1,14	0,28	1,38	0,12	0,08
ÖPNV	62,3	10,3						
Linien- und Reisebusse	54,0	9,0	740	0,26	0,21	1,00	0,07	0,07
Stadt-/Straßenbahn	8,3	1,4	1008	0,01	0,003	0,20	0,38	0,04
Insgesamt	602,1	100,0						

[1] Die Gesamtverkehrsleistung stieg 1986 um 4,5% und 1987 um 3,2% auf insgesamt 649,1 Mrd. Personenkilometer.

Atmosphärische Schwefelflüsse aus anderen europäischen Ländern und der UdSSR in die Bundesrepublik Deutschland und umgekehrt für 1988

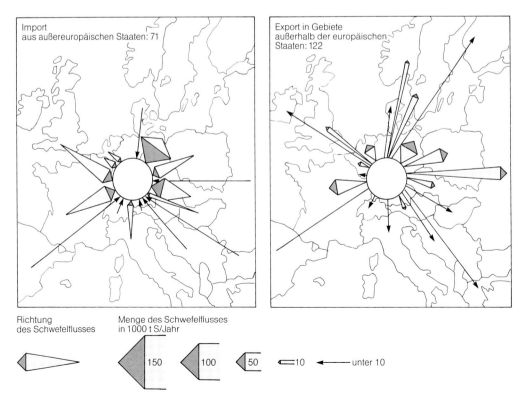

Import aus außereuropäischen Staaten: 71

Export in Gebiete außerhalb der europäischen Staaten: 122

Richtung des Schwefelflusses

Menge des Schwefelflusses in 1000 t S/Jahr

150   100   50   10   unter 10

Emissionskataster für Stickstoffoxide (NO$_x$ als NO$_2$) 1986 – Alle Emittentengruppen

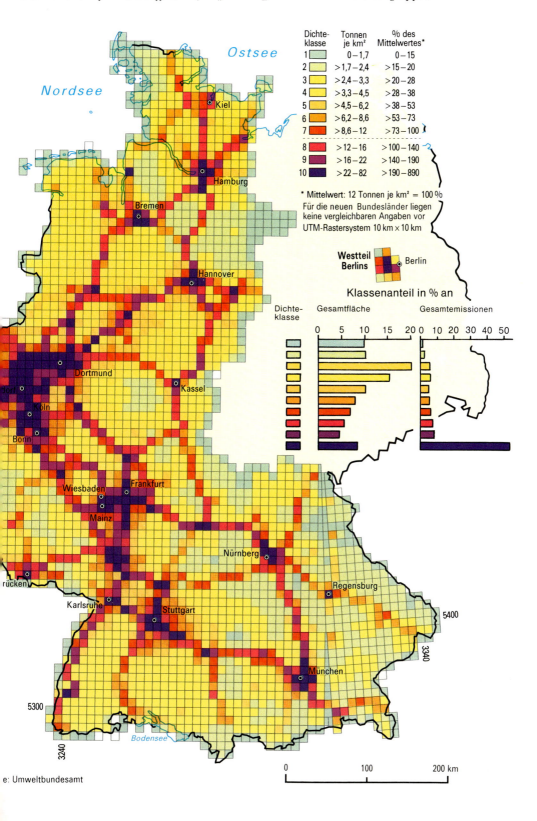

Dichte-klasse	Tonnen je km²	% des Mittelwertes*
1	0 – 1,7	0 – 15
2	>1,7 – 2,4	>15 – 20
3	>2,4 – 3,3	>20 – 28
4	>3,3 – 4,5	>28 – 38
5	>4,5 – 6,2	>38 – 53
6	>6,2 – 8,6	>53 – 73
7	>8,6 – 12	>73 – 100
8	>12 – 16	>100 – 140
9	>16 – 22	>140 – 190
10	>22 – 82	>190 – 890

* Mittelwert: 12 Tonnen je km² = 100 %
Für die neuen Bundesländer liegen
keine vergleichbaren Angaben vor
UTM-Rastersystem 10 km × 10 km

Westteil Berlins   Berlin

Klassenanteil in % an

Dichte-klasse   Gesamtfläche   Gesamtemissionen

Ostsee

Nordsee

Kiel
Hamburg
Bremen
Hannover
Dortmund
Kassel
Köln
Bonn
Wiesbaden   Frankfurt
Mainz
Nürnberg
Regensburg
rücken
Karlsruhe   Stuttgart
München
Bodensee

5400
3340
5300
3240

0   100   200 km

e: Umweltbundesamt

*Entwicklung der bekanntgewordenen und erfaß-
ten Umweltdelikte 1973–1987*

*Papierverbrauch und Altpapieraufkommen in
der Bundesrepublik Deutschland 1950–1986*

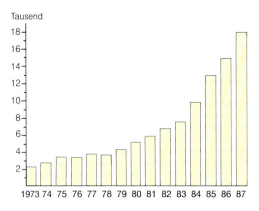

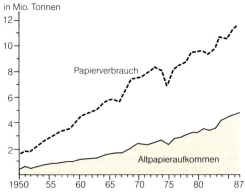

*Lieferungen von Düngemitteln zum Verbrauch in der Landwirtschaft in kg Nährstoff je ha landwirt-
schaftlich genutzter Fläche*

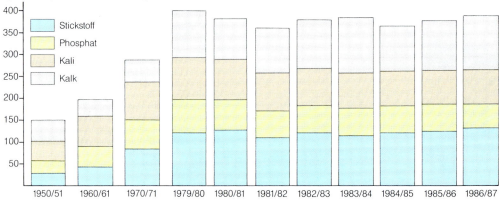

Waldschäden in Deutschland 1990

Alte Bundesländer
7 552 000 ha

Neue Bundesländer
2 727 000 ha

	nicht geschädigt
	leicht geschädigt
	deutlich bis schwer geschädigt

[1]Die Bewertung von Waldschäden kann mit verschiedenen Methoden erfolgen.

*Nach Globus Kartendienst Nr. 8533, Hamburg, und Sachsen-
spiegel v. 11. 1. 1991, Dresden*

*Schwefeldioxid- und Staubemission in der
DDR 1980 bis 1988*

SO$_2$	Mio. t	t/km^2	t/Einw.
1980	4,2	39	0,25
1986	5,4	50	0,32
1988	5,2	48	0,31
Staub			
1980	2,5	23	0,13
1986	2,3	31	0,14
1988	2,2	20	0,13

Umweltbericht der DDR, Berlin 1990, S. 9

236

Merkmale der Braunkohle verschiedener deutscher Abbaureviere

Tagebau	Heizwert kJ	Wasser %	Asche %	Schwefel %	Kohlegewinnung Mio. t / seit
Niederlausitz					
Jänschwalde	8300	52	22	1,7	230 / 1976
Welzow-Süd	9800	54	7	0,9	580 / 1968
Meuro	8500	60	7	0,7	250 / 1965
Oberlausitz					
Berzdorf	7500	54	27	0,9	270 / 1946
Leipzig Nord – Bitterfeld					
Delitzsch-SW	9400	53	14/28	4,8	80 / 1980
Goitsche E Bitter-					
feld	9600	52	15	4,0	280 / 1955
Leipzig Süd – Borna					
Espenhain	9400	52	24	3,7	300 / 1953
Schleenhain	10900	52	19	2,3	460 /1924
Zwenkau	10300	53			
Rheinisches Revier	6720–12600	45–63	1,5–5[1]	0,3	
Hambach	9870	53,5	2,6[1]	0,3	155 / 1984
Garzweiler	8160	58	4–5[1]	0,3	212 / 1980

[1] Unterschiedliche Berechnungsmethoden

Andreas Berkner: Braunkohlenbergbau, Folgelandschaft und Gebietswasserhaushalt. Diss. Halle (Man.) 1987, ergänzt

Umweltbelastung in der DDR durch Schwefeldioxid

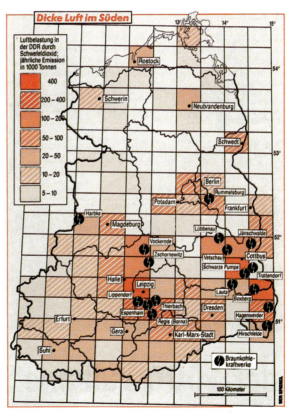

Nitratbelastung des Grundwassers
(Mittelwerte der Kreise)

Rostock

Schwerin   Neubranden-
               burg

A   Berlin   Frank-
         Potsdam   furt/O.

Magdeburg

                    Cottbus   B

Halle
         Leipzig

              Dresden

Erfurt   Chemnitz

100 km

Nördlich der Linie A-B ist die Lockermaterialdecke mächtiger. Die Belastung des Grund-
wassers durch die Landwirtschaft (Gülle, Silage, anorgan. Düngung) kann sich auf größere
Tiefen, z. Tl. mehrere Grundwasserstockwerke verteilen.
Ausnahmen sind die Kreise Genthin (W von Berlin) und Eberswalde / Bad Freienwalde
(NE von Berlin) wegen besonders hoher Belastung durch KIM. (Volkseigene Kombinate
Industrieller Mast)

Nach Der runde Tisch (DDR) 1990, Berlin,
Übersicht 15

Geschädigte Waldflächen in der DDR und einige Bezirke 1988, in %

	Waldfläche gesamt	Kiefer	Fichte	Buche	Eiche
DDR	44,4	51,6	40,9	24,9	42,0
Leipzig	72,7	87,2	–[1]	–	78,5
Halle	52,8	81,0	23,6	30,0	52,3
Dresden	50,8	43,6	67,6	–	–
Karl-Marx-Stadt	48,8	60,9	48,5	–	–
Rostock	29,3	46,2	19,2	10,0	40,8

[1] Baumart ist nicht vorhanden
Umweltbericht der DDR, Berlin 1990, S. 28

„Was vor allem in den südlichen Industrieregionen bei Merseburg, Leuna oder Piesteritz in
die Elbzuflüsse gekippt wird, vergiftet nicht nur
die DDR-Gewässer, sondern schwappt in den
Westen herüber: Am Elb-Pegel Schnacken-
burg führt der deutsch-deutsche Grenzfluß
achtmal mehr giftiges Quecksilber als der
Rhein, sechsmal mehr Lindan und ein Hun-

dertfaches des gefährlichen Pflanzenschutz-mittels Dimethoat, das unter dem Markenna-men Bi 58 in Bitterfeld produziert wird.

Mehr als 70 Millionen Kubikmeter Abwasser, genug für einen Tankwagenzug, der von Ham-burg bis Melbourne reicht, leitet das CKB Jahr für Jahr aus seinen Reaktionsöfen und Rühr-maschinen in Bitterfeld und Wolfen ab – der größte Teil läuft dem Spittelwasser zu, ein klei-nerer fließt in die Mulde. Darin sind unter ande-rem 176 000 Tonnen Salze, 250 Tonnen Phe-nole und 1200 Tonnen direkt toxische Stoffe enthalten.

Außerdem schwimmen 42 Tonnen reine Schwefelsäure, 8 Tonnen Quecksilber, mehre-re tausend Tonnen der gefährlichen Chlorier-ten Kohlenwasserstoffe und Riesenmengen von aromatischen Kohlenstoffverbindungen, zum Beispiel Mercaptane, jedes Jahr in der Giftbrühe mit – das Kombinat mit seinen 80 Einzelbetrieben hat keine ordentliche Kläran-lage.

Weil ihre Schmutzfrachten alle Grenzwerte sprengen, überweisen die beiden Kombinate jedes Jahr mehr als 20 Millionen Ost-Mark als pauschalen Schadensersatz an die Bezirks-aufsicht in Halle."

Der Spiegel 1990, H. 2, S. 30

schwerpunkte einzelnen Regionen und Ge-bietstypen zu.

5. *„Die Umweltproblematik in der DDR ist ein Erbe des politischen Systems und der ökono-mischen Bedingungen." Erklären Sie das Zi-tat und nehmen Sie Stellung dazu.*

6. *Erläutern Sie am Beispiel der Energiewirt-schaft und der chemischen Industrie den Wi-derspruch zwischen den Zielen des Umwelt-schutzes und der Wirtschaftsentwicklung. Ziehen Sie dazu auch die Ausführungen auf den Seiten 66 bis 76 im Kapitel Industrie heran.*

7. *In den Jahren der Teilung hat sich der Um-weltzustand in den beiden deutschen Staaten sehr verschieden entwickelt. Zeigen Sie dies anhand der Materialien auf Seite 232 bis 238.*

8. *Grenzen Sie die Gebiete hoher Umweltbela-stung in der ehemaligen DDR ab, und analy-sieren Sie die Ursachen.*

9. *Fassen Sie die hauptsächlichen Umweltbela-stungen der Gebiete hoher Industrie- und Bevölkerungsdichte zusammen, und grenzen Sie diese Gebiete grob ab.*

10. *Versuchen Sie eine stark vereinfachende Gliederung der Bundesrepublik Deutsch-land nach Hauptumweltproblemen.*

1. *Nennen Sie weitere Belastungsbereiche. Ordnen Sie deren Komponenten nach Ursa-chen und Wirkungsfeldern.*

2. *Nennen Sie Umweltprobleme oder Umwelt-schäden Ihres Heimatraums und versuchen Sie, die Ursachen aufzuzeigen. Gehen Sie auch Fällen aus der Vergangenheit nach, und klären Sie, ob bzw. wie sie gelöst wurden.*

3. *Werten Sie die Unterlagen zu Energie und Verkehr (Mat. S. 232, 233, 234 und Kap. 6.1) aus, beschreiben Sie die Umweltrele-vanz und begründen Sie Maßnahmen wie die Steuerbegünstigung für den Drei-Wege-Kata-lysator.*

4. *Setzen Sie die Karten S. 235 u. S. 237 in bezug zu Karten im Atlas. Nennen Sie Zu-sammenhänge, und ordnen Sie Belastungs-*

Versuche zur Schadensbegrenzung

Die Vielfalt der Probleme und die Fülle der Ka-tastrophenmeldungen sollten die Anstrengun-gen zur Schadensbegrenzung und die Erfolge, die zumindest auf Teilgebieten erzielt wurden, nicht ganz in den Hintergrund treten lassen (vgl. Mat. S. 241–243). Allein für den Bau von Kläranlagen und Kanalisationsverbesserungen im Rheineinzugsgebiet wurden von 1980 bis 1986 fast 21 Mrd. DM aufgewendet, 17 Mrd. von der öffentlichen Hand, 3,8 Mrd. von der Industrie (vgl. Mat. 242).

Nach Lutz Wicke: Umweltökonomie, München:
Franz Vahlen 1982

Weil Umweltschutzmaßnahmen den Aufbau in den neuen Bundesländern u. U. verzögern können, ist schon eine Vereinheitlichung der Maßnahmen innerhalb Deutschlands schwierig. Entscheidende Verbesserungen können allerdings nur mit internationalen Abkommen durchgesetzt werden. Und hier sind die Schwierigkeiten noch größer. Beispielsweise wurden die Bemühungen der Nordseeanliegerstaaten durch die unnachgiebige Haltung Großbritanniens zunichte gemacht, das bei der Nordseekonferenz 1990 darauf bestand, bis 1993 Industrieabfälle in die See einzubringen und erst 1998 den Klärschlammeintrag zu beenden. Aber auch kommende Vereinheitlichungen innerhalb Europas können Probleme bringen. So werden wahrscheinlich die relativ strengen deutschen Vorschriften für Pflanzenschutzmittel durch mildere EG-Richtlinien abgelöst.

Luft. Die Großfeuerungsanlagen-Verordnung schreibt seit 1988 einen Entschwefelungsgrad von mindestens 85% vor. Die Emissionen dieser Anlagen wurden drastisch vermindert, sie betrugen 1988 64% weniger als 1983.
Die Ergebnisse der veränderten Vorgaben für die Grenzwerte des Bleigehalts bei Industrieemissionen und im Straßenverkehr wirken sich aus. Immerhin waren knapp 70% des verkauften Benzins 1990 bleifrei.
Die steuerliche Förderung abgasgereinigter Kraftfahrzeuge (Drei-Wege-Kat.) und ihre erhoffte Wirkung sind aus den Hochrechnungen für den Schadstoffausstoß zu erkennen (vgl. Mat. S. 241).
Fahrverbote bei Anstieg der Schadstoffkonzentration in den durch das Bundesimmissionsgesetz als Smog-Gebiete ausgewiesenen Zonen können den weiteren Anstieg bei kritischen Wetterlagen stoppen.

Wasser. Die seit den 70er Jahren strengeren Auflagen zur Abwasserreinigung sind in ihrer Wirkung aus Mat. S. 242 zu erkennen. Die Dünnsäureverklappung in der Nordsee wurde seit 1983 (1,36 Mio. t) erheblich reduziert (1988: 0,88 Mio. t). Bei der See-Verbrennung war 1987 der bundesdeutsche Anteil mit knapp 50 000 t immer noch der höchste aller Anrainerstaaten.

Boden. 1988 beschloß der Bundestag, Prämien für die Stillegung von Ackerflächen zu gewähren. Dies sollte ein Beitrag zur angestrebten Extensivierung der Landwirtschaft sein. 1988/89 wurden daraufhin in der Bundesrepublik 170 000 ha stillgelegt, ungefähr 2,35% der Ackerfläche. Ob die Maßnahme, die den Bauern im Mittel ungefähr 1200 DM pro Jahr und Hektar stillgelegter Fläche bringt, erfolgreich war, ist zweifelhaft, denn im gleichen Wirtschaftsjahr stiegen die deutschen Agrarexporte um 9%! Die Erkenntnis, daß in der Vergangenheit die Düngergaben nicht nur bei Stickstoff weit über dem Bedarf der Pflanzen lagen und so ökologische und ökonomische Nachteile brachten, setzt sich erst allmählich durch und kann sich auf die Umweltbelastung günstig auswirken (vgl. Abb. S. 243).

An vielen alten Industriestandorten fallen heute Altlasten an. Die jahrzehntelange, an bestimmten Standorten gar jahrhundertelange Vernachlässigung des Umweltschutzes bringen der heutigen und der kommenden Generation Folgelasten, deren Ausmaß noch gar nicht abzuschätzen ist. Sie haben zu einem insgesamt steigenden Umweltbewußtsein der Öffentlichkeit beigetragen und vermehrt zu Forderungen nach ökologisch-ökonomischen Alternativen geführt. Das bisherige Verfahren mit Verboten und den Appellen an die Einsicht und zu freiwilligem Verzicht habe nicht gefruchtet. Deshalb müsse eine verstärkte Steuerung über den Preis oder ein ganz neuer ökonomischer Ansatz kommen. So sollen beispielsweise die Energiekosten um 20–30% verteuert werden, soll eine Abgassteuer statt Hubraumsteuer eingeführt werden, sollen Energiepreise auf das Mehrfache angehoben werden (Einführung einer Ökosteuer von 200 Mrd. DM Jahr und Entlastung bei anderen Steuern, so das Heidelberger Umwelt- und Prognose-Institut). Noch weitergehende Modelle zielen auf die gleichzeitige Lösung der Probleme Umweltschädigung, Arbeitslosigkeit und Finanzierung der sozialen Kosten durch eine Senkung der Arbeitskosten und eine Verteuerung der Ressourcen (BUND).

Entwicklung der Jahresemissionen 1966–1986 mit Prognose 1998

Die folgenden Materialien stammen aus: Umweltbundesamt (Hrsg.): Daten zur Umwelt 1986, 1987, 1988. Berlin: Erich Schmidt Verlag, verändert

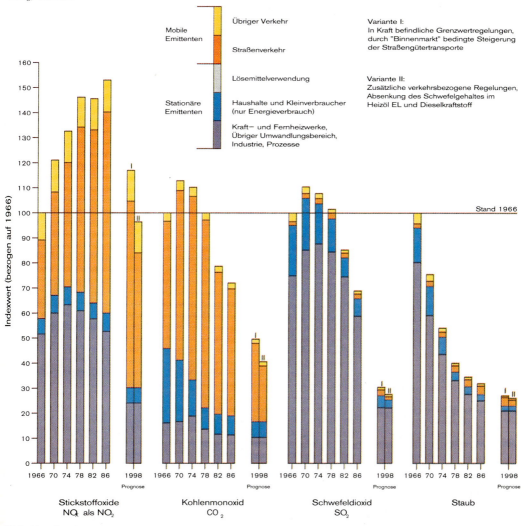

Quelle: Umweltbundesamt

Biologische Gewässergüte 1975 *Biologische Gewässergüte 1985*

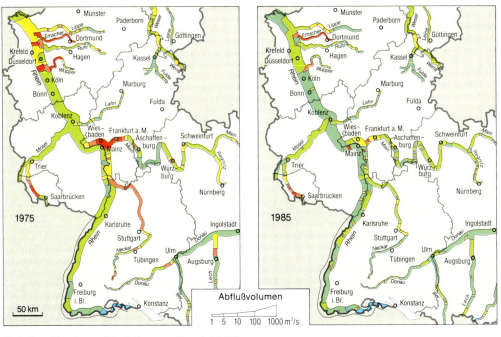

Abflußvolumen

1 5 10 100 1000 m³/s

Nach Umweltbundesamt (Hrsg.) Daten zur Umwelt 1986/87.
Erich Schmidt Verlag 1986, S. 271 und 273

Gewässergüteklassen

Güte-klasse	Grad der organischen Belastung	Kennfarbe	Chemische Parameter (mg/l)			Wichtige Indikatororganismen	Fische und ihre Anforderungen an die Gewässergüte
			BSB₅	NH₄-N	O₂-Minima		
I	unbelastet bis sehr gering belastet	dunkel-blau	1	höchstens Spuren	>8	Steinfliegenlarven Hakenkäfer	Bachforelle
I–II	gering belastet	hellblau	1–2	um 0,1	>8	Steinfliegenlarven Strudelwürmer Hakenkäfer Köcherfliegenlarven	Bachforelle Äsche
II	mäßig belastet	grün	2–6	<0,3	>6	Hakenkäfer Eintagsfliegenlarven Köcherfliegenlarven Kleinkrebse Schnecken Blütenpflanzen	Barbe Äsche Flußbarsch Nase Hecht
II–III	kritisch belastet	gelb-grün	5–10	<1	>4	Egel Schnecken Moostierchen Kleinkrebse Grünalgenkolonien Muscheln	Karpfen Aal Schleie Brachsen
III	stark ver-schmutzt	gelb	7–13	0,5 bis mehrere mg/l	>2	Wasserasseln Egel Wimpertierchenkolonien Schwämme	Plötze Schleie
III–IV	sehr stark ver-schmutzt	rot-orange	10–20	mehrere mg/l	<2	Zuckmückenlarven Schlammröhrenwürmer Wimpertierchen	
IV	übermäßig ver-schmutzt	rot	>15	mehrere mg/l	<2	Schwefelbakterien Geißeltierchen Wimpertierchen	

Nach Ministerium für Ernährung, Landwirtschaft und Forsten Baden-Württemberg (Hrsg.) Neckar, Stuttgart 1986, S. 33

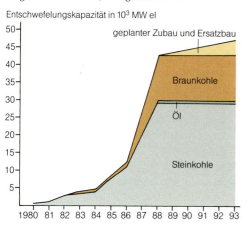

Abgasschwefeleungskapazität nach Energie-trägern 1980–1988, Prognose 1993

SO₂-Konzentrationen und Blei-Konzentrationen im Ruhrgebiet

Erträge an Winterweizen und Zuckerrüben in dt/ha und Zufuhr von Phosphor und Kalium in kg/ha von 1953–1988 im Gebiet der Landwirtschaftskammer Hannover

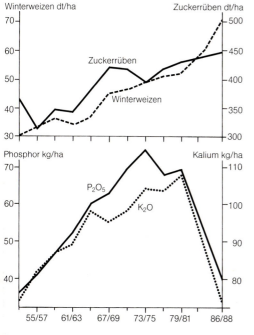

Werner Köster: Düngung. Notwendige Kulturmaßnahme oder Umweltbelastung? In: Geographische Rundschau 1990, H. 3, S. 161

Aufgaben der Umweltgestaltung in den neuen Bundesländern

In den neuen Bundesländern verbindet sich die weitere Gestaltung der Umwelt mit der Entwicklung des Privateigentums, dem Aufbau neuer Strukturen in der Verwaltung und Wirtschaft, in der Infrastruktur und bei den Dienstleistungen.

„Die ökologische Erneuerung in den neuen Ländern wird nur gelingen, wenn die jetzt anstehenden Weichenstellungen in den verschiedensten Bereichen, z. B. Wirtschaft, Verkehr, Energie, Städtebau, dazu genutzt werden, den Umweltschutz von vornherein auf allen Ebenen gleichwertig zu berücksichtigen... Der sich jetzt vollziehende Strukturwandel bietet die einmalige Chance zu einer sprunghaften Verbesserung der ökologischen Situation in den neuen Ländern. Darüber hinaus werden diese Maßnahmen zu einer deutlichen Verminderung der Umweltbelastungen in ganz Deutschland sowie in Europa führen...

Mit der Einführung des Umweltrechts der alten Bundesrepublik in den neuen Ländern ist eine wichtige Weiche für den vorsorgenden Umweltschutz gestellt worden. Dadurch, daß bei Neuanlagen die gleichen hohen Umweltstan-

243

dards und für Altanlagen enge Übergangsfristen gelten, ist sichergestellt, daß gleichwertig hohe Lebensbedingungen in allen Teilen Deutschlands bis zum Jahre 2000 erreicht werden können."

Eckwerte der ökologischen Sanierung und Entwicklung in den neuen Bundesländern. INFO-Dienst Deutsche Einheit 11. Presse- und Informationsamt der Bundesregierung. Bonn 1990, S. 17

In enger Verbindung mit der Bundesregierung wurde eine große Zahl von Maßnahmen eingeleitet, die die Umweltbelastung in Schwerpunktgebieten der neuen Bundesländer mindern und zugleich eine abproduktärmere Entwicklung für die Umwelt erlauben werden. Sofortprogramme vor allem durch Umstellung der Produktion und Stillegung von Teilbetrieben begannen mit der Herstellung der Währungs-, Wirtschafts- und Sozialunion im Sommer 1990.

„Die SO$_2$-Emissionen in die Luft werden schätzungsweise 1990 um 550000 t, d.h. 10,5% der Emissionen von 1989, und die Staubemissionen um 300000 t, d.h. 13,5% der Emissionen des Jahres 1989, verringert. Die Schadstoffeinleitungen in Gewässer werden 1990 im Einzugsgebiet der Elbe um 106000 t organische Stoffe, d.h. 19% der Einleitungen 1989, um 50 t Stickstoffverbindungen und 1 t Quecksilber, d.h. 4% der Einleitungen verringert. In der Werra wird die Salzbelastung um 750000 t Chlorid, d.h. 12% der Salzeinleitung 1989, reduziert."

Eckwerte der ökologischen Sanierung, a.a.O., S. 9/10

Als besonders wesentliche mittelfristige Sanierungsmaßnahmen werden Investitionen auf drei Sektoren der Versorgungs- und Entsorgungs-Infrastruktur gelenkt.

„Trinkwasserversorgung
– Ausstattung der veralteten Wasserwerke mit modernen Aufbereitungstechnologien.
– Sanierung der stark überalterten Rohrnetze, die zu Netzverlusten bis zu 20% führen.
Abwasserentsorgung
– Kurzfristig (bis 1993) Bau und Sanierung

von 35 kommunalen und 24 industriellen Kläranlagen zur Beseitigung der größten Defizite.
– Modernisierung und Bau weiterer Kläranlagen, neben kommunalen vor allem industrielle Kläranlagen, da dort 95% des Abwassers nicht bzw. nicht ausreichend behandelt in Kanalisationen eingeleitet werden.
– Sanierung der Abwasserkanalisationsnetze, die zu 60 bis 70% bauliche Schäden aufweisen.
Abfallentsorgung
– Ausbau vor allem der kommunalen Sammel- und Transportsysteme.
– Errichtung von Anlagen zur Abfallbehandlung, -verwertung und -lagerung."

Eckwerte der ökologischen Sanierung, a.a.O., S. 12/13

Am Beispiel der Abfallentsorgung lassen sich die gegenläufigen Tendenzen, Notwendigkeiten und die Schwierigkeiten ihrer Entflechtung demonstrieren. Ähnliche Verhältnisse treten durchaus auch bei den anderen Problemkreisen der Ver- und Entsorgungs-Infrastruktur auf.
Die Lage bei der Abfallentsorgung, der schadlosen Beseitigung fester Abfälle, war schon in der DDR in rascher und nur unvollkommen gelenkter Bewegung. Von 1980 bis 1989 nahmen die festen Siedlungsabfälle um 42% auf 39 Mio. m^3 zu, darunter 80% Hausmüll. Daneben wurden viele Abfälle durch das SERO-System erfaßt, einer Aufbereitung oder Wiederverwendung, z.B. Gläser und Flaschen, aber auch Plaste und Elaste, zugeführt. An vielen Stellen, auch im Umland der Städte entstanden neben 120 geordneten Deponien und 1000 kontrollierten Ablagerungen ca. 10000 wilde Müllkippen. Außerdem entwickelte sich die DDR im letzten Jahrzehnt zum Importland für feste, zum Teil auch gefährliche Abfälle, so aus der alten Bundesrepublik und anderen Ländern. Seit der Vereinigung der beiden deutschen Staaten wurde das subventionierte SERO-System aufgelöst, die Hausmüllmenge stieg sehr rasch auf ähnliche Werte wie in den Altbundesländern an. Nur langsam kommt die Umstellung auf den dort gewohnten Umgang mit dem Siedlungsmüll in Gang.

Müll-Tourismus

Ausfuhr von Sonderabfällen aus der
BR Deutschland 1988 insgesamt: **1 058 067 t**
davon nach:

Großbritannien
36 219
Niederlande
11 413

Belgien
128 344

DDR
684 306

197 511
Frankreich
274 Schweiz

© Globus 8105

Ökologische, ökonomische Alternativen?

Nutzen und Kosten des Umweltschutzes

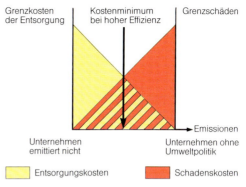

Grenzkosten der Entsorgung	Kostenminimum bei hoher Effizienz	Grenzschäden

Emissionen

Unternehmen emittiert nicht — Unternehmen ohne Umweltpolitik

☐ Entsorgungskosten   ☐ Schadenskosten

Nach Christa Helen Schulze: Der umwelt-ökonomische Ansatz. In: Geographische Rundschau 1989, H. 6, S, 230

Um eine nachhaltige Verschlechterung der Umwelt zu vermeiden, müssen nach Schätzungen des Ifo-Instituts bis zum Jahre 2000 u. a. folgende Investitionen allein in den alten Bundesländer für den Umweltschutz eingesetzt werden:

Gewässerschutz	162–216 Mrd. DM
Abfall, Altlasten	64– 77 Mrd. DM
Luftreinhaltung	21– 29 Mrd. DM
Lärmschutz	2– 3 Mrd. DM
Gesamt	245–325 Mrd. DM

Zusammenhang zwischen Energie, Umweltschäden, externen Kosten und politischen Maßnahmen

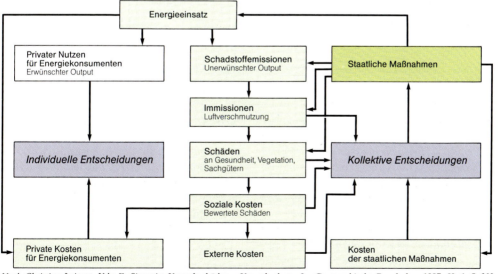

Nach Christian Leipert, Udo E. Simonis: Umweltschäden – Umweltschutz. In: Geographische Rundschau 1987, H. 6, S. 302

Die jährliche Belastung für den Bundesbürger beliefe sich bei den geplanten Umweltschutzausgaben nur auf 330 bis 430 DM. Ob dies durchgesetzt werden kann, ist dennoch fraglich. Auch ist kaum zu klären, wie groß die Reparaturmöglichkeiten an den bisherigen Schäden sind.

Der Kostenanstieg für umweltfreundliche Verfahren ist in Einzelfällen extrem und verlangt tiefgreifende Konsequenzen.

Beispiel: Hausmüll in München

Müllanfall/Einwohner/Jahr
   1984   80 kg
   1989   415 kg
Kosten für Müllverbrennung
   1964   DM   1,50 je Tonne
   1989   DM 136,– je Tonne
Kosten im kommenden, besonders umweltfreundlichen Kraftwerk Nord
   DM 400,– je Tonne

Vom ökonomischen Wachstums- zum ökologischen Begrenzungsparadigma

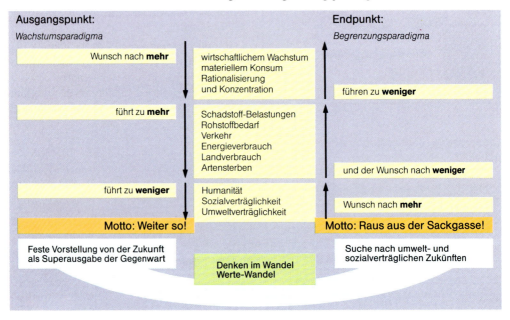

Nach Jürgen Lackmann: Technologischer Wandel, ökologische Krise und Ökonomie. In: Gewerkschaftliche Bildungspolitik 1989, H. 5, S. 164

1. *Untersuchen Sie die Möglichkeiten und Grenzen bisheriger Umweltschutzmaßnahmen.*
2. *Nennen Sie Beispiele für ökonomische Vorteile ökologisch verbesserter Produktion und versuchen Sie ökologische Schäden und Kosten für den Umweltschutz gegeneinander abzuwägen.*
3. *Versuchen Sie, Ihre eigenen Beiträge zur Umweltbelastung – nur an einem einzigen Tag! – aufzuzeigen; diskutieren Sie Zwänge und Gewohnheiten und Möglichkeiten der Abhilfe.*
4. *Unter welchen Voraussetzungen könnte Ihrer Meinung nach eine ökologische Erneuerung in den neuen Bundesländern gelingen? Inwieweit kann die Umweltpolitik in den alten Bundesländern richtungsweisend sein?*
5. *Diskutieren Sie ökologisch-ökonomische Alternativen, ihre Vor- und Nachteile und die Chancen einer „ökologischen Wende".*

Anhang

der naturräumlichen Einheiten Deutschlands, läßt also Struktur und Skulptur der Landschaft erkennen. Der strukturelle Aspekt wird außerdem durch ein Nord-Süd-Blockbild verdeutlicht, das die endogenen, während der Erdgeschichte besonders wirksamen Kräfte zeigt und auf den Zusammenhang zwischen Untergrund und Oberflächenrelief hinweist. Es berücksichtigt die Erkenntnisse der Plattentektonik, mit der sich viele Merkmale der Erdkruste in Deutschland erklären lassen – das Bruchschollenmosaik des Mittelgebirgslandes ebenso wie die randalpinen Landschaften, die Ergebnisse einer Gebirgsbildung im unmittelbaren Grenzbereich zweier Platten sind. Auch der Untergrund des norddeutschen Tieflandes ist nur scheinbar ein Ergebnis tektonischer Ruhe, denn vor allem das von Süden und Norden her wirkende Streßfeld, also eine Zone großer Spannungen und Drücke, führt zu einer verbreiteten Salztektonik, die sich oft genug durch strukturbedingte Oberflächenformen verrät.

Baustile deutscher Landschaften

Der Begriff „Landschaft" umfaßt mehr als nur die Erdoberfläche, also das Relief in seinen verschiedenen Formen, auch wenn uns beim Betrachten der Landschaft zuerst das Relief auffällt und zu seiner Analyse, etwa der Höhenunterschiede oder Hangneigungen, anregt. Die Landschaft ist vielmehr ein „Baukörper", in dem die Erdkruste, also das Relief und Gestein, das Wasser (Hydrosphäre) und die Pflanzen- und Tierwelt (Biosphäre) in gegenseitig wirksamen Beziehungen stehen. Diesen dreidimensionalen Durchdringungsbereich, dessen Naturkomponenten durch Nutzung verändert werden, nennen wir Landschaft.

Schon im engen Raum Mitteleuropas, z. B. vom Bodensee im Süden zur Insel Rügen im Norden, sind die Landschaften von Ort zu Ort unterschiedlich aufgebaut, je nach Art und Gewichtung der Naturkomponenten und der Nutzung. Diese Vielfalt kann nicht flächendeckend in Einzelbildern dargestellt werden. Deshalb bietet zuerst eine geologische Karte einen Überblick über den Gesamtraum. Sie zeigt die tektonischen und morphologischen Gegebenheiten

Die Auswahl der folgenden Einzelbilder berücksichtigt an typischen Beispielen die vier Großeinheiten in Deutschland: Tiefland, Mittelgebirge, Alpenvorland und Alpen. Diese „Musterbilder" der Großlandschaften reichen jedoch nicht aus, denn innerhalb des Tieflands und der Mittelgebirge bestehen große Unterschiede. Wie kommt es zu verschiedenen Erscheinungsformen bei der Ausgestaltung der Landschaft – selbst bei gleichen geotektonischen Bedingungen? Oft sind die petrologischen Verhältnisse verschieden, also Vorkommen, Zusammensetzung und Aufbau der Gesteine. Häufig sind auch erdgeschichtlich jüngere Prozesse verantwortlich, z. B. die in den jüngeren Kaltzeiten aus Skandinavien und den Alpen vorstoßenden Gletscher, die Sedimente abgelagert haben.

Die sich dann anschließenden einzelnen Landschaftsbilder können durch Karte und Profil in größere Zusammenhänge eingeordnet werden. Sie werden durch einen Steckbrief ergänzt, der in der Regel die naturräumlich-landschaftliche Benennung, strukturelle Bedingungen und charakteristische Formengemeinschaften enthält.

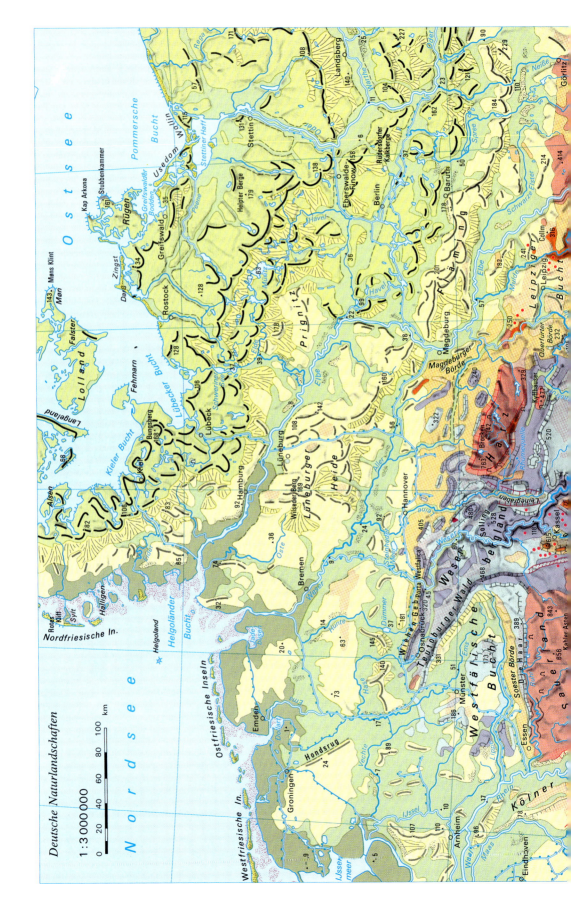

Deutsche Naturlandschaften

1:3000000

0 20 40 60 80 100 km

N o r d s e e

O s t s e e

Pommersche Bucht

Kap Arkona
Stubbenkammer

Man
Mens Klint

Lolland
Falster
Langeland

Fehmarn
Kieler Bucht
Lübecker Bucht

Rügen
Greifswalder Bodden
Zingst
Darß

Wollin
Stettiner Haff
Usedom

Greifswald
Rostock

Landsberg
Warthe
Oder

Stettin
Helpter Berge

Eberswalde-Finow
Berlin
Rüdersdorfer Kalkberge
Baruth

Görlitz
Neiße

Bungsberg

Kiel
Lübeck
Hamburg

Schweriner See
Müritz
Elde

Havel
Prignitz
Havel

Fläming

Magdeburg
Magdeburger Börde

Elbe
Schwarze Elster
Spree

Leipziger Bucht
Leipzig
Collm

Sylt
Rotes Kliff
Halligen
Nordfriesische In.

Helgoland
Helgoländer Bucht

Lüneburg
Lüneburger Heide
Wiseder Berg

Aller

Hannover

Querfurter Börde
Kyffhäuser
Harz
Brocken

Westfriesische In.
Ostfriesische Inseln

Emden
Ems
Hunte
Oste
Weser
Bremen

Dümmer
Steinhuder Meer

Wiehen-Geb.
Porta Westfalica
Teutoburger Wald

Solling
Weserbergland

Kassel

S a u e r l a n d
Kahler Asten

Groningen
Hondsrug
Hase
Vechte
IJssel

Münster
Westfälische Bucht
Soester Börde
Das Haar

Essen
Ruhr
Lippe

Arnheim
Waal
Maas
Rhein
Eindhoven

IJsselmeer
Dollart

Kölner Bucht

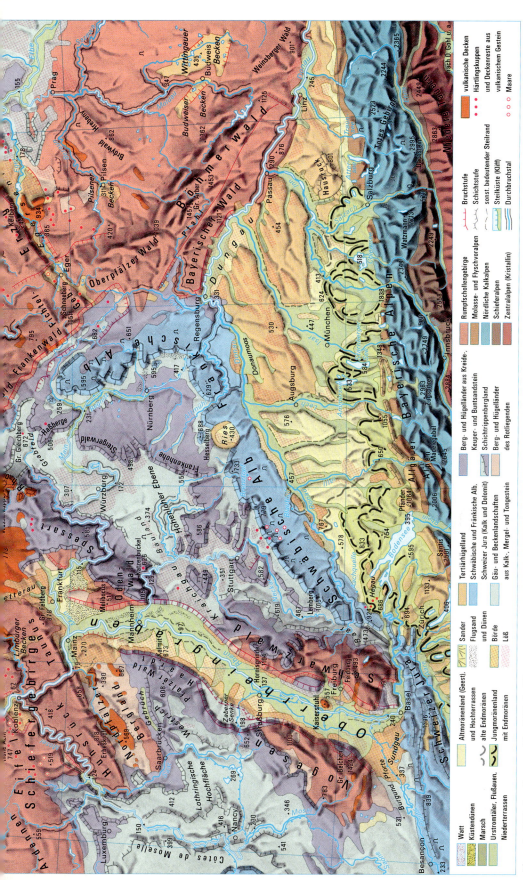

Alexander Weltatlas. Stuttgart: Klett 1991, S. 105

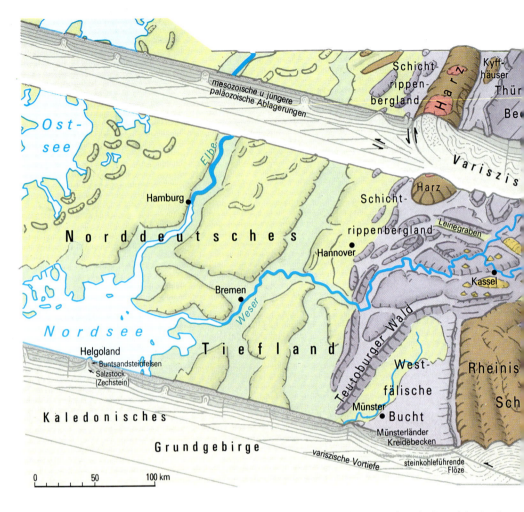

Norddeutsches Tiefland. Der Untergrund wird von mächtigen Schichten des Perm und des Mesozoikum gebildet, deren tektonische Störungen sich nur punktuell zeigen: salztektonische Bildungen wie Salzdome und Salzmauern, die in Störungslinien aufgedrungen sind sowie einzelne aufragende Schollen wie der Buntsandstein Helgolands. Die Oberflächenformen sind vor allem während der Nordischen Inlandsvereisungen entstanden: glaziale Serien der Elster-, Saale- und Weichseleiszeit (Endmoränen als Landrücken bis max. 200 m NN, Seenplatten, Heidesander und Urstromtäler). An die nördliche Mittelgebirgsschwelle schmiegt sich von der Kölner Bucht bis zum Zittauer Becken der Bördengürtel mit seinen fruchtbaren Lößböden.

Die Nordseeküste hat gezeitenbedingte, die Ostseeküste eiszeitlich bedingte Formen.

Das Mittelgebirgsland ist ein Bereich, in dem sich bereits im Karbon ein von SW nach NO streichendes Faltengebirge bildete. Dieses „Variskische Gebirge" wurde anschließend abgetragen. Seine Rumpffläche senkte sich ab (Öffnungsphase eines plattentektonischen Zyklusses) und wurde von den mesozoischen Schichten (Trias, Jura, Kreide) überlagert. In der Schließungsphase (Kollision, Alpenfaltung im Tertiär) wurde der alte variskische Bereich stark beansprucht und in ein Schollenmosaik mit drei Hauptrichtungen zerlegt: SW-NO = variskisch, SO-NW = herzynisch, SSW-NNO = rheinisch. Die über 50 benannten deutschen „Mittel"-Gebirge (mittlere Höhe) sind zum einen „Bruchschollen" ohne Deckschichten, also freigelegte Rumpfflächen (Hochflächen im Grundgebirge), zum anderen von mesozoischen Gesteinen ge-

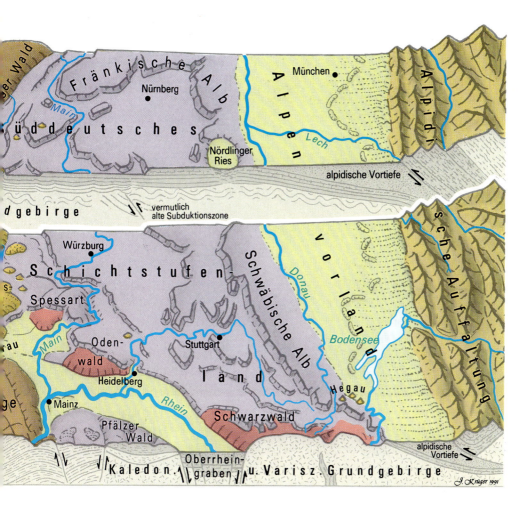

Die Grafik zeigt Teile des Süddeutschen Schichtstufenlandes und des Alpenvorlandes.

Beschriftungen in der oberen Karte:
- er Wald
- Fränkische Alb
- Nürnberg
- München
- Alpen
- Alpidi
- Main
- Lech
- üddeutsches
- Nördlinger Ries
- alpidische Vortiefe
- dgebirge
- vermutlich alte Subduktionszone

Beschriftungen in der unteren Karte:
- Würzburg
- Schichtstufen-
- Schwäbische Alb
- vorland
- sche Auffaltung
- Spessart
- Donau
- Oden-
- wald
- Stuttgart
- Bodensee
- Main
- land
- Heidelberg
- Hegau
- Mainz
- Rhein
- ge
- Pfälzer Wald
- Schwarzwald
- alpidische Vortiefe
- Kaledon.
- Oberrhein-graben
- u. Varisz. Grundgebirge
- J. Krüger 1991

prägte Schichtstufenländer. Beide Typen können vulkanisch mitgestaltet sein (z. B. Rhön, Erzgebirge).

Das Südwestdeutsche Schichtstufenland als Beispiel des zweiten Typus ist Resultat einerseits der alpinen Gebirgsbildung im Süden (Absenkung des Schichtstapels durch die Alpenstirn), andererseits des Grabenbruchs im NW (antithetische Hebung – vgl. Oberrheingraben). Es bildete sich in der Folge ein in Abhängigkeit von der Widerstandsfähigkeit der Gesteine, ihrer Mächtigkeit und Neigung geprägtes System von Schichtstufen. Die mehr oder weniger welligen Hochflächen sinken sanft nach SO ab. Die Muschelkalkflächen (oft mit Lehm oder Löß bedeckt) sind das fruchtbare Altsiedelland der Gäulandschaften.

Nördliche Alpen und Alpenvorland. Die intensiv gefalteten und verschuppten Deckenstapel der Alpen überfuhren auch ihr nördliches Vorland. Dabei bildete sich eine nach N vorrückende Vortiefe aus (tertiäres Molassemeer). Sie nahm gleichzeitig den Abtragungsschutt des sich hebenden Gebirges auf. Das sich verfüllende Becken wurde so in seinem südlichen Bereich (Allgäu) mit in die Faltung einbezogen. Nach N wird das Alpenvorland von der abtauchenden Alb und dem Bayerischen Wald begrenzt. Seine landschaftliche Vielfalt ist Resultat des Eiszeitalters (Günz-, Mindel-, Riß-, Würmeiszeit), das Aufschüttungs- und Ausräumungsformen entstehen ließ – Moränengürtel, Sander, Seen, Toteislöcher, Moore („Riede", „Moose").

251

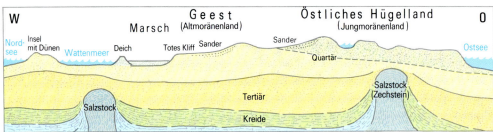

W   **G e e s t**   **Östliches Hügelland**   O
Marsch (Altmoränenland)   (Jungmoränenland)

Nord-see   Insel mit Dünen   Wattenmeer   Deich   Totes Kliff   Sander   Sander   Ostsee

Quartär

Salzstock (Zechstein)

Tertiär

Salzstock

Kreide

Die Schlei. Förden sind langgestreckte Meeresbuchten, die von der stark gegliederten schleswig-holsteinischen Ostseeküste weit in das flachwellige Aufschüttungsland hineinreichen. Sie entstanden als subglaziale Schmelzwasserrinnen, in denen ein Teil des Schmelzwassers zur Nordsee abfloß.

Das östliche Hügelland besteht aus flachwelligen Grundmoränen und Sanderflächen, die von Endmoränenzügen der Weichsel (= Würm)-Eiszeit gegliedert werden. Auf Lehm haben sich im Jungmoränengebiet nährstoffreiche Böden gebildet. Nach Westen schließt sich die Geest an mit Sandern und Moränen aus der Saale (= Riß)-Eiszeit. Hier im Altmoränengebiet überwiegen nährstoffarme Podsolböden mit Bleichsand über Ortstein. Weiter im Westen folgt das nacheiszeitlich entstandene Marschland aus Schlick- und Feinsandablagerungen, die durch Gezeitenströme herangeführt wurden. Am Rand des Wattenmeeres wird Neuland durch Buhnen und Lahnungen und spätere Eindeichung gewonnen. Die Marsch ist ein traditionelles Viehzuchtgebiet. Die Geest braucht Mineraldünger, um gute Erträge zu liefern.

Die in Schleswig-Holstein verbreitete „Knicklandschaft" mit Wallhecken als Windschutz geht auf eine Flurbereinigung im 18. Jahrhundert zurück.

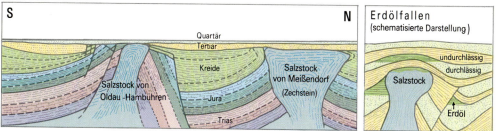

S | N

Quartär
Tertiär

Kreide

Salzstock von
Oldau -Hambühren

Salzstock
von Meißendorf
(Zechstein)

Jura

Trias

Erdölfallen
(schematisierte Darstellung)

undurchlässig
durchlässig

Salzstock

Erdöl

Lößbörde südlich von Hannover. Die eiszeitlich entstandene Flugstaubdecke sichert eine hohe landwirtschaftliche Produktivität, die Lößböden haben Bodenzahlen um 90, in der Hildesheimer und Magdeburger Börde mit 100 die Höchstwerte in Deutschland. Wald fehlt fast ganz, Ackerbau in Rotation von Zuckerrüben, Weizen und Gerste herrscht vor. Die früher „autarken" Haufendörfer sind heute vor allem Wohndörfer für Pendler und erst dann Standorte weniger vollmechanisierter mittel- und großbäuerlicher Betriebe.

Unter den Feldern verbergen sich geologische Strukturen, die das meist eintönige Relief nur vereinzelt anzeigt. Der Kalibergbau im Bild bei

Hildesheim steht auf dem Sarstedter Salzhökker, einem Teil der bizarren Welt der norddeutschen Salzstöcke zwischen Helgoland und der Mittelgebirgsschwelle. Es handelt sich um Salzstrukturen, die sich in rheinischer Richtung orientieren. Das permische Salz zeigt hier die Fortsetzung des Oberrheingrabens an, der sich mit Blattverschiebungen (horizontaler Verschiebung der Gesteinsteile) unter der Lüneburger Heide bis nach Norwegen verfolgen läßt.

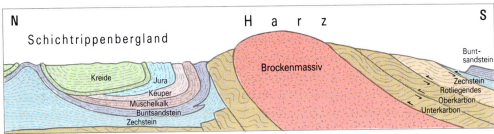

Der Harz (im Bild bei Goslar) ist ein Bruchschollengebirge. Das alte variskische Grundgebirge mit seinem Granitpluton (Brockenmassiv) wurde als Horstscholle emporgepreßt und verlor dabei die Deckschichten durch langandauernde Abtragung. Die Hebungskräfte wirkten vor allem aus SW, so daß die Hochscholle über das nördliche Vorland geschoben wurde. Im Süden taucht die Rumpfscholle des Harzes sanft unter die Schichtstufen des Thüringer Bekkens, im Norden dagegen findet sich eine „Schichtrippenlandschaft" mit nordwärts überkippenden Schichtgliedern. In dieser „geologischen Quadratmeile" kann man auf einer ganz kurzen Distanz Teile des variskischen Grundgebirges, das gesamte Mesozoikum und Sedimente aus Tertiär und Quartär kennenlernen. Der Harz weist drei Höhenniveaus auf: den Unterharz (ca. 400 m NN), die Hochflächen des Oberharzes (600 m NN) und das getreppte Brockenmassiv (1143 m). Im rauhen und niederschlagsreichen Oberharz bestimmen Nadelwälder, Moore und nur vereinzelter Ackerbau das Bild. Im milderen Unterharz überwiegen Laubwälder und Getreidefelder.

Im Bild rechts hinten (NW) erkennt man die Lößbörde des Harzvorlandes mit bewaldeten Schichtkämmen, links die Harzausläufer entlang der tiefreichenden Harzverwerfung. Historischer Erzbergbau, Landwirtschaft und Verkehrslage sind Gunstfaktoren der alten Kaiserstadt.

254

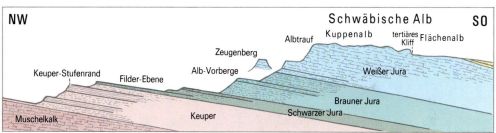

NW | Schwäbische Alb | SO

Albtrauf · Kuppenalb · tertiäres Kliff · Flächenalb

Zeugenberg

Keuper-Stufenrand · Filder-Ebene · Alb-Vorberge · Weißer Jura

Muschelkalk · Keuper · Schwarzer Jura · Brauner Jura

Schwäbische Alb (im Bild bei Neuffen). Der schroffe, bewaldete Steilanstieg der Alb („Albtrauf") ist die augenfälligste Stufe des Südwestdeutschen Schichtstufenlandes. Sie ist die geologisch jüngste (Malm), aber morphologisch „älteste", am weitesten zurückgewichene Landstufe im ganzen System und erreicht Höhen bis knapp über 1000 m NN. Der Albtrauf ist nicht geradlinig begrenzt, sondern wird durch weit in den Albkörper hineinreichende Stufenrandbuchten und vorgelagerte Zeugenberge stark zergliedert. An den Ausgängen der Buchten liegen typische Pfortenstädte (z. B. Reutlingen, Aalen). Die erosiv abgetrennten Zeugenberge waren burgbewehrte Stammsitze von Adelsgeschlechtern (Staufer, Hohenzollern).

Der Trauf trennt zwei stark unterschiedliche Landschaften: Das klimatisch, hydrologisch und bodenmäßig begünstigte Albvorland („Unterland") mit seinen fruchtbaren, dichtbesiedelten Gäulandschaften ist eine wenig bewegte Fläche mit tief eingeschnittenen Flußtälern. Die verkarstete Albhochfläche dagegen, bei der man zwischen traufseitiger Kuppenalb und donauseitiger Flächenalb unterscheidet, ist weniger dicht besiedelt. Weiteren Reiz erhält das Landschaftsbild am Albrand durch einzelne vulkanische Formen. Besonderheiten sind die großen meteoritischen Einschlagkrater (Ries, Steinheimer Becken).

255

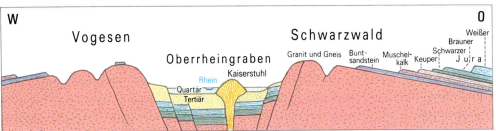

Oberrheingraben (im Bild bei Marckolsheim).
Der 35 km breite und 300 km lange Graben wird im Süden durch die Hochschollen von Vogesen und Schwarzwald begrenzt, die ältesten Schichten (paläozoische Granite und Gneise) liegen grabenwärts. Grabenabgewandt und spiegelbildlich liegt ihnen eine mesozoische Schichtenfolge auf, zunächst Buntsandstein, weiter außen Muschelkalk und Keuper, sanft nach W bzw. O abfallend. Die Oberfläche des von Verwerfungen durchzogenen Grabens besteht aus Kiesen, Sanden und Löß, die auf tertiären Sedimenten liegen. Dazwischen ragen die tertiären Basaltmassen des Kaiserstuhl auf. Die Grabenscholle, Teil einer alten Schwächezone, sank im Tertiär ab, ein langgezogener Grabensee, zeitweise in Verbindung mit dem Meer, entstand. Die Sprunghöhe des Schollenniveaus beträgt bis 4500 m. Sie geht nicht nur auf die Absenkung des Grabens, sondern auch auf die Hebung der Flanken zurück. Erklärt wird der Graben als Riftsystem im Konzept der Plattentektonik, bzw. als Teil eines kontinentalen Scherbruchs. Die oberrheinische Tiefebene hat besondere Klimagunst mit frühem Frühjahrsbeginn und langen warmen Sommern (Jahresmittel der Temperatur in Freiburg/Br.: 10,3° C). Vor allem in der Vorbergzone werden die guten Böden von kleinen landwirtschaftlichen Betrieben intensiv für Sonderkulturen genutzt.

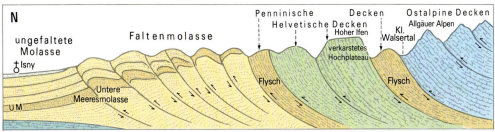

Allgäu mit Isny. Das Bild zeigt, wie die großen tektonischen Einheiten des Allgäu im Hintergrund kulissenartig gestaffelt sind. Sie liegen als Decken übereinander. Wir sehen ihre ausstreichenden Schichtköpfe: Molasse, Helvetikum, Flysch und Kalkalpen. Isny liegt inmitten eines glazialen Hochbeckens, das seine Ausformung durch den Argenlobus des Rheingletschers erfuhr. Der Untergrund wird von Mergeln der ungefalteten „Vorlandmolasse" gebildet. Nach Süden hin schließt sich die „subalpine Molasse" (Faltenmolasse) an, die vor den nach Norden drängenden Decken hergeschoben und wellblechartig gestaucht wurde. Die Gesteine des Helvetikums wurden unter der Auflast der vor-

rückenden alpinen Decken in O-W-streichende Falten gelegt. Die sanfteren Grasberge des Flysch im Anschluß daran bildeten die Gleitfläche für das schroffe Kalkalpin mit seinen dachziegelartig übereinander geschobenen Gesteinspaketen am Horizont.

Das Allgäu ist ein welliges oder hügeliges Land mit vielen Mooren und Seen und hohen Niederschlägen im Staubereich der Alpen (Kempten 1287 mm). Die vorherrschende Grünlandwirtschaft ist die Basis für eine Milchverarbeitungsindustrie. Der landschaftliche Reiz und die Moornutzung förderten einen lebhaften Ferien- und Erholungstourismus.

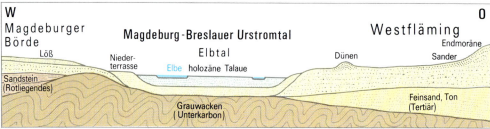

W — 0

Magdeburger Börde | Magdeburg-Breslauer Urstromtal | Westfläming

Löß — Nieder-terrasse — Elbtal — Endmoräne — Sander

Elbe holozäne Talaue — Dünen

Sandstein (Rotliegendes)

Feinsand, Ton (Tertiär)

Grauwacken (Unterkarbon)

Magdeburger Börde. Bei ihrer Bildung durch Moränen des Inlandeises sowie durch Sander und Talsande in den Urstromtälern glichen die Altmoränengebiete dem Formenschatz und den Sedimenten des Jungmoränengebiets. In den folgenden Zeiträumen wurden sie jedoch stärker verändert. Bei Magdeburg folgt das Elbtal dem warthezeitlichen Magdeburg-Bremer-Urstromtal, in das die jüngere weichselzeitliche Terrasse und die holozäne Talaue eingeschnitten ist. Die saalezeitlichen Moränen und Sander wurden in der Weichselzeit von Frostverwitterung, Solifluktion und äolischer Umlagerung betroffen. Deshalb gibt es auf der östlichen Hochfläche (Fläming) nur nährstoffarme Böden. Die westliche Hochfläche, die Magdeburger Börde, wurde dagegen in der Weichselzeit von kalkhaltigem Löß bedeckt. Dies ist zusammen mit den geringen Niederschlägen (unter 500 mm) im Lee des Harzes Voraussetzung für die fruchtbare Schwarzerde der Magdeburger Börde. Die Talaue wurde bis zur Regulierung von Überschwemmungen, Flußverlegung und Sedimentation des Auelehms betroffen. Die braunen Aueböden sind fruchtbar, sofern der Grundwasserstand tief liegt. Unter den glazialen und fluvioglazialen Sedimenten liegen Tertiärsedimente, die nach Norden zu Hunderten von Metern mächtig werden. Darunter folgen Sandsteine sowie Schichten des Unterkarbon (Grauwacken und Schiefer).

258

Das Klima in Deutschland

Deutschland liegt in der Westwindzone der gemäßigten Breiten und damit in der „Kampfzone" der tropisch-subtropischen und der polaren Luftmassen. Zyklonale (Tiefdruck-) und antizyklonale (Hochdruck-) Wetterlagen bestimmen die Herkunft dieser Luftmassen vom Ozean oder aus dem Kontinent. Der Spielraum der meteorologischen Elemente ist in Deutschland groß. Der Jahresgang kann deshalb beachtliche Abweichungen vom langjährigen Mittel zeigen. Die Maxima- und Minimawerte in den folgenden Klimatabellen zeigen dies deutlich. Obwohl es in Deutschland durchaus für einige Tage im Sommer kälter als in einzelnen Winterphasen sein kann, fügen sich solche Variabilitäten in den langjährigen Jahresgang unserer Breiten ein. (Das „Z" in den Tabellen gibt den Meßzeitraum an, in der Regel 30 Jahre.)

Für die Beschreibung des Klimas in Deutschland könnte auf den ersten Blick ein einziges Klimadiagramm ausreichen. Denn alle Orte hierzulande gehören zum „subozeanischen Klima mit milden bis mäßig kalten Wintern, Herbst- bis Sommerniederschlagsmaximum, mäßig warmen bis warmen und langen Sommern und einer Vegetationsdauer von über 200 Tagen". (Manfred J. Müller: Handbuch ausgewählter Klimastationen der Erde. Trier 1987, S. XIII).

Was nun aber innerhalb dieses Spielraums das Klima in Dresden von dem in Bremen, oder das in Kempten von dem in Hamburg unterscheidet, ist aus der Klimatabelle ersichtlich. Die Stationen wurden so gewählt, daß sie in etwa einem Längs- und einem Querschnitt folgen: Nord-Süd von Heide, Hannover, Würzburg bis Kempten, Nordwest-Südost von Bremen über den Brocken, weiter über Erfurt nach Dresden. Die Stationen lassen vor allem die Einflüsse des Reliefs (Höhenlage, Luv, Lee – vgl. Brocken – Erfurt) erkennen, ferner zeigen sie mit der mittleren Jahrestemperatur, der jährlichen Temperatur-Amplitude und den mittleren Jahresniederschlägen die Zunahme der Kontinentalität von West nach Ost und Südost.

Station Heide
Lage: 54°12'N/9°06'E   Höhe ü. NN   14 m   Klimatyp: Köppen Cfb   Troll III,3

		J	F	M	A	M	J	J	A	S	O	N	D	Jahr	Z
1 Mittl. Temperatur	in °C	0,1	0,2	2,8	7,0	11,7	15,0	16,9	16,5	13,5	9,0	5,0	2,0	8,3	30
2 Mittl. Max. d. Temperatur	in °C	2,0	2,7	6,4	11,3	16,8	19,5	21,2	21,1	17,9	12,5	7,3	3,9	11,9	30
3 Mittl. Min. d. Temperatur	in °C	− 2,3	− 2,4	− 0,4	2,9	6,8	10,2	12,6	12,4	9,7	5,9	2,6	− 0,1	4,8	30
4 Absol. Max. d. Temperatur	in °C	10,8	15,2	21,5	28,7	29,9	33,8	33,6	33,4	29,1	23,3	17,6	12,3	33,8	35
5 Absol. Min. d. Temperatur	in °C	− 21,1	− 30,9	− 13,7	− 6,8	− 4,3	2,1	5,4	4,4	0,3	− 4,5	− 12,0	− 16,0	− 30,9	35
6 Mittl. relative Feuchte	in %	89	87	81	76	74	75	78	81	83	87	89	91	83	10
7 Mittl. Niederschlag	in mm	62	52	41	53	56	60	95	101	88	84	69	62	823	30

Station Hamburg-Fuhlsbüttel
Lage: 53°38'N/10°00'E   Höhe ü. NN   14 m   Klimatyp: Köppen Cfb   Troll III,3

		J	F	M	A	M	J	J	A	S	O	N	D	Jahr	Z
1 Mittl. Temperatur	in °C	0,0	0,3	3,3	7,5	12,0	15,3	17,0	16,6	13,5	9,1	4,9	1,8	8,4	30
2 Mittl. Max. d. Temperatur	in °C	2,3	3,0	7,3	12,5	17,4	20,5	22,2	22,0	18,7	12,9	7,3	3,9	12,5	30
3 Mittl. Min. d. Temperatur	in °C	− 2,6	− 2,5	− 0,3	3,1	6,5	9,9	12,3	12,0	9,2	5,5	2,4	− 0,5	4,6	30
4 Absol. Max. d. Temperatur	in °C	14,4	17,2	21,1	27,6	32,1	34,5	35,1	35,7	32,3	25,1	17,3	13,1	35,7	80
5 Absol. Min. d. Temperatur	in °C	− 22,8	− 29,1	− 14,3	− 7,1	− 5,0	1,3	3,4	2,4	− 1,2	− 5,9	− 13,5	− 16,4	− 29,1	80
6 Mittl. relative Feuchte	in %	87	85	78	73	69	70	74	76	78	83	88	89	79	30
7 Mittl. Niederschlag	in mm	57	47	38	52	55	64	82	84	61	59	57	58	714	30

Station Hannover-Langenhagen

Lage: 52°20'N/9°43'E   Höhe ü. NN   53 m   Klimatyp: Köppen Cfb   Troll III,3

		J	F	M	A	M	J	J	A	S	O	N	D	Jahr	Z
1 Mittl. Temperatur	in °C	0,1	0,5	3,6	8,1	12,6	15,8	17,4	17,0	13,8	9,1	5,1	1,8	8,7	3
2 Mittl. Max. d. Temperatur	in °C	2,6	3,6	8,0	13,0	17,8	20,7	22,4	22,2	18,8	13,1	7,5	4,0	12,8	3
3 Mittl. Min. d. Temperatur	in °C	−2,5	−2,4	−0,1	3,2	6,9	10,0	12,2	11,9	9,2	5,4	2,3	−0,8	4,6	3
4 Absol. Max. d. Temperatur	in °C	14,3	18,6	23,6	29,7	34,7	34,7	36,4	38,0	35,6	27,2	20,6	15,4	38,0	9
5 Absol. Min. d. Temperatur	in °C	−25,0	−24,3	−17,3	−8,1	−2,9	0,5	3,3	3,3	−1,3	−7,9	−17,1	−20,9	−25,0	9
6 Mittl. relative Feuchte	in %	86	85	80	73	72	73	76	78	80	84	87	89	90	1
7 Mittl. Niederschlag	in mm	48	46	38	48	52	64	84	73	54	56	52	46	661	3

Station Kassel

Lage: 51°19'N/9°29'E   Höhe ü. NN   158 m   Klimatyp: Köppen Cfb   Troll III,3

		J	F	M	A	M	J	J	A	S	O	N	D	Jahr	Z
1 Mittl. Temperatur	in °C	0,1	0,9	4,7	8,9	13,3	16,5	17,9	17,4	14,3	9,2	5,0	1,6	9,2	3
2 Mittl. Max. d. Temperatur	in °C	2,3	3,9	9,0	13,8	18,4	21,7	23,3	23,0	19,7	13,5	7,6	3,6	13,3	3
3 Mittl. Min. d. Temperatur	in °C	−2,4	−2,1	0,6	4,1	7,8	11,1	12,8	12,4	9,8	5,6	2,4	−0,7	5,1	3
4 Absol. Max. d. Temperatur	in °C	12,8	20,2	24,2	29,0	36,2	34,8	37,0	36,5	33,9	28,3	20,4	15,5	37,0	9
5 Absol. Min. d. Temperatur	in °C	−26,6	−23,5	−17,6	−6,3	−3,0	0,3	3,5	4,5	−1,3	−5,4	−14,6	−20,0	−26,6	9
6 Mittl. relative Feuchte	in %	84	81	75	70	69	70	73	77	78	82	84	86	77	1
7 Mittl. Niederschlag	in mm	47	42	33	47	60	64	70	66	52	53	49	46	629	3

Station Würzburg

Lage: 49°48'N/9°56'E   Höhe ü. NN   174 m   Klimatyp: Köppen Cfb   Troll III,3

		J	F	M	A	M	J	J	A	S	O	N	D	Jahr	Z
1 Mittl. Temperatur	in °C	−0,6	−0,5	4,7	9,3	13,5	16,7	18,4	17,8	14,4	9,2	4,3	0,8	9,1	3
2 Mittl. Max. d. Temperatur	in °C	2,8	4,6	10,0	15,0	19,6	22,7	24,4	23,9	20,4	14,2	7,8	3,7	14,1	3
3 Mittl. Min. d. Temperatur	in °C	−3,5	−2,9	0,3	4,1	7,8	10,9	13,0	12,4	9,4	5,1	1,6	−1,7	4,7	3
4 Absol. Max. d. Temperatur	in °C	14,4	19,0	24,4	30,3	33,8	36,6	38,8	37,0	35,0	27,3	20,1	19,0	38,8	9
5 Absol. Min. d. Temperatur	in °C	−28,0	−25,4	−16,0	−6,9	−2,0	2,0	4,7	5,0	−0,5	−7,6	−15,7	−24,0	−28,0	9
6 Mittl. relative Feuchte	in %	84	81	74	66	67	70	70	73	76	81	85	87	76	1
7 Mittl. Niederschlag	in mm	54	47	35	45	56	72	72	68	53	49	47	48	646	3

Station Ulm

Lage: 48°23'N/9°58'E   Höhe ü. NN   522 m   Klimatyp: Köppen Cfb   Troll III,3

		J	F	M	A	M	J	J	A	S	O	N	D	Jahr	Z
1 Mittl. Temperatur	in °C	−2,5	1,1	3,2	7,6	12,1	15,3	17,0	16,3	13,0	7,4	2,6	−1,2	7,5	3
2 Mittl. Max. d. Temperatur	in °C	0,8	3,0	8,6	13,5	18,1	21,3	23,2	22,7	19,1	12,4	6,0	1,7	12,5	3
3 Mittl. Min. d. Temperatur	in °C	−4,6	−3,7	−0,6	3,2	7,4	10,6	12,4	11,8	9,1	4,5	0,9	−2,2	4,0	3
4 Absol. Max. d. Temperatur	in °C	16,0	18,1	22,1	27,9	32,8	33,5	38,5	35,5	31,1	25,8	20,8	15,1	38,5	8
5 Absol. Min. d. Temperatur	in °C	−27,6	−25,8	−18,5	−10,0	−4,0	0,4	4,2	1,5	−1,5	−7,3	−18,7	−22,8	−27,6	8
6 Mittl. relative Feuchte	in %	85	83	76	70	70	73	73	75	78	84	88	88	79	1
7 Mittl. Niederschlag	in mm	49	43	40	44	77	101	110	81	68	52	47	42	754	3

Station Kempten

Lage: 47°43'N/10°20'E   Höhe ü. NN   705 m   Klimatyp: Köppen Cfb   Troll III,3

		J	F	M	A	M	J	J	A	S	O	N	D	Jahr	Z
1 Mittl. Temperatur	in °C	−2,7	−1,7	2,2	6,3	10,8	14,3	16,0	15,3	12,3	7,1	2,3	−1,3	6,7	3
2 Mittl. Max. d. Temperatur	in °C	1,4	2,9	7,8	11,9	16,4	19,8	21,5	21,1	18,3	12,6	6,6	2,4	11,9	3
3 Mittl. Min. d. Temperatur	in °C	−7,2	−6,3	−2,7	1,3	4,9	8,8	10,8	10,2	7,4	2,6	−1,5	−5,4	1,9	3
4 Absol. Max. d. Temperatur	in °C	14,1	22,3	21,1	25,1	29,0	32,8	33,4	32,6	28,0	27,0	22,4	16,2	33,4	2
5 Absol. Min. d. Temperatur	in °C	−25,7	−27,8	−20,2	−12,0	−7,0	−1,8	2,3	2,0	−1,2	−6,6	−17,0	−27,0	−27,8	2
6 Mittl. relative Feuchte	in %	73	73	69	69	67	69	69	70	72	75	76	76	72	1
7 Mittl. Niederschlag	in mm	94	90	80	85	123	152	158	131	124	90	85	75	1287	3

ation Bremen – Flughafen
ge: 53°03'N/8°47'E   Höhe ü. NN   4 m   Klimatyp: Köppen Cfb   Troll III,3

		J	F	M	A	M	J	J	A	S	O	N	D	Jahr	Z
Mittl. Temperatur	in °C	0,6	0,9	4,0	8,2	12,8	16,0	17,4	17,1	14,0	9,4	5,3	2,2	9,0	30
Mittl. Max. d. Temperatur	in °C	2,9	3,8	8,1	13,0	17,8	20,6	22,2	22,2	18,9	13,3	7,8	4,4	12,9	30
Mittl. Min. d. Temperatur	in °C	−0,2	−2,1	0,2	3,4	7,2	10,3	12,5	12,2	9,4	5,8	2,6	0,3	4,9	30
Absol. Max. d. Temperatur	in °C	13,2	18,5	23,5	30,2	34,4	34,9	34,6	36,0	33,4	24,8	19,4	15,4	36,0	90
Absol. Min. d. Temperatur	in °C	−21,8	−23,6	−17,8	−6,4	−3,5	0,5	5,1	3,6	−1,2	−5,5	−14,1	−17,4	−23,6	90
Mittl. relative Feuchte	in %	86	84	78	72	70	72	75	78	80	83	87	89	80	10
Mittl. Niederschlag	in mm	57	48	42	50	56	59	92	79	60	58	60	54	715	30

ation Brocken (Harz)
ge: 51°48'N/10°37'E   Höhe ü. NN   1142 m   Klimatyp: Köppen Dfb   Troll III,3

		J	F	M	A	M	J	J	A	S	O	N	D	Jahr	Z
Mittl. Temperatur	in °C	−4,6	−4,7	−2,0	1,2	5,7	9,1	10,8	10,7	7,9	3,6	−0,3	−3,0	2,9	30
Mittl. Max. d. Temperatur	in °C	−1,9	−2,5	0,8	3,7	9,1	12,3	13,7	13,5	10,7	6,0	2,2	−0,5	5,6	18
Mittl. Min. d. Temperatur	in °C	−6,5	−7,1	−4,4	−1,7	2,9	6,2	8,1	8,0	5,4	1,5	−2,1	−4,7	0,5	18
Absol. Max. d. Temperatur	in °C	14,0	12,0	12,9	20,3	22,6	24,4	27,3	27,8	24,4	19,6	15,1	12,9	27,8	30
Absol. Min. d. Temperatur	in °C	−25,9	−28,4	−17,0	−11,3	−10,5	−2,8	−0,1	0,0	−4,5	−10,3	−15,2	−24,8	−28,4	30
Mittl. relative Feuchte	in %	90	89	83	85	81	82	86	87	87	90	90	92	87	18
Mittl. Niederschlag	in mm	158	126	94	105	96	115	143	117	105	122	115	126	1422	30

ation Erfurt
ge: 50°59'N/10°58'E   Höhe ü. NN   315 m   Klimatyp: Köppen Cfb   Troll III,3

		J	F	M	A	M	J	J	A	S	O	N	D	Jahr	Z
Mittl. Temperatur	in °C	−1,6	−0,8	2,8	7,5	12,1	15,5	17,3	16,5	13,1	8,0	3,8	−0,1	7,8	30
Mittl. Max. d. Temperatur	in °C	2,4	2,8	8,1	13,2	18,2	21,4	23,0	22,7	19,4	13,1	7,1	3,1	12,9	23
Mittl. Min. d. Temperatur	in °C	−3,0	−3,7	−0,7	3,3	7,5	10,9	12,7	12,3	9,4	5,1	1,7	−2,1	4,5	23
Absol. Max. d. Temperatur	in °C	13,5	17,6	21,5	30,2	31,5	33,1	36,5	37,0	33,1	26,8	20,1	17,4	37,0	30
Absol. Min. d. Temperatur	in °C	−24,4	−22,7	−19,4	−8,1	−3,8	2,0	5,2	5,0	−0,3	−8,0	−9,3	−23,8	−24,4	30
Mittl. relative Feuchte	in %	84	83	77	69	68	68	70	70	72	79	85	87	76	30
Mittl. Niederschlag	in mm	33	31	28	34	58	67	71	55	46	45	34	30	532	30

ation Dresden
e: 51°07'N/13°41'E   Höhe ü. NN   246 m   Klimatyp: Köppen Cfb   Troll III,3

		J	F	M	A	M	J	J	A	S	O	N	D	Jahr	Z
Mittl. Temperatur	in °C	−1,2	−0,7	3,2	8,2	13,0	16,5	18,1	17,8	14,4	9,1	4,3	0,4	8,6	30
Mittl. Max. d. Temperatur	in °C	1,8	3,0	8,0	13,7	18,6	22,3	23,6	23,4	19,7	13,4	7,5	3,3	13,2	25
Mittl. Min. d. Temperatur	in °C	−3,6	−3,4	−0,2	3,8	7,6	11,3	13,4	12,9	9,8	5,3	2,1	−1,7	4,8	25
Absol. Max. d. Temperatur	in °C	14,1	16,6	20,8	28,7	31,7	34,0	36,6	36,8	33,0	25,6	19,1	13,2	36,8	30
Absol. Min. d. Temperatur	in °C	−23,8	−27,0	−14,7	−5,8	−3,3	5,3	6,8	5,3	1,0	−6,7	−9,4	−20,3	−27,0	30
Mittl. relative Feuchte	in %	81	79	75	70	69	69	72	72	79	82	82	83	75	25
Mittl. Niederschlag	in mm	38	36	37	46	63	68	109	72	48	52	42	37	648	30

ation Potsdam
e: 52°23'N/13°04'E   Höhe ü. NN   81 m   Klimatyp: Köppen Cfb   Troll III,3

		J	F	M	A	M	J	J	A	S	O	N	D	Jahr	Z
Mittl. Temperatur	in °C	−1,1	−0,3	3,3	8,3	13,4	16,8	18,4	17,7	14,2	8,9	4,2	0,7	8,7	30
Mittl. Max. d. Temperatur	in °C	1,8	3,5	7,9	13,1	19,0	21,6	23,4	22,4	19,0	12,7	6,3	2,7	12,8	
Mittl. Min. d. Temperatur	in °C	−3,4	−2,8	−0,3	3,1	7,6	10,7	12,9	12,1	9,2	5,0	0,6	−1,9	4,4	
Absol. Max. d. Temperatur	in °C	12,6	16,9	21,7	27,7	32,6	35,6	38,4	37,4	33,7	25,0	17,8	15,4	38,4	30
Absol. Min. d. Temperatur	in °C	−22,5	−23,0	−17,3	−7,0	−3,6	3,6	6,4	5,7	0,1	−6,4	−10,1	−19,5	−23,0	30
Mittl. relative Feuchte	in %	81	73	62	54	50	53	55	58	60	70	79	85	65	
Mittl. Niederschlag	in mm	44	39	32	42	47	66	71	71	45	47	46	40	590	30

anfred J. Müller: Handbuch ausgewählter Klimastationen der Erde. Trier: Forschungsstelle Bodenerosion der Universität Trier, Mertes-rf (Ruwertal) 1987

Grunddaten der Bundesländer[1]

	Baden-Württ.	Bayern	Berlin (West)	B	Berlin (Ost)	Branden-burg	Bremen	Ham'
Fläche km² 1989	35 751	70 554	480		403	29 059	404	75(
Bevölkerung 1950 (1000)	6 288	9 108	2 139		–	–	542	1 55
1955 (1000)	–	–	–		1 140	2 674	–	–
1970 (1000)	8 895	10 479	2 122		1 086	2 677	723	1 79
1987 (1000)	9 286	10 903	2 014		–	–	660	1 59
1989 (1000)	9 619	11 221	–	3 410	1 279	2 641	674	1 62
Einwohner je km² 1989	269	159	4 199	3 862	3 174	91	1 668	2 15
Wanderungsbilanz[2]	+51 200	+56 100	+29 000		+21 172	−3 593	+900	+5 5(
Landw. gen. Fläche (1000 ha)	1 498	3 432	1		9	1 316	10	1
davon Ackerland	837	2 088	1		6	993	2	
Erwerbstätige 1988 in 1000	4 415	5 345	970		698	1 339	272	72
Land-, Forstw., Fischerei	185	393	11		7	192	–	
Produz. Gewerbe	2 113	2 239	303		247	598	86	18
Handel, Verkehr, Nachr.	655	881	180		184	232	75	19
übrige Bereiche	1 462	1 831	476		260	317	110	33
Arbeitslosenquote 1988%	5,0	6,3	10,6		0	0	15,3	1
BIP (Mrd. DM bzw. Mark 1988)	338,71	379,44	79,68		26,7	60,1	28,99	9

[1] für die alten Bundesländer 1987, für die neuen Bundesländer 1988 (sofern nicht anders angegeben)
[2] 1987 (Ausland und Bundesländer)

Weiterführende Literatur

Abelshauser, Werner: Wirtschaftsgeschichte der Bundesrepublik Deutschland 1945–1980. Edition Suhrkamp. Frankfurt/M.: Suhrkamp Verlag 1983

Abelshauser, Werner: Der Ruhrkohlenbergbau seit 1945. München: C. H. Beck Verlag 1984

Agrarberichte der Bundesregierung. Bonn, erscheinen jährlich

Benthien, Bruno u. a.: DDR. Ökonomische und soziale Geographie. Gotha: Hermann Haack Verlag 1990

Berlin – geteilte Stadt im Umbruch. Aktuelle IRO/ Seydlitz Landkarte 1/1990

Bethkenhagen, Jochen u. a.: DDR und Osteuropa. Opladen: Leske Verlag 1981

Blotevogel, Hans H., Bernhard Butzin und Rainer Danielzyk: Historische Entwicklung und Regionalbewußtsein im Ruhrgebiet. In: Geographische Rundschau 1988, H. 7–8, S. 8–13

Borchert, Christoph u. a.: Baden-Württemberg. Darmstadt: Wissenschaftliche Buchgesellschaft 1991

Dege, Wilhelm und Wilfried Dege: Das Ruhrgebiet. Kiel: Hirt Verlag 1983

Deutsches Institut für Wirtschaftsforschung (Hrsg.): Handbuch DDR-Wirtschaft. Reinbek: Rowohlt Taschenbuchverlag 1984

Eckart, Karl: DDR. Länderprofile. Stuttgart: Klett Verlag 1989

Eckart, Karl: Entwicklung der Industrie in der DDR. In: Geographie und Schule, H. 52, 1988, 2–13

Ehlers, Eckart: Die Agrarlandschaft der Bundesrepublik Deutschland und ihr Wandel seit 1949. In: Geographische Rundschau 1988, H. 1, S. 30–41

Erfahrungen mit der Stadterneuerung. Schriftenreihe „Forschung" des Bundesministers für Raumordnung, Bauwesen und Städtebau, Nr. 475. Bonn 1990

Fränzle, Otto: Umweltbelastung und Umweltschutz in der Bundesrepublik Deutschland. In: Geographische Rundschau 1988, H. 1, S. 4–11

Friedrichs, Jürgen (Hrsg.): Die Städte in den 80er Jahren. Demographische, ökonomische und technologische Entwicklungen. Wiesbaden: Westdeutscher Verlag 1985

n	Mecklen-burg-Vor-pommern	Nieder-sachsen	Nordrhein-Westfalen	Rheinland-Pfalz	Saarland	Sachsen	Sachsen-Anhalt	Schleswig-Holstein	Thüringen
14	23 838	47 344	34 068	19 849	2 569	18 337	20 445	15 729	16 251
43	–	6 744	12 922	2 909	942	–	–	2 598	–
	2 134	–	–	–	–	5 741	3 500	–	2 592
82	2 096	7 082	16 914	3 645	1 197	5 415	3 245	2 494	2 548
08	–	7 162	16 711	3 631	1 056	–	–	2 554	–
61	1 964	7 238	17 104	3 702	1 065	4 901	2 965	2 595	2 684
68	82	153	502	186	414	267	145	165	165
00	−4 349	+4 000	+35 300	+1 800	−600	−5 219	−7 299	+5 200	−712
72	1 679	2 733	1 587	719	69	1 070	1 292	1 079	815
10	1 261	1 674	1 088	425	38	774	1 050	590	599
44	1 070	3 042	6 892	1 606	418	2 582	1 579	1 135	1 326
64	216	208	147	77	6	190	189	57	133
61	352	1 149	3 028	664	177	1 397	764	339	692
24	221	555	1 242	264	78	414	268	235	200
96	281	1 130	2 476	602	157	581	358	505	301
6,4	0	11,2	11,0	7,6	11,4	0	0	10,0	0
15,03	46,8	207,15	550,43	111,02	31,88	106,9	66,8	73,01	55,7

Bundesamt: Statist. Jahrbuch 1989 und 1990, Bevölkerungsstruktur und Wirtschaftskraft 1988, Stuttgart: Metzler-Poeschel 1989
atist. Jahrbuch der DDR, Berlin 1989

Fuchs, Gerhard: Die Bundesrepublik Deutschland. Länderprofile. Stuttgart: Klett Verlag 1988
Gläßer, Ewald u. a.: Nordrhein-Westfalen. Länderprofile. Stuttgart: Klett Verlag 1987
Gohl, Dietmar: Deutsche Demokratische Republik – eine aktuelle Landeskunde. Frankfurt/M.: S. Fischer Verlag 1986
Grotz, Reinhold: Technologische Erneuerung und technologieorientierte Unternehmensgründungen in der Bundesrepublik Deutschland. In: Geographische Rundschau 1989, H. 5, S. 266–272
Heineberg, Heinz: Die Stadt im westlichen Deutschland. In: Geographische Rundschau 1988, H. 1, S. 20–29
Henkel, Gerhard: Dorferneuerung in der Bundesrepublik Deutschland. In: Geographische Rundschau 1984, H. 4, S. 170–179
Hofmeister, Burkhard: Berlin. Problemräume Europas, Bd. 5. Köln: Aulis 1987
Kluczka, Georg: Berlin (West) – Grundlagen und Entwicklung. In: Geographische Rundschau 1985, H. 9, S. 428–436
Kullen, Siegfried: Baden-Württemberg (Neubearbeitung). Länderprofile. Stuttgart: Klett Verlag 1989
Landeszentrale für politische Bildung Baden-Württemberg (Hrsg.): Planungstaschenbuch Baden-Württemberg. Stuttgart 1984
Liedtke, Herbert: Naturräume in der Bundesrepublik Deutschland und ihr Naturraumpotential. In: Geographische Rundschau 1988, H. 1, S. 12–19
Möller, Ilse: Hamburg. Länderprofile. Stuttgart: Klett Verlag 1985
Niggeman, Josef: Die Agrarstruktur- und Kulturlandschaftsentwicklung. In: Geographische Rundschau 1980, H. 4, S. 171–176
Nuhn, Helmut und Manfred Sinz: Industriestruktureller Wandel und Beschäftigungsentwicklung in der Bundesrepublik Deutschland. In: Geographische Rundschau 1988, H. 1, S. 42–53
Petschow, Ulrich u. a.: Umweltreport DDR. Frankfurt/M.: S. Fischer Verlag 1990
Pletsch, Alfred: Hessen. Darmstadt: Wissenschaftliche Buchgesellschaft 1989
Priebe, Hermann: Die Landwirtschaft im Spannungsfeld. In: Aus Politik und Zeitgeschichte, Bd. 42, 1986, S. 42–53

Raumordnungsbericht 1986 und 1990. Hrsg. v. BM für Raumordnung, Bauwesen und Städtebau. Bonn

Richter, Dieter: 100 Jahre chemische Großindustrie in Mitteldeutschland. In: Geographische Rundschau 1987, H. 11, S. 614–623

Ruppert, Karl u. a.: Bayern. Darmstadt: Wissenschaftliche Buchgesellschaft 1987

Sander, Hans-Jürgen: Das Zonenrandgebiet. Köln: Aulis 1988

Schwartau, Cord: Umweltprobleme in einem alten Industrierevier – der Ballungsraum Halle-Leipzig. In: Geographische Rundschau 1987, H. 11, S. 628–632

Statistisches Bundesamt (Hrsg.): Statistisches Jahrbuch der Bundesrepublik Deutschland. Erscheint jährlich

Stiens, Gerhard: Raumordnung in der Bundesrepublik Deutschland. In: Geographische Rundschau 1988, H. 1, S. 54–59

Studienkreis für Tourismus e. V.: Urlaubsreisen 1990 (Einige Ergebnisse der Reiseanalyse). Starnberg, erscheint jährlich

Taubmann, Wolfgang: Landwirtschaft – Entwicklung und Probleme in der Bundesrepublik Deutschland. In: Geographie heute 1984, H. 24, S. 3–12

Tietze, W., Boesler, K. A. u. a. (Hrsg.): Geographie Deutschlands – Bundesrepublik Deutschland. Stuttgart: Borntraeger 1990

Uthoff, Dieter: Konfliktfeld Nordsee. Nutzungen, Nutzungsansprüche und Nutzungskonflikte. In: Geographische Rundschau 1983, H. 6, S. 246–254

Vogel, Teda: München – Zentrum der mikroelektronischen Industrie in der Bundesrepublik. In: Geographie und Schule, H. 49, 1987, S. 8–13

Neueste Daten zur Raumentwicklung („Laufende Raumbeobachtung"), jeweils in Heft 11/12 der „Informationen zur Raumentwicklung". Bonn-Bad Godesberg: Bundesforschungsanstalt für Landeskunde und Raumordnung

Register